인문고전 깊이읽기

Fanon: The Negro Stands at the Center of Decolonization and Human Liberation

by Kyung-Won Lee

Published by Hangilsa Publishing. Co., Ltd., Korea, 2015

파농

니그로, 탈식민화와 인간해방의 중심에 서다

이경원 지음

한길사

인문고전 깊이읽기 18

파농
니그로, 탈식민화와 인간해방의 중심에 서다

지은이 이경원
펴낸이 김언호

펴낸곳 (주)도서출판 한길사
등록 1976년 12월 24일 제74호
주소 413-120 경기도 파주시 광인사길 37
홈페이지 www.hangilsa.co.kr
전자우편 hangilsa@hangilsa.co.kr
전화 031-955-2000~3 **팩스** 031-955-2005

부사장 박관순 **총괄이사** 김서영 **관리이사** 곽명호
영업이사 이경호 **경영담당이사** 김관영 **기획위원** 유재화
책임편집 백은숙 김광연 **편집** 안민재 노유연 김지희 김지연 이지은 이주영
마케팅 윤민영 **관리** 이중환 김선희 문주상 이희문 원선아
디자인 창포 **출력 및 인쇄** 한영문화사 **제본** 한영제책사

제1판 제1쇄 2015년 4월 30일

값 18,000원
ISBN 978-89-356-6848-9 04100
ISBN 978-89-356-6163-3 (세트)

● 이 도서의 국립중앙도서관 출판시도서목록(CIP)은 서지정보유통지원시스템 홈페이지(seoji.nl.go.kr)와
국가자료공동목록시스템(www.nl.go.kr/kolisnet)에서 이용하실 수 있습니다.
(CIP제어번호: CIP2015009153)

● 이 저서는 2011년 정부(교육과학기술부)의 재원으로
한국연구재단의 지원을 받아 수행된 연구입니다.(NRF-2011-812-A00189)

'하얀 가면'을 벗고 '하얀 세상'과 맞선 프란츠 파농
파농은 무턱대고 백인을 흉내 내는 동시대 흑인들을 보며
'검은 피부'에 '하얀 가면'을 뒤집어쓴 모습이야말로 소외요
억압이라고 보았다. 파농이 태어나고 자라난 마르티니크의 서글픈
현실이 □고 □□아 중첩될 때 우리는 불안해지고 심지어 불편해진다.

식민 모국 프랑스를 위해 싸운 프랑스 해방군의 흑인 병사
프랑스는 제2차 세계대전 당시 식민지로부터 많은 병사를 모집했다.
열일곱 살의 파농도 '위대한 조국' 프랑스의 패전 소식에 충격을 받아
자원입대했다. 하지만 다양한 인종이 모인 프랑스 해방군에서 파농은
'니그로'로서 난생처음 인종주의와 식민주의의 억압을 느끼게 된다.

알제리 여성의 베일을 검사하는 프랑스군
알제리 독립전쟁 당시 알제리 여성들은 베일 속에 무기를 숨겨
게릴라에게 전달했다. 파농은 알제리 여성이 훌륭한 혁명전사로
거듭났으며 그렇게 거듭난 여성이 가부장적 권위의
상징인 베일을 혁명의 도구로 전유했다고 보았다.

프로이트, 마르크스, 사르트르, 세제르(시계방향 순)
프로이트, 마르크스, 사르트르, 세제르는 파농의 이론적·이념적
계보를 형성한 정신분석학, 마르크스주의, 실존주의, 흑인민족주의를
대표하는 인물들이다. 파농은 이들의 이론이나 사상에 무조건
의존하지 않고 비판적으로 전유하고 재구성하는 태도를 견지했다.

"나는 역사의 포로가 아니다.
나는 역사 속에서 내 운명의 의미를 찾지 않으련다.
역사의 무게는 내 행동을 단 하나도
결정짓지 못한다. 나의 토대는 나 자신이다.
나는 역사적·도구적 가설을 초극함으로써
자유의 수레바퀴를 굴려갈 것이다."

▪ 파농

파농

니그로, 탈식민화와 인간해방의 중심에 서다

차례

1. 이 책에서 인용하는 파농의 저서는 프랑스어 원본이 아니라 영어 번역본이다. 출처는 각 인용문에 딸린 괄호 안에 표기한다. 괄호 안에 표시된 영어는 영역본 제목의 약자다. 영어 약자가 가리키는 네 권의 파농 저서는 다음과 같다.

『검은 피부, 하얀 가면』/BS   Frantz Fanon, *Black Skin, White Masks*, Charles Lam Markmann(trans.), New York: Grove Press, 1967.

『사멸하는 식민주의』/DC   Frantz Fanon, *A Dying Colonialism*, Haakon Chevalier(trans.), New York: Grove Press, 1965.

『아프리카 혁명을 향하여』/AR   Frantz Fanon, *Toward the African Revolution*, Haakon Chevalier(trans.), New York: Grove Press, 1967.

『대지의 저주받은 자들』/WE   Frantz Fanon, *The Wretched of the Earth*, Constance Farrington(trans.), New York: Grove Press, 1963.

이 중에서 『대지의 저주받은 자들』은 패링턴(Constance Farrington)의 1963년도 영역본과 최근에 나온 필콕스(Richard Philcox)의 다른 영역본(New York: Grove Press, 2004)을 같이 참조하였음을 밝혀둔다.

2. 직접 인용문 안의 대괄호([ ])는 독자의 이해를 돕기 위해 저자가 넣은 것이다.

왜 다시 파농인가

🌸 들어가는 말

'누런 피부'를 가린 '하얀 가면'

오뚝 솟은 코, 커다랗고 깊숙한 눈, 손바닥으로 가려지는 조그만 얼굴, 뽀얀 백색 피부, 잘록한 허리와 늘씬한 다리……. 우리 시대의 미인도에 어김없이 등장하는 모습이다. 이 기준은 연예인이면 신상명세서에 기본적으로 갖춰야 하는 항목일뿐더러 우리 사회가 공유하는 미/추의 시금석이다. 기준을 만족하지 못하는 '그들'은 부모를 원망하고 신세한탄이나 하며 이 시대의 '루저'로 살아갈 따름이다. TV 코미디 프로그램에서나 일상생활에서나 '그들'은 그저 끊임없는 풍자와 비하의 대상이 된다. 이 기준에 맞는 사람이 극소수일 뿐인데도 말이다.

이 때문에 대한민국의 그 허다한 성형외과들이 '보편적' 가이드라인에 맞추어 우리의 몸과 얼굴을 뜯어고친다. 눈을 찢거나 콧속에 이물질을 집어넣는 건 기본이고 심지어 뼈를 깎는 고통까지 감수하면서 우리는 조상에게 물려받은 '열성' 유전자를 극복하려고 안간힘을 쓴다. 매일 아침 화장을 할 때도 원래 '살색'보다 더 밝은 색조로 덧칠하여 '백색 미인'으로 변신한다. 이쯤 되면 '누런 피부'를 감추려고 '하얀 가면'을 뒤집어쓴다는 건 더 이상 비유에 그치지 않고 일상의 현실로 자리 잡은 셈이다. 그 와중에 우리의 마음과 정신도 매일 성형수술을 받는다. 항상 마취상태여서 아무런 통증도 느끼지 못한 채.

우리 몸에 걸치는 의상과 장식품에도 수입명품, 백화점브랜드, 시장물건으로 나뉘는 '보편적' 등급이 존재한다. 많이 배우고 많이 가진 사람일수록 첫 번째 것을 선호하는 건 물론이다. 그래야 최상류층으로서 차별화된 대접을 받기 때문이다. '상위 1퍼센트'에 속하지 못하는 '어중간한 중간계층'은 세일 기간에 백화점이나 아울렛 몰을 기웃거리며 '오리지널'의 잉여분을 건짐으로써 상대적인 박탈감을 위무한다. 여기엔 남녀노소의 구분이 없다. 졸부의 부르주아 속물근성을 비판하는 지식인들마저 명품브랜드의 마력 앞에서는 철저히 무장해제를 당한다.

어디 그뿐인가? 길거리에 나가보라. 문화적 소비수준이 높다고 자부하는 곳일수록 업소간판과 광고문구는 온통 외국어로 도배되어 있다. '한글사랑' '신토불이' 등의 구호가 무색해지는 서울 도심을 걷다 보면 마치 미국이나 유럽의 쇼핑몰 한복판에 와 있는 듯한 착각이 든다. 한국인은 세계화와 서구화가 동의어임을 매일매일 일상에서 확인하는 것이다. 설령 외국 상표와 외국어의 범람이 돈과 힘의 문제임을 고려하더라도 서구를 향해 기울어진 우리의 마음은 그야말로 맹목적이다.

특히 영어 열풍은 우리 사회의 서구 편향성이 가장 구조적으로 드러나는 현상이다. 남의 언어지만 영어를 잘하느냐 못하느냐의 여부가 계급을 결정짓는다고 해도 과언이 아니다. 가히 영어제국주의 사회라고 할 만하다. 영어를 잘하면 좋은 대학에 가서 좋은 직업을 가지고 좋은 부모가 되어 자식에게 일찍부터 영어를 접할 좋은 환경을 제공한다. 영어가 신분상승의 사다리이자 신분세습의 채널이 되는 것이다.

하지만 좋은 부모를 만나지 못한 대다수 한국인은 원어민처럼 영어를 못한다는 '원주민 콤플렉스'에 평생을 시달려야 한다. 유치원생부터 정년을 앞둔 회사원까지 모두가 'L'과 'R' 발음의 차이를 의식하며 열심히 혀를 굴리고 정관사와 부정관사의 애매모호한 용법을 익히느라 골머리를 앓는다. 영어는 영원한 숙제로 남아 우리를 항상 주눅 들게 한다. 특히 '가방끈이 긴' 식자층일수록 영어의 벽 앞에서 한없이 왜소해진다. 한글 맞춤법이나 띄어쓰기가 틀리는 건 괜찮아도 영어 발음이나 표현이 어눌할 때는 엄청난 열패감과 수치심을 느끼게 된다. 같은 외국어라도 독일어나 중국어는 잘하면 좋지만 못한다고 창피해하진 않는다. 이는 그만큼 영어가 서구를 흉내 내고 닮아가는 가장 확실한 수단이기 때문이다.

서구 의존도가 상당히 해소되었다는 문화콘텐츠 시장에서도 사정은 별반 다르지 않다. 오페라, 뮤지컬, 연극, 영화, 컴퓨터게임 등 많은 분야에서 토속적이고 전통적인 소재는 여전히 별미나 양념일 뿐 메인메뉴는 아니다. 특히 한국 극장가를 점령한 할리우드 영화는 미국이 세계화의 모델이요 시금석임을 우리의 무의식에 깊이 각인시킨다. 액션, 어드벤처, 로맨스, 애니메이션, 기타 어느 장르에서든 가장 흔히 접하는 주제가 바로 피부색의 차이에 따른 대립구도다. 한쪽에는 수적인 열세에도 적을 쳐부수고 임무를 완수하는 지혜롭고 용맹한 '화이트 슈퍼히어로'가 있고, 다른 한쪽에는 우둔하고 잔혹하며 호색적인 유형을 충실히 재연함으로써 백인영웅을 돋보이게 하는 흑인, 아랍인, 히스패닉, 차이니즈, 인디언 같은 '유색인 악당'이 있다. 백인영웅이 야만과 미개의 땅을 유린하는 서사시적 여정을 완수하고 나면 이국적 매력이 넘치는 '오리엔탈 미녀'가 승리의 '보너스'로 주어진다. 여기서 우리는 어느 쪽과 자신을 동일시하는가? 우리는 누구와 함께 열광하고 누구에게 박수갈채를 보내는가?

우리가 일상에서 끊임없이 소비하는 것은—아니면 그러지 못해서 안달하는 것은—서구의 이미지다. 매일 우리는 사회 곳곳에서 '누런 피부'를 가린 '하얀 가면'들을 마주치게 된다. 어쩌면 한국 사회에서 일등시민으로 살아간다는 것은 서구의 문화적 코드를 내면화하고 앞장서서 실천하는 삶일지도 모른다. 좀더 서구를 닮으려고, 좀더 서구적인 삶의 방식과 스타일을 좇이기려고 열심히 노쁠 학원도 다니고 미국 유학도 떠난다. 정말 치열하다 못해 처절하다.

왜 이래야만 하는 걸까? 원래 내 모습이 그렇게 못난 걸까? 내가 그토록 덮어쓰고 싶어 하는 '하얀 가면'은 도대체 무엇인가? 가끔 회의가 들긴 하지만, 이 무한경쟁의 세계화 시대에는 그런 냉소적인 자기비판의 제스처조차 사치라는 생각에 금방 수그러진다. 시대의 흐름에 뒤처지지 않는 것만 해도 다행이다. 이런 상황에서 우리의 몸과 마음에 각인된 이미지가 식민주의 역사의 유산이라고 말한다면, 피해의식에 사로잡힌 비관론자의 시대착오적인 넋두리로 들릴까? 이토록 엄청난 힘으로 우리의 일상을 지배하는 백색 신화가 글로벌 자본주의의 전략이라고 의심한다면 너무 거창한 논리적 비약이요 이데올로기적 과잉반응일까?

그렇지 않다. 이 책은 왜 그렇지 않은지 그 이유를 프란츠 파농(Frantz Fanon)이라는 인물을 통해 되새겨보려는 시도다. 우리는 흔히 인간 소외나 억압을 얘기할 때 안전거리를 확보하려고 한다. 즉 나의 문제가 아닌 '그들'의 문제로 접근한다. 특히 식자층에게서 이런 경향이 두드러진다. 그런데 내 '안'과 '바깥'의 경계선을 긋다 보면 정작 나 자신이 처한 상황에는 둔감해진다. 억압을 억압으로 인식하지 못하는 것이다. 내 몸과 마음 구석구석을 파고든 서구중심주의는 이제 거의 무의식적인 욕망이요 삶의 규범이 되어버렸다. 그런데 파농은 '검은 피부'에 '하얀 가면'을 뒤집어쓴 모습이야말로 소외이자 억압이라고 보았다. 백색 신화의 최면에 걸린 동시대 흑인들을 각성시키기 위해서였다.

동시에 파농의 준엄한 질타는 포스트모던 시대의 제3세계 독자들도 비켜가지 않는다. 이 때문에 파농의 저서를 마주하면 격세지감(隔世之感)보다 동병상련(同病相憐)을 느끼게 된다. 파농이 태어나고 자라난 마르티니크의 서글픈 현실이 한국 사회와 중첩될 때 우리는 불안해지고 심지어 불편해진다. 이 책에서 파농의 현재성에 주목하려는 이유도 바로 여기에 있다. '반세기 전 식민지 시대를 살았던 파농이 지금 탈식민 시대를 살아가는 우리와 무슨 상관이 있는가?' 바로 이 질문이 이 책을 가로지르는 문제의식이다.

파농과 우리 시대의 연속성은 그의 저서 도처에서 드러난다. 몇 군데만 예로 들어보자. 『검은 피부, 하얀 가면』(*Black Skin, White Masks*)에서 파농은 프랑스 식민지배하에 있던 마르티니크의 원주민에게 프랑스 언어와 문화가 자기소외와 억압의 기제로 어떻게 작용하는지 이렇게 상술한다.

앙틸레스의 젊은이들 사이에서 프랑스어를 완벽하게 습득하여 프랑스어로 자신을 표현할 수 있는 사람은 엄청난 경외의 대상이 된다. "저 사람 좀 봐, 거의 백인이잖아." 이런 친구를 두고 프랑스에서는 "교과서처럼 말한다"고 하지만, 마르티니그에서는 "백인처럼 말한다"고 한다. 프랑스에 도착한 니그로가 예민하게 반응하는 신화가 있으니, 그것은 마르티니크 출신 니그로는 'R' 발음을 못한다는 것이다. 그는 이 신화를 의식하며 그것을 떨쳐버리려고 그야말로 전쟁을 치른다. 그는 R 발음을 굴리다 못해 과도할 정도로 굴린다. 지독하게 게으른 자신의 혀가 미덥지 못해서 그는 다른 사람들의 미세한 반응까지 몰래 관찰하며 자신의 발음에 신경을 곤두세운다. 그리고 그는 스스로를 방 안에 감금한 채 시간 가는 줄 모르고 큰 소리를 내어 필사적으로 단어를 외운다. 얼마 전에 아는 사람한테서 들은 얘기다. 마르티니크 출신 니그로가 르하브르 항에 도착하여 술집으로 향했다. 그는 득의양양하게 소리쳤다. "웨이터르르르! 매액주 한 잔 주쇼." 이거야말로 진짜 중독이 아니던가? R 발음을 못하는 니그로의 신화를 불식하려는 일념으로 멋들어지게 혀를 굴리는 훈련을 했건만 과도하게 굴린 것이다.(*BS*, pp.20~21)

프랑스에 도착한 흑인은 변한다. 왜냐하면 그에게 프랑스는 신전(神殿)이기 때문이다. 프랑스는 그에게 몽테스키외, 루소, 볼테르에 관한 지식을 제공했을 뿐만 아니라 의사의 직업과 학과장의 자리 그리고 '15년간 복무한' 특무상사에서부터 파니세르에서 태어난 경찰관에 이르기까지 수없이 많은 기능직을 하사했기 때문에 그는 변하지 않을 수 없다. 마르티니크 사회에는 일종의 마법과도 같은 멀리뛰기가 존재한다. 다음

주에 프랑스로 떠나는 이는 자신을 둘러싼 마법의 원을 그리고 다니는데, 파리, 마르세유, 소르본, 피갈 등이 그 멀리뛰기의 키워드가 된다. 그는 부두로 향한다. 그를 싣고 갈 배의 윤곽이 서서히 드러나면 그의 존재를 절단했던 것들도 차츰 사라진다. 그를 배웅하러 나온 사람들의 눈길에서 그는 자신의 변신과 권력의 증거를 읽을 수 있다. "지겨운 손수건아 밀짚모자야, 잘 있거라, 나는 간다." 그가 갑판에 오르면 배는 떠날 테고, 우리는 언젠가 다시 그를 볼 것이다. 이제 우리는 귀향하는 이를 맞으러 가자. '새로 온 사람'은 홀연히 모습을 드러낸다. 그는 프랑스어로만 대답하고 크리올은 알아듣지도 못한다. 이와 관련된 일화가 민담에 전해져 내려온다. 어떤 촌놈이 프랑스에서 몇 달을 지내고 자기 고향에 돌아왔다. 농기구를 보면서 아버지에게 물었다. "저게 도대체 뭐하는 물건이죠?" 아버지에겐 그러한 태도가 씨알도 안 먹혔다. 아버지는 그 연장을 아들의 발등에 떨어뜨렸다. 그 순간 그의 기억상실증은 사라졌다. 놀라운 치료법이 아닌가? 여기에 '새로 온 사람'이 있다. 그는 이제 고향 사투리를 알아듣지 못한다. 그는 오페라에 관해 얘기한다. 멀찌감치 까치발 딛고 구경했던 오페라였는데. 그는 동료들을 비아냥거리기 일쑤다. 아무리 사소해도 매사에 그는 신탁(神託)으로 군림한다. 오직 그만이 알고 있기 때문이다.(*BS*, pp.23~24)

왜 이러한 인격의 변화가 일어나는가? 무엇이 이런 새로운 삶을 영위하게 하는가? 다무헤트와 피숑이 말했듯이, 모든 방언은 일종의 사유방식이다. 귀향한 니그로가 자신이 태어나고 자란 집단의 언어와 다른 언어를 받아들이는 것은 전위(轉位)와 분리의 증거다. 웨스트만 교수가 『오늘의 아프리카』에서 주장한 것처럼, 니그로의 열등 콤플렉스는 끊임없이 그것과 씨름해야 하는 식자층에게서 가장 심각하게 그리고 때로는 아주 단순하게 나타난다. 누더기든 최신 유행 스타일이든 그들은 무조건 유럽식 의상을 걸친다. 그들은 유럽 가구를 사용하고 유럽식 사회담론을 구사하며, 모국어를 유럽식 표현으로 윤색할뿐더러 유럽 언어로 말을 하거나 글을 쓸 때면 과장된 수사를 남발한다. 이를 통해 그들은 유럽과 유럽인이 이룩한 업적과 대등한 위치로 상승하는 느낌을 받게 된다.(*BS*, p.25)

이것은 정신적으로 식민화된 흑인 엘리트계층에 대한 신랄한 풍자인 동시에 젊은 시절 파농의 자화상이기도 하다. 여기서 마르티니크와 한국 사회의 연속성을 확인하기는 그리 어렵지 않다. 프랑스와 프랑스어 대신 미국과 영어를 집어넣고 다시 읽어보라. 그래도 모자라면 파리와 마르세유를 뉴욕이나 로스엔젤레스로, 마르티니크 부두를 인천국제공항으로 그리고 몽테스키외, 루소, 볼테르를 푸코, 데리다, 들뢰즈로 바꾸어보라. 마르티니크의 흑인들과 우리가 얼마나 다른가?

21세기 한국의 '식민지 상황'

우리는 서구중심주의 이데올로기의 피해자에 그치지 않는다. 우리는 우리보다 더 검은 피부색을 가진 사람들에게 하얀 가면을 덧씌우는 가해자이기도 하다. 밖으로는 아프리카와 아시아의 제3세계 국가들을 향해서 그리고 안으로는 '다문화가정'을 향해서 던지는 우리의 시선은 굴절된 형태의 인종주의에서 벗어나지 못한다. 백인을 향한 황인의 열등의식을 우리 스스로 내면화하는 동시에 우리보다 더 검은 사람들에게 해소하는 것이다. 우리 자신이 백인에게 인종차별을 당하는 '유색인'임에도 또 다른 '유색인'을 경멸하고 혐오하는 희한한 아이러니가 발생하는 셈이다.

이제 대한민국은 좋든 싫든 다문화사회로 진입했지만, 사실은 피부색으로 계급을 결정하는 인종주의적 사회구조로 재편되고 있다. 한국인보다 더 검은 피부색을 지닌 이주민은 우리 사회의 '언저리'나 '밑바닥'에 배치되어 노동착취를 당하며 소외와 궁핍 속에서 살아가야 한다. 말이 좋아서 '다문화 주체'이지, 이들은 대한민국이라는 민족국가의 '얼룩'이나 '그늘'로밖에 여겨지지 않는 일종의 식민지 원주민이다.

정부가 주도하는 다문화정책도 이주노동자와 결혼이민자를 '한국화'하는 것이나 다름없다. 그들은 한글을 배우고 한국문화에 젖어듦으로써 대한민국의 문화적 시민권을 얻을 수 있다.

외국인 노래자랑, 한글 백일장, 김장 실습, 전통예절 체험 등 이주민을 위한 모든 프로그램과 이벤트가 그들을 모국의 문화적 뿌리로부터 단절시키는 과정이다. 그들의 조국이 어디인지 그들의 문화가 어떠한지는 상관할 바 아니다. 그것이 적응이요 정착이다.

반면 다문화사회의 또 다른 축인 서구 출신 백인은 다문화정책의 대상이 되지 않는다. 백인의 언어와 문화는 우리 것보다 우월하기에 우리가 배워야 한다고 생각하기 때문이다. 백인은 포섭과 동화의 대상이 아니라 모방의 대상인 것이다. 한국에서 활동하는 상당수의 백인 영어원어민 강사들은 모국에서의 경쟁에서 밀려난 잉여노동력이었지만 이 땅에 오면 고임금을 보장받는 선진문화의 전도사가 된다. 요즘 외국인들이 많이 등장하는 TV 예능 프로그램에서도 백인과 '유색인'은 방송분량과 역할에서 현저히 차이가 난다.

이처럼 피부색에 따라 이주민이나 외국인을 차등화하는 습성의 이면에는 우리가 백인보다 못났다는 열등의식과 우리가 흑인보다 잘났다는 우월의식이 기묘하게 뒤엉켜 있다. 마치 파농 시대의 카리브 해 혼혈 흑인이 진짜 '미개인'은 아프리카 정글에 사는 '니그로'이며 자신은 백인에 가까운 '문명인'으로 착각하고 살았던 것처럼.

우리 사회를 잘 아는 노르웨이 출신의 학자 박노자가 말한다. 대한민국은 "아류 제국주의 국가"라고. 여전히 미국의 경제식민지요 군사보호국이면서 동남아시아의 저개발 국가들을 향해서는 제국주의적 착취와 차별을 일삼으며 세계체제의 주변부에서 또 하나의 "작은 식민모국"으로 군림하는 대한민국. 차이와 다양성을 기치로 내걸며 다문화사회를 표방하면서도 이주노동자를 향해서는 온갖 물리적·제도적 폭력을 가하고 단일민족의 신화 속으로 포섭되기를 강요하는 대한민국. 조선시대 봉건사회에서 한문이 그러했듯이 영어가 특권적 엘리트의 신분세습과 천민차별의 수단이 되어버린 대한민국. 한마디로, 식민성이 집단 정체성으로 굳어져버린 대한민국. 듣기 싫지만 맞는 말이다. 그리고 이 외국 학자는 덧붙인다. 대한민국이 신자유주의적 세계체제 안에서 어떤 위치를 차지하며 어떤 역할을 수행하고 있는지 한번쯤 진지하게 되새겨보라고.[1]

만약 이 외국 학자의 애정 어린 비판에 자신 있게 아니라고 대답할 수 없다면 우리는 다시 파농으로 돌아가야 한다. 그리고 파농을 거울삼아 겸허하게 우리 모습을 살펴봐야 한다. 대한민국이 신식민주의의 가해자든 피해자든 세계체제의 중심부든 주변부든 간에, 파농은 우리에게 여전히 필요하고 유효하다. 파농이 기록한 식민지 시대의 모순과 부조리는 오늘날 우리에게도 자기성찰을 위한 반면교사(反面教師)가 될 수 있기 때문이다.

물론 파농이 '식민지 상황'의 모델로 삼은 당시의 마르티니크와 알제리가 '탈식민' 시대의 대한민국과 완전히 일치하는 것은 아니다. 게다가 정치적 절박함과 윤리적 압박감이 느껴지는 파농의 텍스트는 '가벼운 것'을 선호하는 포스트모던 시대의 독자에게 거부감을 줄 수 있다. 그런데도 파농을 내려놓을 수 없는 이유는 그가 맞서 싸웠던 식민주의와 우리가 당면한 신식민주의 사이에 차이점보다 공통점이 더 많기 때문이다. 식민지 지식인 파농이 근자에 '글로벌 이론가'로 부활하는 이유도 식민주의에 대한 그의 진단과 처방이 시대나 지역의 차이를 건너뛰는 보편적 생명력을 지니고 있기 때문이다.

몇 년 전에 국내 서점가에 체 게바라(Che Guevara) 바람이 거세게 일었던 적이 있다. 누구도 예상치 못했던 열풍이었다. 『체 게바라 평전』을 펴낸 출판사도 왜 이 책이 베스트셀러와 스테디셀러가 되는지 영문을 모르겠다고 했다. 더 흥미로운 것은 체 게바라에 열광한 독자층이 대학시절 지하실에 숨어 금서를 읽었던 386세대뿐만 아니라 하드록카페에서 노랗게 물들인 머리를 흔들며 괴성을 지르는 20대 젊은이들까지 포함된다는 사실이다. 그 덕에 출판사에서 제작한 체 게바라 티셔츠와 머그컵은 순식간에 동났고 서점에 전시한 그의 브로마이드도 붙여놓기가 무섭게 없어졌다. 체 게바라 열풍은 서구 사회에서도 마찬가지였다. 체 게바라 사망 30주기를 맞아 그를 추모하는 행사가 잇따랐고, 시사주간지 『타임』은 체 게바라를 '20세기 영웅 20걸'에 포함시켰으며, 팝스타 마돈나는 체 게바라의 이미지를 차용해서 앨범 표지를 만들었고, 프로복서 마이크 타이슨은 체 게바라의 얼굴을 대형 문신으로 앞가슴에 새기고 링 위에 등장했다. 체 게바라가 자신이 생전에 가장 증오했던 자본주의의 문화상품으로 부활했다니 참으로 역사의 아이러니가 아닐 수 없다.

이 희한한 현상의 원인을 두고 해석이 분분했다. 어느 일간지의 분석에 따르면, 체 게바라 신드롬의 이면에는 영웅이 사라지고 거대서사가 물 건너간 우리 시대의 공허함이 깔려 있다고 한다. 해체와 다원화를 내세운 포스트모더니즘이 '이유 없는 반항'과 '방향 없는 자유'만 양산하고 유토피아의 꿈은 제시하지 못하는 상황에서, 체 게바라 같은 혁명가의 이야기가 그 공허함을 달래주는 소망충족적인 로망일 수 있다는 것이다. 아니면, 쿠바혁명이 완성되는 순간 자신에게 응당 돌아올 혜택을 마다하고 또 다른 혁명을 위해 남미의 정글로 몸을 던진 체 게바라의 열정과 헌신이 우리 모두의 속물근성을 부끄럽게 느끼도록 했는지도 모른다. 더 솔직히 말하면, 체 게바라의 외양이 풍기는 카리스마나 그의 아나키스트적인 언술이 인기의 비결이었을 수도 있다. 그게 사실이라면, 우리 시대의 체 게바라는 "또 하나의 제임스 딘"일 뿐이다.[2]

파농의 경우도 매한가지다. 식민주의 역사의 산물인 파농이 왜 지금 다시 등장하는가? 파농의 고뇌와 절규가 21세기 한국 독자에게 무슨 의미가 있는가? 이러한 의문을 넘어 파농과 마주하기 위해서는 우선 그가 제기하는 문제의식을 우리 젓으로 받아들여야 한다. 즉 파농의 현재성을 전제해야 한다. 그렇지 않으면 가시 돋친 그의 직설화법을 대하기가 너무 부담스럽거나 무의미할 것이다. 파농을 다시 불러내는 이유가 지적인 사치나 언어유희가 되지 않기 위해서는 우리 자신의 위치를 좀더 정직하게 돌아볼 필요가 있다. 파농의 동시대 흑인들과 마찬가지로 우리도 백색 신화의 최면에 빠진 채 '하얀 가면'을 덮어쓰고 살아간다는 것을 인정할 때, 우리가 속한 '탈식민'(post-colonial) 시대가 진정 '탈식민화된'(decolonized) 시대가 아니라는 역사인식을 공유할 때, 파농과의 만남이 헛되지 않을 것이다.

'그냥 멋으로' 체 게바라의 초상이 새겨진 티셔츠를 입듯이 파농을 가볍게 읽고자 하는 것이 아니라면, 우리는 파농의 현재성에 대한 질문을 건너뛰거나 에둘러가지 않아야 한다.

파농의 생애와 유산

'하얀 가면'을 벗고 '하얀 세상'에 맞서다

"지금 알제리에서 벌어지고 있는 사태는 한 민족을 말살시키려는 부질없는 시도의 필연적 결과다. 지금은 침묵이 부정직한 때다. 내가 따따를 결론을 더 이상 내가 할 수 있는 게 없다는 거짓된 핑계로 자리를 보전하며 여기에 남아 있지 않겠다는 것이다."

실천하는 지성, 행동하는 양심

프란츠 파농이라는 이름을 보고 가장 먼저 떠오르는 단어는 저항과 투쟁이다. 근자에 파농이 탈식민주의 이론가로 재조명되고 있긴 하지만, 파농은 많은 사람에게 여전히 행동하는 지식인의 표상으로 남아 있다. 식민주의의 억압과 모순에 맞서 싸웠던 파농은 지식인의 정치적 실천이 무엇인지를 자신의 삶 전체로 보여준 인물이다. 서른여섯의 젊은 나이에 숨을 거두기까지 파농의 삶은 그야말로 치열한 전투의 연속이었다. 그 전투는 정신적인 동시에 물질이었고, 파농 자신을 깨우치는 동시에 세상을 변화시키는 싸움이었다. 그만큼 파농의 삶이 남긴 파장은 강력했다. 서구와 제3세계, 남성과 여성, 백인과 유색인 등의 온갖 경계선을 넘어 지구 방방곡곡에서 파농의 이름은 끊임없이 반향을 불러일으켰다.

파농의 끈질긴 생명력은 어디에서 오는 것일까? 아마도 그 원천은 언행일치에서 비롯되는 진정성일 것이다. 파농은 골방에서 유토피아를 꿈꾼 몽상가가 아니었고 지식인의 부채의식과 씨름하며 탁상공론이나 일삼는 학자도 아니었다. 한마디로, 파농은 사상가인 동시에 실천가였다. 그의 말과 글은 현장에 바탕을 둔 다큐멘터리요 부단한 투쟁의 산물이었다. 펼치는 장마다 탄식과 고뇌가 묻어나고, 투박한 그의 언술에는 압제자들을 향한 분노의 두드러기가 돋아 있다. 포스트모던 시대의 지식인들이 역사의 진공상태에서 읊조리는 '고급 이론'과는 색깔이 다르다. 이 때문에 그의 주장이 과격하거나 논리적 정교함이 떨어져도 독자들은 별로 개의치 않는다. 종종 파농의 한계로 지적되는 "너무 성급하고 너무 노골적인" 입장표명도 어쩌면 파농만의 미덕일지 모른다.'

니체는 인간이 무엇에 관해 쓰든 결국 자신의 전기(傳記)를 쓰게 된다고 말한 바 있다. 모든 재현의 객관성과 가치중립성을 부정하는 말이다. 파농도 자신은 시대의 산물이며, 그 시대에 대해 객관적으로 서술하는 것은 불가능할 뿐만 아니라 부정직하다고 천명했다.(*BS*, p.13, p.86) 이는 파농의 이론과 사상이 역사의 진공상태에서 비롯된 것이 아니라 자신이 직접 경험하고 목격했던 것에 바탕을 두고 있음을 의미한다. 더구나 '식민지 상황'이라는 시대적 절박함으로 인해 파농은 우리에게 언제나 일인칭으로 다가온다. 그의 텍스트에는 화자 파농과 작가파농 사이의 간극이 존재하지 않는다. 자신의 주장이 개인적이고 주관적임을 숨기지 않기 때문이다. 파농의 책을 읽으면 그가 누구였는지, 그가 무슨 생각을 했고 어떤 행동을 했는지를 생생하게 알게 된다. 그 모든 것이 삶의 기록이기 때문이다. 따라서 파농이 남긴 글을 제대로 이해하기 위해서는 먼저 그가 남긴 삶의 발자취를 되짚어볼 필요가 있다.

식민지 마르티니크의 섬 소년

파농은 1925년 카리브 해 연안에 있는 앙틸레스 제도(the Antilles)의 섬 중 하나인 마르티니크에서 태어났다. 파농의 아버지는 흑인노예 출신으로 자수성가한 세관 공무원이었고 어머니는 작은 상점을 운영하는 프랑스계 혼혈 여성이었다. 이들은 마르티니크의 중심도시 포르드프랑스에서 흑인치고는 상당히 여유 있는 생활을 영위하고 있었다.

여덟 남매 중 다섯째인 파농은 어릴 적부터 가장 유별난 아이였다. 파농 형제들의 회고에 따르면, 그는 남달리 고집이 세고 호기심과 모험심이 강해서 부모가 잠시도 눈을 뗄 수 없었으며 일단 어떤 생각을 하면 반드시 그것을 해내고야 마는 끈기와 배짱이 있었다고 한다. 파농은 어릴 때나 커서나 아버지보다 어머니를 더 따랐다. 마르티니크의 흑인사회가 대체로 어머니 중심의 가족구조를 지니고 있었기도 했지만 유독 파농을 향한 어머니의 애정과 염려는 특별했다. 그녀는 다른 자식들에게 편지를 쓸 때는 "엄마는 너를 위해 기도한다"라는 말을 덧붙였지만, 파농에게 보내는 편지만은 "엄마는 너와 함께 걸어간다"라는 말로 끝맺었다.

당시 마르티니크는 프랑스 식민지였다. 섬의 원주민들은 식민정부의 적극적인 동화정책으로 인해 물질적으로나 정신적으로나 철저히 식민화되어 있었다. 섬 전체 인구 삼십만 명 중에서 백인은 천 명밖에 안 되었지만 식민주의의 헤게모니는 절대적이었다. 종속과 의존의 정도는 하층민보다 중산층에서 더 심했다. 얼마나 피부색이 덜 검은가? 얼마나 프랑스어를 유창하게 구사하는가? 얼마나 가정형편이 여유로운가? 이 세 가지 기준은 서로 떼어놓고 생각할 수 없었다. 말하자면 마르티니크에서는 피부색과 사회적 신분이 불가분의 관계에 있었다.

흑인 중산층 가정에서 태어나고 자라난 파농도 이러한 풍토에서 벗어날 수 없었다. 파농의 부모는 자녀들에게 신분상승의 척도인 '프랑스 모국어'를 열심히 배우도록 했고 하층민과 흑인의 언어인 크리올은 사용하지 못하게 했다. 그 덕에 파농은 '프랑스의 프랑스어, 프랑스인들이 쓰는 프랑스어, 프랑스적인 프랑스어'를 '원어민처럼' 구사할 수 있게 되었다. 극장에서 「타잔」 같은 영화를 볼 때면 파농은 아프리카 '미개인들'을 경멸하며 자신을 백인 주인공과 동일시했다. 어린 파농의 장래희망은 '문명의 중심부'이자 '위대한 조국' 프랑스로 유학 가는 것이었다.

이처럼 '검은 피부'에 '하얀 가면'을 뒤집어쓰고 살아가던 파농과 마르티니크 사회에 의미심장한 변화가 찾아들었다. 변화는 세제르(Aimé Césaire)라는 청년 시인에게서 비롯되었다. 세제르는 파리에 유학하는 동안 프랑스 식민지 출신의 흑인학생들과 함께 흑인정체성 회복운동인 네그리튀드(Négritude)를 주도했다. 고향으로 돌아온 세제르는 포르드프랑스이 고등하교에 철학 교사로 자리 잡은 뒤 주위의 반대를 무릅쓰고 네그리튀드의 정신과 이념을 설파해나갔다. 200년이 넘도록 백색 신화의 최면에 빠져 있던 원주민들은 검은 것이 아름답고 검은 것이 강인하다고 외치는 세제르를 '미친놈'이라고 무시하고 비웃었다. 하지만 그의 외침은 엄청난 '스캔들'이었고 시간이 흐를수록 적잖은 반향을 불러일으켰다. 특히 마르티니크의 젊은 이들은 "아무리 나무줄기를 하얗게 칠해도 뿌리는 여전히 검다"는 세제르의 도발적이고도 진정성 담긴 가르침에 열광했고 그를 자신들의 정신적 지주로 삼게 되었다. 파농도 그중에 한 사람이었다.

'조국' 프랑스에 받은 상처

제2차 세계대전은 비교적 평온했던 파농의 삶에 불어닥친 또 다른 변화의 바람이었다. 프랑스가 나치 독일과의 전쟁에서 패배하자, 마르티니크도 나치가 세운 괴뢰정권인 비시(Vichy) 정부의 군인들에게 점령당한 것이다. 식민모국 프랑스의 패전 소식은 마르티니크 원주민들에게 받아들이기 힘든 충격이자 굴욕이었다. 훗날 파농은 프랑스의 패배를 '아버지의 죽음'으로 묘사했다. 더구나 마르티니크에 상륙한 점령군의 횡포와 만행으로 인해 나치에 대한 적개심은 들끓어올랐다. 물론 인종주의적 폭력을 일삼는 점령군은 프랑스군이었지만 친(親)나치

정부의 군대였기 때문에 반인종주의적 저항의 대상은 프랑스가 아닌 나치 독일이었다. 프랑스는 마르티니크 사람들에게 여전히 '위대한 조국'이었다. 많은 청년이 프랑스를 나치에서 구원하고자 저항군 훈련소가 있는 도미니카로 향했다. 열일곱 살 나이의 열혈청년 파농도 그 대열에 합류했다. 파농은 가족들의 만류를 뿌리치고 도미니카로 떠났는데, 그것도 하필이면 형 펠릭스의 결혼식 날이었다. 이미 파농의 우선순위에서 공적인 대의명분이 부모·형제보다 앞서기 시작한 것이다.

그런데 아이러니하게도 파농은 나치의 인종주의를 타파하겠다는 일념으로 참가한 전쟁에서 난생처음 인종주의의 장벽에 부딪히게 되었다. 도미니카에서 군사훈련을 받은 파농은 대서양을 건너 북아프리카에 있는 프랑스 해방군에 자원입대했는데, 세계 각처의 다양한 인종이 모여든 그 군대에서 너무나 노골적이고 확연한 인종적 위계질서를 확인한 것이다. 자유와 평등의 보루를 자처하던 프랑스도 예외가 아니었다. 이를테면 프랑스 본토 백인, 프랑스 식민지 출신 백인, 프랑스 본토 흑인, 프랑스 식민지 출신 흑인, 북아프리카 무슬림, 남아프리카 흑인의 순서로 서열이 매겨졌다. 피부색이 얼마나 덜 검은지의 여부와 함께 유럽과 얼마나 더 가까운지가 서열의 기준이 된 것이다. 게다가 파농과 그의 고향친구들은 세네갈 병사로 오인되었는데, 이는 스스로를 '아프리카 니그로'와는 근본적으로 다른 종족이라고 지부해있던 가리브 해 혼혈 흑인들에 잠기 림든 모독이었다. 북아프리카에 주둔하는 동안 파농은 인종주의와 식민주의의 억압을 피부로 느꼈고, 이 경험은 훗날 그가 인종 중심적 심리학에 천착하는 계기가 되었다.[2]

　전쟁은 파농에게 영예와 상처를 동시에 안겨주었다. 노르망디 상륙작전 이후 퇴각하는 독일군을 뒤쫓아 파리로 진군하는 연합군 부대에 배속된 파농은 마치 자신의 애국심을 입증이라도 하려는 듯 그 누구보다도 용감하게 싸웠다. 위험한 작전일수록 자청해서 뛰어들었고, 그 과정에서 두 차례나 부상을 당했다. 마침내 프랑스는 해방되었다. 파농은 무공훈장도 받고 진급도 했다. 하지만 파농을 기다린 것은 북아프리카에서 경험한 인종주의적 냉대와 경멸이었다. 개선행진에서나 승전파티에서나 파리 시민들의 시선은 온통 백인병사들에게 향했고, 파농을 비롯한 흑인용병들은 거들떠보지도 않았다. 그뿐만 아니라 베를린에 입성하는 연합군이 백인 부대로만 구성되면서 파농은 전쟁의 피날레에 동참할 수 없었다. 그토록 치열하게 '조국' 프랑스의 해방을 위해 싸웠건만 파농은 끝까지 프랑스 국민이 아니라 '니그로'에 불과했던 것이다. 파농의 몸속에 박힌 박격포 파편이 상징하듯이, 정의롭고 고귀한 대의를 위해 참여한 전쟁은 그에게 치유 불가능한 상처만을 남기고 말았다.

　절망과 배신감에 사로잡힌 채 파농은 다른 카리브 해 병사들과 함께 귀국 길에 올랐다. 그러나 이들을 기다린 것은 가축을 운반하던 작고 노후한 화물선뿐이었다. 비좁고 냄새나는 배에서

질병과 굶주림에 방치된 채 대서양을 건넌 파농 일행은 200년 전 아프리카에서 송출되던 노예와 다를 바가 없었다. 더구나 포르드프랑스에 도착한 이들은 가족밖에 나오지 않은 초라한 마중을 받으며 다시 한 번 프랑스 정부의 무관심을 확인해야 했다. 화려한 개선행진과 구름처럼 몰려든 환영인파를 기대했던 파농의 꿈은 헛된 미망에 불과했다. 그 이후로 파농은 몸에 남겨진 상처와 무공훈장에 관해 일절 언급하지 않았지만, 그의 마음에 새겨진 상처는 『검은 피부, 하얀 가면』에 절절히 스며들었다.

유럽과의 만남, 문화적 세례를 받다

귀향 이후 파농은 전쟁의 상흔을 달래고자 철학과 심리학 분야의 책을 읽으며 지냈다. 특히 파농은 니체, 야스퍼스, 사르트르를 비롯한 실존주의 철학자들의 사상에 심취했다. 물론 칩거와 방랑을 일삼고 있던 파농을 가장 크게 자극한 인물은 여전히 세제르였다. 당시 프랑스 의원선거에 공산당으로 출마하여 사회변혁을 외친 세제르는 마르티니크의 봉건적 식민사회에 염증을 느끼던 파농에게 유일한 대안이자 희망으로 다가왔다. 비록 나중에 파농은 마르티니크를 프랑스의 도(道)로 승격시켜 섬의 대표를 프랑스 의회에 보내자는 세제르의 동화주의 노선을 비판하고 그와 결별했지만,[3] 세제르는 청년시절 파농의 가장 중요한 멘토였음이 틀림없다. 세제르를 통해 그리고 제2차 세계대전을 통해 이미 바깥세상을 알아버린 파농에게 대학교 하나 없는 마르티니크는 너무 좁고 답답한 세계였다. 삶의 돌파구를 모색하던 파농은 1945년 결국 포르드프랑스를 떠나 프랑스로 향했다.

파농이 프랑스에 가서 정착한 곳은 파리가 아니라 리옹이었다. 파리의 어느 치과대학에 잠시 다녔지만 곧 싫증을 느꼈다. 파리는 물가가 비싸고 흑인이 너무 많다는 이유에서였다. 물론 파리 생활도 파농에게는 장점이 있었다. '니그로'라는 익명의 덩어리에 파묻혀 별다른 주목을 받지 않고 편하게 지낼 수 있었기 때문이다. 하지만 파농은 흑인이 드문 리옹에서 흑인의 고착화된 이미지에 얽매이지 않고 홀로 백인 세계와 대면하고 싶었다. 더구나 당시 리옹은 프랑스에서 급진주의 사상과 사회운동의 중심지였다.

리옹 대학의 의과대와 문과대에 등록한 파농은 의학 공부와 인문학 공부를 병행했다. 실존주의, 현상학, 민족학, 정신분석학, 마르크스주의 등 다방면에 관심을 가진 파농은 철학자 메를로-퐁티의 강의와 민족학자 구랑의 강의를 들었고, 헤겔, 니체, 레닌, 마르크스, 하이데거, 후설, 레비-스트로스, 키르케고르, 사르트르의 저작을 탐독했다. 특히 정신분석학에 매료된 파농은 프로이트는 물론이고 당시에 막 발표된 라캉의 최신 논문도 섭렵했다. 또한 파농은 사르트르와 카뮈의 실존주의 연극에 영향을 받아 서너 편의 희곡 습작도 썼고, 리옹 시내의 레스토랑이나 카페에서 다양한 분야의 지식인들과 밤새워 토론을 벌이거나 좌파 집회와 노동자 시위에도 적극적으로 참석했다.[4] 요즘 식으로 말하면, 파농은 다양한 학문 간의 '통섭'과 '융합' 또는 '경계선 넘어서기'를 활발하게 실천하고 있었던 셈이다.

의과대 전공 중에서 특히 정신의학에 흥미를 느낀 파농은 그랑주블랑슈 병원에서 본격적으로 정신의학을 공부한 후 생틸리 병원에서 인턴 근무를 했다. 이 경험을 바탕으로 「북아프리카 증후군」이란 논문을 발표했는데, 여기서 파농은 북아프리카 출신 환자들에 대한 프랑스 의사들과 간호사들의 인종주의적 차별을 상세하게 기술했다. 이 논문은 당시로서는 파농의 지도교수나 동료의사들이 받아들이기 힘든 매우 도전적이고 선구적인 시도였다.

인턴 근무를 마친 파농은 박사학위 논문을 제출했지만 그의 지도교수는 충분히 학술적이지 못하다는 이유로 받아들이지 않았다. 그 논문이 바로 『검은 피부, 하얀 가면』의 원고였다. 전통적인 분과학문 체계에 기초한 당시 정신의학계의 풍토에서, 흑인의 주체성과 소외를 분석하고 세제르를 인용한 연구가 학위논문으로 받아들여질 리 만무했다. 결국 파농은 소뇌와 척수의 퇴화로 유발된 정신장애에 관한 사례연구를 대신 제출하여 심사를 통과했고, 1951년 스물일곱 살의 젊은 나이에 마침내 박사학위를 취득한 정신과 의사가 되었다. 하지만 파농은 이후에 한 번도 자신의 학위논문이나 지도교수에 대해 언급한 적이 없다.

파농의 결혼생활도 그의 학문적 여정만큼이나 순탄치는 않았다. 파농은 리옹의 대학시절 백인 중산층가정 출신의 의과대 동급생과 사랑에 빠졌다. 그런데 미셸(Michelle B.)이라는 이름의 이 여학생이 파농의 딸을 낳게 되면서 이들의 관계는 순식간에 지탄의 대상이 되고 말았다. 혼전 출산에다 인종 간의 사랑 그리고 그 사이에서 태어난 흑인아기는 리옹의 보수적인 백인사회가 용납하기 힘든 스캔들이었다. 모든 일에 솔직하고 올곧은 인물로 평가받는 파농이지만, 이 문제에서만큼은 그렇지 못했다. 파농은 그녀와의 관계를 청산하기를 원했고 한동안 그 딸을 자신의 아이로 인정하는 것조차 거부했다.

게다가 파농의 마음은 이미 다른 여인에게 가 있었다. 조시(Josie)로 불린 뒤블레(Marie-Josephe Dublé)가 그 주인공이었다. 조시의 부모는 코르시카의 혼혈 집시 출신인 데다 좌파 성향의 노동조합원이었기 때문에 파농과 조시의 관계는 크게 문제되지 않았다. 두 사람은 1952년에 결혼했고, 얼마 지나지 않아 아들도 하나 태어났다. 그러나 이들의 짧았던 결혼생활은 파란만장한 파농의 공적인 삶에서 벗어날 수 없었다. 1989년 알제리에서 자살로 생을 마감한 조시는 평소에 파농과의 결혼생활을 거의 얘기하지 않았다고 한다. 파농의 미망인으로서 살아가는 그녀의 삶이 그만큼 버거웠기 때문이었을 것이다.[5]

유학을 마치고 마르티니크로 돌아온 파농은 조그만 사무실을 열고 진료를 시작했지만, 마르티니크는 그가 익힌 선진 의학지식을 적용하기에는 모든 여건이 너무나 열악한 사회였다. 식민모국과 식민지의 괴리는 파농이 생각했던 것보다 훨씬 더 크게 다가왔다. 파농을 가장 맥 빠지게 한 것은 원주민들의 무기력한 모습이었다. 마르티니크는 정착민과 원주민을 선과 악 또는 문명과 야만의 이분법으로 규정하는 식민주의 이데올로기에 얽매인 채 사회변화를 향한 욕구와 의지를 상실해버린 전형적인 식민지 사회였다. 나중에 마르티니크 원주민들이 알제리 독립전쟁에 뛰어든 파농을 두고 '모국' 프랑스에 총부리를 겨눈 민족의 반역자로 매도했다는 사실은 그들이 얼마나 철저하게 식민화되었는지를 짐작케 한다. 파농은 『대지의 저주받은 자들』에서 당시 마르티니크의 침체된 원주민 사회를 이렇게 묘사한다.

범선을 움직일 바람조차 일지 않는 이곳에서는 잔잔한 해수면과 미풍에 나부끼는 야자수 그리고 조약돌에 부딪혀 찰싹거리는 파도를 배경으로 끊임없이 진행되는 천연자원의 이송만이 정착민의 존재를 정당화하고 있을 뿐이다. 그 속에서 원주민은 곱절로 몸을 구부린 채 변하지 않는 꿈속에서 마치 산송장처럼 지루하게 살아간다. 정착민은 역사를 창조한다. 그의 삶은 신기원이며 오디세이다. 그가 바로 태초다. "이 땅은 우리가 창조한 것이다." 그는 변함없는 원인이다. "만약 우리가 떠나면 모든 것이 사라지고 이 땅은 중세로 회귀할 것이다."

이 정착민의 뒤에는 열병으로 쇠약해지고 조상으로부터 전해 내려온 관습에 얽매여 움직이지 못하는 자들이 거의 무생물 같은 배경을 형성하며 식민자본주의의 혁신적 역동성을 돋보이게 하고 있다.(*WE*, p.51)

희망이 보이지 않는 마르티니크를 뒤로하고 파농은 프랑스로 되돌아왔다. 이후 파농은 다시 고향 땅을 밟지 못했다. 프랑스로 돌아온 파농은 박사학위 논문으로 제출하려고 했던 원고를 정리하여 1952년에 『검은 피부, 하얀 가면』이라는 제목의 책으로 출간했다. 이 책을 펴낸 장송(Francis Jeanson)은 프랑스의 식민정책에 반대하는 입장을 가진 좌파 철학교수로서 사르트르가 창간한 월간지 『현대』(*Les Temps Modernes*)의 편집인이기도 했다. 당시 프랑스 지성계의 보수주의적인 풍토를 고려하면 파농이 그를 만난 것은 행운이었다.

하지만 『검은 피부, 하얀 가면』에 대한 출판시장의 반응은 냉담했다. 딱히 자서전이라고 할 수도 없고 그렇다고 전문학술서로 보기도 힘든 이 책은 정신의학, 심리학, 철학, 사회학 등의 온갖 범주를 넘나드는 참으로 애매모호한 텍스트였다. 『르몽드』와 『르피가로』를 비롯한 주요 일간지는 물론이고 진보 성향의 신문과 잡지마저 장르의 정체성이 없는 이 책의 서평을 싣지 않았다. 이 책의 이데올로기도 문제였다. 우파 진영에서는 인종주의적 반감과 증오심을 선동한다는 이유로, 좌파 진영에서는 이미 박애와 평등을 실현한 프랑스의 자존심을 훼손한다는 이유로 이 책을 외면했다. 더구나 타자기를 사용하지 못하는 파농이 불러주는 것을 아내가 즉석에서 타자한 원고였기 때문에 『검은 피부, 하얀 가면』은 가독성이 떨어지는 비논리적인 텍스트였다. 아무튼 훗날 탈식민주의 이론의 고전이 된 파농의 첫 번째 책은 그의 생전에는 빛을 발하지 못했다.

파농은 정신질환을 개인의 정신적인 문제로만 인식한 당대의 주류 정신의학의 접근방식에 애초부터 동의하지 않았다. 대안을 찾아 수소문하던 파농이 정착한 곳은 프랑스 중부지역에 있는 생탈방(Saint Alban)의 정신병원이었다. 거기에서 파농은 자신이 유일하게 정신의학의 참 스승으로 인정한 토스켈(François Tosquelles)을 만났다. 토스켈은 바르셀로나 출신의 정신의학자로, 스페인 내란 이후 프랑코 독재정권의 탄압을 피해 망명한 인물이었다. 토스켈은 정신질환이 일종의 사회적 소외이므로 이른바 '정신병자의 인간화'를 통해 사회성을 회복시키는 것이 치료의 핵심이라고 생각했다. 이를 위해 토스켈은 '정상인'과 '광인' 사이의 억압적 위계를 허물고, 환자를 의사와 간호사가 구성하는 공동체의 동등한 일원으로 인식하는 '사회요법'을 시도했다. 이는 당시로서는 선뜻 받아들이기 힘든 급진적인 방식이었지만, 파농에게는 그동안 지녀온 문제의식을 실천해볼 절호의 기회였다. 결국 생탈방 병원에서의 레지던트 생활을 통해 개인의 주체구성에 사회 환경이 무의식적으로 영향을 미친다는 가설을 확인하게 되었고, 이 가설은『검은 피부, 하얀 가면』을 비롯해 파농의 모든 저서를 관통하는 기본전제가 되었다.

암흑의 오지, 아프리카로의 여정

2년 동안 토스켈과 함께 일한 후 파농은 정신병원 주임의사 시험에 응시하여 합격했다. 파농은 아프리카에서 일자리를 알아보기 위해 당시 세네갈 대통령이었던 생고르(Léopold Sédar Senghor)에게 편지를 썼지만 답장이 없었다. 한동안 기다리던 파농은 알제리의 블리다-주앵빌(Blida-Joinville) 병원에 지원했고 임명되자마자 곧바로 가족과 함께 알제리로 향했다. 알제리는 파농이 군복무를 하며 머물렀던 곳이어서 낯설지 않았다.

한 세기가 넘도록 프랑스의 식민통치를 받아온 알제리는 전체 인구의 90퍼센트를 차지하는 아랍-무슬림 원주민과 10퍼센트에도 못 미치는 유럽-기독교 정착민 그리고 소수의 유대인 이주민으로 구성된 '복합적' 사회였다. 특히 아랍인과 유럽인은 정치적 타협과 문화적 교류가 전혀 없는 철저히 상호배타적인 관계를 형성하고 있었다. 오히려 프랑스보다 더 노골적인 인종차별이 극성을 부리던 당시 알제리에는 이런 속담이 있었다고 한다. "프랑스 사람이 스페인 사람에게 침을 뱉으면 그 스페인 사람은 이탈리아 사람에게 침을 뱉고, 그 이탈리아 사람은 몰타 사람에게, 그 몰타 사람은 유대인에게, 그 유대인은 아랍인에게, 그 아랍인은 흑인에게 침을 뱉는다."[6] 파농은 3년 동안 알제리에 살면서 사회 구석구석까지 퍼져 있는 인종차별을 온몸으로 체험했다. "식민지에서는 경제적 하부구조도 일종의 상부구조다. 원인이 곧 결과다. 백인이기 때문에 부자고, 부자이기 때문에 백인이다"(*WE*, p.40)라는 구절도 그러한 체험에서 우러나온 것이다.

파농이 블리다에 처음 도착했을 때 정신병원은 당시 알제리 사회의 축소판이었다. 이 병원은 아프리카에서 가장 규모가 컸음에도 2,000명이 넘는 환자를 고작 여섯 명의 의사가 돌봐야 하는 열악한 환경이었다. 게다가 이 병원에는 백인 의료진과 유색인 환자 사이뿐만 아니라 백인 환자와 유색인 환자 사이에도 넘나들 수 없는 인종주의적 경계선이 존재했다. 모든 병동은 공간적 분리와 유폐를 위해 설계한 감옥이었고 환자들은 무자비한 물리적·정신적 폭력에 노출되어 있었다.

'광기'를 억압과 소외의 문제로 접근한 파농은 토스켈에게서 배운 '사회요법'을 도입했다. 우선 파농은 환자들의 구속복을 벗기고 병동 출입을 자유롭게 하며 병원을 일상의 쉼터처럼 꾸미고 축구장과 공연장을 짓는 등 의료 환경의 개선에 주력했다. 그리고 백인 환자와 유색인 환자를 같은 병동에 수용하고 환자들이 주간지를 자체 제작하게 함으로써 공동체 의식을 기르도록 했다. 이러한 노력은 백인 의료진의 거센 반발에 부딪했고 그들은 파농을 등 뒤에서 '니그로'라고 욕했지만 파농은 굴하지 않았다. 파농의 열정과 헌신은 그들의 완고한 저항을 수그러들게 하였고, 일부 남자 간호사들은 파농의 평생 동지가 되었다.

이 과정에서 파농은 한 가지 흥미로운 시행착오를 겪게 되었다. 파농이 시도한 혁신적인 사회요법이 유럽 환자들에게는 상당한 효과가 있었지만 알제리 원주민은 이렇다 할 변화를 보이지 않았다. 두 집단 사이에 가로놓인 언어장벽과 문화적 괴리를 파농이 간과한 것이다. 프랑스어에 거부감을 지닌 데다 대부분 문맹상태인 알제리 원주민들에게 신문과 잡지를 제공하고 프랑스 국경일에 맞춰 기념파티를 한 것은 큰 착오였다. 게다가 개방병동에서 남녀가 함께 어울리게 하는 것은 원주민들이 지닌 아랍·이슬람 고유의 정서와도 거리가 멀었다. 파농은 알제리 원주민을 유럽인과 다르게 다루었기 때문이 아니라 '똑같이' 다루었기 때문에 자신의 방식이 실패했음을 깨달았다. 문화적 차이가 얼마나 중요한지 너무나 잘 알고 있었던 파농이지만, 결과적으로 알제리를 프랑스의 일부로 간주하고 프랑스 문화를 강제적으로 부과하는 동화(同化) 작업을 시도했던 것이다. 이후 파농은 자신부터 알제리 언어를 배우면서 알제리의 문화적 관습을 존중하고 응용하는 쪽으로 치료방식을 바꾸었고, 결과는 성공적이었다.[7]

알제리혁명, 그 치열한 싸움 속으로

그 무렵, 정신과 의사 파농의 삶에 또 하나의 전환점이 다가오고 있었다. 바로 1954년에 터진 알제리 독립전쟁이었다. 150년 동안 억눌리고 짓밟힌 알제리의 민심이 비등점에 도달한 것이다. 전쟁의 중심은 알제리민족해방전선(Front de libération nationale, FLN)이었다. 원래 소수의 비밀조직으로 출발했던 FLN은 1945년 세티프(Setif)에서 발생한 프랑스의 양민학살 사건을 계기로 알제리 민족주의자들과 비판적인 엘리트들까지 흡수하면서 반식민주의 세력을 규합한 거대조직으로 발전해갔다. 그때까지 행해지던 산발적인 시위와 간헐적인 봉기는 FLN을 중심으로 조직적인 게릴라전과 프랑스 공공기관에 대한 테러로 바뀌었고, 이에 대한 프랑스의 대응도 날로 잔혹해져갔다.

프랑스의 강경책으로 인해 조직이 약화된 FLN의 지도부는 1956년 8월 수맘(Soummam) 회의에서 군사적인 재정비와 함께 정치적인 전략과 이데올로기 확립을 시도했다. 이른바 내부 혁명이었던 셈이다. FLN의 애초 목표는 이슬람 근본주의의 토대 위에 신정국가를 건립하는 것이었지만, 이후에는 민족주의와 사회주의의 결합을 통한 알제리의 탈식민화와 민족국가의 수립으로 목표를 수정했다. 이러한 FLN의 정치 이데올로기는 파농의 사상에도 상당한 영향을 미쳤고 그 흔적은 『내시의 저

46

주받은 자들』에 고스란히 담겨 있다.

　프랑스의 반응은 완강하고 집요했다. 인도차이나와 아프리카에서 식민지를 연이어 잃은 상황에서 마지막 보루였던 알제리만은 지키고 싶었기 때문이다. 특히 알제리는 일찍부터 유럽인들이 이주하여 노른자위 땅을 모두 점유한 정착민 식민지였다. 프랑스 입장에서 보면 알제리는 프랑스의 일부였다. 이 때문에 프랑스는 주력부대를 베트남에서 이동 배치하면서까지 알제리 사수에 나섰다. 흥미로운 아이러니는 이때 프랑스군 사령관인 살랑(Raoul Salan)이 제2차 세계대전 직후 파농의 용맹을 치하하며 무공훈장을 수여한 상관이었다는 사실이다. 그로부터 10년이 지나 이들은 알제리에서 화해 불가능한 적으로 다시 만난 것이다. 프랑스군은 자국민이 한 명이라도 희생되면 마을 전체를 초토화했고 혁명군은 물론 민간인에게도 무차별적인 테러와 고문을 자행했다. 그 과정에서 사상자가 속출했지만 원주민에게는 항생제와 마취제를 비롯한 의약품의 공급을 철저히 차단했다. 8년 남짓 계속된 전쟁에서 100만 명이 넘는 알제리인이 희생되었는데도 프랑스는 알제리 '테러리스트들'의 '만행'을 대외적으로 규탄하기만 할 뿐 정작 자신들이 원주민을 살육하고 고문한 사실에 대해서는 침묵으로 일관했다.

　파농이 FLN과 공식적으로 접촉을 시작한 것은 알제리전쟁이 확산일로에 있었던 1954년 후반이었다. 파농은 FLN 지도부 중에서도 특히 급진적 사회주의 노선을 표방한 람다네

프랑스군에게 사로잡힌 FLN 유격대원

알제리 독립전쟁에 대한 프랑스의 반응은 강경했다. 8년 남짓
계속된 전쟁에서 100만 명이 넘는 알제리인들이 희생되었다.
프랑스 측은 대외적으로 알제리 '테러리스트들'의 '만행'을
규탄하면서도 자신들이 원주민들을 살육하고 고문한
사실에 대해서는 침묵으로 일관했다.

(Abane Ramdane)의 강경노선에 동조하며 그와 친분을 쌓아 갔다. 그렇다고 파농이 처음부터 투쟁의 전면에 나선 것은 아니다. 그는 FLN의 외곽조직의 일원으로 활동하다가 점점 참혹해지는 식민주의의 실상을 목격하면서 조직의 중심부로 발을 들여놓기 시작했다. 비록 자신의 검은 피부색에 대한 아랍인들의 편견과 백인 아내를 둔 데 대한 흑인들의 불편한 시선을 의식해야 했지만, 그런 개인적인 난처함이 파농의 발목을 잡지는 못했다.

파농은 식민권력의 광기와 거기에 영합하는 의사들의 무딘 양심에 분노하며 자신의 삶의 터전을 투쟁의 장으로 전환해갔다. 블리다 병원은 부상당한 혁명투사들의 은신처가 되었고 전쟁에 필요한 각종 물자와 무기의 운반거점으로 자리 잡았다. 파농은 정치사상가나 독립운동가가 아닌 정신과 의사로서 알제리혁명을 만났지만 혁명이 그의 삶을 바꿔놓았고, 이제 그에게 정신의학과 정치학은 분리 불가능한 영역이 되고 말았다.

독립전쟁이 확산하면서 알제리 사회 전체가 식민주의자와 민족주의자로 나뉘었고, 지배자의 억압과 피지배자의 저항은 극한 대립으로 치달았다. 1956년부터 전쟁은 게릴라전과 테러의 양상을 벗어나 알제리의 수도 알제를 중심으로 벌어지는 프랑스군과 FLN의 전면전으로 바뀌었다. 겉은 정신과 의사지만 속은 혁명투사가 된 파농의 '이중 활동'도 감시와 탄압의 표적이 되었다. 블리다 병원이 이를테면 '빨치산 소굴'로 여겨진 것이다. 파농의 간호사와 인턴들은 경찰에 끌려가 혹독한 고문을 당했고 더러는 살아 돌아오지 못했다. 더 이상 알제리에서 활동할 수 없다고 판단한 파농은 프랑스의 야만적인 식민주의에 항의하는 내용의 사직서를 식민총독에게 제출했다. 다음은 『아프리카 혁명을 향하여』(*Toward the African Revolution*)에 실려 있는 사직서 내용의 일부다.

본인은 지난 3년 동안 이 나라와 여기에 사는 사람들을 위해 온몸을 바쳐 일했습니다. 이를 위해 나의 노력과 열정을 조금도 아끼지 않았습니다. 나의 모든 활동은 더 나은 세상을 만들고자 하는 모든 사람의 염원에 맞추어져 있었습니다. 그러나 일상의 현실이 거짓과 비겁함과 인간에 대한 경멸로 가득 차 있다면 어떻게 인간의 열정과 헌신이 결실을 볼 수 있겠습니까? 메마른 애정과 빈곤한 의지와 이 나라 원주민들에 대한 미움으로 인해 나의 의도를 실현하는 것이 불가능하다면 그 의도가 아무리 좋은들 무슨 소용이 있겠습니까? 알제리의 상태는 어떻습니까? 그것은 체계화된 비인간화입니다. 알제리의 사회구조가 개인을 원래 위치로 되돌려놓으려는 모든 시도를 가로막고 있습니다. 지금 알제리에서 벌어지고 있는 사태는 한 민족을 말살시키려는 부질없는 시도의 필연적 결과입니다. 사회구조의 기능은 인간의 필요를 충족시킬 제도를 확립하는 것입니다 구성원들을 극단적인 방안으로 몰아넣은 사회는 발전 가능성이 없는 사회이며 대체되어야 할 사회입니다. 이것을 말하는 것은 시민의 의무입니다. 그 어떤 직업적 윤리나 계급적 연대의식이나 집안의 수치를 몰래 해결하려는 욕구보다 이것이 더 중요합니다. 국가적인 대의를 내세운 그 어떤 미혹이나 기만도 이러한 이성의 요구를 묵살할 수 없을 것입니다. 지금은 침묵이 부정직한 때입니다. 지난 수개월 동안 내 양심은 용납할 수 없는 망설임을 계속해왔습니다. 나는 인간에 대한 실망, 즉 나 자신에 대한 실망을 하지 않겠다고 결심했습니다. 내가 다다른 결론은 더 이상 내가 할 수 있는 게 없다는 거짓된 핑계로 자리를 보전하며 여기에 남아 있지 않겠다는 것입니다.(*AR*, pp.52~54)

대답은 48시간 안에 알제리를 떠나라는 추방명령으로 돌아왔다. 가족을 데리고 황망히 알제리를 떠난 파농은 프랑스 리옹에 있는 처가를 방문한 후 자신의 형과 친구들이 있는 파리로 향했다. 어쩌면 추방령이 파농의 생명을 구해줬는지도 모른다.

파농이 알제리에서 추방되어 파리로 돌아온 1957년 당시 파리의 지성계에는 반식민주의 정서가 팽배해 있었다. 사르트르, 메를로-퐁티, 리오타르, 장송, 드 보부아르, 랑즈만 등의 진보적 지식인들이 알제리 식민정책에 반대하는 성명을 발표했고 더러는 FLN을 지원하는 모임을 결성하여 활동하고 있었다. 그러나 파농은 이들의 모임에 합류하지 않았다. 한때는 유럽 공산주의와 아프리카 민족주의의 연대를 꿈꾸었지만 더 이상 그 가능성을 믿지 않았기 때문이다. 파농이 보기에 프랑스 좌파 지식인들의 일차적인 관심사는 알제리 독립전쟁이 아니라 수에즈운하 파병과 소련의 헝가리 침공이었고, 알제리 문제에서도 이들은 식민주의 자체보다는 특정 사건이나 정책에 비판의 초점을 맞추고 있었다. 더구나 이미 알제리의 절박한 현실을 목격한 파농으로서는 관념적 논쟁이나 일삼는 '안락의자 지식인'이 되는 것을 스스로 용납할 수 없었다. 그는 '현장'으로 돌아가기를 원했다.

프랑스 시민권을 포기한 파농은 지인들의 만류를 뿌리치고 FLN의 주선으로 스위스와 이탈리아를 거쳐 튀니지에 도착했다. 2년 전 프랑스 식민지배에서 독립한 튀니지의 수도 튀니스에는 FLN 본부가 있었다. 알제리에서 도망쳐 나온 독립투사들이 이곳에 모여들면서 독립전쟁을 위한 홍보기구와 보건기구도 조직되었다. 파농은 FLN 홍보부에 배속되어 FLN 기관지 『엘 무자히드』(*El Moudjahid*)의 기자로 활동했고, 동시에 대학에서 강의도 하면서 파레(Fares)라는 가명으로 튀니스 근교의 마누바(Manouba) 병원에 정신과 의사로 근무했다. 거기서 파농은 블리다에서의 경험을 토대로 병원 쇄신작업을 성공적으로 수행했고 그 공로를 인정받아 샤를니콜(Charles Nicolle) 병원을 정신병원으로 개조하는 작업도 맡게 되었다. 이 병원은 아프리카 최초이 정신과 외래선분병원으로 자리 잡았다. 여기서 파농은 여태껏 정신의학자로서 품었던 소신을 가장 적극적으로 실천할 수 있었다. 환자의 사회성을 강조한 집단치료와 프로이트의 정신분석학을 이용한 심리요법은 당시 정신의학계에 적잖은 반향을 불러일으켰다.

이때 파농은 자신의 학문적 스승인 토스켈의 방법론을 차용하면서도 그것을 넘어서는 변화를 시도했다. 파농은 토스켈이 의존한 정신병원이라는 제도 자체가 환자를 사회로부터 단절시키고 추방하는 것이기 때문에 근본적인 해결책이 될 수 없다고 보았다. 파농이 대안으로 채택한 것이 환자가 매일 아침에 입원해서 치료를 받고 저녁에 퇴원하는 주간(畫間)입원이었다. 1932년 모스크바에서 처음 시도한 후 1940년대부터 영국과 미국에서 시험적으로 실시하고 있었던 주간입원은 의료 환경이 열악한 아프리카에서는 상상하기도 힘든 아주 획기적인 방식이었다. 더구나 다른 나라에서는 비용을 절약하려는 재정적인 이유로 주간입원 방식을 도입했지만, 파농에게는 환자를 삶의 터전으로부터 단절하지 않음으로써 환자의 사회성을 회복시키려는 철학적이고 윤리적인 목적의식이 있었다. 파농의 보고서에 따르면, 주간입원은 상당한 효과가 있었다. 파농이 샤를니콜 병원에 근무하면서 주간입원을 시도한 18개월 동안 이전에는 빈번하던 자살, 살인, 폭행 등이 한 건도 발생하지 않았다.

1957년 6월 파농은 FLN의 대변인으로 임명되었다. 당시 FLN은 지도부의 내부갈등으로 진통을 겪고 있었지만, 파농은 그러한 정략적 이해관계에 관여하지 않았다. 그에게 알제리의 해방과 아프리카의 탈식민화라는 지상과제만큼 중요한 것은 없었다. 『엘 무자히드』는 아랍어판과 프랑스어판으로 간행되었는데, 파농은 프랑스어판을 담당했다. 파농이 자주 다룬 주제는 프랑스 지식인들의 미온적인 태도, 알제리 민중의 주체의식, 아프리카 대륙의 정치발전 등이었다. 파농 사후에 출간된 『아프리카 혁명을 향하여』는 『엘 무자히드』에 실린 그의 글들을 모아놓은 것이다. 그런데 기사 대부분이 익명으로 게재되었고 그 기사들이 편집위원회에서 집단첨삭을 거쳤기 때문에 특정 기사를 파농의 글로 단정하기란 쉽지 않다. 파농이 작성한 기사 가운데 『아프리카 혁명을 향하여』에 실리지 않은 것도 있고, 반대로 파농이 작성했다고 알려졌지만 실제로 그가 쓰지 않은 것도 있다.[8]

FLN 대변인으로서 파농은 점차 국제적인 인지도를 높여가기 시작했다. 파농은 FLN과 다른 아프리카 국가들 사이의 대화창구가 되었고, 1958년 9월 수립된 알제리공화국임시정부도 파농의 역할을 인정하여 그를 가나 주재 알제리 대사로 임명했다. 1958년 12월 아크라에서 열린 아프리카 인민회의에 알제리 대표로 참가한 파농은 식민주의의 폭력성과 프랑스의 기만적인 책략을 폭로했고, 그 이듬해 1월에 열린 제2차 아크라 대회에서는 알제리의 절박한 현실을 상술하며 다른 아프리카 국가들의 도움을 호소했다. 또한 1959년 4월 로마에서 개최된 제2차 흑인작가·예술가 대회에서 파농은 알제리 민중의 투쟁을 소개하고 민족문화의 정치적 기능을 강조하는 연설을 했다. 파농의 연설은 청중을 사로잡고 그들의 마음을 움직이는 힘이 있었다. 탁상공론만 일삼던 아프리카 지식인들과 정치인들은 자신들을 향한 파농의 분노 섞인 질타가 불편했지만 정치적 이해관계를 초월한 그의 열정과 헌신을 외면할 수 없었다.

가나의 은크루마(Kwame Nkrumah), 콩고의 루뭄바(Patrice Lumumba), 카메룬의 무미에(Felix Moumié), 케냐의 음보야(Tom M'Boya), 앙골라의 홀든(Roberto Holden), 말리의 케이타(Modibo Keita) 등은 파농이 국제 정치무대에 등장하면서 교류했던 아프리카 정치지도자들이다. 파농은 이들과 함께 아프리카의 해방과 통합을 향한 희망을 공유하며 알제리혁명을 하나의 모델로 제안했다. 알제리의 식민지독립을 넘어서 아프리카 대륙 전체의 탈식민화로 목표를 확장한 것이다. 이는 오래전부터 흑인민족주의자들이 주장했던 범아프리카주의(Pan-Africanism)를 구체화하는 기획이기도 했다.

파농은 모든 회의 때마다 아프리카의 각국 대표단을 만나 설득에 나섰다. 특히 당시 범아프리카의회(Pan-African Congress) 의장이자 신생독립국 가나의 대통령이었던 은크루마는 파농의 주장을 적극적으로 지지하고 나섰다. 그 결과 알제리에 파견할 아프리카 의용군을 모집하고, 사하라사막을 남북으로 가로지르는 도로를 건설하여 병력과 군수물자를 수송하자는 결정이 채택되었다. 이는 알제리혁명의 성패가 아프리카 대륙의 탈식민화와 직결된다는 인식을 공유한 결과였다. 물론 아프리카 통합의 꿈은 엇갈린 이해관계로 무산되었지만, 파농은 그 꿈이 실현 가능하다고 믿으며 동분서주했다.

파농이 FLN에서 활동하던 시기에 펴낸 책이 『알제리혁명 5년』(1959)이다. 이 책은 나중에 『사멸하는 식민주의』(*A Dying Colonialism*)라는 제목의 영역판으로도 나왔다. 『알제리혁명 5년』은 알제리 전통사회가 혁명을 겪으며 변해가는 과정을 기술하고 있다. 여기에는 가부장적 권위를 내세운 아버지와 혁명투사로 변한 자식들 간의 갈등, 유럽 선진문물을 대표하는 라디오와 의약품을 알제리 원주민들이 혁명을 위해 전유하는 방식, 유대인을 비롯한 알제리 사회 내부의 소수민족 문제 그리고 알제리 여성이 가부장적 억압에서 벗어나 혁명 과정에서 수행한 역할 등이 상세하게 담겨 있다. 하지만 알제리혁명의 현장보고서라고 할 수 있는 이 책은 프랑스 출판시장에서 외면당했을 뿐만 아니라 좌파 진영으로부터도 혹평을 받았고, 반식민주의 정서의 확산을 두려워한 당국에 의해 판매금지 처분까지 당했다.

『알제리혁명 5년』 집필이 거의 끝나갈 무렵, 파농은 난민촌 진료를 하고 오다가 모로코와 인접한 국경지대에서 극우단체의 테러로 추정되는 자동차 사고를 당했다. 파농이 탄 지프가 지뢰를 밟고 전복되면서 척추가 으스러지는 중상을 당한 것이다. 하반신이 마비된 파농은 튀니스로 후송되었다가 수술을 받기 위해 다시 로마로 이송되었다. 로마에서도 파농을 겨냥한 폭탄 테러가 발생했지만, 공항으로 마중 나가던 차량에 설치된 폭탄이 미리 터지는 바람에 화를 면했다. 병원에 도착해서도 암살 시도는 그치지 않았다. 한번은 암살 계획을 예감한 파농이 병실을 몰래 옮겼는데, 다음 날 아침에 보니 그의 원래 자리가 총격을 받아 벌집이 되어 있었다. 그만큼 파농은 식민주의자들에게 이미 '공공의 적'이었다. 수술을 마친 파농은 의사들의 만류에도 곧바로 난민촌 진료와 FLN 외교활동을 재개했다. 알제리혁명에 뛰어든 이래 파농에게 휴식은 언제나 사치였다.

한 톨의 밀알이 되기를 바라며

지칠 줄 모르고 달려가던 파농을 멈추게 한 것은 갑작스레 찾아든 병마였다. 사하라사막 횡단을 마치고 튀니스에 돌아온 직후 백혈병 진단을 받은 것이다. 주위 동료와 지인들은 충격과 절망에 휩싸였지만 정작 파농 자신은 사망선고를 담담하게 받아들였다. 파농은 독립군 유격대의 신병훈련을 비롯해 그동안 해오던 일을 계속하며 자신의 시한부 생명을 소진했다. 심지어 그는 알제리 내의 유격대에 합류하여 적과 싸우다가 최후를 맞이하기 원했다. 물론 그 어떤 알제리인도 파농의 요구를 받아들이지 않았다. 주위의 강요에 떠밀린 파농은 모스크바에 있는 백혈병 전문병원에 입원했다. 그러나 몇 주간에 걸친 소련 의료진의 온갖 시도에도 병세는 호전되지 않았다. 당시 소련은 우주항공 기술과 핵무기 개발에서는 세계 최고였지만 의료 분야에서는 그렇지 못했다. 남은 시간이 많지 않음을 직감한 파농은 고향 근처에서 마지막 시간을 보내기 위해 알제리 임시정부에 쿠바 주재 대사관으로 파견해달라고 요청했지만 이것 역시 받아들여지지 않았다.

이처럼 절박한 상황에서 쓴 책이 『대지의 저주받은 자들』이다. 모스크바에서 돌아오자마자 파농은 타자수를 대기시켜놓고 자신의 생각과 경험을 구술해나갔다. 간헐적인 출혈도 희미해진 시력도 파농의 의지를 꺾지 못했다. 타자된 원고는 한 장(章)씩 끝날 때마다 수정 없이 곧바로 프랑스의 마스페로 출판사로 보냈다. 이 때문에 이 책은 파농의 저서 중에서 가장 논리성이 떨어진다. 행간 곳곳에서 시간과의 승산 없는 싸움을 벌이던 파농의 조급함과 거친 숨결이 묻어난다. 이 책의 초점은 파농의 일관된 관심사였던 민중과 민족이다. 무지몽매한 민중이 혁명을 통해 '새로운 인간'으로 거듭나는 과정, 민중이 주도하는 혁명의 힘과 한계, 토착 부르주아지와 신식민주의의 결탁, 아프리카 민족주의의 변질, 네그리튀드의 모순과 민족문화의 정치적 역할 등이 파농 특유의 직설적인 논조로 펼쳐진다.

파농은 당대 프랑스에서 가장 영향력 있고 또한 자신이 유일하게 존경한 지식인이었던 사르트르에게 『대지의 저주받은 자들』의 머리말을 써달라고 부탁했다. 이 책이 아프리카와 라틴 아메리카를 비롯한 제3세계 전역으로 알려지기 원했던 파농은 자신의 사후에도 책을 변호해줄 인물이 필요했기 때문이다. 실제로 『대지의 저주받은 자들』은 1961년 12월 출간되자마자 판매금지 처분을 당했고, 프랑스의 지식인 사회에서는 이 책의 내용과 판금조치를 둘러싸고 격렬한 논쟁이 벌어졌다. 그 논쟁의 여파는 프랑스 국경을 넘어섰다. 파농의 예상이 적중한 셈이다. 『대지의 저주받은 자들』이 『알제리혁명 5년』처럼 똑같이 판금조치를 당했으면서도 더 많이 홍보가 된 데에는 아마도 사르트르가 이 책의 머리말을 썼다는 사실이 영향을 미쳤을 것이다.

『대지의 저주받은 자들』의 원고를 읽어본 사르트르는 머리말을 써달라는 파농의 요청을 흔쾌히 받아들였다. 그리고 자신이 머물고 있던 로마로 파농을 초청했다. 오랜 존경과 비판의 대상이었던 철학자를 만나게 된 파농은 흥분을 주체할 수 없었다. 쇠잔한 그의 육신도 한껏 고무된 정신을 방해하지 못했다. 사르트르를 만난 파농은 알제리전쟁과 프랑스 좌파 지식인들의 모순에서부터 아프리카 통합의 필요성에 이르기까지 평소에 지녔던 생각들을 거침없이 쏟아냈다. 나흘 동안 밤을 새우다시피 하며 열띤 토론을 벌였지만 파농에게는 너무나 짧은 만남이었다. 두 사람의 회동에 배석했던 시몬 드 보부아르는 훗날 회고록에서 이렇게 말한다. "날카로운 지성과 생명력 넘치는 열정과 냉소적인 유머감각을 겸비한 그는 온갖 것을 설명하고, 우리에게 질문하기도 하고, 우스갯소리도 곧잘 하고, 흉내도 잘 냈다. 그는 자기가 언급하는 모든 것에 생생한 이미지를 부여하고 있었다."[9]

튀니스로 돌아온 파농은 카르타고 해변에서 모처럼 가족들과 오붓한 시간을 보냈는데, 그 와중에도 그의 병세는 급속도로 악화되었다. 이제 남은 마지막 수단은 백혈병에 대한 혁신적인 임상실험을 하고 있던 워싱턴 DC의 미국국립보건원에 가서 치료받는 것이었다. FLN과 CIA 사이의 비밀협상으로 구체적인 일정이 마련되었다. 물론 파농은 미국행이 내키지 않았다. 자신이 일평생 투쟁해온 제국주의의 심장부로 그것도 미국영사관의 주선으로 CIA 요원의 동행하에 간다는 것이 파농에게는 감내하기 힘든 아이러니였다. 하지만 알제리혁명의 승전보를 듣고 난 후에 눈을 감으라는 주위의 강권에 못 이겨 파농은 그 지독한 아이러니를 받아들였다.

미국으로 가는 길에 파농은 로마에 들렀다. 거기서 호텔 침대에 누운 채 사르트르를 다시 만났다. 말할 기력도 없이 극심한 고통으로 몸만 뒤척이는 파농에게 사르트르는 더 이상 활력의 원천이 될 수 없었다. 미국에 도착한 파농은 워싱턴 DC에 있는 호텔에서 며칠 지내다가 국립보건원 임상센터에 입원했다. 하지만 출혈과 수혈이 계속 반복되는 투병생활은 그의 육신과 정신만 고갈시킬 뿐이었다. 파농의 아내 조시와 여섯 살 난 아들 올리비에 그리고 아프리카의 UN 대표들이 마지막 인사를 하려고 그의 병상으로 모여들었다. 갓 출간된 『대지의 저주받은 자들』도 파농의 손에 쥐어졌다. 1961년 12월 6일 파농의 심장은 멈추었다. 그토록 염원했던 알제리의 독립이 선언되기 불과 석 달 전이었다.

파농의 유해는 알제리 임시정부가 보낸 특별기에 실려 튀니스로 운송되었다. 장례는 임시정부 요인들과 FLN 유격대원들이 운집한 가운데 알제리 국장으로 치러졌다. 임시정부 수립 이후 최초의 국장이었다. 알제리 땅에 묻히고 싶다는 파농의 유언에 따라 그의 유해는 알제리와 튀니지의 국경지대에 자리한 산기슭에 안장되었다. 파농의 사망 소식이 알려지자 세계 각처에서 애도의 물결이 일었다. 정치노선의 일치 여부를 떠나 파농의 죽음은 그를 알았던 모든 이에게 너무나 큰 슬픔이었다. 어느 외신기자가 말한 것처럼, 그들의 애도는 교조주의자가 되기를 거부했던 철저한 혁명가에 대한 존경과 애정의 표현이었다. 세제르는 자신의 옛 제자를 일컬어 "우리가 눈을 가리고 현실을 보지 않으려고 할 때, 우리가 양심의 소리에 귀 기울이지 않고 잠들려 할 때, 그러지 않도록 우리의 눈과 귀를 열어준 사람"이라고 경의를 표했다.[10] 아래 구절은 파농이 죽기 넉 달 전에 친구 타엡(Roger Tayeb)에게 보낸 편지의 일부다.

죽음은 항상 우리와 함께 있다. 중요한 건 우리가 어떻게 죽음을 피할 수 있느냐가 아니라 우리가 스스로 생각하는 바를 최대한 이루었느냐의 여부다. ……무엇보다도 우리 자신을 노예처럼 내던질 수 있는 이유, 즉 민중을 위한 대의, 정의와 자유의 대의가 없다면 우리는 이 세상에서 아무것도 아니다. 의사마저 나를 포기한 지금, 내 인생의 땅거미가 시시각각 짙어져 가는 이 순간에도 나는 여전히 알제리 민중과 제3세계 민중을 생각하고 있다. 내가 지금까지 견뎌낸 것도 오로지 그들 때문이다.

이 편지의 행간에서 우리는 사유와 행동의 일치를 삶의 잣대로 삼았던 실천적 지식인 파농의 진정성을 새삼 느끼지 않을 수 없다. 그 진정성은 산 체험에서 우러나온 것이기에 포스트모던 시대의 '안락의자' 지식인들이 감히 흉내 낼 수 없는 윤리적 카리스마를 발산한다. 후대인들이 파농을 체 게바라에 비유하거나 심지어 '검은 예수'로 일컫는 이유도 여기에 있다. '대지의 저주받은 자들'을 구원하겠다는 그의 대의가 정당했을 뿐만 아니라 그것을 위해 자신의 삶을 아낌없이 바쳤기 때문이다. 아무리 파농이 품은 대의가 정당했을지라도 그것을 위한 자기희생적 투쟁이 없었더라면, 위의 편지구절은 자기연민과 회한에 젖은 지식인의 넋두리로 들렸을 것이다.

부활한 파농 또는 길들여진 파농

파농의 삶에서 가장 큰 의미를 지닌 고유명사를 꼽으라면 그것은 아마도 '알제리'일 것이다. 특히 인생의 후반부로 접어들면서 알제리는 파농의 전부가 되었다고 해도 과언이 아니다. 알제리 국민임을 항상 자랑스러워했던 파농은 죽어서도 알제리 땅에 묻히기를 원했고, 그의 장례는 알제리공화국 최초의 국장으로 치러졌다. 동시대의 그 어떤 알제리인보다 파농은 더 치열하게 알제리를 사랑했고 더 간절하게 알제리의 해방을 기다렸다. 파농이 사망한 이듬해인 1962년 3월 19일 알제리는 프랑스와 에비앙 협정을 맺으며 한 세기가 넘는 식민지배의 족쇄에서 벗어났다. 알제리공화국은 '프란츠 파농의 날'을 선포했고 그의 이름을 딴 문학상도 제정되었다. 프란츠 파농이라는 이름은 블리다 정신병원뿐만 아니라 알제의 어느 대로와 고등학교에도 붙여졌다.

그러나 파농에 대한 알제리인들의 기억은 그리 오래가지 않았다. 파농의 혁명동지들이 정치일선에서 물러나면서 그의 이름도 알제리 독립운동 역사에서 서서히 지워지고 말았다. '프란츠 파농 여자고등학교'의 어떤 학생이 파농이 누구냐는 질문을 받자 "글쎄요, 프랑스 장군 아닌가요?"라고 대답했다는 에피소드는 기억과 망각이 교차하는 역사의 아이러니를 잘 보여준다.[11] 더군다나 알제리의 정치현실은 생전에 파농이 우려했던 방향으로 흘러갔다. 알제리 헌법과 사회제도에는 이슬람 근본주의의 그늘이 짙게 드리워졌고, 혁명전사로 호명되고 동원되었던 알제리 민중과 여성은 역사의 주변부로 밀려났다. '민족'의 기치를 내걸고 민중을 억압하는 정치지도자, 신식민주의적 권력과 결탁하여 석유판매로 치부하는 매판자본가, 독재와 부패에 빠진 지배계층에게 윤리적 알리바이를 제공하며 기생하는 지식인, 이 모두가 파농이『대지의 저주받은 자들』에서 정확하게 예견했던 모습이다. 당연히 파농은 알제리 엘리트들에게 밀어내고 싶은 이방인일 수 밖에 없었다.

파농을 오래 기억하고 싶지 않은 건 프랑스도 마찬가지였다. 자유와 평등의 수호자요 유럽문명의 아방가르드임을 자부하던 프랑스로서는 알제리 식민지배의 역사가 악몽이요 치부였다.『대지의 저주받은 자들』의 출간이 프랑스 출판시장에 적잖은 반향을 불러일으켰지만 오래가지 않았다. 68혁명을 주도한 진보적 지식인들조차 어느 정도 파농과 거리를 두었다. 자기성찰의 원천을 프랑스 '외부'보다 '내부'에서 찾고 싶었기 때문이다. 생전에나 사후에나 파농은 프랑스 지성계에 '불편한 진실'이었음이 분명하다. 심지어 고향 마르티니크에서조차 파농은 제대로 기억되지 않았다. 45년 동안 내리 포르드프랑스 시장을 지낸 세제르 덕분에 도로와 공원에 파농의 이름이 붙여져 있었지만 그의 사상적 흔적은 어디에서도 찾아볼 수 없었다. 선지자는 고향에서 배척당한다는 예수의 말씀이 파농의 경우에도 틀리지 않았다.

파농을 가장 '파농답게' 기억한 곳은 역설적이게도 생전에 그가 가장 싫어했던 미국이었다. 파농의 주요 저작은 모두 영어로 번역되어 미국 출판시장에 소개되었고, 학계의 반응도 프랑스에서보다 더 호의적이었다. 특히 1960년대 미국의 흑인민권운동에 미친 파농의 영향은 지대했다. 흑표범단(Black Panthers)과 이슬람국가(Nation of Islam) 같은 단체에서는 파농을 마르크스보다 더 중요한 사상적 지도자로 받아들였다. 마르크스주의자들이 제시하지 못한 사회주의와 흑인민족주의의 연대 가능성을 파농에게서 발견했기 때문이다. 미국 흑인들은 파농을 읽으면서 자신들이 미국이란 자본주의 국가 내부에서 식민지 피지배자의 위치에 있다는 사실을 깨달았고, 폭력과 민족문화에 대한 파농의 성찰을 통해 편협하고 경직된 흑백논리의 늪에서 벗어날 수 있었다.

파농의 영향력은 미국에 국한되지 않았다. 파농의 저작은 스페인어, 이탈리아어, 독일어, 아랍어, 일본어 등의 수많은 언어로 번역되었고, 특히 『대지의 저주받은 자들』은 제목에 걸맞게 지구상의 모든 '저주받은 자들'의 경전이 되었다. 1960년대 제3세계권에서 파농은 체 게바라, 카스트로, 마오쩌둥과 함께 반자본주의·반제국주의 사회혁명의 사상적 지주로 자리 잡았다. 독일의 베트남 전쟁 반대운동, 일본의 좌익학생운동, 라틴아메리카의 반미운동, 1979년 이란혁명 등 억압과 차별의 타파를

1999년 런던에서 연설 중인 이슬람국가 회원들과
1967년 캘리포니아 주청사를 무장 점거한 흑표범단

1960년대 이후 흑인민권운동에 미친 파농의 영향은 지대했다.
흑표범단과 이슬람 국가 같은 단체에서는 흑인의 연대를 주장한
파농을 마르크스보다 더 중요한 사상적 지도자로 받아들였다.

부르짖는 곳에는 어김없이 파농의 이름이 등장했다. 하지만 보수주의적 풍토가 지배했던 서구의 제도권 학계에서만큼은 파농의 이름을 들먹거리는 것조차 금기시되었다. 한국에서도 사정은 마찬가지였다. 한글로 번역된 『대지의 저주받은 자들』이 운동권 학생들이나 몰래 읽는 '불온서적' 리스트에 포함되어 있었을 뿐, 파농에 대한 일체의 학술적 접근은 이루어지지 않았다.

그런데 1980년대 이후 파농의 수용 양상은 많이 달라졌다. '주변부'를 맴돌며 '현장'을 움직였던 파농이 제도권 학계로 진입한 것이다. '차이의 정치학'을 내세운 포스트모더니즘이 지배담론으로 대두하면서 파농은 대학 강의실과 학술지 지면에서 뜨거운 화두로 등장했다. 주체와 타자의 상관관계에 대해 고민하던 포스트모더니즘 비평가들과 좀더 진기하고 이국적인 소재를 찾아 헤매던 서구 출판시장의 이해관계가 맞아떨어진 결과였다. 변화의 중심무대는 미국이었다. 특히 탈식민주의가 미국 대학의 영문학과 교육과정에 핵심과목으로 부상하면서 '정신의 탈식민화'를 주창한 파농의 인기는 가파르게 상승했다. 이외에도 자유주의 휴머니즘, 현상학, 정신분석학, 탈구조주의, 페미니즘, 문화유물론 등의 여러 담론이 경쟁적으로 파농을 불러냈다. 이제 그는 더 이상 좌익 테러리즘을 부추기는 '폭력의 사도'가 아니라 인문학 전반에 걸쳐 유용한 분석틀로 사용될 수 있는 '글로벌 이론가'로 받아들여졌다.

이처럼 파농이 화려하게 부활한 배경은 무엇일까? 민족, 민중, 투쟁, 혁명, 해방 같은 단어들은 버겁다고 또는 지겹다고 회피하는 이 시대에 그러한 단어들의 대명사였던 파농이 왜 어울리지 않게 포스트모더니즘 물결에 편승하여 재등장하는가? 그 이유를 찾기란 그다지 어렵지 않다. 지금 영어권 출판시장에서 문화상품으로 소비되고 있는 파농은 민중이 주체가 된 민족해방을 역설하며 탈식민화를 위한 도구로서의 폭력을 옹호했던 거칠고 위험한 파농이 아니다. 그것은 일반 독자들의 입맛에 맞게 길들여지고 다듬어진 파농, 세련되고 온순해진 파농이다. 사회주의의 붕괴 이후 마르크스가 그러했던 것처럼, 파농도 이제는 더 이상 정치참여를 독려하는 강령도 아니고 자본주의적 디스토피아를 진단하고 치료하는 처방전도 아니며 사회주의적 유토피아를 갈망하는 역사의 청사진은 더더욱 아니다. 그것은 현재를 반추하기 위한 과거의 기억이자 비판적 사유를 이끌어내는 하나의 정신이며, 텍스트 분석을 풍요롭게 만드는 방법론일 뿐이다. 그것은 사람들이 입만 열면 얘기하는 대상이지만 그 얘기에 끼어들 수 없는 비실체적 존재이며, 여기저기서 출몰하지만 그 어디에도 안주하지 못하는 떠돌이 혼백이다.

예를 들어, 페미니스트들은 어떤 급진적인 주장을 하기 위해 파농을 찾지 않는다. 그들이 파농에 눈길을 돌리는 이유는 젠더와 섹슈얼리티의 문제에 무관심한 제3세계 민족주의의 맹점을 상징적으로 드러내는 인물이 파농이라고 생각하거나, 반대로 파농에게서 제3세계적 페미니즘, 즉 페미니즘과 탈식민주의의 연대 가능성을 발견하기 때문이다. 정신분석학과 탈구조주의 이론가들도 마찬가지다. 그들이 파농을 끌어들이는 이유는 주체의 구성이 주체의 분열과 소외를 수반한다는 자신들의 기본전제를 파농이 식민지 지배자와 피지배자의 관계에서 훌륭하게 입증해주기 때문이다. 마찬가지로 문화연구가들이 파농을 적극적으로 복원시키는 이유도 탈식민화 과정에서 상부구조인 문화의 역할이 경제적 하부구조의 변화 못지않게 중요하다는 파농의 주장과 문화유물론의 명제가 일치하기 때문이다. 요컨대 우리 시대가 목격하는 파농의 부활은 어떤 식으로든 파농의 순치(馴致)와 전유(專有)를 수반하고 있다.

'폭력의 사도'에서 '글로벌 이론가'로

후대인들이 파농을 기억하는 방식은 크게 두 가지로 대별된다. 앞서 살펴본 대로 하나는 1960년대 제3세계 반식민주의, 이슬람 민족주의, 미국 흑인민권운동 진영에서 주창한 '고전적 파농주의'고, 다른 하나는 1980년대 이후 서구의 포스트모더니즘, 탈식민주의, 문화연구 등의 영역에서 전개하고 있는 '비판적 파농주의'다.[12] 그런데 이 두 경향은 여러 측면에서 대조된다. 우선 고전적 파농주의는 (신)식민주의의 극복이라는 정치적 목표와 연계되어 있었기에 혁명적 실천성을 띠고 있었던 반면 비판적 파농주의는 파농 연구가 서구의 제도권 학계로 편입되면서 탄생한 것이기에 파농의 제3세계적 맥락과 급진적인 색채가 희석되어버렸다. 또한 파농이 전유한 이론의 두 축이 정신분석학과 마르크스주의라고 할 때, 고전적 파농주의는 오직 '마르크스적 파농'만 부각해왔고 비판적 파농주의는 그동안 간과되었던 '프로이트적 파농'에만 주목하고 있다.

　이처럼 상반된 입장은 파농의 저서에 대한 관심도에서도 확연히 구분된다. 고전적 파농주의가 흑인민족주의와 마르크스주의를 결합하여 탈식민화와 민족해방의 문제를 다룬 후기 저서 『사멸하는 식민주의』 『아프리카 혁명을 향하여』 『대지의 저주받은 자들』에 집중한 데 비해 비판적 파농주의는 프로이트, 라캉, 융, 아들러 등의 정신분석학 이론을 끌어들여 식민지 원주민의 주체구성을 분석한 초기 저서 『검은 피부, 하얀 가면』에 더 깊은 관심을 보인다.

　실제로 『검은 피부, 하얀 가면』을 저술한 프랑스 유학시절의 파농과 『대지의 저주받은 자들』의 배경인 알제리혁명에 뛰어들어 치열하게 활동한 파농 사이에는 정치적·이데올로기적 입장에서 확연한 차이가 있다. 말라가시 섬의 원주민을 모델로 한 「식민지인의 의존 콤플렉스」를 제외하면 『검은 피부, 하얀 가면』은 모두 카리브 해 지역을 배경으로 흑인 원주민의 소외와 억압을 분석한다. 이에 비해 알제리를 포함해 북부 아프리카의 무슬림 사회를 배경으로 한 『대지의 저주받은 자들』은 저항과 투쟁을 통한 탈식민화의 과정을 서술한다 파농의 전기

작가 메이시(David Macey)가 지적한 것처럼,『검은 피부, 하얀 가면』을 저술한 1953년 당시의 파농은 알제리 원주민에 대한 연민과 동정은 있었을지언정 알제리혁명 자체에 대한 비전은 없었다. 이와는 대조적으로『대지의 저주받은 자들』은 철저히 알제리혁명의 산물이었다.[13]

파농에 대한 상반된 접근방식은 어떤 것이 '진짜 파농'이냐에 대한 논쟁으로 이어진다. 비판적 파농주의의 대표 격인 탈식민주의 이론가 바바(Homi K. Bhabha)는 파농이『검은 피부, 하얀 가면』에서 가장 고민하는 문제는 정치적인 것이 아니라 심리적인 것이라고 주장한다. 바바가 보기에 식민지 경험과 '인종의 정치학'을 사회경제적 거대담론 대신 개인·주체의 무의식으로 설명해낸 것이야말로 파농이 이룩한 진정한 업적이며, 우리가 오늘날 다시 파농에게로 되돌아가야 하는 이유다.[14] '비판적 파농주의'라는 용어를 처음 사용한 게이츠(Henry Louis Gates, Jr.)도 바바의 입장에 동조한다. 게이츠는 "정신분석학적 해석을 통해서만 인종주의와 식민주의가 빚어내는 여러 가지 비정상적 심리현상들을 밝혀낼 수 있다"는 파농의 구절을 되새기며, "요즘 파농이 우리의 시선을 끄는 이유는 그의 저서가 식민주 분석틀과 주체구성의 분석틀이 맞물려 있음을 보여주기 때문이다"라고 주장한다.[15]

그러나 파농의 사상체계가 채 정립되지 않은 초기 저서만 중시하다 보면 파농을 올바로 이해할 수 없다는 반론도 만만찮다. 파농은 어디까지나 정신분석학 이론가가 아니라 정치적 실천가라는 것이다. 로빈슨(Cedric Robinson)에 의하면 『검은 피부, 하얀 가면』을 『대지의 저주받은 자들』보다 우선시하는 파농 연구는 "파농을 의도적으로 왜곡하여 거꾸로 읽는 정치적 전략"의 산물이며, 그러한 연구는 "프티부르주아 냄새를 채 떨쳐버리지 못한" 초기 파농에서 "알제리 농민의 혁명의식에 몰입한" 후기 파농으로의 사상적 진보를 무시하는 것이다.[16] 깁슨 (Nigel C. Gibson)도 『검은 피부, 하얀 가면』에 대한 지나친 정신분석학적 접근은 파농의 텍스트와 그것이 제기한 정치적 문제의식으로부터 멀어지는 것이라고 경고하면서, 파농을 포괄적으로 이해하기 위해서는 후기 저서로 돌아가야 한다고 주장한다.[17] 마틴(Tony Martin) 역시 근본적으로 마르크스주의자인 파농을 정신분석학이나 탈구조주의의 틀로 해석하려는 시도는 분명 잘못된 것이며, 그러한 이론적 오독으로부터 파농을 '구출'할 수 있는 유일한 길은 마르크스주의라고 강변한다.[18]

그런데 이처럼 상반된 두 입장이 공통적으로 드러내는 문제점이 있다. 바로 초기 파농은 비정치적이고 후기 파농은 정치적이라는 환원론적 구분이다. 이런 식의 이분법은 파농에 대한 변증법적 해석의 가능성을 차단할 뿐만 아니라 파농 연구가 대표하는 탈식민주의의 지평을 축소한다. 파농의 텍스트를 면밀히 들여다보면 초기 파농과 후기 파농 모두 정치적임을 알 수 있다. 『검은 피부, 하얀 가면』에서 파농이 거듭 강조하듯이, 징

신분석학 이론으로 식민지 원주민의 주체구성을 설명하는 이유는 단순히 흑인의 소외감과 열등의식을 분석하려는 것이 아니라 그것을 극복하자는 데 있다. 즉 파농에게는 정신분석학 이론이 저항과 해방을 위한 실천적 도구다. 정신분석학 자체는 비정치적이지만 그것을 전유하는 파농의 목적은 정치적이다. 물론 초기 파농은 프로이트를, 후기 파농은 마르크스를 각각 주된 분석틀로 삼고는 있지만, 양자를 긴장관계가 아닌 상호보완적 관계로 파악하는 시각이 필요하다. 실제로 파농은 『검은 피부, 하얀 가면』에서 정신분석학의 비역사성과 유물론적 접근의 필요성을 여러 차례 지적하는 한편, 『대지의 저주받은 자들』의 마지막 장에서는 식민지 전쟁의 영향을 심리학과 정신의학의 측면에서 분석하고 있다.

심리학과 정치학 또는 프로이트와 마르크스는 파농의 초기 저서와 후기 저서를 대표하는 두 개의 이론적 축이다. 하지만 그 구분은 뚜렷하거나 배타적이지 않다. 양자 간에 긴장과 갈등이 있더라도 그것은 어느 하나를 지양하고 다른 하나를 지향하는 목적론적 발전과정이 아니라 파농의 사상체계 내부에서 동시에 전개되는 자기분열적이며 상호보완적인 현상이다. 다시 말해 프로이트든 마르크스든 간에 모든 이론은 파농이 탈식민화와 민족해방이라는 정치적 목표를 성취하기 위해 전유하는 하나의 도구이며, 따라서 그 이론은 파농이 의존하는 궁극적 준거가 아니라 끊임없는 타협과 수정의 대상에 불과하다.

고전적 파농주의와 비판적 파농주의 또는 이론적 파농과 실천적 파농 식의 이분법적 구분이 '총체적 파농'을 파악하는 데 걸림돌이 되는 이유도 바로 여기에 있다. 중요한 것은 파농의 어떤 주장이나 개념이 누구에게서 비롯되었느냐가 아니라 그것을 통해 파농이 무엇을 말하려고 했느냐다. 파농의 관심은 이론의 기원이나 논리가 아니라 이론의 효과였다. 파농이 프로이트의 개념을 빌리거나 마르크스의 언어를 통해 말했던 모든 것은 궁극적으로 정신과 물질의 탈식민화라는 의제로 수렴되었다.

'프로이트적 파농'과 '마르크스적 파농' 식의 구분이 문제가 되는 또 다른 이유는 그러한 구분이 파농을 유럽(중심적) 이론의 틀 안에 가두어버리기 때문이다. 파농이 현상학, 실존주의, 정신분석학, 마르크스주의 등 다양한 유럽 이론을 적극적으로 활용한 것은 사실이지만 그 어디에도 자신의 입장을 복속시키지 않은 것도 사실이다. 더구나 흑인민족주의, 범아프리카주의, 네그리튀드 같은 아프리카(중심적) 사상이 파농에게 미친 영향은 결코 과소평가될 수 없다. 그런데 파농을 프로이트와 마르크스라는 두 축으로만 재단하게 되면 파농의 복합성과 총체성을 단순화하는 것은 물론이고 흑백 간의 지식의 일방통행을 전제하게 될 뿐이다. 즉 백인이 모든 지식의 '선생'이고 흑인은 '학생'이며, 유럽이 이론의 기원이고 아프리카는 그것의 모방이나 변형이라는 유럽중심주의적 발상을 은연중에 승인하는 것이다. 파농의 텍스트는 흑백 간의 지적 교류가 쌍방향으로 이루어졌으며 흑백 간의 상호 영향 못지않게 흑인의 사상적 계보 내부에서도 치열한 대화가 진행되었음을 보여준다. 이러한 문제의식이 뒷받침되지 않은 파농 연구는 지배 언어로 지배 권력을 비판하고 또한 넘어서려고 했던 파농 특유의 변증법적 상상력을 놓치게 될 것이다.

정신의학의 탈식민화

정신이상의 원인이 사회구조에 있음을 밝히다

"나는 정신분석학자로서 나의 환자들로 하여금 그들의 무의식을 의식하게 하고 백인이 되려는 환상을 버리게 할 뿐만 아니라 사회구조의 변화로 나아가는 행동을 하도록 도와주고자 한다. 다시 말해, 흑인은 백인이 되거나 아니면 사라져야 하는 딜레마에 더 이상 봉착하지 않고 실존의 가능성을 인식할 수 있어야 한다."

억압과 차별을 정당화하는 '과학'

프란츠 파농이란 이름은 후대인들에게 일반적으로 독립투사나 사회혁명가로 기억된다. 알제리 독립운동 역사에서 그리고 FLN이라는 조직에서 파농이 수행한 역할 때문이다. 하지만 그 이전에 파농은 정신과 의사였다. 그는 프랑스에서 정신의학과 정신분석학을 공부하여 정신의학 박사학위를 취득한 뒤, 짧은 생애를 마감할 때까지 프랑스, 알제리, 튀니지에서 정신병원 의사로 활동했다. 물론 알제리와 인연을 맺은 후에는 FLN의 대변인으로서 정신병원의 바깥세상을 혁명적으로 바꾸기 위해 헌신했지만 파농의 그러한 정치적 행보조차 언제나 정신과 의사로서의 실천과 분리되지 않았다. 따라서 파농을 제대로 기억하기 위해서는 정신과 의사와 정신분석학 이론가로서의 파농을 먼저 되살펴볼 필요가 있다.

객관성 또는 가치중립성은 과학의 기본전제다. 만약 과학이 '주어진 사실'과 상관없거나 어긋나는 주관적 판단과 정치적 이해관계에 휘둘린다면 그것은 더 이상 과학이 아니다. 이러한 전제는 해석과 가치평가를 수반하는 인문학이나 사회과학에서는 예외가 될 수 있겠지만 자연과학에서는 지극히 당연한 것으로 여겨진다. 하지만 실제로는 그렇지 못하다. 근대 유럽의 역사만 보아도 식민주의 담론이 과학의 이름으로 정당화된 경우는 허다하다. 언어학, 역사학, 지리학, 인류학, 생물학, 심리학

등의 제반영역에서 전개된 학술담론으로서 오리엔탈리즘은 객관과 보편의 기치를 내걸었지만 실상은 식민권력과의 밀접한 제휴관계를 구축해온 것이 사실이다. 동양에 대한 서양의 '과학적 연구'가 동양에 대한 서양의 제국주의적 헤게모니를 강화해온 것이다.

인간의 심리(psyche)를 연구하는 심리학도 예외가 아니다. 인간에 대한 '과학'으로서의 심리학은 객관성을 견지해야 마땅하겠지만 심리학이 다루는 '인간'이란 개념부터가 역사 속에서 만들어지고 바뀌는 것이기에 심리학의 완전한 비정치성과 초역사성은 애당초 불가능하다. 사실 심리학의 기원은 고대 그리스까지 거슬러 올라가야 하는데, 그때의 심리학도 서술(description)이 아닌 평가와 해석(prescription)의 성격을 띠고 있었다. 심리학이 철학의 한 형태로 존재했기 때문이다. 서구 심리학의 토대를 형성한 정신(mind)과 육체(body)의 이분법 또는 선천성(nature)과 후천성(nurture)의 논쟁은 고대 그리스인들이 인간성을 탐구하기 위해 씨름했던 '철학적' 문제 중의 하나였다. 신학이 철학을 대체한 중세시대에도 인간 심리에 관한 연구는 마녀사냥과 종교전쟁 같은 사회정치적 문제와 무관하지 않았다.

심리학이 하나의 학문으로 모습을 갖추기 시작한 것은 16세기 르네상스 시대부터였다. 심리학이란 용어가 처음 등장한 것도 그 무렵이었다. 근대성의 발달과 더불어 다양한 '인간'의 모델을 반영한 담론과 분서틀이 내누하게 된 것이다. 이때 근대성의 주체로 자리 잡은 부르주아지는 유럽 내부의 계급적 타자와 유럽 외부의 인종적 타자를 관찰 대상으로 삼았고 심리학은 그러한 시대적 요구에 비켜서지 않았다. 특히 유럽이 아메리카를 비롯한 비유럽 세계로 식민지를 늘려가면서 심리학도 영토 확장을 계속해나갔다. 심리학자들의 주된 관심은 '하층민'과 '미개인'이 '보편적 인간'과 어떻게 다른지를 규명하는 데 있었고, 연구 결과는 자연스럽게 유럽 부르주아지의 주체성을 담보하는 이데올로기적 근거로 사용되었다.

유럽의 자본주의와 식민주의가 본격적인 궤도에 오른 18세기 후반부터 심리학은 철학의 오랜 그늘에서 벗어나 생리학과 손을 잡고 독립적인 학문영역을 구축하기 시작했다. 정신, 마음, 의식뿐만 아니라 대뇌피질과 감각기능 같은 신체적인 요소도 인간의 심리에 영향을 미친다는 전제가 확산된 결과였다. 심리학이 철학자의 서재에서 생리학 실험실로 거주지를 옮기는 과정은 19세기 후반에 이르러 가속화되었고, 현대 심리학의 주류인 행동주의학파는 심리학의 연구범위를 관찰과 측정이 가능한 외적 행동으로만 국한했다. 하지만 심리학이 자연과학으로 소속을 변경했음에도 '보편적 인간'의 범주에 속하지 못하는 자들이 겪는 소외와 억압을 지배자의 시각에서 설명하려한 태도는 달라지지 않았다. 심리학자들에게 '인간'은 언제나 백인 중산층 남성이었고, '우리'와 '그들'의 차이는 곧바로 우열과 차별로 환원되었다. 그러한 맥락에서 볼 때, 현대 심리학의 아버지로 일컬어지는 분트(Wilhelm Wundt)가 유럽 산업자본주의와 식민제국주의의 발전이 정점에 이른 1879년 독일 라이프치히에 심리학 실험실을 열었다는 사실은 결코 우연이 아닐 것이다.

20세기에 접어들면서 현대 심리학은 구조주의, 기능주의, 행동주의, 형태주의, 정신분석 등의 여러 학파로 분기했지만 이들은 공통적으로 선천성과 후천성에 관한 논쟁에 참여했다. 즉 인간의 심리가 타고난 천성과 유전적 요인에 의해 결정되는지 학습과 환경적 요인에 더 영향을 받는지를 둘러싼 논쟁이었다. 그런데 어느 입장을 막론하고 사회적 약자의 열등함과 식민지 원주민의 야만성은 기정사실로 받아들여졌다. 특히 선천성을 강조하는 쪽의 입장은 훨씬 더 완강했다. 이를테면 빈민에게서 발병과 사망 확률이 높게 나타나는 것은 신의 섭리요 자연의 순리이므로 이들을 위한 제도개선은 무익하다고 주장한 맬서스(Thomas Malthus), '니그로'는 백인보다 천성적으로 열등한 종(種)이라는 이유로 노예제도와 식민주의를 옹호한 흄(David Hume), 다윈의 적자생존 이론을 차용하여 자본주의 사회의 경쟁과 착취를 합리화한 스펜서(Herbert Spencer), 다윈의 사촌이자 우생학의 창시자로서 사회 '부적격자들'의 도태를 승인해 나치의 유대인 학살에 '과학적' 근거를 제공한 골턴(Francis Galton) 등은 모두 심리학의 학문적 권위를 내세워 차별과 억압에 기여했던 인물들이다.

반면 생물학적 유전보다 사회문화적 환경을 강조한 쪽은 상대적으로 더 유연한 입장을 취했지만, 결과적으로 지배계층의 이해관계를 대변했다는 점에서는 별다른 차이가 없었다. 이들은 유전자의 차이가 계급이나 인종의 차이를 결정한다는 가설에는 반대하면서도 피억압자를 위한 사회적 실천과 개혁에 있어서는 소극적인 자유방임주의 입장을 견지했다. 가령 정신분석학의 창시자 프로이트는 자신이 반유대주의의 피해자임에도 인종적 억압에 주목하지 않고 유럽 부르주아지를 일관된 연구모델로 삼았다. 동물실험을 통해 행동주의 심리학을 개척한 왓슨(John Watson)과 스키너(Burrhus Skinner)도 인간을 외부환경의 수동적 대상으로만 파악함으로써 인간의 주체성과 사회변화의 가능성을 심리학자들의 관심에서 제외하는 데 결정적으로 기여했다. 결국 심리학의 역사는 억압의 역사와 궤를 같이해온 셈이다. 서구 근대성의 역사가 성적·계급적·인종적 억압의 파노라마라면, 심리학은 거의 언제나 억압자의 편에서 이데올로기적 알리바이를 제공해주는 역할을 수행했다.[1]

심리학의 인접분야인 정신의학도 '과학'의 이름으로 지배이데올로기에 복무해왔다는 혐의를 벗기 어렵다. 특히 비유럽 세계의 인종적 타자를 연구대상으로 삼은 인종정신의학(ethnopsychiatry)은 유럽 식민주의 역사와 밀접한 제휴관계를 형성했다. 인간문명의 기원에 대한 호기심에서 출발한 인종정신의학은 원래 동물학의 한 분야로 시작했다가 19세기 후반부터 유럽 사회 내부의 노동자, 농민, 유랑자, 무정부주의자 등의 정신질환을 분석하는 '위험한 계층의 병리학'으로 발전해갔다. 당대의 대표적인 인종정신의학자 르봉(Gustave Le Bon)은 '니그로'란 심리적으로 문제가 있어 관찰대상이 되는 '심리학적 인종'이며 여성과 마찬가지로 흑인의 열등함은 두개(頭蓋) 구조로 입증된다고 주장했다. 소쉬르(Léopold de Saussure)도 흑인의 심리학적 속성은 해부학적 특징처럼 고정된 것이어서 유전을 통해 반복적으로 재생산되며 '니그로'는 모든 '인류'가 공유하고 있다고 여겨지는 합리적 이성과 도덕적 기준에서 벗어난 집단이라고 주장했다.

인종정신의학은 20세기에 들어와서 프랑스의 포로(Antonin Porot)와 영국의 캐로더스(J.C. Carothers)에 의해 전성기를 구가하며 정신의학계의 지배적인 패러다임으로 자리 잡았다. 포로는 알지학파(The School of Algiers)의 창립자이자 파농이 근무했던 블리다-주앵빌 정신병원의 설립자로서 북아프리카 무슬림의 심리연구를 집중적으로 수행했고, 캐로더스는 케냐의 마우마우(Mau Mau) 독립운동과 기쿠유 부족민의 심성 사이에 어떠한 상관관계가 있는지를 탐구했다. 이들의 공통된 기본 전제는 북아프리카 무슬림과 아프리카 흑인 특유의 야만성·폭력성·비합리성·의존성은 유전적이고 선천적이며 따라서 더 합리적이고 우월한 권위에 종속되어야 한다는 것이었다. 이들은 식민지 흑인의 '부정적' 속성이나 성향을 식민주의의 사회문화적 결과가 아닌 흑인종 고유의 생물학적 요인으로 설명함으로써 식민지 침탈과 억압을 정당화하는 데 기여했다.

인종정신의학의 이러한 백인우월주의와 유럽중심주의는 정신의학 내부에서도 더러 비판의 대상이 되기도 했다. 대표적인 예로, 하디(Georges Hardy)는 정신의학이 하나의 기준, 즉 유럽중심주의적 잣대에만 의존하고 있으며 고전적 심리학이 전제하는 '보편적 인간'이란 개념 자체도 유럽중심주의의 발상이라고 문제를 제기했다. 하디는 '원주민의 심리'를 제대로 연구하려면 아프리카, 아시아, 오세아니아, 라틴아메리카에 대한 새로운 분석틀이 필요하며, '니그로 정신'이나 '무슬림 정신' 같은 개념도 개인의 차이를 고려하지 않은 일반화의 오류를 범하고 있다고 주장했다. 이뿐만 아니라 하디는 '인종'(race) 대신 '인종적 계보'(ethnic family)라는 용어를 제안하면서 심리학과 정치학의 결합을 옹호했다. 요즘 식으로 얘기하면, 문화적 차이와 다양성을 중시하는 다문화주의 또는 상호문화주의의 문제의식을 개진한 셈이다.

그런데 당시로서는 상당히 급진적이었다고 할 수 있는 하디의 입장조차 전통적인 식민지 정신의학보다 더 교묘하게 식민주의를 합리화했다고 비판받을 여지가 있다. 물론 하디가 내세운 '과학적 객관성'과 '문화적 차이'는 경직되고 배타적인 기존의 인종정신의학에서 볼 수 없는 신선한 개념이었다. 하지만 과학과 휴머니즘의 이름을 빙자해 식민지 원주민을 관찰과 분류의 대상으로 삼은 것 자체가 식민주의 기획의 일부였던 것이다. 결과적으로 하디의 이론은 물리적 폭력으로 원주민의 몸과 땅을 정복한 것처럼 인식론적 폭력으로 원주민의 정신을 지배하고 억압했다. '우리'의 좁은 시야를 넘어서 '그들'의 세계와 대면하겠다는 문제의식은 결국 '그들' 고유의 문화라는 것이 조야한 언어, 부족한 인지능력, 마술에 대한 맹신, 운명론적 세계관, 경박한 판단력, 흉내 내기 등에 지나지 않음을 확인하는 것으로 귀결되고 말았다.[2] 차이가 또다시 차별의 알리바이가 된 것이다. 서양이 동양을 만나는 순간 보수나 진보 또는 강경파나 온건파 같은 서양 내부의 차이는 의미가 없어진다는 사이드의 지적은 그래서 정확하고 타당하다.

정신의학과 지배 이데올로기의 결탁

유럽중심주의와 백인우월주의는 파농 당시에 지배 이데올로기였다. 어떤 이데올로기가 '지배적'이라 함은 특정 계층이나 집단의 세계관과 신념체계가 동시대 사회에 아무런 의심 없이 자연스럽게 받아들여지는 상황을 의미한다. 즉 백인이 흑인보다 '천성적으로' 우월하고 유럽이 문명의 '기원'이며 '중심'이라는 생각은 피부색과 계급을 막론하고 파농 당시의 거의 모든 사람이 공유한 믿음이었다. 더구나 그 믿음은 불균등한 권력관계에 기초한 식민주의의 산물이었기 때문에 파농이 살았던 식민지 시대에는 더욱 확고부동한 자리를 차지하고 있었다. 위에서 약술한 심리학과 정신의학의 역사도 그러한 지배 이데올로기의 절대적인 영향하에 있었던 허다한 사회적 모순의 범례에 불과하다.

비단 정신의학뿐만 아니라 의학계 전반이 인종 간의 우열을 밝히는 데 총력을 기울이고 있었다고 해도 과언이 아니다. 백인 의사들은 흑인의 성기와 두개골의 크기, 대뇌의 무게와 구조, 모발 조직, 피부 색소 등 흑인의 신체적 특징을 낱낱이 관찰하고 측정함으로써 흑인의 지적·도덕적 열등함을 증명하고 인류의 진화과정을 설명하고자 했다. 그 의사들은 노예제도와 식민지배가 스스로 합리적 사고와 행동을 할 수 없는 흑인에게 유익한 것이라고 강변했고, 노예해방과 식민지독립을 통해 흑인이 성취한 자유는 결국 자충수가 될 것이라고 예언했다. 환경 변화에 따른 적응능력이 떨어지는 흑인의 신경구조 자체가 발병률과 사망률을 높일 것으로 내다본 것이다. 한마디로, 다윈의 적자생존 이론을 '과학적으로' 입증한 셈이다. 이러한 흑인 멸종론의 밑바닥에는 흑인공포증이 깔려 있었다. 흑인의 '짐승 같은' 섹슈얼리티와 '잡종화'에 대한 두려움 그리고 흑인의 수적 증가를 통제해야겠다는 강박관념이 백인의 무의식을 사로잡고 있었던 것이다.

이러한 인종주의 담론은 흑인을 향한 비인간적 대우와 그들의 높은 사망률로 인해 불편해질 수도 있었던 대다수 백인의 양심을 달래주는 윤리적 진정제가 되었다. 흑인은 동화주의 정책으로 권장받아야 할 정치참여나 백인과의 결혼은 고사하고 인간으로서 받아야 할 최소한의 교육과 의료 혜택도 거부당하거나 제한받았다. 이유는 간단명료했다. 그냥 '그들'은 '우리'와 동등한 대우를 받을 자격이 없다고 여겼기 때문이다. 아무리 교육을 해도 "니그로의 페니스 크기는 줄어들지 않을 것"이며, 그러한 흑인을 교육하는 건 "호텐토트 족의 텐트에 피아노를 들여놓는 것"과 마찬가지라는 식의 주장이 백인 의사들의 입에서 공공연히 나오고 있었다. 한마디로, 인종주의는 '과학적 진실'이었다.

흑인 심리학자 불한(Hussein Abdilahi Bulhan)은 파농 당시에 인종주의가 얼마나 엄청난 지배 이데올로기였는지를 예시하기 위해 충격적인 에피소드 하나를 소개한다. 바로 미국 앨라배마 주에서 1932년부터 약 40년간 비밀리에 진행된 '터스키기(Tuskegee) 실험'이다. 이 실험은 400명의 흑인 남성 매독 환자들에 대한 연구였는데, 정작 실험대상자들은 자신들이 매독에 걸렸으며 적절한 치료를 받지 못하고 있다는 사실을 모르고 있었다. 이들은 철저히 기만당한 채 40년 동안의 추적연구에 자신의 의지와는 상관없이 참여하고 있었던 것이다. 치료받지 못 한 매독환자의 상태를 관찰하는 것이 실험의 목적이었기 때문인데, 미국 건강보험공단이 주관하고 여러 연방정부 기관이 후원한 이 실험은 1972년이 되어서야 종료되었다. 현대

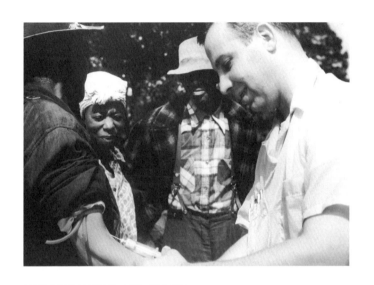

'실험대상자'의 피를 뽑고 있는 백인 의사

1932년부터 1972년까지 미국 앨라배마 주에서는
'터스키기 실험'이 진행되었다. 미국 정부는 400여 명의 흑인 남성을
매독에 감염시킨 뒤 치료해주지 않고 그들의 상태를 관찰했다.
물론 실험대상이 된 흑인 남성들은 이러한 사실을 알지 못했다.

판 생체실험이 미국 정부기관에 의해 자행되고 있었던 셈이다. 그 실험의 배경에 '니그로'는 그렇게 해도 괜찮다는 '과학적 신념'이 자리 잡고 있었음은 물론이다.[3]

파농이 활동했던 프랑스와 알제리에서도 사정은 마찬가지였다. 파농이 알제리에 도착했을 때만 해도 '알지학파'의 창시자인 포로는 정신의학계에서 절대적인 권위자로 군림하고 있었다. 알제리의 모든 의대 학생은 포로가 정초한 인종주의적 가설의 토대 위에서 교육받고 있었고, 식민지 관료들도 포로의 연구결과가 자신들이 직접 경험한 원주민들의 심성과 완벽하게 일치한다고 생각하고 있었다. 만약 누구라도 알제리 원주민들의 지적인 열등함과 폭력성에 의문을 제기한다면 그 사람은 정신이상자로 취급될 정도로 알지학파와 포로의 학문적 권위는 가히 난공불락이었다. 이는 거꾸로 말하면 '정신의 탈식민화'를 위한 파농의 정신의학적 기획이 당시에는 그만큼 더 혁명적이었음을 의미한다. 파농은 당시의 '시대정신'이었던 식민주의와 인종주의를 겨냥하여 도전장을 내민 것이다.

정신의학계의 이단자 파농

그렇다면 왜 하필 파농이었을까? 이처럼 시대를 거스른 무모한 도전을 어떻게 '문명의 변방'에서 자라난 식민지 출신 '니그로'가 할 수 있었을까? 혹자는 어릴 저부터 유난히 권위에 반상적이었던 파농의 성격에서 이유를 찾지만, 그것만으로는 파농이 보여준 그 엄청난 혁명적 에너지를 설명하지 못한다. 왜냐하면 고향 마르티니크를 떠나기 전의 파농은 식민치하의 여느 프티부르주아 청소년들처럼 '검은 피부'에 '하얀 가면'을 뒤집어쓴 채 프랑스를 자신의 '위대한 조국'으로 착각하면서 살았던 식민주의의 피조물이었기 때문이다. 비록 네그리튀드의 주창자 세제르와의 만남이 적잖은 충격을 주긴 했지만, 파농은 여전히 자신을 아프리카 '미개인'과는 본질적으로 다르며 유럽 '문명인'과는 비슷한 존재로 믿고 있었다. 하지만 파농은 자신이 닮았다고 생각한 그 유럽 '문명인'이 자신을 어떤 시선으로 바라볼지에 대해서는 짐작조차 하지 못했다.

자기소외에 빠져 있던 마르티니크의 섬 소년이 '정신의 탈식민화'를 꿈꾼 정신과 의사로 탈바꿈할 수 있었던 데는 몇 가지 계기가 있었다. 우선 제2차 세계대전에 참전하면서 경험한 인종차별이 파농으로 하여금 이데올로기적 환상에서 벗어나 식민주의의 실체와 대면하게 했다. 나치 치하의 '조국' 프랑스를 구원하고자 연합군에 자원입대하여 싸운 파농에게 돌아온 것은 몸에 박힌 박격포 파편과 무공훈장만이 아니었다. 파농에게 가장 큰 충격으로 다가온 것은 여태껏 그토록 경멸하고 혐오했던 '니그로'의 범주에 자신이 속한다는 사실이었다. 계급사회인 군대에서 가장 철저하고 절대적인 계급이 피부색임을 그야말로 피부로 느낀 것이다. 그것도 자유와 평등을 기치로 내건

'해방군'에서였기에 파농이 입은 상처는 형언하기 힘든 수준이었다. 하지만 그 상처는 파농을 백색 신화의 최면에서 깨어나게 해주었다. 소외에서 성찰과 변혁으로 나아가는 첫걸음이었던 셈이다.

유럽 식민주의와의 대면으로 혼란스러워하던 파농에게 대안을 제공해준 것은 아이러니하게도 유럽 인문학이었다. 파농은 프랑스에서 유학하는 동안 자신의 전공인 정신의학과 관련이 없어 보이는 인문학 서적을 탐독하며 여러 인문학자와 교류했다. 파농은 헤겔, 니체, 레닌, 마르크스, 키르케고르, 하이데거, 후설, 야스퍼스, 사르트르, 메를로-퐁티, 레비-스트로스 등의 저서에 심취했다. 또한 당대 프랑스 진보운동의 거점이었던 리옹에서 대학을 다닌 덕분에 좌파 지식인들과 카페에서 밤새 토론을 하며 지적인 자극과 도전을 받을 수 있었다. 물론 이들 중에 그 누구도 제3세계의 식민지해방을 위한 비전이나 전략을 구체적으로 제시한 이는 없었으며, 제3세계 문제에 대한 유럽 지성계의 미온적인 태도가 마지막까지 파농을 불편하게 했던 것도 사실이다. 하지만 이들과의 만남을 통해 함양한 인문학적 비판의식이 추후에 정신과 의사인 그를 사회혁명에 뛰어들도록 한 이데올로기적 자양분이 된 것도 사실이다.

정신과 의사로서 파농이 가진 독특한 이력 가운데 또 하나 빼놓을 수 없는 것이 토스켈 박사와의 만남이다. 당시에는 정신질환을 환자 개인의 신경계에서 발생한 기능적 이상으로 보는 것이 정신의학계의 정설이었지만, 파농은 이에 동의하지 않았다. 실존주의적 휴머니즘의 영향을 받은 파농으로서는 그러한 전제 자체가 억압적이었기 때문이다. 파농이 박사학위 논문으로 제출했다가 '학술적 객관성'이 부족하다는 이유로 퇴짜를 맞은 원고가 바로 『검은 피부, 하얀 가면』이었다는 사실에서 이미 정신의학도로서 파농의 입장이 주류 정신의학계와 상당한 거리가 있었음을 알 수 있다. 그런데 토스켈은 정신질환을 사회적 소외에서 비롯되는 문제로 접근한 인물이었기에 파농은 그를 정신의학 분야에서의 진정한 스승으로 인정했다. 토스켈이 도입한 '사회요법'이나 '제도요법'의 핵심은 환자의 사회성을 회복시키는 것이었다. 그것은 정신병자의 '인간화'를 의미했다. 즉 사회요법의 목적은 정신병원을 일종의 사회적 공간으로 전환하고 환자를 정상인과 똑같은 '인간'으로 대우하여 치료한 후 다시 사회로 복귀시키는 것이었다.

그러나 토스켈의 사회요법이 만병통치약은 아니었다. 프랑스 생탈방 병원에서 익힌 사회요법을 알제리의 블리다 병원에서 시도한 파농은 현실적 장벽에 부딪혔다. 수용인원이 900명인 병원에 2,000명이 넘는 환자가 입원해 있는 열악한 환경에서, 의사와 환자 사이의 인간적 소통에 초점을 맞춘 사회요법은 애당초 불가능하다시피 했다. 더구나 환자의 대다수가 무슬림 남성이었다는 사실이 예상치 못한 장벽으로 다가왔다. 「무슬림 남성 병동에서 실시한 사회요법」이라는 제목의 보고서에 따르면, 유럽 여성 환자들에게는 사회요법이 효과적이었지만 알제리 남성 환자들은 진료를 거부하는 사태가 발생했다. 유럽 사회의 규범과 정서에 맞게 고안된 치료법이 북아프리카의 이슬람 토양에 이식되기에는 한계가 있었던 것이다.

대부분의 의료진이 유럽 백인인 상황에서 무엇보다도 언어와 문화의 차이로 인한 시행착오가 계속되었다. 이를테면 연극을 통한 치료는 무슬림 남성 환자들에게 '여성적 행위'로 거부감을 일으켰고, 공동체의식을 고취하기 위한 신문 제작은 상당수가 문맹인 알제리 환자들에게 무용지물이었으며, 야자수 워크숍을 비롯한 다양한 집단치료 방식은 지역문화의 정서에 적합하지 않았다. 특히 통역사에 의존하는 진료는 환자의 마음을 열지 못했다. 왜냐하면 통역사는 알제리 민중이 경찰서, 법정, 관공서 등에서 경험한 억압적 식민권력의 중개인이었기 때문이다.

파농은 여기서 자신의 중대한 실수를 발견했다. 사회요법이란 것이 유럽문화의 부산물임에도 문화적 차이에 대한 충분한 대책 없이, 심지어 알제리가 처한 식민지 상황조차 고려하지 않고 강제적으로 적용하려고 했던 것이다. 알제리 민중에게 식민지 상황은 박탈과 단절을 의미했다. 식민지 이전의 알제리는 부권적 족장체제에 기반을 두고 토지의 공동소유와 집단경작을 하던 부족사회였다. 이러한 전통은 식민지 정복과 더불어 붕괴하였고 개인과 부족공동체 사이의 정서적 유대감은 정복자와 피정복자 사이의 화해 불가능한 적대감으로 대체되었다.

특히 땅을 빼앗긴 농민들은 아직 산업화 단계에 진입하지 못한 알제리의 도시들을 떠돌며 일자리를 찾지 못하고 룸펜프롤레타리아로 전락했다. 원래 알제리 원주민의 상당수가 유목민이긴 했지만, 삶의 터전에서 쫓겨나 공동체적 연대의식을 상실한채 방랑하는 식민지 노마드(nomad)와는 성격이 달랐다.[4] 블리다 병원에서 파농이 진료한 대부분의 알제리 환자들도 바로 그러한 식민지 상황의 피해자였다. 그들은 유럽 인본주의와 계몽주의의 모델인 근대적 주체나 보편적 인간이 아니라 식민지 수탈과 억압을 온몸으로 겪은 이슬람 민중이거나 투옥과 고문을 당한 독립투사였다. 이런 그들에게 유럽식의 사회요법을 적용하는 일은 애당초 무리였다.

파농의 자기비판은 엄정했다. 파농은 블리다 병원에서의 실패를 통해 유럽중심주의에 물든 자신의 모습을 발견했다. "알제리 고유의 지리·역사·문화·사회 구조를 괄호 안에 묶은 채"[5] 알제리도 프랑스의 일부일 뿐이라는 동화주의 정책을 부지중에 알제리 환자들에게 적용한 것이다. 비유럽인을 차별하지 않으려고 유럽인과 똑같이 대한 것이 또 다른 형태의 차별로 이어졌으니 서글픈 아이러니가 아닐 수 없었다.

파농이 찾은 해결책은 문화상대주의였다. 의료진을 해당지역의 언어, 문화, 관습에 따라 훈련하게 시키고 파농 자신도 아랍어를 배워 환자와의 직접적인 소통을 시도했다. 이뿐만 아니라 파농은 식민지배가 존속되는 한 사회요법은 늘 근본적인 한계에 봉착한다는 사실을 깨달았다. 광기라는 것 자체가 자유의 상실과 사회적 소외에서 비롯된다고 보았기 때문이다. 실제로 파농의 이러한 전제는 다음에 그가 신생독립국 튀니지의 샤를니콜 정신병원에서 사회요법을 실시했을 때 알제리에서와는 판이한 효과를 거둠으로써 입증되었다.

파농은 한 걸음 더 나아가서 튀니지에서는 주간입원 방식을 도입했다. 토스켈식의 제도요법이 지닌 문제점을 보완하기 위해서였다. 정신장애를 자유의 상실로 인한 병리현상이라고 인식한 파농은 기존의 입원 방식이 환자의 자유를 박탈하여 증상을 악화시킨다고 보았다. 아무리 정신병원의 제도를 환자 중심으로 개선하더라도 입원 자체가 가족이나 공동체와의 단절을 수반하기 때문에 환자는 자신이 사회로부터 버림받았다고 생각하게 된다는 것이다. 반면 아침에 입원했다가 저녁에 퇴원하는 주간입원은 환자에게 일상과의 연결고리를 유지하게 함으로써 '사회 속에서' 자율성을 회복하도록 돕는다고 파농은 주장했다. 파농이 남긴 의무기록에 따르면, 그가 샤를니콜 병원에서 주간입원을 시행한 동안에는 이전과 달리 자살, 살인, 폭행 등이 한 건도 발생하지 않았다고 한다.

이렇듯 정신의학도로서의 파농은 그 어떤 방법론에도 얽매이지 않고 항상 비판적 거리를 유지하며 자신의 분석틀을 만들어갔다. 심지어 자신의 스승인 토스켈주차 예외가 아니었다. 그런 점에서 파농은 변증법적 사유를 실천한 인물이었다. 일반적으로 네그리튀드, 실존주의, 정신분석학, 마르크스주의를 파농의 사상적 계보로 얘기한다. 참으로 다양하고 광범위한 스펙트럼이다. 양립하기 힘들어 보이는 사상이나 이론들이 파농을 통해 독특한 융합과 통섭을 이루어낸 것이다. 만약 이 네 가지 전통 중에 어느 하나가 지배적인 영향력을 가졌다면 오늘의 파농은 존재하지 않았을 것이다. 이는 파농이 어느 특정 이론에 경도되거나 함몰되지 않았음을 의미한다. 모든 이론이 모방이나 의존이 아닌 전유의 대상이었던 것이다. 이 때문에 파농은 흑인이면서도 흑인민족주의를 표방한 네그리튀드의 맹점을 볼 수 있었고, 정신과 의사이지만 정신의학에 뿌리 깊이 스며 있는 인종주의 이데올로기를 들추어낼 수 있었다.

억압의 기제를 해방의 도구로 전환하다

파농의 기획이 정신의학을 이용한 '정신의 탈식민화'였다고 한다면, 그 기획은 정신의학 자체를 탈식민화하는 성격도 띠고 있었다. 파농이 알제리와 튀니지에서 정신과 의사로 근무하면서 가장 역점을 두었던 것은 의사와 환자의 관계전환이었다. 푸코(Michel Foucault)가 근대 유럽사회의 불균등한 권력관계의 일례로 언급하기도 했지만, 파농 당시의 알제리에서는 의사와 환자가 전형적인 억압자와 피억압자의 관계를 형성하고 있었다. 더구나 정신병원에서의 치료는 환자의 공간적 단절과 유폐, 신체적 폭력, 심리적 소외를 수반하는 경우가 허다했다. 이 불균등한 권력관계는 식민지 상황에서 의사가 유럽인이고 환자가 아프리카인일 때 더 심화되기 마련이었다. 파농이 의사와 환자의 관계가 주인과 노예 또는 간수와 죄수의 관계에서 벗어나 동등한 상호주체적 관계로 나아가야 함을 강조한 것도 정신의학의 궁극적 목표가 정신의 탈식민화를 통한 인간해방이라고 믿었기 때문이다.

억압적 정신의학을 탈식민화하려는 시도는 파농이 알제리에서 추방당한 후에 튀니지의 샤를니콜 정신병원과 FLN의 보건소에서 활동할 때도 계속되었다. 파농은 정신의학의 제도적 억압이 가장 잘 드러나는 것으로 정신병원에서 시행하는 입원치료 방식을 꼽았다. 입원은 환자를 사회로부터 고립시키는 감금 행위이며 정신병동은 일종의 감옥이었다. 실제로 정신병원에 입원한 환자에게 가학·피학적인 치료를 가해 증상을 악화시키는 경우가 적지 않았다.

이에 파농은 유럽 사회 바깥에서 최초로 주간입원 제도를 도입했다. 이 방식은 입원치료의 효율성과 통원치료의 자율성을 접목한 것으로, 환자가 스스로를 정상인으로 인식하고 자신의 공동체와 지속적인 관계를 맺도록 유도하는 것이 주목적이었다. 이를 위해 파농은 환자를 감금하고 통제하는 데 사용하던 몽둥이, 구속복, 수갑 등의 기구들을 모두 없애고 환자를 비인간적으로 다루어왔던 의료진을 대폭 교체했다. 결과는 파농의 예상과 일치했다. 그가 남긴 의무기록에 따르면, 주간입원 방식을 시행한 이후로는 그동안 빈번했던 자살, 살인, 폭력 등의 사고가 단 한 건도 발생하지 않았다. 20세기 후반에야 보편화된 이 방식을 1950년대에 그것도 의료환경이 열악했던 아프리카에서 시행했다는 것은 매우 획기적인 일이었다.

당시로서는 비현실적인 기획이었지만 과학적인 동시에 철학적이고 윤리적인 근거가 있었다. 기본적으로 파농은 광기를 비롯한 정신적 질병을 자유의 상실로 파악했고, 따라서 정신의학의 임무는 잃어버린 자유를 회복시켜주는 것이라고 생각했다. 정신질환에 대한 사회학적 진단과 처방을 시도한 것이다. 푸코가 지적한 것처럼 광기를 합리적 이성의 정반대로 여기던 유럽에서는 정신질환을 일종의 '비정상'으로 간주하고 환자를 사회로부터 고립시켰다. 그러나 아프리카에서는 광기를 귀신이나 혼령에 사로잡히는 우연한 사고로, 환자를 그 불가항력적인 사고의 희생자로 여겼다. 파농도 환자를 경멸과 배척의 대상이 아닌 공동체의 일원으로 파악했으며 환자를 사회 '안에서' 치료받게 하였다.

여기서 파농이 강조한 것은 아프리카인을 광기로 몰아넣은 그 '사고'(事故)가 바로 식민지배라는 사실이다. 파농은 정신의학과 정신병원이 수반한 제도적 억압에 주목했을 뿐만 아니라 그 억압이 식민주의와 연루되어 있음을 인식했다. 유럽 인종정신의학이 식민지 원주민의 인종적 취약성의 범례로 분류한 정신분열과 열등의식을 파농은 식민주의의 부산물로 파악한 것이다.

정신의학은 파농에게 양날의 칼이었다. 파농은 억압의 기제였던 정신의학을 해방의 도구로 전용한 것이다. 사회의 모순과 부조리에 무관심하고 지배 이데올로기에 복무해왔던 정신의학을 이렇게 '정신의 탈식민화'를 위한 수단으로 전유할 수 있었던 것은 그가 피억압자의 시각에서 현실을 바라봤기 때문이다. 또한 파농은 정신병원 의사와 환자의 관계를 식민지 지배자와 피지배자의 관계로 인식함으로써 사회요법에 더 적극적으로 공감할 수 있었다. 즉 정신병원과 식민지 상황은 공간적 단절과 유폐로 특징지어진다는 점에서 닮은꼴이었다. 파농은 정신의학이 해방의 도구가 될 수 있음을 믿었다. 그리고 광기가 자유와 주체성의 상실에서 비롯되므로 그것을 회복시켜주는 것이 정신의학의 역할이라고 믿었다.

정신의학이란 문자 그대로 정신이상의 원인을 분석하고 그 증상을 치료하는 학문이다. 그런데 정신의학에서 얘기하는 정신이상, 정신장애, 정신질환은 모두 '비정상'을 전제한다. 그리고 이 '비정상'의 개념을 어떻게 규정하느냐, 정신이상의 원인을 어디에서 찾느냐에 따라 진단과 처방은 달라진다. 여기에는 일반적으로 통용되는 다섯 가지 접근방식이 있다. 즉 사회구성원 다수의 행동과 특성을 '정상'으로 규정하고 그것에서 벗어나는 것을 '비정상'으로 분류하는 통계학적 방식, 환자 개개인이 느끼는 불편과 고통을 중시하는 주관적 방식, 생화학적 과정에서의 불균형과 결핍에 주목하여 그것을 질병으로 간주하는 의학적 방식, 정신이상의 기준과 증상을 문화적 차이에 따라 가변적으로 해석하는 문화상대주의적 방식, 모든 사람이 구현하기로 기대하는 이상적인 상태를 상정하는 이상주의적 방식이다. 이 가운데서 어느 것도 보편적이고 절대적인 접근방식이 될 수 없다. 각각의 방식이 나름대로 장단점을 지니고 있을 뿐만 아니라 정상/비정상의 구분 자체가 주관적 해석과 가치판단에 좌우되기 때문이다. 심지어 문화상대주의적 방식마저 '정상'으로 여기는 인식론적 토대, 즉 에피스테메(episteme)가 다수의 규범과 논리에 의해 구성된다는 점에서 통계학적 방식의 변형에 불과하다.[6]

그렇다면 파농의 접근방식은 어디에 속하는 것일까? 사실은 그 어디에도 속하지 않는다. 굳이 이름을 붙이자면 '사회학적' 또는 '유물론적' 접근방식이 적절할 것이다. 왜냐하면 파농은 당시의 그 어떤 정신의학자나 심리학자보다 개인과 사회의 상호관계를 더 강조했기 때문이다. 초기 저서인 『검은 피부, 하얀 가면』에서 이미 파농은 '비정상적 인간'을 "요구하고(demand) 호소하며(appeal) 간청하는(beg) 인간"이라고 규정했다.(*BS*, p.142) 이것은 정신병리학의 관계적 속성을 강조한 말이다. 요구, 호소, 간청의 행위가 성립하기 위해서는 두 가지 사실을 전제해야 한다. 하나는 그 행위의 주체와 대상이 동시에 존재해야 하고, 다른 하나는 쌍방의 관계가 대등한 교환과 상호인정의 관계가 아니어야 한다. 다시 말해 '비정상적 인간'은 어떤 외부 요인으로 인해 인간으로서의 자존감과 자율성을 상실한 인간이며, 자신이 처한 불균등한 권력관계를 방관하고 묵종하는 인간이다.

정신이상에 대한 파농의 사회학적 입장은 후기로 갈수록 더욱 분명해진다. 영어로 번역되지 않은 어느 논문에서 파농은 정신이상을 "개인의 자유와 의지와 욕망이 강박관념, 억제, 자가당착, 불안감에 의해 계속적으로 좌절되는 상태"로 규정한 후 이러한 상태는 단순히 개인의 모순된 본능이 표현된 것이 아니라 사회적 갈등과 억압이 내면화한 것이라고 주장했다.[7] 정신이상을 자유의 상실로 규정한 것이다. 여기서 파농이 의미한 자유는 정신적인 동시에 물질적이다. 땅을 빼앗고 노동을 착취하는 것이 곧 자유의 박탈이라는 것이다. 바꿔 말하면, 식민지 침탈과 억압이 파농이 파악한 정신이상의 핵심이요 병인(病因)이다.

생물학적 유전인가, 사회문화적 환경인가

파농이 자신의 마지막 저서인 『대지의 저주받은 자들』에 「식민지 전쟁과 정신질환」이라는 제목의 에세이를 포함한 것은 결코 우연이 아니다. 탈식민화와 민족해방이라는 정치적 의제를 다룬 책의 결론부에 왜 정신의학적 에세이가 사족(蛇足)처럼 첨가되어 있을까? 그것은 심리학과 사회학은 분리 불가능하며 개인의 정신질환은 식민지 상황의 부산물이라는 파농의 일관된 신념을 표현한 것이다. 여기서 파농은 인종정신의학의 태두였던 포로와 캐로더스를 정면으로 비판하고 나선다. 이들은 알제리 원주민과 아프리카 흑인 특유의 지적·도덕적 야만성이 대뇌 구조에서 기인하므로 그 어떤 문명과 계몽의 힘으로도 치유될 수 없다고 주장했던 자들이다. 식민지 피지배자의 병리학적 현상을 인체생리학의 용어로, 즉 '과학적으로' 설명한 것이다. 이에 맞서 파농은 동일한 현상을 사회문화적으로 접근했다.

생물학적 결정론에 입각한 포로의 주장에는 학문적 망설임이나 유보조항이 전혀 없었다. "원시상태란 성숙함의 부재나 지적 발달과정의 중단이 아니라 진화의 한계에 다다른 사회적 조건"이라고 규정한 포로는 그러한 원시상태의 대표적인 예로 알제리를 지목했다. 포로는 알제리 원주민 사회의 높은 범죄율과 사망률을 근거로 북아프리카 무슬림은 난폭하고 충동적인 기질을 지녔으며 그러한 기질은 '타고난' 것이라고 주장했다. "알제리인에게는 대뇌피질이 없다. 더 엄격히 말하면, 알제리인은 열등한 척추동물처럼 간뇌(間腦)에 지배받는다. 설사 대뇌피질이 있다고 하더라도 그 기능은 아주 미약하며 역동적인 삶 속으로 통합되지 못했다"는 것이 포로의 결론이었다.(BS, p.301) 캐로더스의 주장도 이에 못지않게 거침없었다. "아프리카인은 자신의 전두엽(前頭葉)을 거의 사용하지 않는다. 아프리카인은 정상인이어도 대뇌의 백질 제거수술을 받은 유럽인과 마찬가지다"라고 강변하며 인종 간의 차이와 위계를 기정사실로 못 박았다.(*WE*, p.302)

파농의 대응은 상당히 우회적이다. "니그로가 훌륭한 일꾼이며 아랍인이 최고의 청소부라는 식의 항변은 이제 그만둘 때가 되었다"라고 말문을 연다. 포로와 케로더스가 아랍인과 흑인의 고유한 속성으로 지목한 심리상태나 행동양식을 부정하지는 않겠다는 얘기다. 그 대신 파농은 식민지 피지배자가 지배자의 눈에 그렇게 비치게 된 원인이 무엇인지를 되짚어보자고 제안한다. 왜 알제리인은 사소한 일에 목숨을 거는가? 왜 폭력적인 충동을 억제하지 못하고 동족끼리 칼부림을 하는가? 왜 알제리인은 나태하고 모든 일에 소극적인가? 이 모든 야만적인 상황을 설명할 수 있는 '근본적인' 원인은 유전인자가 아니라 식민지 상황이라는 것이 파농의 사회학적 진단이다. 그는 이렇게 반문한다. "알제리인이 뭣 때문에 자신을 할퀴려고 발톱을 세운 억압자를 돕기 위해 손가락 하나라도 움직이겠는가? 당신네들이 입만 열면 얘기하는 알제리인의 나태함이 '비협력 내지는 최소한의 협력의 구체적 표현'이라는 생각은 왜 한 번도 해보지 않는가?"(*WE*, pp.294~295)

알제리인의 악명 높은 폭력성에 대해서도 파농은 같은 논리로 반박한다. 파농이 보기에 원주민들 사이에서 빈번하게 발생하는 폭행과 살인은 식민지 착취로 인해 쌓인 울분의 폭발이다. 폭력의 대상은 대개 가까운 이웃이 된다. 그 너머의 '진짜 적'을 볼 수 있는 여유가 없기 때문이다. 하루 열여섯 시간의 중노동, 밀린 집세와 식품점 외상값, 엄마의 말라버린 젖가슴과 밤새도록 보채는 아기의 울음소리……. 이런 것들이 삶의 조건인 이들에게 "유럽 관리들을 미워하는 것은 사치다"라고 파농은 말한다. 계속해서 파농은 냉소 섞인 어조로 식민지의 일상을 고발한다. "식민지배하에서는 빵 한 조각과 양고기 한 덩어리를 위해 무엇이든 할 수 있다. 식민지 시대에서 인간과 물질, 인간과 세계, 인간과 역사의 관계는 오직 먹는 것과의 관계다. 알제리와 같은 억압적 상황에 처한 식민지 피지배자에게는 삶이란 게 어떤 도덕적 가치를 구현하거나 세계의 일관되고 생산적인 발전과정에서 자신의 소임을 다하는 것을 의미하지 않는다. 산다는 건 입에 풀칠하는 일의 연속일 뿐이다."(*WE*, pp.307~308)

파농은 자칫 감정에 북받친 항변으로 들릴 수 있는 자신의 주장을 객관화하기 위해 통계자료를 하나 제시한다. 그것은 알제리혁명이 발생한 1954년 이전과 이후의 차이를 정리한 자료다. 알제리혁명이 발생하기 이전에는 원주민 사회의 범죄율이 유럽 정착민 사회와 비교해서 훨씬 높았고, 이는 판사, 변호사, 경찰, 신문기자, 대학교수 등 알제리의 모든 지배계층이 공유한 '사실'이었다. 하지만 알제리 사회 전역이 혁명의 소용돌이에 휩싸인 1954년 이후부터 원주민 사회 내부의 범죄율은 급감했다. 식민지 침탈과 착취로 쌓인 분노의 표출대상이 '외부의 적'으로 바뀌었기 때문이다. 밀가루 한 줌을 위해 이웃을 죽이는 충동적이고 맹목적인 폭력은 더 이상 찾아보기 힘들었고, 탈식민화와 민족해방의 '대의'를 위한 자기희생이 알제리인의 삶 속에 자리 잡았다. 파농의 결론은 명료하다. "식민지배하에서는 감사, 성실, 명예 같은 단어는 공허한 수사에 불과하다. 그러한 단어의 의미는 국가적·국제적 동질성의 틀 안에서만 구현될 수 있다."(WE, p.295)

결국 포로와 캐로더스는 식민지 원주민을 모두 "타고난 게으름뱅이, 타고난 거짓말쟁이, 타고난 도둑놈, 타고난 범죄자"로 몰아세우기 위해 정신의학의 통계자료를 사용한 반면 파농은 동일한 자료를 다른 시각에서 재해석함으로써 "태생의 낙인"을 지워버렸다. 한쪽이 드러난 사회현상을 생물학적 결정론에 억지로 꿰맞추었다면, 다른 한쪽은 그 현상의 원인을 역사적 맥락 안에서 파고든 것이다. 이처럼 심리학과 사회학을 접목한 파농의 시도는 선구적이고 혁명적이라고 할 수 있다. 이런 전례가 거의 없었을 뿐만 아니라 연구 자체가 사회변화를 향한 의지를 담고 있었기 때문이다.

파농이 생각한 정신의학의 역할도 바로 여기에 있다. 파농에게 정신의학이란 인간 심리와 사회 환경의 관계를 밝히고, 정신장애로 소외된 개인을 사회로 복귀시키며, 더 나아가서 그러한 정신장애를 유발한 사회구조의 변화 가능성을 모색하는 학문이었다. 따라서 파농의 시선은 개인의 본능, 욕구, 유전자, 신경계, 무의식 같은 내부 '텍스트'에 머물지 않고 항상 인간 심리 바깥의 '콘텍스트', 즉 사회 구조로 향했다. 인간의 정신적 자유와 물질적 자유가 분리될 수 없음을 '니그로'로서의 '산 체험'을 통해 깨달은 것이다. 파농에게 사회구조는 고정불변의 체계나 수동적 배경이 아니라 역동적 과정이자 잠재적 동인이었다. 그것은 인간 심리의 결정인자인 동시에 집단적 실천의 산물이었다. 요컨대 파농의 궁극적 관심은 사회변화의 가능성이었다. 이러한 인식은 결국 정신과 의사 파농을 알제리혁명에 직접 뛰어들게 한 원인이었기도 하다.

3

'니그로'의 자기소외

흑인의 흑인혐오와 백인선망을 해부하다

"유럽에서 니그로는 한 가지 기능을
지니고 있다. 즉 추잡한 감정과 저급한
성향과 영혼의 어두운 면을 상징하는
기능이다. 백인은 이 목적을 위해
흑인을 선택하고, 백인이 된 흑인 역시
흑인을 선택한다. 흑인은 백인의 노예가
된 후에 스스로 노예가 된다."

'하얀 가면'을 쓴 흑인의 이중적 소외

셰익스피어의 비극에서 가장 보편적인 주제 가운데 하나는 '이루어질 수 없는 사랑'이다. 로미오와 줄리엣, 햄릿과 오필리아, 트로일로스와 크레시다, 안토니와 클레오파트라, 오셀로와 데스데모나의 이야기는 모두 이런저런 형태의 사회적 갈등이나 장벽으로 인하여 개인의 사랑이 좌절되는 내용을 담고 있다. 그중에서도 특히 오셀로와 데스데모나의 비극에는 사랑을 주제로 한 셰익스피어의 여타 비극과 구별되는 중요한 차이점이 하나 있다. 바로 이들의 비극적 사랑의 원인이 남성주인공 오셀로의 자기소외에 있다는 점이다. '고귀한 무어인' 오셀로는 백인·기독교 사회에서 인종적 타자로서 편견과 차별을 겪는 희생자일 뿐만 아니라 그러한 인종주의 이데올로기를 내면화함으로써 스스로 파국을 초래하는 인물이다.

오셀로는 백인사회에 진입하고 동화되는 데 성공한 '고귀한 장군'이지만 자신을 '야만적인 무어인'으로 바라보는 백인의 시선을 항상 의식하며 그것을 당연하게 여기고 살아가는 이방인이다. 비극의 원인이 오셀로의 외부와 내부 모두에 있는 것이다. 그토록 소중한 아내를 의심하고 질투하는 원인도 바로 여기에 있다. 오셀로는 호색적이고 폭력적이라는 무어인의 고착화된 이미지를 가장 경계하고 싫어하지만, 결국은 그것에 스스로 얽매어버린다. 즉 『오셀로』는 백인사회의 인종 담론으로 인해 자기소외에 빠지게 된 '니그로'의 비애를 다룬 작품이다.

그런데 셰익스피어가 재현한 오셀로는 모든 흑인을 대표하지 않는다. '고귀한 무어인' 오셀로는 백인에게 고귀하다고 인정받으려는 흑인 또는 자신을 백인처럼 고귀하다고 여기는 흑인이다. 다시 말해 오셀로는 백인과의 관계 속에서 자신을 백인과 동일시하는 흑인이다. 여기서 '관계'란 식민지 관계, 즉 인종 간의 불균등한 권력관계를 말한다. 식민지 관계에서 백인은 선하고 깨끗하고 아름다우며 흑인은 악하고 더럽고 추하다는 이분법이 당연하게 받아들여진다. 당연히 모방과 동화가 흑인의 궁극적인 목표다. 흑인은 백인의 언어를 구사하고 백인의 문화를 흡입하려고 애쓰며 때로는 자신을 백인으로 착각하며 살아간다. 이처럼 스스로 흑인임을 부끄러워하고 부인하면서 백인 행세를 하지만, 정작 백인에게는 백인으로 인정받지 못하는 흑인이 '고귀한 무어인' 오셀로다.

그런 점에서 오셀로는 이중의 소외를 겪는 흑인이다. 백인에게서 소외되는 동시에 자신에게서도 소외되는 것이다. 흑인이지만 흑인을 혐오하고 능멸하는 흑인, 백인에 의해 타자가 될 뿐더러 스스로 타자의 위치에 서는 흑인이 바로 오셀로다. 파농의 어휘로 얘기하면, 오셀로는 자신의 '검은 피부'를 수치스럽게 여기고 '하얀 가면'을 뒤집어쓴 흑인이다.

파농이 『검은 피부, 하얀 가면』에서 가장 천착하는 문제도 바로 흑인의 자기소외다. 여기서 파농은 흑인의 자기소외를 정신분석학을 통해 분석함으로써 '정신의 탈식민화'를 위한 근거를 마련하고자 한다. "여성은 무엇을 원하는가?"라는 프로이트의 구절에 빗대어 "흑인은 무엇을 원하는가?"라는 질문으로 운을 뗀 파농은 "흑인은 인간이 아니다. 흑인은 검은 인간이다. 흑인에게는 오로지 하나의 운명만이 있으니 그것이 바로 백인이다"(*BS*, pp.8~10)라고 한탄하면서 흑인의 자기소외를 논의의 중심에 놓는다. 식민지 상황에서는 백인만이 인간이고 흑인은 인간 이하의 존재다. 백인은 흑인과의 차이를 통해 '인간'이 되는 반면, 흑인은 백인과의 차이로 인해 '니그로'가 된다. 백인은 흑인을 '니그로'로 만듦으로써 '인간'이 되는 것이다. 흑인의 존재 이유가 바로 여기에 있다. 파농은 백인의 우월함과 흑인의 열등함이 톱니바퀴처럼 맞물려 있으며, 백인이 합리적 주체가 되기 위해서 흑인을 야만적 타자로 만들었다는 사실을 반복적으로 주지시킨다.

식민지 피지배자의 열등의식은 유럽인의 우월의식과 밀접한 상관관계를 형성한다. 좀더 단도직입적으로 말하면, 자신보다 열등한 존재를 만드는 자는 인종주의자다.(*BS*, p.93)

니그로가 자신을 열등하게 만든다고들 한다. 자주 듣는 그럴듯한 말이다. 하지만 사실은 니그로가 열등하게 만들어질 뿐이다.(*BS*, p.149)

니그로가 추구해야 할 것, 니그로에게 요구되는 것이 있다. 누구든지 니그로 없이는 살아갈 수 없다. 니그로는 반드시 필요하다. 하지만 니그로는 입맛에 맞는 특정한 방식으로만 필요할 뿐이다.(*BS*, p.176)

유럽에서 니그로는 한 가지 기능을 지니고 있다. 즉 추잡한 감정과 저급한 성향과 영혼의 어두운 면을 상징하는 기능이다. 서양인의 집단적 무의식에서 니그로 또는 검은색은 악, 죄, 저주, 죽음, 전쟁, 기근을 상징한다. 모든 맹금류는 검은색이다.(*BS*, pp.190~191)

모든 개인은 자신의 저급한 욕망과 충동을 자신이 속한 문화권의 어떤 사악한 기질 탓으로 돌리려고 한다. 우리 사회에서는 니그로가 바로 그러한 기능을 수행한다. 이러한 집단적 죄의식은 이른바 희생양이라는 전통적 개념에 의해 생성된 것이다. 진보, 문명, 자유주의, 교육, 계몽, 합리성 등의 신화에 근거한 백인사회의 희생양은 이제 이러한 신화의 확장과 승리를 가로막는 힘으로 작동하고 있다. 이처럼 야만적인 적대의 힘은 니그로에 의해 공급된다.(*BS*, p.194)

문제는 이처럼 흑인을 희생양으로 삼는 인종주의 이데올로기가 '허위의식'임에도 그것을 흑인 스스로가 아무런 의심 없이 받아들인다는 데 있다. 흑인의 소외에 관한 한, 절반의 책임은 흑인 자신에게 있다는 얘기다. 물론 "흑인의 자기분열이 식민지배의 직접적인 결과물임은 두말할 나위 없지만"(*BS*, p.17), 일단 백인에 의해 '니그로'로 각인된 흑인은 백인이 시키지 않아도 백인이 원하는 역할을 충실히 수행한다. 이제는 흑인과 백인의 관계뿐만 아니라 흑인 간의 관계마저도 '인종화'되어버린다. 조금이라도 덜 검은 흑인이 덜 악하고 덜 추하게 여겨진다. 선/악, 미/추의 이분법에서 흑인은 항상 백인의 부정적인 대척점에 서 있기 때문이다.

> 백인은 이 목적을 위해 흑인을 선택하고, 백인이 된 흑인 역시 흑인을 선택한다. 식민지 흑인은 이러한 문화적 부과(賦課)가 빚어낸 노예다. 그는 백인의 노예가 된 후에 스스로 노예가 된다.(*BS*, p.192)

> 흑인의 삶에는 두 가지 차원이 있다. 하나는 동료 흑인과의 관계이고 다른 하나는 백인과의 관계다. 니그로는 백인 앞에서는 물론이고 다른 니그로 앞에서도 차별화된 방식으로 행동한다.(*BS*, p.17)

결국 식민지 흑인은 자신이 창조한 세계가 아닌 백인이 만든 세계를 살아가야 한다. 그곳은 설령 백인이 물리적으로 부재하더라도 백인의 이데올로기가 편재(遍在)하는 세계다. 백인은 '언제나 이미' 흑인의 세계관과 가치관 속에 깊숙이 자리 잡고 있다. 이러한 지배 이데올로기의 내면화는 자기부정을 거쳐 자기분열로 이어진다. 열등의식에 사로잡힌 흑인은 "자신의 개체성으로부터 탈출하고 자신의 존재를 소멸하려는 몸부림"(*BS*, p.60)에만 집착한다. 파농은 이러한 상태를 강박신경증 내지는 정신착란으로 규정한다. 동시에 이처럼 흑인을 병적인 상태로 몰고 가는 '니그로' 개념이 왜곡과 조작의 이데올로기임을 깨닫고 거기서 벗어나는 것이야말로 탈식민화의 핵심이라고 힘주어 말한다. 소외가 식민화에서 비롯된 만큼 파농에게는 탈소외가 탈식민화의 첫걸음이다.

식민지 흑인이 이중의 소외에 빠져 있다는 파농의 주장은 또 다른 의미를 지니고 있다. 백인으로부터의 소외와 흑인 자신으로부터의 소외라는 점에서 이중적이지만, 흑인의 (자기)소외는 정신적인 동시에 물질적이라는 점에서도 이중적이다. 이것은 『검은 피부, 하얀 가면』의 서두에서부터 파농이 줄곧 강조하는 핵심논지다.

내가 시도하는 분석은 심리학적이다. 그런데도 한 가지 분명히 해둘 것은 흑인이 실제로 소외에서 벗어나기 위해서는 사회경제적 현실에 대한 일차적 인식이 수반되어야 한다는 사실이다. 만약 열등의식이란 게 있다면, 그것은 이중적 과정의 산물이다. 먼저 경제적으로 열등해지는 과정이 진행되고, 그 다음에 이 열등함이 내면화 또는 표면화한다.(BS, p.11)

따라서 파농은 '흑인 문제'를 접근하는 자신의 방법론이 프로이트의 정신분석학과 마르크스의 유물론을 동시에 전유한 양날의 칼임을 명시한다.

프로이트는 19세기 말의 체질론적 경향에 맞서 정신분석학을 통해 개인적 요인에 주목할 것을 주장한 바 있다. 그는 계통발생 이론을 개체발생 이론으로 대체했다. 하지만 나는 흑인의 소외가 개인적인 문제가 아님을 밝히려고 한다. 계통발생론과 개체발생론 이외에 사회발생론이 있다. ……흑인은 두가지 층위의 전쟁을 수행해야 한다. 역사적으로 볼 때, 이 두층위는 서로 영향을 주고받기 때문에 어느 한쪽의 해방만으로는 불완전하다. ……현실에 대한 접근은 총체적 이해를 요구한다. 주관적 측면과 객관적 측면의 양면에서 해결책을 모색해야 한다. '모든 게 내 탓이오'라는 식으로 영혼의 구원만이 중요하다고 주장하는 건 도움이 되지 않는다. 문자 그대로 유물론적인 의미에서 사물이 제자리를 되찾을 때 비로소 진정한 탈소외가 이루어질 수 있다.(BS, pp.11~12)

흑인이 소외에서 벗어나기 위해서는 '총체적' 접근, 즉 '개인적' 요인과 '사회적' 요인 또는 '주관적' 측면과 '객관적' 측면을 동시에 분석해야 한다는 주장은『검은 피부, 하얀 가면』뿐만 아니라 파농의 전체 저서에서 반복된다. 흔히 '프로이트적 파농'과 '마르크스적 파농'으로 대별되는 초기 저서와 후기 저서의 구분도 이 전제 앞에서는 무색해진다. 식민화 자체가 물질과 정신의 이중적 과정이므로 탈식민화 역시 이중적 과정을 수반해야 한다는 것이 파농의 일관된 입장이다.

그런데 프로이트와 마르크스가 파농의 사유체계에서 등가적 비중을 차지하지는 않는다. 앞에서 인용한『검은 피부, 하얀 가면』의「서론」은 사실 파농의 최종 입장이다. 프로이트와 마르크스라는 상이한 분석틀을 함께 차용한다고 말하면서도 파농은 이미 마르크스의 유물론으로 무게중심이 기울어져 있다. 여기서 파농이 가장 방점을 두는 단어는 '사물'(things)이다. 그것이 중요한 이유는 물질적 소외가 정신적 소외와 직결되기 때문이다. 굴종과 예속의 근본 원인은 '사물'의 박탈이다. 나이지리아의 탈식민 작가 아체베(Chinua Achebe)의 소설 제목『모든 것이 무너지다』(*Things Fall Apart*)가 암시하듯이, '사물'의 붕괴는 그 공동체를 떠받치고 있던 전통, 가치관, 자존심이 모두 사라지는 것을 의미한다. 따라서 파농에게는 '사물'을 제자리에 되돌려놓는 것, 즉 빼앗긴 땅과 잃어버린 재산을 되찾는 것이 바로 탈식민화요 탈소외다. 마르크스식으로 얘기하면, 영혼의 구원이 탈식민화의 '상부구조'가 되고 사물의 회복은 탈식민화의 '토대'가 된다. 『검은 피부, 하얀 가면』의 전편에 걸쳐 진행되는 파농의 세밀하고 옹골진 심리학적 분석도 모두 이러한 유물론적 시각에 근거하고 있다.

식민지 원주민의 원어민 콤플렉스

식민지 흑인의 이중적 (자기)소외에 대한 기본전제를 설정하고 난 후, 파농은 구체적인 사례분석을 통해 '흑인 문제'의 진단과 처방을 제시한다. 『검은 피부, 하얀 가면』에서 파농이 분석대상으로 삼는 모델은 자신의 고향 마르티니크의 흑인이다. 마르티니크는 중미 카리브 해의 남동쪽에 있는 조그만 섬으로서, 흔히 서인도제도로 일컬어지는 앙틸레스 제도의 일부다. 1502년 콜럼버스에 의해 '발견'되고 명명된 마르티니크는 1635년 프랑스의 식민지가 되었다. 식민지 지배자들은 원래 원주민이었던 아메리카 인디언을 모두 추방하고 서부 아프리카에서 데려온 흑인노예의 후손을 정착시켰다. 1848년 노예제도가 폐지된 후 마르티니크에서는 동화정책이 시행되었는데, 20세기 중반에 이르러 세제르를 비롯한 원주민들의 요청에 의해 프랑스의 도로 편입되었다. 따라서 이곳은 그 어떤 프랑스 식민지보다 프랑스의 정치적·문화적 영향력이 강했던 지역이다.

파농은 『검은 피부, 하얀 가면』에서 마르티니크와 앙틸레스를 혼용하는 경향이 있는데, 혼동을 피하기 위해서라도 지적이 필요한 사항이다. 사실 앙틸레스는 카리브 해 북서쪽에 있는 대앙틸레스 제도(Greater Antilles)와 남동쪽에 있는 소앙틸레스 제도(Lesser Antilles)를 모두 포함하는 광범위한 군도로서, 프랑스뿐만 아니라 영국, 스페인, 네덜란드, 미국 등 다양한 서구 식민주의 세력이 경합해온 곳이다. 따라서 파농이 앙틸레스라고 표기한 지역은 대개의 경우, 지리적으로나 문화적으로나 프랑스 식민지였던 마르티니크로 국한해 이해하는 것이 더 정확하다.

파농이 군이 '마르티니크 흑인'을 '앙틸레스 흑인'으로 환원해 얘기하는 이유 가운데 하나는 아마도 이 지역 전체의 사회문화적 공통분모인 혼종성(hybridity) 때문일 것이다. 아프리카 흑인과는 달리, 카리브 해 지역의 흑인은 이주민인 동시에 원주민이라는 독특한 역사적 배경을 지니고 있다. 대서양 노예무역으로 인해 '신대륙'에 강제로 이식되어 자신의 사회문화적 '뿌리'와 단절된 카리브 해 지역의 흑인은 그 어느 지역의 식민지 원주민보다 더 다양한 층위의 혼종화를 겪은 집단이다. 언어만 두고 보더라도, 마르티니크의 토착어로 자리 잡은 크리올(Creole)은 원래 원주민이었던 인디언의 언어가 아니라 일종의 피진(pidgin), 즉 프랑스어와 아프리카어와 카리브 해 지역의 토착어가 뒤섞인 삼중의 혼종어. 크리올은 원래 노예 무역상들과 플랜테이션 농장주들이 아프리카 각지에서 잡혀와 상이한 부족어를 사용하는 흑인노예들과 의사소통하기 위해 만들었다가 이후 토착화된 언어다. 이러한 문화적 혼종화는 대부분의 카리브 해 지역에서 일어났다. 이 지역의 원주민에게는 단일 언어와 단일 민족의 신화 대신 이산과 혼종의 역사만 존재할 뿐이다.

파농이 『검은 피부, 하얀 가면』에서 집중분석하는 문제 중의 하나도 카리브 해 지역의 흑인이 지닌 독특한 위치다. 아프리카 흑인의 눈에 파농 같은 카리브 해 지역의 흑인은 '진짜' 흑인 내지는 '순혈' 흑인이 아닌 '물라토'(mulato), 즉 '잡종' 흑인이다. 반면 오랜 식민통치로 인해 상대적으로 백인문화에 더 많이 동화된 카리브 해 지역의 흑인은 '니그로'란 자신이 아니라 아프리카에 사는 '미개인'이라고 생각한다. 이러한 생각의 차이는 20세기 초반의 흑인민족주의와 이후의 네그리튀드 운동 내부에서 균열과 불협화음을 일으키는 원인으로 작용하기도 했다. 아프리카 출신 흑인과 아메리카 출신 흑인 사이에 무엇이 진정한 '흑인성'인가를 두고 이념 논쟁과 주도권 다툼이 벌어진 것이다.

마르티니크에서 태어나고 자랐지만 유럽과 아프리카에서 인종주의의 실체를 체험한 파농은 자신의 고향 원주민이 지닌 시각에 그다지 우호적이지 않았다. 오히려 파농은 아프리카 '니그로'보다 자신을 우월하게 여기는 카리브 해 지역의 '물라토'에게 비판의 칼날을 들이대며 백색 신화의 최면에서 깨어나기를 촉구한다. 파농이 보기에 마르티니크 원주민은 '고귀한 무어인' 오셀로처럼 백인이 아니면서도 '백인 되기'를 갈망하는 흑인, 즉 자기부정과 자기소외에 빠져 있는 흑인이다. 이들이 덮어쓰고 있는 '하얀 가면'을 벗겨내고 그토록 혐오하는 '니그로'가 바로 자신임을 고통스럽게 대면하도록 하는 것이『검은 피부, 하얀 가면』에서 수행하는 파농의 일차적인 과제다.

파농은 식민주의의 근본 문제가 정치경제적 힘의 불균형에 있음을 강조하는 유물론자다. 하지만 파농은 물질적 토대나 하부구조에만 주목하는 이른바 속류 마르크스주의자나 경제결정론자는 아니다. 그의 일관된 기본전제는 하부구조와 상부구조의 상호연관성이다. 이러한 맥락에서 파농은 식민주의와 인종주의를 일종의 문화로 접근하며 그것의 상대적 자율성을 강조한다. 이러한 입장은 나중에『아프리카 혁명을 향하여』의 「인종주의와 문화」나『대지의 저주받은 자들』의 「민족문화론」에서 문화를 탈식민화를 위한 저항과 투쟁의 장으로 인식하는 것과 일맥상통한다. 특히 파농은 식민주의의 문화적 측면이 가장 적나라하게 드러나는 영역을 언어로 본다. 언어야말로 식민지 상황의 불균등한 권력관계와 그로 인한 피지배자의 억압과 소외가 가장 여실히 드러난다는 것이다. 그래서『검은 피부, 하얀 가면』도 「니그로와 언어」라는 제목의 장으로 시작한다.

300년이 넘게 프랑스의 식민통치를 받아온 마르티니크는 파농 당시에 '순수한' 프랑스 백인 정착민의 비율이 전체 인구의 5퍼센트에도 미치지 못했지만 프랑스어의 영향력만은 가히 절대적이었다. 마르티니크에서는 사용언어가 프랑스어냐 아니냐에 따라 그 개인의 신분과 계급이 정해진다고 해도 과언이 아니었다. "부자이기 때문에 백인이고 백인이기 때문에 부자다"(*WE*, p.50)라는 파농의 구절에 빗대어 얘기하자면, 마르티니크는 부자이기 때문에 프랑스어가 능통하고 프랑스어가 능통하기 때문에 부자가 되는 사회였다. 파농처럼 흑인 중산층 가정에서 태어난 원주민은 프랑스어로 이루어지는 식민교육을 받았고 프랑스어 능력 덕분에 온갖 사회적 특권을 누릴 수 있었다. 마르티니크는 소수의 백인 정착민과 다수의 흑인 원주민으로 구성된 이분법적 사회이면서 동시에 '물라토'로 일컬어지는 혼혈 흑인 사이에서도 프랑스어 실력에 따라 위계질서를 형성한 '다단계' 사회였다.

언어는 권력이다. 이는 어느 사회에서나 적용되는 보편적인 전제다. "말을 한다는 것은 특정 언어의 문장을 사용하고 그 언어의 형태를 이해하는 것뿐만 아니라 문화를 받아들이고 문명의 무게를 떠받치는 것을 의미한다."(*BS*, pp.17~18) 파농은 이 전제가 특히 식민지 사회에서는 더 확연히 구체화되며 자신의 고향 마르티니크가 바로 그러한 식민지 사회임을 강조한다. 우리 시대의 글로벌 언어로 군림하고 있는 영어가 한국 사회에서 신분상승을 위한 필요조건이자 모순된 계급구조를 확대재생산하는 매개체인 것처럼, 파농이 살았던 마르티니크에서도 프랑스어가 절대적인 헤게모니를 장악하고 있었다. 차이가 있다면, 언어와 권력의 상관관계가 파농 당시에는 좀더 단순하고 직접적이었을 뿐이다. 파농의 동료 흑인에게 프랑스어는 '백인되기'의 유일한 사다리요 "오랫동안 그를 가로막았던 문을 여는 열쇠"(*BS*, p.38)였다. 파농은 마르티니크 원주민 사회에서 왜 프랑스어가 억압과 소외의 원인이 되는지를 다음과 같이 설명한다.

앙틸레스의 니그로는 프랑스어 구사능력에 정비례하여 백인에 가까워지고 따라서 진정한 인간에 가까워지게 된다. 나는 이것이야말로 인간이 존재를 대면하는 태도 중의 하나임을 잘 알고 있다. 언어를 소유한 사람은 그 언어가 표현하고 내포하는 세계를 소유한다. 우리가 도달하는 명백한 진실은 언어에 정통하면 엄청난 권력을 지니게 된다는 것이다. ……모든 식민지 피지배자, 다시 말해 자신이 속한 지역문화의 말살과 매장으로 인하여 영혼에 열등의식이 생긴 모든 자는 문명국가의 언어, 즉 식민모국의 문화와 대면해야 하는 상황에 처하게 된다. 식민지 피지배자는 식민모국의 문화적 기준을 얼마나 잘 수용하느냐에 따라 자신의 정글상태를 벗어나 신분상승을 할 수 있다. 그는 자신의 흑인성과 정글을 부인하면 할수록 백인에 더 가까워진다.(*BS*, p.18)

마르티니크의 흑인 프티부르주아지의 목표는 단순히 프랑

스어로 의사소통하는 것이 아니라 프랑스어를 원어민처럼 구사하는 것이다. "앙틸레스 니그로가 프랑스어의 미묘한 뉘앙스나 세련된 문구를 표현하려고 애쓰는 이유는 그것이 프랑스 문화의 기준에 도달했음을 스스로 입증하는 행위이기 때문이다."(BS, pp.38~39) 이들에게는 니그로가 R 발음을 제대로 못한다는 편견이 가장 두려운 적이다. 이들은 아무리 애써도 말을 듣지 않는 "끔찍하게 게으른 혀"를 원망하며 방문을 걸어 잠그고 온종일 R 발음을 굴리는 연습에 몰두한다. 바깥에 나가면 자신의 어눌한 프랑스어 발음을 향한 다른 사람들의 반응에 신경을 곤두세우고, 술집에 가서도 혓바닥을 과도하게 굴리며 "Waiterrrr! Bing me a beeya"라고 소리치며 주문한다. 이를 두고 파농은 "진짜 중독"(BS, p.21)이라고 표현한다. 프랑스 술에 취한 것이 아니라 프랑스 언어와 문화에 취한 것이다. 노력이 처절한 만큼 보상도 짜릿하다. 프랑스어를 거의 완벽하게 구사하는 흑인은 "당신은 뼛속 깊이 백인이다"라는 말을 듣는데, 이것은 마르티니크 흑인이 들을 수 있는 최고의 찬사요 "백인의 언어가 수여하는 명예시민권"(BS, p.38)이다.

그런데 파농은 '원주민'이 '원어민'처럼 되는 현상에 이중의 시선이 놓여 있음을 놓치지 않는다. 몽테스키외를 자유자재로 인용하고 마르크스를 논하는 흑인은 '어울림'의 법칙에 어긋난다. '니그로'는 '니그로답게' 행동해야 한다. 그 법칙을 일탈하는 자는 예외에 해당한다. 하지만 그 예외적인 경우가 좀처럼 존중과 찬탄으로 이어지지는 않는다. 파농을 가장 짜증 나게 했던 것도 "도대체 당신은 프랑스에서 얼마나 살았기에 프랑스어가 그리 유창한가요?"(*BS*, p.35)라는 질문이었다. 프랑스어에 능통한 흑인을 두고 마르티니크에서는 "그는 백인처럼 말한다"고 하지만, 프랑스에서는 "그는 교과서처럼 말한다"(*BS*, p.21)라고 한다. 전자에는 순수한 부러움이 담겨 있고 후자에는 묘한 비아냥이 배어 있다. "그는 거의 백인"이지만 백인은 아니라는 것이다.

세제르가 "대학학위를 지닌 니그로 시인"이나 "위대한 흑인 시인"(*BS*, p.39)으로 일컬어질 수는 있을지언정 "위대한 시인"은 될 수 없는 것이 식민지의 현실이다. 후대의 탈식민주의 이론가 바바는 모방(mimicry)이 식민지 지배자와 피지배자 사이의 경계선을 흐트러뜨림으로써 지배자의 권위와 정체성을 불안하게 하는 요인이라고 재해석하지만,[1] 파농에게 모방은 어디까지나 경멸과 비하의 대상인 '짝퉁'을 만들 뿐이다.

엘리트 흑인의 자기소외와 열등의식

프랑스어가 지배언어다 보니 프랑스어로 표현되는 모든 문화적 텍스트도 숭배와 모방의 대상이 된다. 마르티니크 원주민이 어릴 적부터 접하는 것은 타잔 이야기나 미키마우스 만화처럼 모두 백인 아이를 위해 백인이 민든 텍스트다. 그러다 보니 흑인 아이가 동일시하는 대상은 언제나 선하고 용감하고 지혜로운 백인 영웅이다. 문자 그대로 흑인 아이는 백인의 이야기를 흡입하며, 거기에 등장하는 백인 주인공과 그가 속한 유럽사회를 맹목적으로 동경한다. 반면 백인 텍스트에 등장하는 흑인은 어린아이처럼 순진하고 순종적인 하인이거나 사악하고 음흉한 악당이다.

이 양극단의 유형은 백인 영웅의 지적·도덕적 우월함과 최종승리를 부각하는 배경으로 끊임없이 재생산된다. 흑인에게 흑인의 역할모델이 존재하지 않는 것이다. 이러한 사회문화적 토양에서 자라난 흑인이 흑인혐오와 백인선망에 빠지는 것은 그리 놀랄 만한 일이 아니다. 파농은 인종주의 이데올로기가 식민지 흑인의 일상과 (무)의식에 얼마나 깊게 침윤되어 있는지를 자신의 경험을 되새기며 이렇게 토로한다.

앙틸레스 흑인이 니그로를 싫어하는 것은 당연하다. 집단적 무의식을 통해 앙틸레스인은 유럽인에게 해당하는 모든 원형을 인수했다. 앙틸레스 니그로의 아니마(anima)는 거의 언제나 백인 여성이다. 마찬가지로 앙틸레스인의 아니무스(animus)는 예외 없이 백인 남성이다. 그 이유는 아나톨 프랑스, 바쟁, 발자크 또는 그 어떤 '우리' 소설가들의 작품에서도 천상의 영원한 흑인 여성이나 영롱한 눈동자를 지닌 흑인 아폴로가 등장하지 않기 때문이다. 여기서 아폴로를 들먹이는

나 역시 자책감을 느낀다. 하지만 어쩔 수 없다. 나는 백인이
다. 나는 무의식적으로 내 안의 흑인성, 즉 내 존재의 전부를
인정하지 않기 때문이다. 나는 니그로다. 물론 나는 이 사실을
모른다. 내가 니그로이기 때문이다. 집에서 내 어머니는 니그
로에 관한 말이 한마디도 없는 프랑스 연가를 불러주신다. 내
가 말을 듣지 않거나 소란을 피울 때면 "니그로처럼 굴지 말
라"고 하신다.(*BS*, p.191)

프랑스어가 이처럼 문화와 문명을 상징하는 고품격 언어인
데 비해, 마르티니크의 토속어 크리올은 길거리 속어요 무지렁
이 천민의 방언이다. 언어의 차이가 곧 신분과 계급의 차이를
대변하는 것이다. 프랑스의 식민교육을 받은 중산층 흑인의 입
장에서는 자신이 크리올을 말하는 것도 수치이지만 누군가가
자신에게 크리올로 말을 걸어오는 것도 모욕이다. 그것은 '니
그로'의 고착화된 이미지에 스스로 갇히는 것과 다름없기 때문
이다. 파농은 흑인에게 크리올로 말하게 하는 것을 두고 "흑인
의 형상에 얽매고 올가미를 씌우며 가두는 행위"이자 "그 흑인
본인과는 전혀 무관한 겉모습의 영원한 희생자로 만드는 것"
(*BS*, p.35)이라고 표현한다. 따라서 학교에서나 가정에서나 흑
인 프티부르주아지에게는 크리올의 사용을 권장하지 않는다.
마르티니크 사회에서 크리올은 백인이 흑인에게 또는 흑인이
다른 흑인에게 "낮추어 말하는" 경우, 즉 경멸과 비하 아니면

온정주의적 제스처를 표현할 때만 사용한다. 설령 후자의 경우라도 "네 주제를 알고 잘 처신해라"(*BS*, p.34)는 메시지가 행간에 담겨 있기는 마찬가지다.

마르티니크 흑인의 자기소외는 단연 프랑스 유학생에게서 가장 두드러지게 나타난다. 프랑스로 유학을 떠나는 자는 포르드프랑스 부두에서 토착문화와의 사별을 고하고 식민모국의 선진문화와 대면하는 "일종의 마술적 도약"을 거행한다. 그 도약의 키워드는 파리, 마르세유, 소르본, 피갈이며, 이 단어들이 연출하는 "찬란한 아우라"가 이미 그의 머리 위에 드리워져 있다. 왜냐하면 "프랑스는 모세의 성막(聖幕)과 같은 곳"이기 때문이다. 그곳은 몽테스키외, 루소, 볼테르에 관한 지식은 물론이고 의사나 학과장 등의 고위직부터 15년 근속의 주임상사와 파니세르 태생의 경찰관 같은 온갖 기능직을 보장해주는" 만사형통의 유토피아다.(*BS*, p.23) 그의 프랑스 입성 역시 '백인되기' 프로젝트의 일환이다. 프랑스의 르하브르 부두에 도착하자마자 홍등가로 달려간 그는 백인 창녀를 올라타고 "진정한 남성성에 입문하는 의식"(*BS*, p.72)을 치르고 난 후에야 파리행 기차를 탄다. 이 행위는 성적 일탈인 동시에 사회문화적 동일시이기에 그만큼 절박하고 처절하다.

그러나 마르티니크 흑인의 이데올로기적 명정(酩酊)상태는 오랫동안 동경해 마지않았던 유럽 백인사회와의 첫 대면을 통해 처참하게 깨어지고 만다. 서글픈 아이러니가 아닐 수 없다.

'진짜 니그로'는 아프리카에 살고 있다고 믿으며 "자신이 세네갈 흑인으로 의심받는 것을 가장 불쾌하게 여겼던"(*BS*, p.26) 마르티니크 흑인은 프랑스에 발을 딛고 난 후 자신이 바로 그 '니그로'라는 불편한 진실과 맞닥뜨리게 된다. 여태껏 자신의 조국이자 자유·평등·박애의 모태로 여겼던 프랑스가 실은 인종주의와 식민주의의 발원지며 원시인과 미개인의 땅 아프리카야말로 자기 선조가 거쳐온 디아스포라의 뿌리임을 깨닫기 시작하는 것이다.

파농은 씁쓸한 에피소드 하나를 소개한다. 타잔 영화를 보면서 타잔에게 박수를 보내던 마르티니크 청소년이 프랑스로 유학을 가면 같은 영화를 봐도 동일시의 대상이 타잔에서 정글로 바뀌게 된다. 아프리카에 관한 다큐멘터리도 마찬가지다. 마르티니크에서였더라면 부시맨과 줄루족을 킬킬 웃으며 봤을 흑인 유학생은 백인 관객으로 가득 찬 파리 시내의 극장에 들어서자마자 "완전히 돌처럼 굳어져버린다." 자신을 '니그로'로 고착화하는 시선 때문이다. 파농이 묘사한 대로, "자신이 백인임을 확인하기 위해 프랑스에 간 앙틸레스 흑인은 거기서 자신의 진짜 얼굴을 발견하게 되는"(*BS*, p.153) 것이다.

하지만 이 고통스러운 자기발견마저도 프랑스에서 유학생활을 마치고 귀향하는 순간 말끔히 사라져버린다. 오히려 돌아올 때의 모습은 떠날 때보다 더 가관이다. 돌아온 흑인 유학생은 "최종적이고 절대적인 돌연변이"를 통해 "반신반인(半神半

정글을 누비는 '백인' 타잔과 그의 '조수' 치타
타잔에게 박수를 보내던 마르티니크 흑인 청소년이 프랑스로
유학을 가면 동일시의 대상이 타잔에서 정글로 바뀌게 된다.
흑인 유학생은 자신을 '니그로'로 바라보는 백인 관객들의 시선
때문에 극장에 들어서자마자 "완전히 돌처럼 굳어져 버린다."

人) 같은 존재"(*BS*, p.19)가 된다. 우선 그는 크리올은 다 잊어버린 듯 프랑스어만 사용하고, 반가운 친구와 마주쳐도 가볍고 세련된 목례로 거친 포옹을 대신하며, 때로는 찢어진 청바지로 때로는 말쑥한 정장차림으로 흑인 프티부르주아 사회의 유행을 주도한다. 게다가 프랑스 계몽주의 철학자들과 실존주의 작가들의 이름을 줄줄 꿰고 다니고, 먼발치에서 어깨너머로 구경한 파리 오페라는 이국적 경험담의 단골메뉴로 등장한다. 원주민 사회의 "귀감"이자 "신격화된 영웅"으로 완벽하게 탈바꿈한 그는 "가장 사소한 일에서조차 유일무이하고 전지전능한 신의 계시자"(*BS*, p.24)로 군림한다.

파농은 이처럼 마르티니크 유학생이 온몸으로 프랑스 언어와 문화를 숭배하고 모방하는 모습을 전위(轉位), 탈구(脫句), 단절, 기만, 소외 같은 단어로 설명한다. 문자 그대로 자신의 원래 위치에서 벗어나고 멀어진 채 남의 이미지를 자신의 실체로 착각하는 것이다. 파농이 볼 때, 유난히 식자층에서 두드러지는 이런 기현상은 열등감의 우회적인 표현이다. 백인에 대한 열등감으로 입은 상처를 다른 흑인을 향한 우월감으로 보상받는 것이다. 이 열등감은 많이 배우고 많이 가진 흑인일수록, 즉 백인에 가까워진 흑인일수록 더 깊다.

파농은 이 증상을 기억상실증과 강박신경증에 해당하는 정신질환으로 규정한다. 한때 이 질환의 환자였던 파농은 흑인의 열등감과 그로 인한 자기疎外와 페혜가 얼마나 심각한지를 그 누구보다 더 잘 알고 있다. 이제 의사의 역할을 자임하고 나선 파농은 "나의 소원은 식민지 환경으로 형성된 콤플렉스의 창고에서 흑인 스스로 벗어날 수 있도록 도와주는 것이다"(*BS*, p.30)라고 천명할 만큼 흑인의 탈소외를 자신의 지상과제로 상정하고 있다. 이것이 바로 『검은 피부, 하얀 가면』을 쓴 이유이기도 하다.

인종 간의 이루어질 수 없는 사랑

식민지 흑인의 (자기)소외가 적나라하게 드러나는 또 하나의 영역은 사랑과 결혼이다. 인종의 차이에 기인한 흑인의 열등의식이 가장 강하게 나타나는 영역이기도 하다. 사랑과 결혼은 이른바 스킨십, 즉 피부접촉을 통해 맺어지는 가장 본능적이고 원초적인 인간관계이기에 피부색의 차이가 가장 근본적인 요인으로 작용하기 때문이다. 인류학적 관점에서 볼 때, 결혼은 동질성과 이질성 또는 순수성과 혼종성에 근거한 두 종류의 상반된 사회적 욕망이 충돌하는 장이다. 동서고금을 막론하고 지배계층은 결혼이라는 제도를 통해 그 집단의 동질성을 유지함으로써 기득권을 지키려고 한다. 반면 피지배계층이나 신흥계층의 입장에서는 결혼이 지배계층으로 진입할 수 있는 합법적인 통로가 된다. 이처럼 상충하는 계급적 이해관계에 인종적 차이까지 개입하게 되면 갈등의 양상은 더 복잡하고 치열해진다. 흔히 '잡종화'로 일컬어지는 인종 간의 사랑과 결혼은 백인 귀족사회의 동질성과 위계질서를 뿌리째 뒤흔드는 가장 두렵고 혐오스러운 금기(禁忌)에 해당한다. 계급과 신분은 후천적인 능력과 노력으로 바꿀 수 있지만, 피부색에 따른 인종적 차이는 아무리 애써도 지워지지 않고 언제 어디서나 눈에 띄기 때문이다.

셰익스피어의 『오셀로』는 이러한 맥락에서도 역시 독특한 작품이다. 그 당시 가장 금기시되었던 인종 간의 사랑과 결혼이라는 주제를 정면으로 다루기 때문이다. 이 작품을 영국의 낭만주의 시인 콜리지(Samuel Coleridge)의 말대로 이아고의 '이유 없는 악의'와 오셀로의 '근거 없는 질투'가 빚어낸 비극으로만 규정하기엔 인종 문제가 오셀로의 '시커먼' 피부색만큼이나 매우 두드러진 갈등요인으로 작용한다. 어디까지나 『오셀로』는 백인 여성을 차지한 또는 훔친 흑인 남성과 그녀를 되찾으려는 백인사회의 싸움을 소재로 삼은 인종 드라마다. 이 싸움엔 타협의 가능성이 존재하지 않는다. 애당초 '잘못된 만남'이요 '어울리지 않는 결혼'이었던 까닭이다. 싸움의 목적도 각자가 처한 입장만큼이나 판이하다. 이아고를 비롯한 백인 사회는 오셀로가 '신성한 데스데모나'의 침실을 차지할 자격이 없는 '음탕한 무어인'임을 입증하는 데 진력하고, 오셀로는 자신을 그렇게 바라보는 백인의 시선을 불식하고자 안간힘을 쓴다. 한쪽이 '검은 피부'를 야만과 미개의 表시으로 드러내고자 한다면, 다른 한쪽은 그것을 '하얀 가면'으로 가리려고 하는 것이다. 이는 오셀로 스스로도 '검은 피부'를 추하고 흉하게 여긴다는 걸 의미한다.

파농은『검은 피부, 하얀 가면』에서 이처럼 금기의 벽을 뛰어넘은 인종 간의 사랑과 결혼이 인종적 타자에게 얼마나 큰 불안과 소외를 야기하는지 두 장에 걸쳐 상세히 분석한다. 「유색인 여성과 백인 남성」과 「유색인 남성과 백인 여성」이라는 제목과 달리, 파농의 분석 대상은 시종일관 유색인 여성과 유색인 남성이다. 인종 간의 사랑과 결혼이 백인에게 어떠한 심리적 영향을 미치는지는 아예 파농의 관심사가 아니다. "인간은 세계와 그의 동종(同種)을 향한 몸짓이다. 하나는 예속과 정복으로 이어지는 공격의 움직임이고, 다른 하나는 자아의 선물이자 이른바 윤리적 지향의 정점으로 일컬어지는 사랑의 움직임이다"(*BS*, p.41)라는 인류학적 전제로 말문을 연 파농은, 여러 사례를 통해 인종 간의 성적 만남이 전자의 경우에 해당한다는 사실을 보여준다. 즉 '사랑의 움직임'마저 인종적 차이가 개입하게 되면 '공격의 움직임'으로 왜곡된다는 것이다.

먼저 「유색인 여성과 백인 남성」에서 파농은 원주민 여성 두 명을 모델로 제시한다. 한 명은『나는 마르티니크 여자다』라는 자서전을 쓴 마요테 카페시아(Mayotte Capécia)이고, 또 한 명은 사지(Abdoulaye Sadji)의 소설『니니』에 나오는 니니(Nini)다. 둘 다 '물라토'로 불리는 혼혈 여성이지만, 마요테는 백인 남성과의 사랑에 운명을 걸었고 니니는 혼혈 흑인 남성에게 원치 않는 구애를 받고 있다. 파농이 마요테와 니니의 사례를 통해 보여주려는 것은 이들의 공통점뿐만 아니라 차이점이다. 마르티니크 사회에서는 남녀노소 할 것 없이 모든 원주민이 흑인혐오와 백인선망에 빠져 있는데, 특히 결혼적령기에 이른 여성은 자신의 검은 피부를 표백해서라도 백인이 되려는 인종주의적 강박관념에 사로잡혀 있다. 유학이나 취직을 통해 신분상승할 기회가 거의 없는 원주민 여성으로서는 백인과의 결혼만이 '정글'에서 벗어나는 유일한 통로이기 때문이다. 어쩌다가 운 좋게 백인 남자를 만나 결혼할 기회가 생기면 어떠한 희생이나 수모도 기꺼이 감수한다. 그 결혼은 노예에서 주인으로 변신하는 것이기 때문이다. 파농은 그 결혼을 "마법에 의해 백인으로 변하는 구원"(*BS*, p.44)이라고 표현한다. 캐나다 출신 백인이면서도 마르티니크 흑인 남자를 사랑한 죄로 처형당한 할머니를 반면교사로 삼은 마요테의 경우가 바로 여기에 해당한다.

마요테는 모든 것을 바쳐 한 백인 남자를 사랑한다. 그는 그녀의 구세주다. 그녀는 아무것도 묻지 않고 요구하지도 않는다. 그저 그녀의 인생에 한 조각의 백인성만 얻을 수만 있으면 그만이다. 그 남자가 잘생겼는지 못생겼는지 스스로 의문이 생길 때마다 그녀는 이렇게 쓴다. "내가 아는 것이라곤 그가

푸른 눈과 금발을 가졌으며 그 때문에 그를 사랑한다는 사실이다."(*BS*, p.42)

파농은 마요테의 백인선망이 경제적 요인에서 비롯되었음을 놓치지 않는다. 마요테는 마치 자신의 피부를 표백하고 싶은 욕망을 매일 실천이라도 하듯이 세탁부가 되어 생계를 이어가던 혼혈 여성이다. 그녀에겐 포르드프랑스의 번화가인 디디에르가 꿈에 그리는 유토피아였다. 도시를 굽어보는 언덕 위의 디디에르는 "마르티니크의 가장 부유한 사람들이 모여 사는 곳으로, 모든 소녀의 소원을 자석처럼 빨아들이는 저수지"(*BS*, p.44)였다. 마침내 마요테도 그곳에 발을 들여놓게 되었다. 앙드레라는 프랑스 백인 장교와 결혼함으로써 성공적으로 상류사회에 진입한 것이다. 그야말로 '검은 신데렐라'가 된 셈이다. 이제 그녀는 완벽한 백인의 눈으로 세상을 바라본다.

정말 그녀는 흑인과 백인을 세계의 양극단, 즉 영원히 대립하는 양극단의 상징으로 생각하는 것 같다. 이것은 진짜 이분법적인 세계관이다. 말이 나온 김에 더 알기 쉽게 얘기하자면, 백인이냐 흑인이냐 그녀에게는 이것이 문제다. 나는 백인이다. 그 말인즉슨 내가 흑인에게는 없는 미와 덕을 갖추었음을 의미한다. 나는 낮과 빛의 색깔을 지니고 있다.(*BS*, pp.44~45)

그런데 파농은 백인 부르주아 사회의 일원으로 화려하게 변신한 마요테의 삶에서 자기소외의 짙은 그림자를 읽어낸다. 여전히 자신을 '니그로 여편네'로 보는 백인사회의 시선이 그녀를 주눅 들게 한 것이다. 사생활과 사회생활을 철저히 구분하려는 앙드레를 들볶아 부부동반으로 참석한 '그들끼리의' 파티에서 마요테는 자신이 얼마나 어울리지 않는 이방인인지 확인하게 된다. 거무튀튀한 피부를 조금이라도 더 가리려고 정성 들여 한 두꺼운 화장과 큰맘 먹고 장만한 화려한 의상은 그녀의 부자연스러움을 드러내고 고상한 남편의 체면만 구겼을 뿐이다. 경멸과 혐오의 시선을 피부로 느낀 마요테는 다시는 파티에 데려가달라고 보채지 않았다. "흑인의 백인화가 흑인의 구원"(*BS*, p.47)이라는 견고한 자기기만의 환각에 균열이 간 것이다.

하지만 이런 경험이 마요테의 진정한 자기발견으로 이어지지는 못했다. 앙드레가 아들을 자기 이름에 누가 되지 않도록 잘 키워달라는 말만 남기고 프랑스로 떠나자 그녀는 『하얀 흑인 여자』라는 또 다른 소설을 발표했다. 언뜻 보면 이전의 흑인혐오가 줄어든 것 같지만, 이 소설에서도 여전히 흑인은 범죄자나 야만인으로 등장하고 마르티니크를 묘사하는 어투에는 저주와 악담이 담겨 있다. 파농은 원주민 여성을 "데리고 놀다가" 다른 백인 남성에게 "떠넘긴" 앙드레에게 분개하면서도, 변함없이 백인서망의 환상에 사로잡혀 있는 "하얀 흑인 여자"를 향해 개탄을 금치 못한다. 파농은 마요테를 가리켜 "원심성(遠心性) 인간", 즉 중심을 잃어버린 인간으로 그리고 그녀의 태도를 "조국에 대한 배반"이자 "자신으로부터의 단절"(*BS*, p.53)로 규정한다.

파농은 니니 이야기를 통해 또 다른 형태의 자기소외를 예시한다. 니니도 마요테처럼 혼혈 흑인 여성이지만, 이번에는 상대 남자가 흑인이다. 마르티니크의 원주민 여성은 백인 남성과의 만남을 간절히 바라는 것만큼이나 흑인 남성과 엮이는 것을 싫어하고 두려워한다. "절대로 니그로의 구덩이로 떨어져서는 안 되며" 따라서 "가벼운 불장난이든 심각한 관계든 피부색이 조금이라도 덜 검은 남자를 선택해야 한다"(*BS*, p.47)는 것이 모든 원주민 여성의 결혼 지침서이자 성과 사랑의 좌우명이다. 이러한 흑인혐오는 '니그로' 여성보다 '물라토' 여성에게서 훨씬 더 심하게 나타난다. 이들은 황갈색은 하얀색이 아니라고 생각하는 대신 황갈색은 검은색이 아니라고 믿고 싶어 한다. 이들에게 검은 피부는 저주이기 때문이다. 따라서 '니그로'의 구애나 청혼은 참을 수 없는 모욕이다.

마르티니크에는 두 종류의 여성이 있으니, 그들은 니그로와 물라토다. 전자에게는 오직 하나의 가능성과 하나의 관심사만 있다. 그것은 백인이 되는 것이다. 하지만 후자는 백인되기를 갈망할 뿐만 아니라 다시 흑인으로 빠져드는 위험을 피하려고

안간힘을 쓴다. 물라토 여인이 니그로 남편을 받아들이는 것
보다 더 부조리한 일이 어디에 있겠는가?(*BS*, p.54)

니니가 곤경에 빠진 이유도 여기에 있다. 막타르(Mactar)라
는 흑인 청년이 그녀에게 사랑을 고백해온 것이다. 니니의 직
업은 속기사인 데다 키도 조그맣고 학벌도 보잘것없다. 이에
비해 막타르는 대학을 졸업하고 회계사 자격증까지 가진 공
무원이다. 문제는 니니가 "거의 백인이다"라는 데 있다. "백
인이기 때문에 부자가 되고 미인이 되고 지성인이 되는"(*BS*,
pp.51~52) 이른바 식민지 상황이 그녀의 개인사에서 극명하
게 예시되는 것이다. "영혼을 팔아서라도 기꺼이 니니의 사랑
의 노예가 되겠다는" 막타르의 애절한 구애가 담긴 연애편지
는 "백인 아가씨의 명예를 더럽히는 인권유린"에 해당하며, 이
'니그로'는 어엿한 사회적 조건에도 "교훈이 필요한 얼간이요
양아치며 무식한 상놈"으로 취급받는다. 그를 기다리는 건 "법
의 심판"에 의한 "사회적 거세"다. "물라토 사회 전체가 그녀의
분노를 외치는 코러스"가 되어 "그가 자행한 도덕적 약탈"과
"원칙에 어긋나는 범죄"를 엄벌해달라고 경찰에 강력하게 요
구한다.(*BS*, pp.56~57)

한낱 청년의 연애편지가 왜 이토록 엄청난 파문을 일으키는
가? 이 질문에 대답하는 대신 파농은 『니니』의 작가 사디의 구
절을 인용한다. 이것은 어느 혼혈 흑인 여성과 백인 남성의 결

혼이 야기한 반향과 원주민 사회의 풍토를 묘사한 글이다.

　세인트루이스 전역을 한 달이나 들썩이게 한 그 뉴스는 세상의 그 어떤 약속보다 더 달콤했다. 그것은 물라토 여성이면 누구나 품었을 위대함과 고귀함의 꿈이 실현된 것이다. 니니, 나나, 네네트 같은 이름을 가진 허다한 여인들은 모두 자신들이 속한 나라의 태생적인 여건 너머에서 살고 있다. 그들 모두의 뇌리에서 한순간도 떠나지 않는 위대한 꿈은 유럽에서 온 백인 남자의 신부가 되는 것이다. 그들의 모든 노력은 실현 가능성이 거의 없는 이 목표를 지향한다고 할 수 있다. 억지스러운 몸짓, 터무니없는 과시욕, 계산적이고 연극적이며 반항적인 태도, 이 모든 것은 고상한 삶에 대한 광적인 집착이 빚어낸 결과물이다. 그들은 백인 남자, 그중에서도 완전한 백인이 필요하고, 다른 어떤 것도 소용없다. 그들 대부분은 확률 없는 횡재를 기다리느라 일평생을 소진한다. 세월의 나이테가 그들의 얼굴에 자리 잡고 어두컴컴한 은신처에 갇힌 채 꿈이 오만불손한 체념으로 바뀌는 순간에도 그들은 여전히 백인 남자를 기다리고 있다.(*BS*, pp.57~58)

　흑인 여성에게는 백인 남성과의 결혼이야말로 가장 극적인 인생반전이다. 파농의 표현대로 그것은 "노예 신분에서 주인 신분으로 탈바꿈"하는 것이며 여태껏 당해온 온갖 수모와 능멸을 한꺼번에 만회해주는 "과잉보상"이다. 따라서 백인과 결혼한 "그녀는 이제 더 이상 백인이 되기를 원하는 여자가 아니다. 그녀는 백인이다. 그녀는 백인의 세계에 들어섰다."(*BS*, p.58) 식민지 상황에서는 인종이 계급이라는 파농의 전제가 가장 적나라하게 확인되는 순간이다. 그러니 막타르의 연애편지를 받고 니니가 격분하는 것은 어쩌면 당연한 일인지도 모른다. 그녀의 입장에서는 그의 접근이 "가장 정당한 야망을 훼손한 행위"이며, "변화와 '진화'를 추구하는 뿌리 깊은 욕망에 제동을 걸고 그것을 부인하는 행위"(*BS*, p.59)임이 틀림없다.

'니그로'의 자기파괴, 탈식민화의 첫걸음

이어지는 「유색인 남성과 백인 여성」에서 파농은 마랑(René Maran)의 자전적 소설 『타인을 닮은 남자』에 등장하는 브뇌즈(Jean Veneuze)를 집중적으로 분석한다. 브뇌즈는 앙틸레스에서 태어났지만 프랑스로 입양되어 보르도에서 성장하고 교육받은 후 앙틸레스로 식민지 관리가 되어 돌아온 청년이다. 그는 철저히 프랑스의 문화적 세례를 받은 '유럽인'이지만 검은 피부로 인해 '니그로'라는 인종적 족쇄에서 벗어나지 못한 인물이다. 바로 여기에 갈등의 씨앗이 있다. "그는 자신의 인종을 이해하지 못하고 동시에 백인도 그를 이해하지 못한다."(*BS*, p.64) 말하자면 이중의 소외에 빠진 것이나. "완선히 백인사회에 동화되지도 못하고 눈에 띄지 않게 다니지도 못하는" 브뇌즈는 문학과 철학에만 심취한 채 현실세계와 단절되어 살아가는 "감상주의자"요 "몽상가"다.(*BS*, p.65)

문제는 이런 브뇌즈가 마리엘(Andrée Marielle)이라는 백인 여성과 사랑에 빠진 것이다. 식민지 상황에서 마요테나 니니의 경우는 흔하지만, 브뇌즈의 경우는 그렇지 않다. 흑인 여성과 백인 남성의 사랑보다 흑인 남성과 백인 여성의 사랑이 더 금기시되기 때문이다. 전자의 경우는 식민지 지배자인 백인 남성의 '인가된 일탈'로 용인되지만, 후자의 경우는 백인사회의 자존심과 질서를 뒤흔드는 '야만적 범죄'에 해당한다. 감히 흑인 남성이 백인 가부장제 사회의 물리적 재생산을 담당하는 백인 여성의 몸을 차지한 것이기 때문이다. 동시에 이 관계는 거세나 린치 등 응징을 당하게 될 흑인 남성의 입장에서 보자면, 자신이 여태껏 받아온 차별과 억압에 대한 보상이자 보복이 될수도 있다. 상대적으로 흑인 여성은 백인 남성에게 자신을 예속하고 복무하려는 욕구를 표현하는 데 비해, 흑인 남성은 백인 여성을 정복하고 소유하려는 환상을 충족하려 한다. 흑인 남성에게 백인 여성은 백인사회로 진입하기 위한 교두보가 되기 때문이다.

나는 흑인이 아닌 백인으로서 인정받고 싶다. 이것은 헤겔이 생각지 못했던 형태의 인정(認定)이다. 백인 여성 이외에 누가 날 위해 이것을 해줄 수 있겠는가? 그녀는 나를 사랑해 줌으로써 내가 백인의 사랑을 받을 만한 가치가 있다는 사실을 증명해준다. 나도 백인처럼 사랑을 받는다. 이제 나는 백인이다. 그녀와의 사랑은 총체적 자아실현으로 나아가는 고귀한 길로 나를 인도한다. 나는 백인의 문화, 백인의 아름다움, 백인의 백인다움과 결합한다. 그녀의 하얀 젖가슴을 부지런히 쓰다듬는 나의 손길로 백인의 문명과 고귀함을 부여잡고 그것을 내 것으로 만든다.(*BS*, p.63)

하지만 백인 여성을 사랑한 흑인 남성은 자신을 둘러싼 백인 사회의 인종주의적 시선을 의식해야 할뿐더러 그 인종주의를 스스로 내면화한 데서 비롯된 불안감과 씨름해야 한다. 마요테나 니니에게는 백인 남성과의 결혼이 원주민 사회 전체가 부러워하는 '가문의 영광'이지만, 브뇌즈에게는 앙드레와의 관계가 '금지된 불장난'이요 '이루어질 수 없는 사랑'이다.

어떻게 보면, 마요테와 니니는 신데렐라 콤플렉스에 사로잡힌 채 흑인으로서의 자기소외를 의식하지 못하고 있다. 오로지 그들은 백인 남성과의 만남을 갈망하며 그 꿈이 이루어지면 일생일대의 축복으로 여기고 당당하게 자랑한다. 이에 비해 브뇌즈는 앙드레를 향한 애절한 사랑을 드러내지 못하고 자꾸 숨기려고만 한다. 자신에게 쏟아지는 따가운 시선 때문이다. 그것은 백인들의 시선이요 통료 흑인들의 시선이며 또한 브뇌즈 자신의 시선이기도 하다. 특히 어릴 적에 어머니에게 버림받았던 브뇌즈는 앙드레에게서도 언제든지 버림받을 수 있다는 불안 감을 떨쳐버리지 못한다. 앙드레가 백인이기에 불안감은 증폭 될 수밖에 없다. 결국 브뇌즈는 자신의 검은 피부에서 비롯되 는 자괴감을 극복하지 못하고 그녀를 계속 밀쳐내게 된다.

파농은 이러한 브뇌즈의 곤경이 "자기 스스로를 평가절하" (*BS*, p.75)한 데서 비롯되었다고 본다. 그는 "언제나 백인의 눈 길에서 위안과 승인을 갈구하는 일종의 거지"(*BS*, p.76)에 불 과하다. 브뇌즈가 '니그로'의 자기폄하에 빠져 있는 한 해결책 은 없다. 그가 섭렵한 파스칼, 볼테르, 스탕달, 앙드레 지드 같 은 유럽 인문학 지식도, "넌 우리와 같아. 넌 니그로가 아니야. 넌 유럽 남자로서 유럽 여자를 사랑하는 거야"(*BS*, p.68)라는 백인 친구들의 격려편지도 그리고 그를 진정으로 사랑한다는 앙드레의 확고한 결심표명마저도 브뇌즈를 자기폄하의 굴레에 서 벗어나게 할 수 없다.

파농은 이처럼 "스스로 타자가 되어 자신을 불안정한 위치에 갖다놓고 항상 전전긍긍하며 버림받을 준비를 하고 있는"(*BS*, p.76) 모습이 일종의 포기신경증에 해당하며 그것의 근본원인 은 자기타자화 또는 자기소외라고 진단한다. 이 증상은 "신비롭 게 여겨지는 집단[백인]에서 인정받고 거기에 편입되려는"(*BS*, p.58) 몸부림인 동시에, "자신의 개체성으로부터 도망치고 자신 의 존재를 소멸시키려는 지속적인 노력"(*BS*, p.60)이다.

그런데 이 모든 것은 사실 파농의 부끄러운 자화상이기도 하다. 셰익스피어의 오셀로를 연상시키는 브뇌즈는 그를 창조한 작가 마랑의 분신인 동시에 파농 자신의 경험과 중첩되는 인물이다. 파농은 프랑스 식민지 마르티니크에서 태어나 식민교육을 받았고, 제2차 세계대전이 발발하자 '조국' 프랑스를 나치 독일로부터 수호하려는 일념으로 자원입대해 최전선에서 싸우다가 부상당하고 프랑스 정부로부터 무공훈장까지 받았다. 프랑스 유학시절에는 사르트르를 비롯한 유럽의 지성들과 교류했으며 백인 여성과 동거하다가 결혼한 바 있다. 요컨대 청소년시절의 파농은 식민주의 이데올로기의 완벽한 피조물이었으며 철저하게 '니그로'의 자기소외에 빠져 있었다. 한때 '검은 피부'를 가리려고 '하얀 가면'을 뒤집어썼던 식민지 지식인 파농. 그는 정신의 탈식민화를 부르짖는 순간에도 "갑자기 백인이 되려는 욕망"과 "흑인이 아닌 백인으로서 인정받고 싶은 욕구"(*BS*, p.63)가 자기 내면 깊은 곳에서부터 솟구치는 것을 느끼고 몸서리치지 않을 수 없었다.

파농은 마요테, 니니, 브뇌즈 등의 사례를 통해 식민지 흑인의 자기소외를 분석한 후, "다른 가능성은 없는가?"라는 질문을 제기한다. 이것은 "자유로운 인간존재를 향한 해결책"을 어떻게 모색할 것인가에 대한 질문이다. 이를 위해 파농은 무엇보다도 먼저 "독소를 철저히 제거할 것"(*BS*, p.62)을 주문한다. 그 독소라는 게 바로 인종주의 이데올로기다. 인종주의는 백인과 흑인 사이에서뿐만 아니라 흑인 간에도 그리고 흑인 내면에서도 작용하고 있다. 그만큼 독성이 강하고 널리 퍼져 있다는 얘기다. 이른바 비백인(nonwhite)이나 유색인(colored)을 '다른' 것이 아닌 '틀린' 것이나 '못한' 것으로 보는 시각이 보편적 진리로 굳게 자리 잡고 있는 것이다.

파농이 이러한 인종주의를 극복하고자 내세우는 해결책이 바로 탈식민화다. 물론 파농이 생각하는 진정한 탈식민화는 정신과 물질의 양면에서 병행되어야 한다. 하지만 그러한 이중의 혁명을 위해서는 우선 정신의 탈식민화, 즉 흑인 "내부의 혁명"이 필요하다. 백인의 신화, 백인의 이데올로기에 얽매인 흑인의 "자기파괴"가 탈식민화의 출발점이라는 것이다.(*BS*, pp.198~199) '니그로'가 자기소외에서 벗어나는 "탈소외"(disalienation)가 곧 탈식민화의 목표요 결과다. 이것을 동료 흑인들에게 알리는 것이 바로 『검은 피부, 하얀 가면』을 쓴 목적이라고 파농은 밝힌다.(*BS*, p.184)

'흑인성'의 재구성

왜 식민지 흑인은 의존적이고 폭력적인가

"흑인이 소외에서 제대로 벗어나기
위해서는 사회경제적 현실에 대한
즉각적인 인식이 수반되어야 한다. 만약
흑인에게 열등의식이 있다면, 그것은
이중적 과정의 결과물이다. 경제적
과정이 먼저 있고, 그다음에 열등의식이
내면화 또는 표면화되는 과정이 있다."

백인이 꾸며낸 '백인다움'과 '흑인다움'

이른바 '흑인성' 또는 '흑인다움'(blackness)이란 것은 '백인성'(whiteness)의 부산물이다. 애당초 '흑인성'은 흑인이 얘기한 것이 아니다. 그것은 백인이 자신의 정체성을 구성하기 위해 꾸며낸 것이다. 유럽이 유럽 바깥으로 진출하면서, 즉 백인과 흑인의 '식민적 만남'이 전개되면서부터 서구 문학과 역사에서 흑인은 언제나 백인 주체의 타자로서만 존재해왔다. 백인을 선하고 아름답고 우월한 존재로 만들기 위해 흑인을 악하고 추하며 열등한 존재로 재현한 것이다. 이는 '흑인성'이 유구한 인종주의·식민주의 역사와 밀접한 관련이 있음을 의미한다. 한마디로, 서구 근대성의 역사를 떠받치고 있는 백인우월주의와 유럽중심주의의 핵심개념이 바로 '흑인성'이다. 그리고 이 '흑인성' 담론에서 키워드는 단연 '니그로'다. 그 개념은 노예제도의 부산물로서, '검은 인간'은 '인간'의 범주에 속하지 않음을 입증하는 알리바이가 되었다. 흑인에게 부과된 온갖 부정적인 이미지가 '니그로'라는 단어에 압축되어 있는 것이다. 파농은 '흑인성'과 '니그로'의 상호연관성을 이렇게 서술한다.

괴롭히는 자는 흑인이며 사탄은 흑인이다. 어두운 그림자와 더러운 것도 모두 흑인이다. 그 더러움이 신체적이든 도덕적이든 간에. 유럽에서 흑인은 실질적으로나 상징적으로나 성격의 부정적인 측면을 담당한다. 이 점을 인지하지 않는 한 우리는 '흑인 문제'를 에둘러 얘기하게 마련이다. 한쪽은 흑인성, 어둠, 그늘, 밤, 지구의 미로, 심연의 나락, 먹칠한 평판이고 다른 한쪽은 밝고 순수한 표정, 하얀 평화의 비둘기, 신비로운 천상의 빛이다. 이를테면 눈부시게 근사한 금발의 아이라는 구절 속에 얼마나 엄청난 평화와 기쁨과 희망이 깃들어 있는가! 근사한 흑인 아이라는 구절과는 비교할 수도 없다. 그것은 참으로 생뚱맞은 표현이다. 마찬가지로 검은 천사 이야기도 다시 꺼내고 싶지 않다. 유럽에서, 즉 모든 문명국가에서 니그로는 죄의 상징이다. 가장 비천한 가치의 원형을 대표하는 것이 바로 니그로다.(*BS*, p.189)

다른 한편으로, '흑인성'은 이런 인종주의 이데올로기에 대한 흑인의 반격이기도 하다. 공식적으로 노예제도가 폐지된 이래 노예의 후손들은 백인이 만든 '흑인성' 담론에 맞서 자신들의 입장에서 구성한 대안적 저항담론을 펼쳐나가기 시작했다. 19세기 말과 20세기 초부터 흑인민족주의 사상가들은 백인에게서 배운 언어와 지식으로 백인우월주의의 타파를 시도했다. 특히 흑인 정체성 회복운동을 기치로 내세운 네그리튀드는 굴종과 수치의 낙인이었던 '니그로'를 자기긍정의 기표로 전환하고 흑인의 주체성과 자율성을 전제로 한 새로운 '흑인성' 개념을 재구성했다. 이제 '흑인성'은 유럽중심주의에 맞선 아프리카중심주의의 핵심개념이 되었다. 선/악, 미/추, 주체/타자, 중심/주변, 기원/모방 등의 온갖 이분법에서 흑인과 백인이 자리를 바꾸게 된 것이다.

그런데 파농은 이처럼 상반된 두 가지 '흑인성' 개념을 모두 비판의 대상으로 삼는다. 『검은 피부, 하얀 가면』에서는 백인이 구성해온 부정적인 '흑인성' 개념을 해체하는 반면, 『대지의 저주받은 자들』의 「민족문화론」에서는 흑인이 재구성한 낭만적이고 감상적인 '흑인성' 개념을 비판하면서 진정한 흑인문화 또는 아프리카문화가 추구해야 할 방향을 놓고 치열한 논쟁을 전개한다. (이 부분에 관해서는 제9장에서 집중적으로 논의할 것이다.)

우선 『검은 피부, 하얀 가면』에서 파농은 백인의 인종주의 이데올로기가 꾸며낸 '흑인성'의 정체가 무엇인지, 왜 그러한 조작과 왜곡의 산물이 '보편적 진리'로 자리 잡고 있는지에 대해 정신분석학과 마르크스주의 이론을 차용해 끈질기고 세밀하게 분석한다. 식민담론에서 얘기하는 '흑인성' 또는 '흑인다움'의 가장 전형적인 특징 가운데 하나는 주체성의 부재다. 흑인은 스스로 사유하고 행동할 수 있는 합리적 이성이 없기 때문에 그러한 능력을 지닌 백인의 지도와 통제를 받아야 한다는 것이다. 흔히 말하는 흑인의 감정적이고 수동적이며 의존적인 심성과 그러한 흑인이 건설한 아프리카 사회의 비문명적이고 반문명적인 요소는 백인의 식민지 정복과 지배를 정당화해주는 알리바이가 된다. 문제는 이러한 식민담론을 백인뿐만 아니라 흑인도 당연하고 자연스럽게 받아들인다는 데 있다. 파농은 『검은 피부, 하얀 가면』의 「식민지 피지배자의 이른바 의존 콤플렉스」에서 많은 지면을 할애해 과연 흑인이 의존적인지, 만약 그렇다면 왜 흑인이 의존적인지(아니면 왜 흑인이 의존적으로 바뀌었는지)에 대해 심층적인 분석을 시도한다. 사실 「식민지 피지배자의 이른바 의존 콤플렉스」는 『검은 피부, 하얀 가면』에서 파농이 매우 정교하고 치밀한 방식으로 자신의 주장을 전개하는 장이다. 파농으로서는 식민담론으로 왜곡된 '흑인성' 개념을 해체하는 작업이 흑인의 자기소외를 치유하고 정신적 탈식민화를 이룩하는 데 필수 불가결하기 때문이다.

데카르트와 파스칼, 유럽인의 두 유형

이 작업을 위해 파농은 상당히 우회적인 전략을 채택한다. 파농은 '흑인성'에 근거한 식민담론 전체를 대면하는 대신 그런 식민담론을 가장 '학술적으로' 예증하는 텍스트를 하나 붙잡고 파고든다. 그것이 바로 동시대의 프랑스 심리학자이자 인종학자인 마노니(Octave Mannoni)가 쓴 『프로스페로와 캘리번』(*Prospero and Caliban*)이다. 프로이트, 라캉, 융, 아들러 등의 '비정치적인' 정신분석학·심리학 이론이 파농 자신의 입장을 개진하기 위한 간접적인 수단이었다면, 식민주의 문제를 정면으로 다룬 마노니의 저작은 파농의 가장 구체적이고 직접적인 비판대상이 된다. "식민화의 심리학"이란 부제가 달린 이 책은 마다가스카르의 식민지 사회를 배경으로 삼아 식민주의에 대한 심리학적 접근을 시도하는데, 당시로서는 상당히 독창적이고 흥미로운 내용을 담고 있다. 셰익스피어의 『태풍』(*The Tempest*)에 등장하는 프로스페로와 캘리번을 각각 정착민과 원주민의 원형으로 설정한 마노니는 식민지 지배자와 피지배자의 심리적 성향이 식민지배에 미치는 영향을 읽어내고자 한다.

마노니에 따르면, 식민주의의 문제란 정치경제적 이해관계를 둘러싼 흑백 간의 인종갈등이 아니라 상이하면서도 상호적인 두 가지 유형의 인성(personality)이 마주치는 상황으로 접근해야 한다. 식민주의가 다른 형태의 억압과 구분되어야 하고 별도의 분석틀이 필요한 이유도 여기에 있다. 마노니가 의미하는 두 가지 인성이란 열등(inferiority)과 의존(dependence)으로, 이는 한 개인의 심성뿐만 아니라 특정 사회나 문명까지도 규정하는 척도가 된다. 마노니는 기본적으로 열등과 의존을 인종에 상관없이 모든 개인에게 똑같이 내재하는 속성으로 본다. 하지만 사회문화적 환경에 따라 어느 하나가 억압되면 다른 하나는 발현되게 마련이며, 이렇게 서로 엇갈리게 나타나는 열등과 의존이 각각 식민지 지배자와 피지배자의 심성을 대변한다고 주장한다. 바로 이 지점에서 마노니는 백인 정착민과 흑인 원주민에게서 왜 이처럼 상이한 심성이 두드러지게 나타나는

지에 대해 기존의 인종정신의학과는 다른 분석을 제시한다.

우선 마노니는 유럽인 특유의 열등 콤플렉스를 '열등한' 것으로 보지 않는다. 마노니에 따르면, 인간은 신이나 부모처럼 자신보다 더 우월하다고 여겨지는 외적 권위에 의존하려는 성향을 지니고 있는데, 그러한 성향을 넘어서서 의존 대상으로부터 버림받는 데 대한 두려움을 극복할 때만 문명화를 이룩할수 있다. 유럽인은 '버림받음'(abandonment)을 자신이 홀로서기 위한 기회로 인식하고 사회적 권위를 내재화함으로써 양심과 초자아를 지닌 독립적인 주체가 된다. 하지만 유럽인이라고해서 의존상태에서 완벽하게 벗어날 수 있는 것은 아니다.

이를 예시하기 위해 마노니는 파스칼(Blaise Pascal)과 데카르트(René Descartes)를 비교분석한다. 세 살에 어머니를 여읜파스칼은 어머니와의 애착을 누나에게 전이하기도 하는 등 여러 형태의 인간적 유대관계를 모색하다가 신에게서 궁극적인피난처를 찾았다. 반면 데카르트는 파스칼처럼 일찍 어머니를잃었지만 버림받음의 상황을 회피하지 않고 오히려 맞섬으로써 버림받음의 상처를 이겨내고 새로운 형태의 자기정체성을획득했다. 이 과정에서 경험하는 것이 바로 열등 콤플렉스다.그러니까 열등 콤플렉스를 가진다는 것은 의존 대상과 단절된일종의 정신적 고아가 됨을 의미한다. 즉 열등 콤플렉스는 유럽인이 의존상태에서 벗어나 자신의 욕망과 의지를 실현하기위해 치르는 대가이며, 따라서 유럽 문명을 특징짓는 창조적

변화와 발명의 원동력이다.[1]

마노니는 유럽인의 내적 갈등을 데카르트와 파스칼의 차이에 빗대어 설명한다. 마노니의 표현을 빌리면, "데카르트가 모성적 보호를 거부한 버림받음의 인간이라면 파스칼은 여기저기서 어머니를 찾다가 숲 속에서 길을 잃어버린 어린아이다." 즉 "자신만만한 고아 데카르트와 겁에 질린 어린아이 파스칼"의 차이는 "가장 담대한 합리주의와 가장 유치한 미신 사이에서" 또는 "가족의 유대로부터 벗어나려는 욕망과 가족의 유대를 갱신하고 강화하려는 욕망 사이에서" 진자운동 하는 근대 유럽인의 모습이다. 동시에 마노니는 "데카르트야말로 버림받음의 위기를 당당하게 대면하여 그것을 독립으로 승화하는 데 성공한 전형적인 서구인의 표본"이라고 주장한다.[2]

마노니는 데카르트와 파스칼의 차이를 통해 한편으로는 유럽인의 내적 갈등을 인정하면서도 다른 한편으로는 유럽인과 비유럽인의 차이와 우열에 더 무게중심을 두고 있는 것이다. 마노니의 눈에 비친 비유럽인은 의존에서 열등으로의 승화를 경험하지 못했다. 그들은 유아기의 의존상태에 머물러 있을 뿐이다. 그들은 우월한 존재에 대해 자신이 열등하다고 느끼면서도 그것에 의존함으로써 안정감을 느끼며 살아간다. 행복한 의존관계가 유지되면서 의존대상에게서 버림받았다고 느끼지 않는 한, 그들은 스스로를 열등한 존재로 인식하지도 못한다.

마다가스카르 원주민에게 가장 대표적인 의존대상은 조상이다. 이들에게 조상숭배는 가정생활의 가장 중요한 요소이며 뿌리 깊은 관습인 동시에 일관되고 확고한 신념체계다. "죽은 자들과 그들의 이미지는 의존적인 말라가시인의 마음속에 최고의 도덕적 권위를 형성하고 유럽인에게 도덕적 양심, 이성, 신, 정당 등에 해당하는 역할을 수행한다."[3] 이러한 의존 콤플렉스는 양심, 이성, 정의, 진리, 자율 같은 이른바 유럽적인 가치와 양립할 수 없다. "최선을 다해 추장을 기쁘게 하고 규율을 지켜라. 이것이 말라가시인의 윤리적 종착역이기에 양심과 멀어지는 것은 당연하다. 심지어 진리에 대한 존중마저도 대화의 상대방에 대한 배려로 대체된다. 말라가시인은 사실을 말하지 않고 말하기에 적절하다고 느끼는 것만 말한다."[4] 말라가시인의 도덕적 권위는 내재화되지 않고 외적 대상으로만 남아 있다는 얘기다. 따라서 말라가시인은 남녀노소를 불문하고 권위에 대한 도전이나 저항과는 담을 쌓은 채 늘 의존할 대상을 찾기에만 급급하다.

프로스페로와 캘리번, 식민지배의 주체와 타자

마노니가 설명하는 심리적 발달과정은 개인사적인 동시에 세계사적이라고 할 수 있다. 마노니가 정리한 유럽 역사를 보면 우선 고대 원시공동체 사회에서는 의존 콤플렉스가 평등주의와 혼합된 형태도 존재했다. 중세 봉건사회로 오면 의존은 더 지배적인 심성으로 자리 잡게 되는데, 프랑스혁명이 상징하는 근대 시민사회로 이행하자 의존은 최종적으로 평등주의와 개인주의로 대체된다. 이때 근대 유럽인의 심성은 의존에서 열등으로 승화하고 이것이 타자에 대한 지배욕구와 맞물려 식민주의가 나타난다.

반면 아프리카는 고대 유럽처럼 여전히 의존과 평등주의가 공존하는데, 좀더 문명화된 지역이라 하더라도 중세 유럽처럼 오히려 더 철저하게 의존상태에 머물러 있다. 가장 대표적인 예가 바로 마다가스카르의 원주민 사회다. 특히 식민화가 진행되기 이전까지 마다가스카르에서 가장 문명화되었던 지배계층인 메리나 부족조차 중세 유럽의 봉건주의 단계에 머물러 있었던 것으로 보아 이 지역의 의존 콤플렉스가 가장 심했다는 것이다. 마노니의 이러한 가설은 유럽과 아프리카의 상이한 역사를 유럽중심주의에 기초한 인류학적 진화론의 시각에서 해석한 것이다. 마노니에게 현재의 아프리카는 과거의 유럽이었다.

마노니는 이처럼 서로 다른 진화단계에 있는 집단, 즉 열등과 의존의 상이한 심성을 지닌 자들의 만남이 식민화라고 주장한다. 식민화란 단순히 물질적인 침탈과 착취로만 이루어지는 것이 아니라 그것에 선행하는 심리적 조우, 즉 식민지 권력관계에 어울리는 두 '인성'의 만남이 있어야만 가능해진다는 것이다. 다시 말해 말라가시인의 의존 콤플렉스가 아니었다면 애당초 마다가스카르의 식민화는 불가능했다는 얘기다. 마노니의 주장은 "장차 지배를 당할 민족들은 이미 유럽인의 도착을 무의식적으로 예상했을 뿐만 아니라 심지어 기다리고 있었다"는 데까지 나아간다.[5] 마다가스카르 원주민이 최초의 백인 정착민을 신이나 아버지로 부르거나 초자연적인 존재와 동일시한 것도 이 때문이라는 것이다. 마노니는 이를 전이(轉移)로 설명한다. 말라가시인은 이전의 전통적 권위에 대해 가졌던 집착과 의존의 감정을 새로운 주인인 유럽인에게 전이시킴으로써 안정감을 확보하고자 했다는 것이다. 결국 식민화는 피지배자의 심리적 욕구를 충족시켜주는 과정이 되는 셈이다.

마노니가 그리는 식민화의 심리적 지형도는 쌍방향이다. 즉 원주민의 의존 콤플렉스와 맞물려서 식민화를 완성하는 것이 유럽인의 권위 콤플렉스 또는 리더십 콤플렉스다. 그것의 문학적 범례를 마노니는 『오디세이』『태풍』『로빈슨 크루소』『걸리버 여행기』그리고 『천일야화』의 「신드바드의 모험」 등에서 찾는다. 이 작품들의 주인공은 신, 아버지, 사회관습에 불순종한 연고로 문명사회에서 추방되어 낯선 땅을 방랑하게 된 일종의 식민지형 인간이다.

마노니는 특히 셰익스피어의 프로스페로와 디포의 로빈슨 크루소를 식민주의자의 원형으로 규정한다. 마노니는 프로스페로와 로빈슨 크루소가 유럽사회에 적응하지 못하고 외딴 섬에 유배된 후 거기서 자신보다 열등한 원주민과 권력관계를 형성함으로써 정체성을 되찾는 서사구조에 주목한다. 거기에서 식민주의자의 무의식에 내재한 정치적 욕망을 읽어내는 것이다. 가령 이 백인 주인공들은 문명사회 대신 문명의 주변부에서 에어리얼이나 프라이데이 같은 '상상적' 존재와 권력관계를 맺는다. 유아기 때의 도피주의적 성향을 성장하면서 현실세계에 적응시키는 데 실패했기 때문이다. 마노니가 파악하는 식민주의자는 사회성의 결핍과 지배에 대한 욕구가 결합한 인간이다. 한편으로는 반사회적이고 인간혐오적인 성향을 지니고 있으면서도 다른 한편으로는 타자를 지배하려는 병리적 충동을 지닌 인간이 바로 식민주의자다. 이러한 심성과 충동은 유럽인의 무의식에 잠재적이고 억압된 형태로 내재하다가 식민지 상황에서 의존 콤플렉스를 지닌 원주민과 만나면 표면화한다는 것이다.

마노니가 볼 때, 식민주의자의 심성을 좀더 세밀히 드러내는 인물은 로빈슨 크루소보다 프로스페로다. 프로스페로는 마술을 통해 거의 절대적인 권력을 행사하며 용서와 화해의 정신을 구현하는 영웅이지만 자신의 권위에 대한 사소한 도전에도 아주 민감하게 반응하는 신경증환자다. 또한 '비천한 미개인' 캘리번을 보살피고 가르치는 온정주의자면서 동시에 캘리번이 자신의 딸 미랜더를 강간하려고 한다는 피해의식에 사로잡힌 인종주의자다. 그러한 혐의는 근거가 없을뿐더러 프로스페로 자신의 무의식에 내재하는 근친상간적인 욕망을 캘리번에게 투사한 것에 불과하다. 이처럼 식민주의자는 권위에 대한 강박관념으로 인해 바람직한 리더십을 발휘할 수 있으며, 자신의 사악하고 부끄러운 욕망을 식민지 타자에게 전가함으로써 죄의식을 해소한다. 마노니는 이렇게 복합적이고 모순된 식민주의자의 심성을 프로스페로 콤플렉스라고 일컫는다.

마노니의 설명대로라면 식민지 상황은 결국 "심리적으로 준비된" 두 집단이 만나 각각의 상반된 욕구를 충족하는 과정이다. 아무나 식민화의 주체와 대상이 될 수 없다는 얘기다. "모든 사람이 식민화되는 것이 아니라 의존의 필요성을 경험하는 자들만이 식민화되는" 것처럼, "성장과정에서 적절히 해소하지 못한 유아적 충동이 없으면 진짜 식민주의자가 될 수 없다."[6] 정신의학적 관점에서 볼 때, 식민지 지배자와 피지배자 모두 환자나 다름없다. 한쪽은 니그로에게 잡아먹히지만 않으면 백인은 왕이 된다는 환상에 빠져 있고, 다른 한쪽은 누군가가 자신을 지배해주었으면 좋겠다는 피학적인 욕망에 사로잡혀 있다는 것이다. 여하튼 식민화는 식민지 지배자와 피지배자 모두를 동시에 만족하게 하는 호혜적(互惠的) 과정이 되는 셈이다. 식민주의의 완벽한 정당화가 아닐 수 없다.

그렇다면 1947년에 발생한 마다가스카르 원주민들의 반란은 어떻게 설명할 수 있는가? 프랑스 식민정부의 잔혹한 진압으로 10만 명이 넘는 원주민이 희생된 그 사건을 마노니는 의존 콤플렉스의 와해로 설명한다. 마노니에 따르면, 백인에 대한 의존관계를 유지하면서 프랑스문화에 완전히 동화된 말라가시

샤프가 그린 「캘리번, 미랜더, 프로스페로」(1875)
프로스페로는 식민지 원주민을 향해 온정주의적이면서 인종주의적인
입장을 취하는 백인 정착민의 상징이다. 그는 문명의 '주변부'에서
왕 노릇을 하려는 '권위 콤플렉스' 뿐만 아니라, '미개인' 캘리번이
자신의 딸 미랜더를 강간할지도 모른다는 망상에 사로잡혀 있다.

인은 식민권력에 순종적이었다. 단지 의존과 동화가 불완전한 자들이 반란을 주도했을 뿐이다. 그들은 식민정부가 실시한 유화정책을 백인 주인이 자신들을 버리는 것으로 받아들였고 그때 느낀 두려움과 위기의식을 증오심으로 표출했다는 것이다. 마치 캘리번이 프로스페로에게 "당신은 내가 의존하도록 가르쳤고 그래서 나는 행복했는데, 당신이 나를 배반하여 열등의 나락으로 떨어뜨렸다"는 이유로 저항한 것처럼, 마다가스카르 원주민의 반란은 '버림받은' 또는 '배반당한' 피지배자가 의존 관계에서 적대관계로 돌변한 사건이다.[7]

마노니가 보기에 결국 그 반란은 피지배자의 오인에서 비롯된 사고에 불과하다. 따라서 마노니가 처방하는 마다가스카르의 미래는 당연히 식민지해방이 아니다. 마다가스카르 원주민을 그대로 방치할 경우 "잠복한 세균" 같은 의존 콤플렉스로 인해 봉건적이고 권위주의적인 권력체제로 회귀하려고 애쓸 것이다. 중세 봉건주의야말로 그들이 생각하는 가장 이상적인 사회 모델이다. 그들은 아직 개인의 자율성과 주체성에 근거한 민주주의 체제를 맞이할 준비가 되어 있지 않기 때문이다. 오히려 완전한 자치의 갑작스러운 도래는 또다시 '버림받음'의 위기를 야기할 뿐이다. 따라서 그들에게는 점진적이고 부분적인 자치가 바람직하다는 것이 마노니의 결론이다. 프로스페로가 베푼 온정과 언어의 선물을 욕설로 되갚은 캘리번에게는 적절한 억압이 도리어 유익하다는 것이다.

오리엔탈리스트가 (잘못) 읽은 문화적 차이

이상에서 살펴본 마노니의 '식민화의 심리학'은 상당히 독창적이고 정교하게 보이지만 사실은 여러 가지 오류를 담고 있다. 심리학자인 마노니가 『태풍』과 『로빈슨 크루소』 등의 문학작품이나 데카르트와 파스칼 같은 철학자를 중점적으로 분석한다는 것 자체가 상당히 시사적이다. 『프로스페로와 캘리번』이 근거자료가 턱없이 부족한 심리학 연구라는 것을 반증하기 때문이다. 마노니 자신도 이 점을 인식하고 있다. 그는 "끔찍할 정도로 미묘하고 애매한 표현이 많은 언어"인 말라가시어에 접근할 수 없었을뿐더러 유럽인과는 확실히 다른 말라가시인의 전형적인 정신분석 모델도 찾지 못했기 때문에 연구에 많은 어려움이 있었노라고 토로한다. 한마디로, 마노니에게 마다가스카르는 "가장 가까운 친구라도 주기 힘든 신뢰가 유럽인에게 주어져야" 비로소 접근할 수 있는 그야말로 불가사의한 타자다.[8]

이러한 괴리와 한계에도 마노니는 인종적·문화적 타자를 자신의 시각에 따라 재단하고 규정하는 데 거리낌이 없다. 그 과정에서 마다가스카르의 아웃사이더였던 마노니는 전문가와 권위자로 그리고 대변인으로 탈바꿈한다. 대부분의 오리엔탈리스트가 그러하듯이 마노니는 자신의 연구가 얼마나 '사실'에 근접하는가보다는 '사실'이 얼마나 자신의 분석틀을 잘 입증하는가에 초점을 맞추고 있다. 그 분석틀이란 게 바로 백인우월주의와 유럽중심주의에 기초한 것이기에 연구결과는 시작부터 이미 정해져 있었다.

우선 마노니는 반란의 원인을 식민지 유화정책에서 찾았지만 이는 재고의 여지가 있다. 제2차 세계대전이 발발하고 난 이후 마다가스카르는 비시 정권의 수하에 있었는데, 1942년 섬에 상륙한 연합군에게 권력이 이양되면서 한동안 정치적인 소용돌이에 빠지게 되었다. 연합군 측은 원주민들의 환심을 사기 위해 자치와 독립을 약속했고, 전쟁이 끝나자 실제로 프랑스 정부는 마다가스카르에 어느 정도의 자치를 허용하기에 이르렀다. 하지만 프랑스 정부가 우경화되고, 한때 제3세계의 식민지독립을 지지했던 미국마저 한국전쟁과 베트남전쟁의 여파로 종전의 입장을 철회하자 마다가스카르의 독립은 요원해졌다. 실제로 반란이 일어날 당시 프랑스의 식민정책은 강경책으로 선회하고 있었다. 하지만 마노니는 이처럼 복잡한 마다가스카르의 정치적 환경을 민주주의를 향한 일직선적인 발전과정으로만 파악했다. 따라서 억압의 고삐를 느슨하게 한 것이 의존 콤플렉스에 빠져 있는 원주민들에게 버림받음의 착각을 불러일으킴으로써 폭력적인 저항을 촉발했다는 마노니의 주장은 사실과 거리가 멀다.

마노니의 가장 심각한 오류는 원주민 사회에 대한 무지다. 무엇보다도 마노니는 마다가스카르 원주민을 동질화한다. 다양한 신념과 사회조직과 삶의 방식을 지닌 마다가스카르를 하나의 균일한 덩어리로 환원하는 것이다. 유럽중심주의적 진화론을 신봉하는 마노니는 '문명인'의 범주에 속하지 못한 모든 '원시인'이 대동소이하다는 전제하에 아프리카 대륙과 멜라네시아 군도의 관습을 마다가스카르에 스스럼없이 적용하기도 한다. 가령 마노니는 말라가시인의 가정에서 아버지는 "죽은 조상의 뜻을 제대로 해석하는 능력"을 지니고 있기 때문에 "돈주머니를 완전히 장악하고 가족경제의 가장 세세한 부분까지 다 관장한다"고 주장한다. 또한 어린아이는 온종일 어머니의 등에 업혀서 지내기 때문에 어머니와의 신체적·정서적 유대관계가 유난히 밀접하다고 서술한다.

그러나 이것은 사실과 다르다. 실제로 말라가시 가정의 경제적인 주체는 아버지가 아니라 어머니며 여성이 조상의 뜻을 해석하기도 한다. 게다가 어린아이들은 일찍부터 친척에게 입양되는 관습 때문에 상당수가 부모와 떨어져 산다. 이뿐만 아니라 마노니가 말라가시인이 가졌다는 의존 콤플렉스의 원인으로 강조한 조상숭배도 아프리카 내륙의 일부 지역에만 해당하는 관습이다. 마노니가 마다가스카르에서 의존 콤플렉스가 가장 심하다고 지목한 메리나 부족의 경우, 죽은 조상은 살아 있는 부모보다 권위가 없으며 조상숭배는 일상생활에 실질적인 영향을 거의 미치지 못한다.[9]

마노니는 심리학자로서 원주민의 꿈을 해석한 자료에 상당한 의미를 부여한다. 그런데 마노니가 분석하는 일곱 개의 꿈은 대부분 프랑스어 수업시간에 학생들이 제출한 과제물 중에서 수집한 것이기 때문에 자료로서의 신빙성이 떨어진다. 프랑스어에 능통하지 못한 어린 학생들이 서투르게 작문하여 제출한 것을 가지고 단어 하나하나에 의미를 부여하며 심층 분석하기 때문이다. 모든 꿈의 공통된 주제는 황소, 총, 세네갈 군인 등으로 상징되는 위협과 두려움인데, 마노니는 그것을 말라가시인의 무의식에 내재한 "안정과 보호에 대한 거부할 수 없는 욕구의 반영"으로 해석한다. 무엇보다도 마노니는 단지 일곱 가지 꿈을 통해 모든 말라가시인의 무의식을 '의존의 필요성'이라는 하나의 주제로 수렴함으로써 원주민의 의존 콤플렉스를 '입증'하는 무리수를 두고 있다.[10]

마노니가 의존 콤플렉스 개념을 설명하기 위해 가장 심혈을 기울여 제시하는 근거자료가 바로 "말라가시인과의 지속적인 관계"다. 그가 말하는 관계란 젊은 말라가시 테니스 코치와의 주종관계를 의미하는데, 그 내용인즉슨 이렇다. 마노니는 말라리아에 걸려 쓰러진 자신의 사환이자 테니스 코치인 원주민 소년에게 치료약을 줘서 건강을 회복하게 하였다. 그런데 소년은 마노니에게 감사의 인사를 하는 대신 계속 이런저런 선물을 요구해왔고 이를 못마땅하게 여긴 마노니는 그의 요구를 거절하게 되었다. 마노니는 이 소년의 행동이야말로 말라가시인 특유의 의존 콤플렉스가 표현된 것으로 해석했다.

하지만 정작 여기서 마노니는 마다가스카르의 문화적 차이에 대한 몰이해를 드러낸다. 사실 그 소년이 속한 메리나 부족에서는 상대방에게 무언가를 요구하는 행위가 동등한 사회구성원들 간의 친밀감과 연대의식의 표현이다. 심지어 유럽인이라면 무례하고 황당하게 여길 요구마저도 메리나 부족민 사이에서는 격의 없는 농담으로 통한다. 말하자면 그 소년은 마노니가 준 말라리아약을 우정의 선물로 받아들이고 이에 대한 답례로 친밀감을 표시하고자 또 다른 선물을 요구했던 것인데, 마노니가 그것을 의존적 행위로 곡해한 셈이다. '주인'과 '노예'의 위계가 친구 사이의 대등한 관계로 발전할 수 있는 순간을 마노니가 유럽중심주의적 인류학과 심리학의 잣대로 묵살해버린 것이다.[11]

마노니에 대한 평가에서 파농은 전면적인 부정으로만 일관하지 않는다. 파농은 마노니의 연구목적과 접근방식을 "솔직하고 진지하다"(*BS*, pp.83~84)라고 인정한다. 무엇보다도 파농은 이전의 심리학과 정신의학이 흑인 원주민의 정신이상을 유전적이고 생물학적인 층위에서만 설명한 데 비해 마노니는 처음으로 식민지배라는 역사적 요인을 고려했다고 높이 평가한다. "문명인과 원시인의 만남은 식민지 상황이라는 아주 독특한 상황을 조성하며 엄청나게 많은 망상과 오해를 초래하는데, 이것은 심리학적 분석으로만 설명하고 규정할 수 있다"라는 마노니의 주장은 파농 자신도 "열심히 반복하고 싶은 구절"(*BS*, p.84)이라고 밝힌다. 또한, 마노니의 연구는 백인 정착민과 흑인 원주민을 동시에 연구대상으로 삼은 점에서도 상당히 획기적이다. 특히 백인 정착민이 식민모국에서 충족할 수 없었던 정치경제적 욕구를 식민지에서 과잉보상 받으려고 한다는 마노니의 주장에는 파농도 전적으로 동의한다. 백인 정착민은 원래 유럽사회 내부에서 권력의 상층부에 속하지 못하는 계급적 타자였거나 자본주의적 경쟁사회에서 적자생존의 가능성이 뒤떨어지는 잉여인간이었는데, 문명의 주변부인 아프리카에 와서 왕 노릇을 한다는 것이다.

그러나 파농이 보기에 마노니는 지배와 예속의 식민지 권력관계를 은연중에 정당화하고 있다. 무엇보다도 식민지 정착민의 권위 콤플렉스 개념은 그것이 비록 부분적 진실을 밝혔음에도 식민주의의 모순을 유럽 사회의 특정 계층에 한정한다. 식민주의의 사회구조나 이데올로기보다는 그것의 표면적 현상에만 주목하는 것이다. "유럽 문명과 그것의 가장 훌륭한 대표자들은 식민지 인종주의에 책임이 없다. 그것은 성공은 모르고 고생만 해온 하급 관리들, 소규모 무역상들, 식민지 정착민들 탓이다"[12]라고 주장함으로써 마노니는 식민주의 자체에 면죄부를 부여하고 있다. 하지만 파농은 마노니가 지상에서 가장 덜 인종주의적인 사회라고 자부하는 프랑스조차 남아프리카공화국과 똑같이 인종주의적인 사회라고 반박한다. 인종주의가 유럽의 지배계층과는 무관한 하위계층만의 이데올로기라는지

164

프랑스가 그나마 가장 덜 인종주의적인 사회라든지 하는 주장은 "솔직한 사유를 하지 못하는 사람들이 꾸며낸 이야기"(*BS*, p.85)일 뿐이다. 파농은 식민주의의 책임이 권위 콤플렉스에 사로잡힌 유럽의 프티부르주아지와 프롤레타리아에게만 있는 것이 아니라 유럽 사회 전체에 있다는 전제하에 이렇게 주장한다. "나는 단호하게 이 법칙을 진술하고자 한다. 모든 사회는 인종주의적이거나 인종주의적이 아니거나 둘 중의 하나다."(*BS*, p.85)

인종주의를 유물론적 시각에서 파악하는 파농에게는 유럽의 사회구조 자체가 인종주의적이다. 유럽 자본주의의 발전이 비유럽 세계에 대한 착취와 억압을 토대로 이루어졌기 때문이다. 인종주의란 유럽의 식민지팽창 과정에서 드러낸 자본주의의 모순에 불과하며, 그런 점에서 식민지 인종주의와 유럽 자본주의는 동전의 양면이다. "식민지 착취는 다른 형태의 착취와 같지 않으며 식민지 인종주의도 여타 인종주의와는 다르다"[13]는 마노니의 주장에 파농이 동의할 수 없는 이유도 여기에 있다. 유럽 안에서의 착취든 바깥에서의 착취든 그것은 사회경제적 원인에서 비롯되며 '인간'이라는 똑같은 대상에게 행해지기 때문이다.

파농은 유럽 지성의 상징인 사르트르마저 인종주의에서 완전히 벗어날 수 없었음을 일례로 들면서, 서구 형이상학의 지반을 형성하는 인본주의와 헤겔 변증법에 기초하는 역사주의가 모두 인종주의 이데올로기와 연루되어 있음을 강조한다.(*BS*, pp.130~140) 후기 저서 『아프리카 혁명을 향하여』에 실린 「인종주의와 문화」라는 글에서도 파농은 인종주의가 개인의 심리적 현상이 아니라 경제적 요인에서 비롯된 일종의 문화이며 다른 민족에 대한 체계화된 억압이라고 주장한다.(*AR*, p.32) 요컨대 인종주의는 인본주의의 가면을 쓴 유럽의 얼굴이다.

'의존 콤플렉스'의 유물론적 재해석

파농으로서는 '권위 콤플렉스'의 대립항인 '의존 콤플렉스' 개념을 더 받아들일 수 없다. 마노니는 마다가스카르 원주민을 모델로 삼아 식민지 원주민의 무의식에 지배와 통제를 기꺼이 받아들이는 의존 콤플렉스가 내재한다고 주장한다. 물론 마노니는 의존 콤플렉스를 유럽 사회에서도 흔히 찾아볼 수 있는 열등의식의 일종으로 파악한다. 하지만 그것이 발견되는 집단을 이질적 사회의 소수자가 아니라 마다가스카르 같은 동질적 사회의 구성원 대다수로 상정하고는 이 점을 특히 강조한다. 즉 의존 콤플렉스는 마다가스카르처럼 외세의 침략과 지배를 경험한 곳에서만 나타나는 아프리카형 열등의식이자 일종의 '식민적 무의식'이라는 것이다. 마노니의 분석에 따르면, 의존 콤플렉스는 프로이트가 말한 거세 콤플렉스처럼 평소에는 잠재해 있다가 어떤 외상적 경험(trauma)에 의해 표면화하는 데, 그 외상이 바로 유럽 식민주의의 침투다. 다시 말해 마다가스카르 원주민들은 백인 침략자들이 도착하기 전에 이미 그들을 맞이할 마음의 준비가 되어 있었다는 얘기다.

마노니는 여기서 한 걸음 더 나아간다. 유럽 백인들이 아프리카 해변에 첫발을 내디뎠을 때 원주민들에게 환대를 받았다는 기록에 근거하여, 마노니는 원주민들이 식민지 정복을 무의식적으로 기다리고 있었을 뿐만 아니라 심지어 그것을 원하고 있었다고 주장한다. 원주민들은 조상숭배와 같은 관습을 통해 초월적 권위에 복종하는 데 익숙해져 있는 데다 식민지 정복을 예로부터 전해 내려오는 부족사회의 예언적 전설(바다로부터 온 낯선 자들이 신기한 선물을 주리라는 내용)의 실현으로 해석했기 때문에 오히려 적극적으로 받아들였다는 것이다. 따라서 식민주의는 지배하려는 욕구를 지닌 자와 지배당하려는 욕구를 지닌 자, 즉 권위 콤플렉스에 사로잡힌 백인 정착민과 의존 콤플렉스에 얽매인 흑인 원주민을 동시에 만족하게 한다는 것이 마노니의 결론이다.[14]

그러나 파농은 흑인 원주민의 의존 콤플렉스가 무의식에 내재한 욕망이 아니라 역사적 환경 속에서 형성된 심성이라고 반박한다. "잠재해 있던 정신이상이 외상적 경험의 결과로 표면화하는 것"(*BS*, p.85), 이것이 바로 마노니가 말하는 의존 콤플렉스의 요체다. 즉 식민지 침탈이라는 외상적 경험 이전에 이미 의존 콤플렉스라는 '정신이상'이 흑인의 무의식에 내재해 있었다는 얘기다. 파농이 볼 때, 마노니가 범하는 가장 큰 오류는 흑인의 의존 콤플렉스를 식민화의 역사 이전의 그 무엇으로 간주한다는 데 있다. 마다가스카르 원주민의 의존 콤플렉스를 식민주의가 도래하기 이전의 (더 엄밀하게 얘기하면, 식민주의와 상관없는) 심성으로 규정하는 것이야말로 역사성의 빈곤을 드러내는 정신분석학적 연구의 표본일 뿐이다. 이는 마치 온종일 서서 일하는 노동자에게 정맥류가 생겼을 때 원래 그의 정맥이 약해서 생긴 증상이라고 우기는 것과 마찬가지다. 결국 그 질환을 노동환경이 아닌 노동자의 체질적인 취약성에서 기인하는 것으로 결론 내린다면 고용주에게는 더 이상 책임을 물을 수 없게 되는 것이다.(*BS*, p.85)

물론 여기서 파농이 식민지 원주민의 열등의식 자체를 부정하는 것은 아니다. 파농이 거듭 강조하는 것은 그것이 식민주의 역사의 결과물이라는 사실이다. 의존 콤플렉스의 진짜 원인은 흑인이 백인에게 의존하도록 만들어진 사회구조에 있다는 것이다. 파농은 마노니가 이 역사적 인과관계를 놓치고 있기 때문에 마다가스카르를 포함해 아프리카가 당면한 상황과 문제에 대한 근거 있는 설명을 제시할 수 없다고 비판한다. 이때 파농이 던지는 대안적 결론은 명백히 반(反)프로이트적이다. "나의 흑인 환자가 백인이 되려는 강박관념에 사로잡혀 있다면, 그 원인은 그가 살아가는 사회가 그의 열등의식을 조장하기 때문이다. 그 사회는 이러한 콤플렉스를 영속화하고 특

정 인종의 우월성을 주장함으로써 스스로를 공고히 한다."(*BS*, p.100)

파농의 입장은 튀니지 출신의 유대인 소설가이자 사회학자인 메미(Albert Memmi)와 흡사하다. 파농처럼 메미도 식민지 원주민의 정신의학적 질병이라고 여겨지는 현상이 식민주의 역사와 이데올로기의 산물임을 역설한다. "흔히 얘기하는 '의존 콤플렉스'나 '식민적 친연성' 같은 개념에는 극히 작은 진실만이 담겨 있을 뿐이다. 물론 사회발전 단계에서 식민지 피지배자가 식민화에 어느 정도 끌리는 것은 사실이다. 그러나 이러한 현상은 식민화의 결과일 뿐 원인은 아니다. 그것은 식민지 정복 이전이 아닌 이후에 발생한다. 식민지 지배자가 자신의 역할을 기꺼이 인정하고 싶은 것처럼 피지배자는 식민화되는 것을 억지로 인정할 수밖에 없다."[15]

파농의 사상적 선배이자 네그리튀드의 주창자인 세제르도 마노니식의 심리적 결정론에 강한 거부감을 표시한다. 마노니의 의존 콤플렉스 이론이 얼핏 보면 편견과 사심 없는 연구처럼 보이지만 사실은 인종주의 이데올로기와 은밀히 연루되어 있다고 보기 때문이다. 특히 세제르는 식민지 원주민은 부권(父權)과의 오이디푸스적 갈등과 투쟁을 통해 남자다움 또는 어른다움을 획득하는 성장과정을 결여하고 있기 때문에 성인이 되어서도 의존적일 수밖에 없다는 마노니의 주장을 집중적으로 비판한다. 세제르는 이른바 '백인의 부채의식'(the white man's burden)과 마찬가지로 이러한 주장은 식민지 지배자와 피지배자를 각각 어른과 어린아이로 설정하여 식민주의를 정당화하는 교묘하고 음험한 담론적 전략이라고 경고한다.[16]

최근 포스트모더니즘 문화연구에서는 파농이 식민주의 문제의 무게중심을 물질에서 정신으로 옮겨놓았다는 이유로 또는 의식에서 무의식의 차원으로 끌어내렸다는 이유로『검은 피부, 하얀 가면』을 파농의 위대한 업적이라고 평가한다. 하지만 그러한 평가는 서구 비평가들의 소망충족적인 해석이다. 파농이 궁극적으로 강조한 것은 무의식이 아니라 의식이다. 마르크스의 메타포로 얘기하자면, 프로이트적 파농의 '상부구조'는 정신분석학이지만 '하부구조'는 유물론이다. 프로이트는 헤겔적 의식의 밑에 무의식이 있음을 발견했지만, 파농은 프로이트적 무의식의 밑에 또다시 마르크스적 '토대'가 있다는 사실을 파헤친 것이다.『검은 피부, 하얀 가면』에서 파농이 수행하는 작업은 열등의식이라는 프로이트적 무의식을 마르크스적 언어로 역사화하는 것이다. 마노니와의 오랜 씨름 끝에 파농이 도달하는 결론은 완연히 마르크스주의적이다.

나는 정신분석학자로서 나의 환자로 하여금 그들의 무의식을 의식하게 하고 백인이 되려는 환상을 버리게 하고자 한다. 이뿐만 아니라 사회구조의 변화를 가져오는 방향으로 그를 행동하게 하여야 한다. 다시 말해 흑인은 더 이상 백인이 되거나 아니면 사라져야 하는 딜레마에 봉착하지 않고 실존의 가능성을 인식할 수 있어야 한다. 나의 목적은 일단 그의 동기를 의식의 차원으로 끌어올린 다음, 모순의 진짜 원인인 사회구조에 대해 행동(아니면 무저항)을 선택할 수 있는 위치에 서게 하는 것이다.(*BS*, p.100)

정신분석학자 파농에게 정신분석학 이론은 마르크스적 유물론의 지반 위에 탈식민화라는 건물이 설 수 있도록 도와주는 비계(飛階)일 뿐 그 자체가 지반이나 건물은 아니다. 파농의 임무는 흑인의 열등의식을 역사화함으로써 흑인이 거기에서 벗어나도록 하는 것, 즉 흑인에게 부과된 그리고 흑인이 공모하는 백색 신화의 최면에서 깨어나도록 도와주는 것이다. 흑인의 소외감과 열패감이 그의 무의식에 내재하는 것이 아니라 그 무의식을 무의식적으로 결정짓는 사회구조가 문제라는 것 그리고 그러한 심리적 질병이 완전히 치유되기 위해서는 사회구조를 변화시키는 정치적 행동이 뒤따라야 한다는 것, 요컨대 진정한 탈식민화는 정신과 물질의 양면적 과업이라는 것, 이것이 바로 파농이 정신분석학 이론에 빗대어 동시대 흑인들에게 전하고자 했던 메시지다.[17]

유럽 이론의 유럽중심주의

'그들'의 언어로 '우리'의 생각을 말하다

"식민지에서는 경제적 하부구조도 일종의 상부구조다. 원인이 곧 결과다. 백인이기 때문에 부자이고 부자이기 때문에 백인이다. 마르크스주의적 분석이 항상 식민지 문제를 다룰 때마다 약간은 수정되어야 하는 이유도 바로 여기에 있다."

프로이트와 라캉의 정신분석학

거부보다 전유를 선호하는 파농의 탈식민화 전략은 제2장에서 살펴본 정신의학뿐만 아니라 유럽 이론 전반에 걸쳐 똑같이 적용된다. 유럽의 과학과 기술이 물질의 탈식민화를 위한 수단으로 활용된 것처럼, 유럽의 이론과 사상도 파농에 의해 정신의 탈식민화를 위한 분석틀로 전환되는 것이다. 대표적인 예가 정신분석학 이론이다. 파농에게 정신분석학은 가장 중요한 방법론 중의 하나다. 사실 파농은 식민주의의 모순을 심리학적으로 접근한 최초의 인물이라고 해도 과언이 아니다.『검은 피부, 하얀 가면』이 획기적인 이유도 바로 여기에 있다.

근자에 이르러 탈식민주의 이론가들이나 문화연구가들이 파농의 중요성을 부각하며 그의 업적을 재조명하는 이유도 마르크스주의 일색이었던 반식민주의 담론의 지평에 정신분석학 이론을 처음으로 도입했기 때문이다. 특히『검은 피부, 하얀 가면』은 제3세계 민족주의와 마르크스주의의 색채가 짙게 배어 있는 후기 저서들에 비해 정신분석학의 비중이 훨씬 더 크다. 하지만 초기의 파농이 정신분석학 이론에 전적으로 의존만 하는 것은 아니다.『검은 피부, 하얀 가면』에는 프로이트 이외에도 여러 심리학자의 이름이 빈번히 등장하지만, 파농이 이들의 이론을 무비판적으로 수용하지는 않는다.

『검은 피부, 하얀 가면』의 서두에서 파농은 "흑인 문제에 관해서는 오직 정신분석학적 설명만이 열등의식의 구조적 원인이 되는 정서적 이상(異狀)을 밝혀낼 수 있다"고 주장한다. 마치 정신분석학을 자신의 유일한 방법론으로 삼는 듯한 발언이다. 하지만 곧이어 파농은 이와 상치되는 주장을 개진한다. "흑인의 소외는 개인적 문제가 아니다. 계통발생론과 개체발생론 외에 사회발생론이 있다. 이것은 사회진단의 문제라고 할 수 있다."(*BS*, pp.10~11)

이러한 주장을 파농의 방법론적 자기모순으로 봐야 하는가? 개인과 사회 또는 정신과 물질의 양대 축 사이에서 파농은 진자운동을 하고 있는 것처럼 보인다. 그런데 파농의 전체 저서를 총체적으로 살펴보면 이것은 '흑인 문제'에 접근하는 파농 특유의 일관된 입장임을 알 수 있다. 한편으로는 식민지배하에서의 흑인의 소외를 개인적인 차원에서 설명하기 위해 정신분석학 이론을 끌어들이면서도, 다른 한편으로는 소외를 유발하는 사회구조를 비판하기 위해 유물론적 시각으로 돌아선다. 즉 파농은 겉으로 드러난 현상을 분석하는 데는 정신분석학의 도움을 받지만 그 현상의 원인은 정신분석학의 틀 바깥에서 찾고 있는 것이다.

사실 프로이트의 정신분석학은 파농의 지적 계보에서 불가결한 위치를 차지하고 있다. 프로이트의 흔적은 파농의 저서 도처에 나타나며 특히 섹슈얼리티와 공격성(aggressivity) 개념은 파농에게 가장 기본적인 분석틀을 제공한다. 가령『검은 피부, 하얀 가면』의 「유색인 여성과 백인 남성」과 「유색인 남성과 백인 여성」은 인종주의 이데올로기가 지배하는 식민지 사회에서 인종 간의 사랑과 결혼이 얼마나 왜곡된 형태로 진행되는지를 분석한다. 「니그로와 정신병리학」도 왜 흑인이 백인에게 공포와 불안의 대상이 되는지, 왜 흑인이 자기소외에 빠지게 되는지를 섹슈얼리티에 초점을 맞추어 상술한다. 이어서 파농은 『대지의 저주받은 자들』에서 프로이트의 공격성 이론을 차용하여 식민지 사회에 만연한 언어적·심리적·물리적 폭력을 조명하고 그것을 극복하기 위한 탈식민화의 폭력을 제시한다. 한마디로, 프로이트는 파농이 시도하는 '정신의 탈식민화'를 위한 이론적 토대를 제공한다고 볼 수 있다.

그러나 프로이트는 사회문화적 배경과 정치적 입장에서 파농과 양립하기 힘든 이론가다. 기본적으로 프로이트의 정신분석학은 19세기 말 유럽 자본주의와 가부장제 사회의 산물이며, 그의 이론의 근간이 되는 섹슈얼리티 개념은 성적 억압이 절정에 이른 빅토리아 시대의 부르주아 가정을 모델로 삼은 것이다. 문제는 이처럼 구체적인 시대와 지역을 기반으로 한 프로이트의 이론을 언제 어디서나 적용될 수 있는 보편적이고 초역사적인 분석틀로 치환한다는 데 있다. 파농이 주목하는 카리브해 지역이나 아프리카의 식민지 사회에서는 프로이트의 정신분석학이 한계를 드러낼 수밖에 없는데도 프로이트와 그를 따르는 정신분석학자들은 그러한 특수성을 인정하지 않는다. 이뿐만 아니라 프로이트가 자신의 이론적 모델이 되는 유럽 부르주아지의 성적·계급적·인종적 타자인 여성, 하층민, 식민지 원주민을 비하하는 입장을 견지한 것도 사실이다. 특히 비유럽 유색인에 대한 인종주의적 시각은 프로이트의 이론이 보편성을 확보하지 못하는 요인이다. 프로이트가 페미니즘 진영으로부터 남성중심주의적이라고 비판을 받는 것과 마찬가지로 제3세계 시각에서 볼 때 프로이트는 유럽중심주의와 백인우월주의의 혐의를 벗기 힘들다.

파농은 처음부터 프로이트의 정신분석학이 지닌 문제점을 인지하고 있었고, 그러한 문제의식은 프로이트의 영향을 가장 많이 받은 『검은 피부, 하얀 가면』에서도 분명히 드러난다. 파농의 비판적 분석은 오이디푸스 콤플렉스 같은 신경증이 모든 인간의 공통된 속성이며 모든 사회에 내재하는 병리현상이라고 본 프로이트의 기본전제를 의심하는 데서 출발한다. 파농이 보기에 프로이트의 정신분석학은 가족을 분석의 기본단위로 삼는 것부터 이미 유럽중심적이다. 프로이트의 오이디푸스 콤플렉스 이론에 따르면, 아버지, 어머니, 아들의 삼각관계로 이루어지는 '가족 로맨스'는 그 가족이 속한 사회와 국가의 축소판이다. 아버지를 중심으로 한 가족의 권력구조와 국왕을 정점으로 한 국가의 권력구조는 닮은꼴이며, 가족관계에서 비롯된 여러 가지 정신의학적 징후는 국가 단위로 확대 재생산된다. 따라서 '정상적인' 가정에서 부권에 복종하는 법을 배우며 자라난 아이는 그가 속한 사회의 '정상적인' 구성원, 즉 국가의 권위를 존중하는 국민이 된다.

그러나 흑인의 경우는 상황이 다르다. 가족과 국가 사이의 연결고리가 부재하는 것이다. 식민지 상황에서 흑인 아이는 자신이 태어난 흑인 가족과 백인이 주인 노릇 하는 국가 사이에서 양자택일을 해야 한다. 출세를 향한 욕망이 강할수록 흑인 아이는 흑인 가족을 부정하고 백인사회와 자신을 동일시하게 된다. 말하자면 흑인의 '자아'는 흑인 가족이라는 '이드'를 지양하고 백인사회라는 '초자아'를 지향하는 것이다.

계속해서 파농은 식민지에서 자라난 흑인이 식민모국에 갔을 때 겪는 열패감과 소외감을 자신의 경험에 빗대어 서술하면서 프로이트의 한계를 지적한다. 프랑스 식민지 마르티니크의 원주민은 자신이 흑인이 아니라 마르티니크 사람이며 진짜 '니그로'는 아프리카 정글에 있다고 믿으며 살아간다. '검은 피부'에 '하얀 가면'을 쓴 상태다. 하지만 그가 프랑스 문명사회에 발을 내딛는 순간 자신도 '니그로'의 범주에 속한다는 고통스러운 자기발견을 하게 된다. 그토록 필사적으로 회피하려고 했던 '니그로'의 신화와 대면하는 것이다. 일례로, 똑같이 타잔영화를 보더라도 자신을 프랑스화된 문명인이라고 생각하는 앙틸레스 젊은이에게는 동일시의 대상이 타잔이지만, 프랑스의 흑인 유학생은 자신을 '미개인'과 동일시하게 된다. 마찬가지로 다큐멘터리 필름 속 부시맨과 줄루족은 앙틸레스 흑인에게 웃음거리를 제공하는 '그들'에 불과하지만, 유럽 흑인에게는 외면하고 싶은 '우리'의 모습이다.(*BS*, pp.149~152) 여기서 흑인의 자기발견은 자기비하로 이어진다. 프로이트는 이러한 상황에서 적절한 진단과 처방을 제시할 수 없다는 것이 파농의 불만이다. 인종 문제에 무관심한 프로이트가 '식민지 상황'이라는 외상적(外傷的) 경험을 제대로 설명할 수 없기 때문이다.

또한 파농은 오이디푸스 콤플렉스 이론이 유럽의 가부장제 사회 내에서는 유효하겠지만 비유럽 세계의 모계사회에서는 적용될 수 없다고 지적한다. 파농이 제시한 자료에 따르면, 제2차 세계대전 이후 발생한 도덕적 위기로 인해 프랑스에서는 존속살해와 근친상간이 빈번히 발생하는 반면 마르티니크 사회에서는 오이디푸스 신경증의 발생 비율이 3퍼센트에도 채 미치지 못한다. 마찬가지로 마다가스카르 원주민들의 꿈을 프로이트의 『꿈의 해석』을 따라 분석하는 것도 파농에게는 설득력이 없다. 이들의 꿈에 등장하는 검은 황소나 세네갈 병사의 소총은 아버지나 남근을 상징하는 것이 아니라 이들이 일상의 삶에서 맞닥뜨리는 실제 황소와 실제 총이다. 백인에게 식민지 침략에 따른 욕망이나 죄의식이 무의식으로 억압되어 있을 수 있겠지만, "흑인의 경우는 인종의 드라마가 공공연하게 펼쳐지기 때문에 그것을 무의식화할 시간도 없다. 니그로의 열등의식이나 우월의식 또는 평등의식은 어디까지나 의식적이다"(*BS*, p.150)라고 파농은 단언한다. 파농은 프로이트 정신분석학의 근본 토대인 무의식조차 모든 인간이 지닌 보편적 형질이 아니라 특정 집단의 역사적 구성물로 간주하는 것이다.

그렇다고 해서 파농이 정신분석학 이론을 거부하거나 폐기하는 것은 아니다. 파농이 파악한 "식민주의의 문제는 객관적인 역사적 조건의 상관관계뿐만 아니라 그 조건에 대한 인간의 태도까지 수반한다."(*BS*, p.84) 여기서 "객관적인 역사적 조건"은 힘의 불균형으로 인한 영토와 자원의 침탈과 노동의 착취를 가리키고 "그 조건에 대한 인간의 태도"는 심리적 차원에서의 억압과 소외를 의미한다. 이처럼 식민주의가 물질과 정신 양면에 걸쳐 이중의 폭력을 수반하므로 이를 극복하려는 탈식민화 역시 물심양면의 기획이 되어야 한다. 바로 이 지점에서 파농은 저항의 출발점이자 '정신의 탈식민화'를 위한 도구로서 정신분석학 이론을 선택한다. 정신분석학 자체는 몰역사적이며 유럽중심적이지만 그것을 변형하여 전용하자는 것이다. 이를 위해 파농은 주체와 타자의 상관관계를 강조하는 정신분석학의 틀은 그대로 두되 그 초역사적 주체를 식민주체, 즉 식민지 피지배자로 역사화한다. 그리고 젠더와 섹슈얼리티 코드를 삭제하고 그 자리에 인종을 대입한다. 이를 통해 파농은 왜 흑인 주체가 자기혐오와 자기소외에 빠지며 타자인 백인을 선망하고 모방하는지를 설명한다. 말하자면 인종적 차이에 무관심한 정신분석학 이론을 '인종화'(racialize)하는 셈이다.

그 대표적인 예를 파농이 라캉(Jaques Lacan)의 동일시 이론을 전유하는 데서 찾아볼 수 있다. 라캉에 따르면, 이른바 '거울 단계', 즉 생후 6개월에서 18개월 사이의 유아는 거울에 비친 자신의 모습을 자신과 동일시함으로써 자아를 형성하게 된다. 자신의 몸을 제대로 통제하지 못하고 파편적으로만 경험하는 유아가 거울에 비친 자신의 통합된 이미지를 자신의 진짜 모습으로 인식하는 것이다. 하지만 이러한 나르시스적인 자기애가 수반된 '상상적' 동일시는 '오인'일 따름이다. 그 거울 이미지는 '나'의 신기루이며 허상이기 때문이다. 동시에 유아는 자신의 파편화된 몸이 해체된다는 환상에도 빠지는데, 유아와 거울 이미지 사이에서 억압되거나 은폐된 차이가 '회귀'한다. 완전하다고 상상했던 거울 이미지의 타자성을 유아가 인식하고 그것을 향해 공격적인 감정을 가지게 되는 것이다.

파농은 이처럼 양가성에 바탕을 둔 라캉의 상상적 동일시 이론에 인종의 차이를 삽입하여 동일시의 양태가 동일하지 않음을 밝힌다. 백인의 경우, 거울 이미지는 "신체적 이미지로 인식되는" 인종적 타자인 흑인이며 그 타자는 "절대로 동화될 수 없는 비자아(not-self)"로 남는다. 그런데 흑인의 경우는 라캉의 도식이 적용되지 않는다. 흑인의 거울 이미지는 이론적으로 백인이어야 하지만 실제로는 흑인이 된다. 왜냐하면 식민지 상황에서 어릴 적부터 백인문화의 세례를 받고 자라난 흑인에게는 동일시의 대상이 언제나 백인이기 때문이다. 즉 백색 신화의 최년에 걸린 흑인은 '하얀 가면'을 덮어쓴 채 자신을 백인으로

'오인'하기 때문에 백인이 아닌 흑인을 타자로 인식한다는 것이다. 파농은 이것이 "역사적·경제적 현실이 영향을 미친" 결과임을 거듭 강조한다.(*BS*, p.161)

이렇듯 파농은 프로이트와 라캉의 이론을 끌어다 쓰면서도 이에 대한 비판적 거리를 유지한다. 정신분석학 이론은 파농에게 최종적인 준거가 아니라 타협과 전유의 대상이다. 왜냐하면 파농이 보기에 식민지라는 역사적 상황이 정신분석학 이론으로 설명할 수 있는 "적절한 시대와 적절한 장소"(*BS*, p.104)가 아니기 때문이다. 애당초 정신분석학은 성(性)에 대한 담론이자 유럽 부르주아지의 주체구성에 관한 이론이기 때문에 인종 문제는 사각지대로 남아 있을 수밖에 없다. 따라서 정신분석학은 인종적 차이가 개입되지 않은 유럽 내부의 '보편적 인간'을 분석하는 데만 유효한 이론이다. 그러나 유럽과 아프리카 또는 서구와 제3세계가 충돌하는 식민주의 문제에서는 인종적 차이가 결정적인 요인으로 작용한다. 물론 성과 계급의 차이가 '중층결정'된 형태로 얽혀 있는 경우가 대부분이지만, 그래도 식민주의는 기본적으로 인종의 드라마다. 파농이 "프로이트가 발견한 것들이 지금 여기서는 별로 소용이 없다"라는 불만을 토로하거나 "어떤 상황에서는 사회적인 것이 개인적인 것보다 더 중요할 수 있다"(*BS*, pp.104~105)라고 주장하는 이유도 바로 여기에 있다.

파농이 정신분석학적 접근을 시도하는 이유도 정신적 식민화의 원인이 정신적인 것에만 있지 않음을 드러내기 위해서다. 파농의 의도는 정신과 물질 또는 심리학과 사회학의 상관관계를 규명하는 것이다. 정신분석학의 기본전제는 파농이 볼 때 반쪽짜리 진실이다. 물론 주체란 타자와의 동일시를 통해 구성되는 개념이며 이때 주체의 구성이 주체의 분열과 소외를 수반한다는 프로이트와 라캉의 가설은 파농에게 유용한 분석틀임이 틀림없다. 하지만 주체와 타자의 불균등한 권력관계를 전혀 고려하지 않는 초역사적 접근은 파농이 받아들일 수 없다. 파농의 모델은 식민지 피지배자를 주체로, 지배자를 타자로 치환할 뿐만 아니라 양자 간에 존재하는 힘의 불균형에 초점을 맞춘다. '식민지 상황'에서 흑인과 백인의 관계는 주체와 타자인 동시에 노예와 주인이라는 사실을 부각하는 것이다. 주체와 타자라는 수평적 축에 주인과 노예라는 수직적 축을 포개어서 입체적으로 재구성한 것이 바로 파농이 말하는 '식민적 관계'다. 이 관계에는 헤겔이 말한 노예, 즉 주인과의 변증법적 갈등과 상호 인정을 통해 자유를 쟁취하는 노예가 존재하지 않는다. 파농에게 식민주체는 그러한 투쟁을 시도할 힘도 의지도 없는 니체적 의미의 노예다.

융의 분석심리학과 아들러의 개인심리학

유럽(중심적) 이론에 대한 파농의 양가적인 입장은 프로이트와 라캉의 정신분석학뿐만 아니라 융(Carl Gustav Jung)과

아들러(Alfred Adler) 같은 당대의 여타 심리학자들에 대해서도 동일하게 적용된다. 특히 융은 파농에게 프로이트 못지않은 이론적 참고서라고 할 수 있다.『검은 피부, 하얀 가면』을 읽다 보면 내향성, 외향성, 콤플렉스, 원형, 아니마, 아니무스 같은 융의 개념을 도처에서 발견하게 된다. 또한 파농은 융이 고안한 단어연상 테스트를 활용하여 '니그로'라는 단어에서 성적·육체적·동물적·악마적인 모든 것이 연상되며 따라서 "유럽에서 니그로는 오직 하나의 역할, 즉 저속한 감정과 비천한 기질 그리고 영혼의 어두운 면을 상징하는 역할만 수행할 뿐이다"(*BS*, p.190)라고 주장한다. 융의 심리학적 프리즘을 통해 식민주의와 인종주의의 이데올로기적 억압을 분석한 것이다.

그런데 프로이트를 비판했을 때처럼 파농은 무의식 개념에 초점을 맞추어 융을 비판한다. 인간의 심리를 의식, 개인적 무의식, 집단적 무의식의 세 가지 층위로 구분한 융은 개인적 무의식을 개인의 억압된 경험이나 잊힌 기억의 저장고로, 집단적 무의식을 개인의 경험과 상관없이 과거로부터 물려받은 '원시적 이미지들'의 축적물로 규정한다. 문제는 융이 말하는 '원시적 이미지들'이 유럽중심주의적 진화론의 초기단계, 즉 유럽의 합리적 이성과 문명에 대립하는 야만과 미개의 원형이라는 데 있다. 파농은 융의 집단적 무의식 개념을 이렇게 풀어쓴다. "유럽인의 무의식의 가장 깊은 밑바닥에는 엄청난 어둠의 동공(洞空)이 존재하는데, 거기에는 온갖 비도덕적인 충동과 가장 부끄러운 욕망이 꿈틀거리고 있다. 모든 인간이 광명과 백인다움을 향해 기어오르듯이 유럽인도 이 미개한 자아를 애써 거부하며 스스로를 지켜왔다. 유럽 문명은 미개인들로 가득한 흑인 세계와 만나면서 니그로야말로 악의 근원임을 확인할 수 있었다." 융이 비유럽 세계를 유럽의 과거로 간주한다는 것이다. 게다가 그 과거는 아직 유럽에 내재하며 가장 부정하고 싶은 유럽의 일부이자 유럽의 현재다. 융은 그것을 인종적 타자에게 투사한 것이다. 파농의 눈에 비친 융은 "인류의 유아기로 거슬러 올라가려고 시도한 점에서 혁신적인 인물이지만 유럽의 유아기로만 되돌아감으로써 엄청난 실수를 저지르고 말았다." (*BS*, p.190)

파농이 집단적 무의식 개념 자체를 부정하는 것은 아니다. 다만 집단적 무의식에 대한 융의 인종주의적 접근을 문제 삼는 것이다. 이는 파농이 식민지 원주민의 흑인혐오와 백인선망을 집단적 무의식으로 설명하는 것만 봐도 분명히 알 수 있다. 파농은 자신의 경험에 비추어 식민지의 집단적 무의식이 백인과 흑인의 차이를 선/악, 미/추, 빛/어둠의 이분법으로 규정하는 가치체계로 표출된다고 서술한다. 흔히 억압적 지배 이데올로기로 얘기하는 백인우월주의와 유럽중심주의의 문제는 피지배자가 그것을 억압으로 의식하지 못한다는 데 있다. 피지배자는 저항의 의지도 전략도 없다. 그래서 억압은 무의식적이다. 파농은 이것을 자기예속 또는 이중의 예속으로 설명한다. 흑인은 백인에 의해 예속되었을 뿐만 아니라 스스로를 백인에게 예속한다는 것이다.

파농이 보기에 이처럼 식민지 원주민의 집단적 무의식을 모든 인간의 보편적 속성으로 설명하려는 것이야말로 이론적·역사적 오류다. 파농은 융이 범한 오류가 선천적 본능과 후천적 습성을 혼동하는 데서 비롯된다고 본다. 융이 "타고나거나 주어진 것 또는 바뀔 수 없는 것"과 "만들어진 것 그래서 없애거나 달리 만들어질 수 있는 것"을 동일시한다는 것이다. 융은 집단적 무의식을 "대뇌 구조에서 기인하는 유전적 형질"과 연관시키지만 그것은 어디까지나 "순전히 특정 집단이 공유하는 편견, 신화, 태도의 집합체"라고 파농은 반박한다.(*BS*, p.188) 이어서 파농은 인종주의적 무의식을 문화의 개념으로 재구성한다. 「인종주의와 문화」라는 글에서 파농은 이렇게 말한다.

만약 인간이 자연이나 동료인간과의 만남에서 발생하는 신체적 정신적 행동양식의 결합을 문화라고 한다면, 인종주의는 분명 문화적 요소를 지니고 있다. ……심리학자들은 흔히 편견을 무의식화된 것으로 얘기한다. 그러나 사실은 문학, 조형미술, 대중가요, 속담, 습관, 생활양식, 이 모든 것이 인종주의를 비판하든 전파하든 인종주의를 계속 부활시키고 있다. 이는 어떤 사회집단이나 국가나 문명이 무의식적으로 인종주의를 실천하는 것이 아님을 의미한다. 거듭 말하거니와, 인종주의는 우연적 발견이 아니다. 그것은 숨겨지고 은폐된 요소가 아니다. 인종주의가 발현되기 위해서 그 어떤 초인간적 노력도 필요하지 않다.(*AR*, p.32, p.37)

파농이 보기에 백인의 우월의식도 흑인의 열등의식도 일종의 문화다. 니그로를 모든 죄악과 저주의 상징으로, 야만과 미개의 응결체로 여기는 백인의 집단적 무의식도, 이것을 그대로 받아들여 자신의 검은 피부를 하얀 가면으로 덮어씌우려고 안달하는 흑인의 집단적 무의식도 모두 "문화적 부과(賦課)"의 결과물이다. 융이 말하는 집단적 무의식은 '안'에서 '바깥'으로 드러나는 태생적 성향이 아니라 '바깥'에서 '안'으로 가해진 사회문화적 영향의 축적물이다. 그 문화는 주어진 것이 아니라 만들어진 것이기 때문에 언제든지 다르게 그리고 새롭게 만들어질 수 있다는 것이 파농의 결론이다.

아들러에 대한 파농의 입장도 양가적이기는 마찬가지다. 사실 아들러는 프로이트나 융에 비해 파농이 심정적으로나 이론적으로나 더 공감했던 인물이다. 노동운동의 경험과 사회주의 계급의식을 지닌 아들러는 신경증의 사회적 요인과 공중보건의 필요성을 강조한 심리학자이기 때문이다. 프로이트의 정신분석학이나 융의 분석심리학과는 달리, 창의적 교육과 사회적 실천을 강조한 아들러의 개인심리학은 파농에게 매우 유용한 분석틀이 될 수 있있다. 실제로 『검은 피부, 하얀 가면』의 마지막 장인 「니그로와 인정(認定)」에서 아들러에 대해 별도의 지면을 할애할 만큼 파농이 아들러에게 받은 영향은 지대하다. 특히 파농은 아들러가 『인간 본성의 이해』에서 얘기한 우월감, 열등감, 보상, 삶의 방식, 사회적 이해관계 같은 개념을 식민지 상황에서 나타나는 정신병리 현상을 분석하는 데 적극적으로 차용한다.

파농은 아들러의 개인심리학과 식민지 상황 사이의 정합성과 부정합을 동시에 분석한다. 우선 파농은 아들러의 열등의식 개념에 근거하여 "니그로는 비교 그 자체다"(*BS*, p.211)라고 주장한다. 마르티니크 흑인은 자신에 대한 평가에 집착하지만 자기평가는 늘 자기소외로 이어진다. 자신에 대한 내재적 가치가 부재하므로 타자에게 의존하는 부수적인 존재로 살아가기 때문이다. "그들의 질문은 언제나 저 사람이 나보다 덜 똑똑한가, 나보다 더 검은가, 나보다 덜 훌륭한가에 관한 것이다. 사회적 지위와 안정을 위한 모든 노력은 의존관계와 타자의 위축에 바탕을 두고 있다. 나를 둘러싼 자들이 망가질수록 내 삶의 활력은 넘친다."(*BS*, p.211)

마르티니크 흑인이 이처럼 타자지향적인 자아를 형성하는 이유는 타자가 자신의 행동과 의사소통의 대상이기 때문이 아니라 타자가 자기평가의 궁극적인 근거와 잣대이기 때문이다. 이들이 겉모습과 체면을 중시하고 주위 사람들과의 비교에 집착하는 것은 자존감의 결여에서 비롯된다. 이들에게는 열등감과 우월감이 동전의 양면인 셈이다. 열등감이 강할수록 그것을 보상하려는 욕구도 강해지지만 결코 채워지지 않는다. 이른바 과잉보상의 욕구가 흑인의 일상이 되는 것이다. 그리고 이러한 열등감은 개인적인 동시에 사회적이다. 흑인의 열등감이 개인의 심리상태에 머무르지 않고 사회구조로 발전하는 것이다. 파농은 마르티니크 전체가 "신경증 사회요 비교의 사회"(*BS*, p.213)라고 진단한다.

언뜻 보면 아들러의 이론이 식민지 상황에 잘 들어맞는 것 같다. 문제는 마르티니크 흑인에게 두 종류의 타자가 존재한다는 점이다. 하나는 가치의 절대적 기준이 되는 타자이며, 다른 하나는 일상의 비교대상이 되는 타자다. 전자는 "아버지, 지도자, 신의 자격을 지닌 백인"이지만 후자는 "백인의 정반대에 있는 동료 흑인"이다.(*BS*, p.215) 따라서 마르티니크 흑인은 자신의 열등감을 보상받고자 자신과 동료 흑인을 끊임없이 비교해 우월감을 확보하려고 한다. 파농은 이 차이를 대문자 타자(the Other)와 소문자 타자(the other)로 구분해서 표기한다. 식민지 상황에서 흑인은 백인이 아닌 존재(non-white)인 데 비해 백인은 흑인이 아닌 존재(non-black)가 아니다. 흑인에게 백인은 결핍이나 부재가 아니라 존재 그 자체인 것이다.

바로 여기에 파농이 아들러에게 전적으로 동의할 수 없는 이유가 있다. 아들러가 말한 '비교'에는 인종의 차이가 반영되지 않았을뿐더러 그것을 개인적인 차원에만 국한했기 때문이다. "수십 년 동안 그들은 니그로를 백인으로 만드는 프로그램에 모든 노력을 쏟아부었다. 하지만 시간이 지나면 그들은 니그로를 앉혀놓고 '너희가 백인에게 의존하는 건 불가피한 운명이야'라고 말하게 된다."(*BS*, p.216) 흑인의 열등감은 사회구조에 책임이 있다. 따라서 아들러의 개인심리학 이론을 식민지 상황에 그대로 적용하는 것은 "우리 시대의 가장 엄청난 사기극"(*BS*, p.211)이다.

이처럼 심리학으로 식민주의의 정신적 상처를 진단하고 치료하려는 파농의 노력은 점차 유물론적인 방향으로 나아간다. 문제의 원인과 해결책을 모두 사회화하고 역사화하기 때문이다. 파농은 이 점을 『검은 피부, 하얀 가면』의 서두에서부터 분명히 밝히고 있다. "니그로의 자기분열은 식민주의적 예속의 직접적인 결과다. 우리에게 중요한 것은 현실을 이해하는 것이 아니라 현실을 변화시키는 것이다." 계속해서 파농은 식민주의에 대한 비판적 분석의 '최종심급'은 어디까지나 사회경제적인 것임을 천명한다. "내가 시도하는 분석은 심리학적이다. 그러나 한 가지 분명한 건 흑인의 소외를 효과적으로 극복하기 위해서는 사회경제적 현실에 대한 일차적 인식이 전제되어야 한다는 사실이다. 만약 열등의식이라는 것이 존재한다면, 그것은 이중적 과정이 빚어낸 결과다. 경제적인 것이 일차적 과정이고, 그 열등의식을 내면화 또는 표면화하는 것은 이차적 과정이다."(*BS*, pp.10~11)

여기가 바로 파농이 프로이트와 갈라서고 마르크스에게로 돌아서는 지점이다. 파농은 사회현상을 설명할 때 '개인적' 요소를 중시하게 된 것이 프로이트의 성과임을 인정한다. 그러나 파농은 흑인의 소외가 개인적 문제만이 아닌 '사회학적 진단'이 필요한 문제임을 밝히는 게 자신의 의도라고 주장한다. 파농이 추구하는 정신의 탈식민화는 현실에 대한 '총체적 파악'이 '주관적 차원'과 '객관적 차원'에서 동시에 이루어질 때 가능한 것이다.

사르트르의 변증법과 네그리튀드

전유란 모방이나 의존이 아니다. 어떤 이론을 전유한다는 것은 그것을 이용하는 동시에 넘어서는 것을 의미한다. 파농이 이러한 비판적 전유의 대상으로 삼는 또 하나의 유럽(중심적) 모델이 바로 사르트르(Jean-Paul Sartre)다. 사실 사르트르는 마르크스나 프로이트와 함께 파농에게 가장 많은 이론적 영향을 미친 인물이자 파농이 개인적으로 가장 존경해 마지않았던 당시 유럽의 대표적인 지성이다. 마르크스주의와 접목된 사르트르의 실존주의는 파농을 인간해방의 여정으로 뛰어들게 한 원동력이었다. 특히 알제리와 제3세계를 향한 사르트르의 반식민주의적 '참여'(engagement)는 파농이 아프리카 정치지도자들에게서도 느끼지 못했던 끈끈한 동지애를 눈을 감는 순간까지 간직하게 하였다. 『검은 피부, 하얀 가면』에서 사르트르의 이름이 세제르 못지않게 자주 등장하고 『대지의 저주받은 자들』의 그 도발적인 머리말을 사르트르가 썼다는 사실은 두 사람이 나눈 지적 교감의 깊이를 말해주고도 남는다. 하지만 사르트르는 파농에게 맹목적인 추종의 대상이 아니었다. 가까웠던 만큼 비판의 날은 오히려 예리했고 논쟁의 열기는 더욱 뜨거웠다.

파농은 우선 사르트르가 유대인이라는 사실에 주목하면서 유대인과 흑인 사이의 역사적 친연성을 언급한다. 유대인과 흑인은 추방과 이산이라는 디아스포라의 경험을 공유할뿐더러 반유대주의와 인종주의 이데올로기에 의해 여전히 소외와 차별을 겪고 있는 '대지의 저주받은 자들'이다. 홀로코스트와 노예제도로 대표되는 이들의 그늘진 역사는 진보와 문명화로 요약되는 서구 근대성의 역사가 사실 야만적 폭력의 과정임을 반증할 따름이다. 한마디로, 유대인과 흑인은 모두 제국주의 역사의 피해자이자 백인·기독교 사회의 영원한 이방인이다. 따라서 파농이 『반유대주의자와 유대인』(*Anti-Semite and Jew*)과 『흑인 오르페우스』(*Black Orpheus*)를 저술한 사르트르에게서 느낀 연대의식은 단순히 지적인 것만은 아니다. 그것은 사르트르와 "일심동체가 되는" 느낌이다. 왜냐하면 "반유대주의자는 필연적으로 흑인혐오자가 되는" 현실에서 유대인과 흑인은 "동병상련의 형제"이기 때문이다.(*BS*, p.122)

그런데 파농은 자신과 사르트르 사이에서 간과할 수 없는 차이를 하나 발견한다. 그것은 바로 피부색의 차이다. 적어도 피부색에 관한 한 유대인은 백인과 다를 바 없으며, 실제로 그들은 유럽·기독교 사회에서 백인으로 '통하고' 백인으로 '행세한다.' 유대인은 "창세부터 지금까지 한 번도 식인종으로 알려진 적이 없는 인종에 속한다." 유대인이 '유대인다움'의 고정된 이미지에 귀속되는 것은 사회경제적인 행위나 활동을 통해서다. 사르트르가 말했듯이, "유대인의 행위는 언제나 유대인의 마음속에서 과잉결정(overdetermined)된다."(*BS*, p.115) 반면 흑인에게는 '눈에 띄지 않게' 백인 주류사회로 잠입할 기회조차 주어지지 않는다. 파농은 그 차이점을 이렇게 표현한다.

나는 바깥세계에 의해 과잉결정된다. 나는 다른 사람들이 나에 대해 가지는 '생각'의 노예가 아니라 나 자신이 지닌 외모의 노예다. 나는 더 이상 변혁을 추구하지 않는 데 익숙해진 채 서서히 세상으로 나아간다. 나는 기어서 나아간다. 나는 어느새 이 세상의 유일한 시선인 백인의 시선에 의해 해부되고 있다. 나는 고착되었다. 그들은 현미경이 달린 절단기로 나의 실체를 하나하나씩 잘라내었다. 나는 발가벗겨졌다. 나는 백인의 얼굴에서 보고 느낀다. 새로운 인간의 출현이 아닌 새로운 종류의 인간, 즉 새로운 종(種)의 출현을. 그것은 바로 니그로다. 나는 구석으로 슬그머니 들어간다. 그리고 나의 긴 촉수는 사물의 표면에 깔린 표어들을 포착해낸다. "니그로의 속옷은 니그로 냄새가 난다. 니그로의 이는 하얗다. 니그로의 발은 엄청 크다. 니그로의 가슴은 원통이다." 나는 구석에 처박힌다. 그러고는 침묵한다. 나는 차라리 이름이 없었으면 좋겠다. 남의 눈에 띄고 싶지도 않다. 그래, 아무도 날 알아보지 않는다면, 난 내 운명을 받아들이겠다.(*BS*, p.116)

유대인의 경우와는 달리 흑인에게는 피부색이 일종의 '최종심급'이다. 검기 때문에 더럽고, 검기 때문에 가난하고 무식하다. "사람들이 나를 좋아할 때면 '네 피부색이 그런데도'라고 말하고, 사람들이 나를 싫어할 때면 '네 피부색 때문에는' 아니라고 말한다. 그 어느 쪽이든 나는 악순환의 논리에 갇혀버렸다."(*BS*, p.116) 여기서 파농은 유대인과 흑인 사이에 공통점 못지않은 차이가 존재한다는 점을 말하고 있다. 그것은 피부색으로 인해 '과잉결정'된 차이다. 아무리 유대인이 디아스포라의 원형이라고 하더라도 그들은 적어도 흑인이 피부색 때문에 당한 능멸과 탄압은 받지 않았다는 것이다. 유럽인들이 히틀러를 용서할 수 없는 이유도 그가 비유럽 유색인에게나 자행하던 야만적 폭력을 유럽 백인에게도 가했기 때문이다. 이것이 바로 노예제도와 홀로코스트의 차이점인 동시에 식민주의 일반과 인종주의적 식민주의의 차이점이다.

인종적 차이는 곧 인식론의 차이로 이어진다. 고통의 성격과 차원이 달랐기에 그 고통을 바라보는 시각도 엇갈리는 것이다.

흑인 파농과 유대인 사르트르의 상이한 인식론적 입장은 네그리뒤드에 대한 평가에서 잘 드러난다. 사실 흑인의 정체성 회복을 기치로 내건 네그리뒤드는 흑인민족주의 진영 내부에서도 끊임없이 불협화음을 노출해왔다. 세네갈 출신의 생고르는 식민지 이전의 과거로 되돌아가서 흑인문화의 '순수성'을 복원하자고 주장한 반면, 마르티니크 출신의 세제르는 식민지배로 인해 이질적인 문화들이 뒤섞인 '혼종성'의 상태를 탈식민화의 출발점이자 전략으로 받아들였다.

파농의 평가도 일관되지 못하다. 후기 저서 『대지의 저주받은 자들』에서는 과거지향적이고 엘리트중심적인 네그리뒤드가 민족문화의 전범이 될 수 없다고 비판하지만, 초기 저서 『검은 피부, 하얀 가면』에서는 감상적이고 공격적인 어투로 네그리뒤드의 역사적 필연성을 옹호한다. 네그리뒤드에 대한 사르트르의 입장을 문제 삼는 것도 『검은 피부, 하얀 가면』에 국한된다. 후기로 갈수록 마르크스주의에 많은 영향을 받은 파농으로서는 마르크스주의적 변증법의 시각에서 네그리뒤드를 평가하는 사르트르의 입장에 좀더 귀를 기울였을지도 모른다. 하지만 이에 대한 파농의 명확한 입장표명은 후기 저서 어디에서도 찾아볼 수 없다.

『검은 피부, 하얀 가면』에서 파농이 파악한 네그리뒤드는 일종의 반작용이라고 볼 수 있다. 즉 유럽중심주의에 맞대응하는 아프리카중심주의가 네그리뒤드의 핵심이다. 파농이 볼 때, 식민주의와 인종주의를 떠받치는 유럽중심주의와 백인우월주의는 '비합리적'이다. 차이를 '다른 것'이 아닌 '틀린 것'이나 '못한 것'으로 여기는 것 자체가 합리적 이성에 어긋난다. 그렇다면 이에 맞서기 위한 아프리카중심주의도 똑같이 비합리적이어야 한다.

나는 합리적으로 세상에 접근했지만 세상은 인종편견에 근거하여 나를 거부했다. 이제 이성의 층위에서는 그 어떤 합의도 불가능하기에 나는 비이성의 세계로 몸을 내던졌다. 그건 나보다 더 비합리적인 백인 때문이다. 나는 투쟁의 필수 불가결한 수단으로 역행(逆行)이라는 방법을 선택했다. 하지만 그건 나에게 익숙한 무기가 아니다. 그래도 내 마음은 편하다. 나는 온통 비합리적인 것으로 만들어진 존재다. 나는 비합리성의 강을 헤쳐나간다.(*BS*, p.123)

파농이 네그리튀드의 비합리성으로 예시하는 것은 북소리, 리듬, 피, 흙, 마술, 부적, 공예, 감정, 직관, 동물적 성욕 등이다. 모두 아프리카문화의 신비주의나 원시주의와 연관된 상징이다. 이는 『대지의 저주받은 자들』에서 파농 자신이 진정한 민족문화의 "찌꺼기"요 "껍데기"(*WE*, p.225)라고 비판하는 것들인 동시에 식민담론이 아프리카의 야만과 미개를 강조할 때마다 어김없이 등장하는 것들이다. 그렇다면 파농의 진정한 의

도는 무엇일까? 파농의 목적은 합리적 이성의 구현으로 자처하는 유럽 문명에 맞서서 아프리카의 정체성과 자긍심을 회복하기 위한 수단으로 비합리성을 역이용하자는 것이다. 자연을 정복하고 소외시키는 유럽의 이성과는 달리, 아프리카의 비이성은 인간과 자연의 합일과 공생을 지향하며 자연 속에서 진정한 자유를 누리도록 한다. 이것은 백인이 경험하지도 못했고 이해하지도 못하는 세계. 엄밀하게 말하자면, "이 발견은 재발견이다." 유럽 문명 이전에 이미 아프리카에는 "뭔가 다른 것"이 존재했기 때문이다. 이제 흑인은 더 이상 '원시인'도 '반쪽 인간'도 아니다. 흑인은 백인과 다른 인간일 뿐이다.(*BS*, pp.129~131)

사르트르가 『흑인 오르페우스』에서 네그리튀드를 바라보는 시각도 아주 긍정적이다. 오히려 그 행간에는 파농에게서 볼 수 없는 존중과 경탄으로 가득 차 있다. 적어도 파농이 문제 삼는 마지막 부분만 제외하면 말이다. 사르트르가 네그리튀드를 주도한 흑인들에게 고개를 숙이는 이유는 두 가지다. 첫째는 흑인이 비로소 재현의 주체로 등장했다는 점이다. 3천 년이 넘도록 백인과 흑인은 '보는' 주체와 '보이는' 객체의 관계를 지속해왔지만, 이제 그 관계가 흔들리고 역전되기 시작했다는 것이다. 이는 그 관계의 이데올로기적 버팀목이었던 유럽중심주의와 백인우월주의가 더 이상 유효하지 않음을 의미한다. 둘째는 흑인 시인이 백인의 언어로 자기재현을 한다는 점이다. 억압자의 언어인 프랑스어와 그들의 시적 기법인 초현실주의를 전유하여 억압자의 권위를 해체하고 피억압자의 주체성과 존엄성을 되찾는 작업이 바로 네그리튀드라는 것이다.[1]

사르트르도 파농과 마찬가지로 네그리튀드를 일종의 반작용으로 파악한다. 사르트르가 네그리튀드를 "분리와 부정의 순간" 또는 "반인종주의적 인종주의"로 규정하는 이유도 여기에 있다.[2] 유럽중심주의가 자민족중심주의인 것처럼 아프리카중심주의도 이에 맞서는 또 하나의 자민족중심주의라는 것이다. 이를테면 다카르의 밤거리에 울려 퍼지는 북소리, 아이티의 주술 숭배자들이 읊조리는 소리, 콩고인들이 쓰는 기괴한 가면, 흐느끼는 듯 벌레처럼 꿈틀거리는 세제르의 시가 백인에게 무슨 의미가 있겠는가? 백인에게는 그러한 것을 이해할 수 있는 "주관적인 경험도 없고 그것을 적절하게 묘사할 수 있는 언어도 없다."[3] 한마디로, 네그리튀드는 흑인에 의한, 흑인에 관한, 흑인을 위한 기획이다.

이렇듯 흑인의 주체성 회복을 줄기차게 옹호하던 『흑인 오르페우스』는 마지막 순간에 기묘한 반전을 드러낸다. 피억압자의 연대를 주장하던 사르트르가 느닷없이 헤겔의 이름을 들먹이며 '비장의 카드' 변증법을 내민 것이다. 백인과 흑인의 관계는 자본과 노동의 갈등으로 치환되고, 아프리카 중심의 블랙디아스포라는 전지구적 차원의 계급투쟁으로 대체된다. 이제 사회 변혁은 흑인이 아니라 프롤레타리아의 몫이 된다. 그리고 사르트르는 네그리튀드의 가장 열렬한 사도 세제르가 투쟁적인 마르크스주의자임을 잊지 않고 상기시킨다. 이어지는 사르트르의 주장은 '구체적이고 주관적인' 인종 개념을 '보편적이고 객관적인' 계급 개념의 하위범주로 복속시키는 작업에 불과하다. 계급을 '최종심급화'하는 것이다.

사실 네그리튀드는 변증법적 진행의 불완전한 단계다. 백인 우월주의를 주장하고 실천하는 것이 정(正)이라면, 반(反)의 가치인 네그리튀드의 위치는 부정의 순간에 해당한다. 하지만 이 부정적 순간은 그 자체만으로는 충분하지 않다. 네그리튀드에 참여하는 흑인들도 이 사실을 잘 알고 있다. 즉 네그리튀드는 인종차별 없는 인간 사회의 실현이라는 합(合)을 향해 나아가는 길을 닦는 역할을 한다. 이처럼 스스로 소멸하게끔 바쳐진 네그리튀드는 결말이 아니라 과도기며 궁극적 목표가 아니라 수단이다. 흑인 오르페우스가 에우리디케를 가장 뜨겁게 껴안는 바로 그 순간 그녀는 그의 품에서 사라져버린다.⁴

어쩌면 여기서 사르트르는 자신의 말마따나 흑인 오르페우스의 품에서 그의 아내를 잡아채간다고 할 수 있다. 여태껏 흑인민족의 장엄한 서사시로 그리고 오염되고 무기력해진 유럽 문명의 대안적 미래로 칭송하던 네그리튀드를 한순간에 유럽 중심적인 '서대서사'의 일부분으로 격하한 것이다. "지리적인 우발사건""보편적 결정론의 불완전한 산물""과거의 특수성과 미래의 보편성 사이의 산둥성이""보편적인 것을 향한 여명""스스로를 내려놓는 자긍심""자신의 유한성을 아는 절대적 가치" 등의 어구가 말해주듯이, 네그리튀드는 이제 그 자체로서보다는 다른 그 무엇을 위한 수단으로서 의미를 부여받는다. 네그리튀드를 변증법적이라고 규정한 이유도, 그것이 고정된 상태가 아니라 생성의 과정이라고 주장한 이유도 여기에 있다. 그리고 피억압자의 연대를 역설한 이유도 결국 여기에 있는 셈이다. 사르트르에게 '대지의 저주받은 자들'의 연대는 곧 '프롤레타리아'가 투쟁의 중심에 서는 것을 의미한다.

인종이 계급의 하위범주가 아닌 이유

사르트르의 변증법에 대한 파농의 반응은 상당히 감정적이다. 사르트르의 입장을 오만하고 무례한 제국주의적 간섭이라고 여기기 때문이다. 그것은 파농에게 "너희의 역사와 너희의 과거탐구는 그만두고 우리의 리듬에 맞추도록 해보라"(*BS*, p.132)는 얘기로 들린다. 파농이 "가장 싫어하는 진부한 어구"가 "나도 어릴 적엔 그랬어. 세월이 지나면 다 알게 될 거야"(*BS*, p.134)인데, 사르트르가 바로 그 말을 했다는 것이다. 말하자면 아프리카를 유럽의 유아기로 취급하는 태도다. 파농은 앞에서 인용한 사르트르의 구절을 읽으면서 "나의 마지막 기회를 도둑질당한 느낌이 들었다"(*BS*, p.133)라고 토로한다. 마지막 기회란 "이른바 '진짜 이성'과 나의 이성이 맞닥뜨리는 순간", 즉 유럽의 합리적 이성에 맞서 아프리카의 비이성을 내세우는 순간인데, "그 골수 헤겔주의자"가 "유색인들의 친구"를 자처하고 나서서 그 기회를 "낚아채버렸다"는 것이다. 파농은 자신의 허탈하고 씁쓸한 기분을 이렇게 표현한다.

나 자신의 의미를 결정하는 것은 내가 아니라 나보다 앞서 이미 거기에 존재하면서 나를 기다리고 있었던 어떤 의미다. 이 세상을 불태워버릴 횃불의 형상을 만든 것은 나의 험난한 니그로 수난사도 아니고 나의 니그로 충치도 아니고 지독한 니그로의 굶주림도 아니다. 그것은 역사의 반전을 기다리며 이미 거기에 있었던 횃불이다.(*BS*, p.134)

여기서 파농이 말하는 '의미'는 마르크스주의적 변증법을, '횃불'은 계급투쟁을 상징한다. 탈식민화를 위해 애써 치켜든 흑인의 횃불이 프롤레타리아의 거대한 횃불에 묻혀버린 것이다. 또다시 아프리카는 유럽의 과거가 된 셈이다. 이는 선진·문명과 후진·야만의 이분법을 추인하는 것과 마찬가지다. 파농에게 네그리튀드는 유럽의 침략과 개입에 '선행하는' 흑인의 의식, 즉 아프리카의 자기충족적인 자아에 대한 탐색이다. 그것은 백인이 구성한 '흑인성'과는 전적으로 다르다.

나는 그 어떤 것의 잠재성이 아니다. 나는 온전히 나 자신이다. 나는 보편적인 것을 기다릴 필요가 없다. 내 안에 가능성을 위한 자리는 없다. 나의 니그로 의식은 결핍의 형태로 존재하지 않는다. 그것은 그 자체다. 그것은 자신만을 추종할 뿐이다.(*BS*, p.135)

그런데 사르트르가 네그리튀드를 유럽중심주의적 변증법의 부수적인 요소로 편입시켜버린 것이다. 그것은 흑인의 자율성과 주체성을 박탈하는 행위다. "나 자신의 존재를 파악하려고 몸부림치는 바로 그 순간에 대타자(the Other)로 남아 있던 사르트르가 나에게 이름을 부여하면서 나의 마지막 환상을 산산이 부숴버렸다."(*BS*, p.137) 여기서 주목할 단어는 환상이다. 파농은 네그리튀드를 현실과 상반된다는 의미에서 일종의 환상으로 규정한다. 아프리카의 과거가 아름답고 순수하며 행복했다는 주장이 비현실적이라는 얘기다. 하지만 그 환상은 흑인에게 존재의 근거요 저항의 토대다. 백인과 만나기 이전에는 '원시인'이자 '미개인'이었던 흑인에게, 역사라고는 수난과 치욕의 노예제도밖에 없는 흑인에게, 새롭게 복원된 과거는 "땅위에 발 딛고 서 있는 느낌"을 주는 동시에 "단 하루라도 마음껏 빠져들고 싶은 불행한 낭만주의의 심연"으로 다가온다. "니그로의 과거가 없고 니그로의 미래가 없으면 니그로의 존재 자체가 불가능하다"(*BS*, p.138)는 파농의 주장은 네그리튀드가 왜 흑인에게 그토록 절박하고 절실한 문제인지를 압축해서 말해준다.

자율적이고 자족적인 흑인의 정체성은 비현실적인 환상일 뿐만 아니라 이론적 모순이다. 백인·지배자의 경우와 마찬가지로 흑인·피지배자의 정체성도 타자와의 관계 속에서 구성되기 때문이다. 헤겔의 변증법이나 라캉의 정신분석학 모두 주인과 노예 또는 주체와 타자의 상호의존성을 전제한다. 이는 파농 스스로도 흑인의 소외를 분석하면서 거듭 강조하는 내용이다. 그런데도 여기서 파농이 흑인의 '나 홀로' 주체성을 옹호하는 데는 이유가 있다. 식민지 상황에서 흑인은 백인과 상호의존적이고 상호주체적인 관계를 형성하는 것 자체가 불가능하다. 불균등한 권력관계 때문이다. 백인이기 때문에 부자고 백인이기 때문에 선하고 아름다운 세상에서 흑인은 오로지 결핍이고 부재일 따름이다. 흑인의 질문은 언제나 '나는 무엇인가'보다는 '왜 나는 그 무엇이 아닌가' 내지는 '나는 얼마나 덜 검은가'로 모아진다. 흑인 스스로 백인선망과 흑인혐오에 빠져버리는 것이다. "니그로는 비교다"(*BS*, p.211)라는 파농의 냉소 섞인 한탄이 말하듯이, 흑인의 자기소외와 열등의식은 자신의 내재적 가치를 인식할 기회를 자기 스스로 철저히 박탈해버린다.

이러한 식민지 상황에서 흑인에게 우선 필요한 것은 백인과의 관계에서 형성하는 상호주체성이 아니라 흑인 스스로 확립히는 자신의 주체성이다. '나는 무엇인가'라는 질문과 먼저 대면한 후에 바깥세상으로 눈을 돌려야 하기 때문이다. 유럽 백인의 경우, 인본주의와 계몽주의의 전통하에서 이 질문과 치열한 씨름을 하며 근대적 주체로 거듭날 수 있었다. 나 자신이 어떤 의미와 가치가 있는 존재인지를 먼저 인식한 것이다. 그래야 헤겔의 변증법에서 말하는 노예의 투쟁도 가능해진다. 헤겔의 노예야말로 인정을 위해 주인과 생사를 걸고 싸워 자유를 쟁취하고 역사변화를 이끌어내는 변증법적 주체다. 하지만 수 세기에 걸친 식민지배로 인해 자기인식의 기회를 원천적으로 봉쇄당한 흑인은 그러한 투쟁을 전개할 힘도 의지도 없는, 말하자면 니체가 의미한 노예에 불과하다. 역사적으로도, 노예해방은 흑인에 의한 투쟁의 산물이 아니었다. 파농이 말하듯이 "니그로는 스스로 자유를 위해 싸운 적이 없기 때문에 자유의 대가를 모른다. 간간이 자유와 정의를 위해 싸우긴 했지만 그것은 백인의 자유였고 백인의 정의였다."(*BS*, p.221) 한마디로, 네그리튀드 이전의 흑인은 "주인의 태도를 취하도록 허락받은 노예"(*BS*, p.219)에 불과하다.

파농이 사르트르에게 분노하는 이유도 바로 여기에 있다. 흑인의 동지이자 제3세계의 대변인이었던 그가 네그리튀드의 역사적 의미를 폄하했기 때문이다. 여태껏 한 번도 인정을 위한 투쟁을 제대로 해본 적이 없는 흑인에게 네그리튀드는 그 투쟁의 시작을 알리는 이정표다. 그것은 단순히 "과거에 대한 노스탤지어"가 아니라 "자신의 인간성에 대한 도전"이며 "균열과 갈등과 투쟁의 타자"(*BS*, pp.221~222)로 거듭나는 행위다. 이를 알면서도 사르트르는 네그리튀드를 반자본주의적 계급투쟁의 부산물로 평가절하한 것이다.

파농이 보기에 사르트르가 망각한 것이 두 가지 있다. 하나는 "흑인의 몸이 백인과는 다른 방식으로 고통당하고 있다"는 사실이며, 다른 하나는 "백인이 흑인의 타자일 뿐만 아니라 주인"(*BS*, p.138)이라는 사실이다. 그 망각의 원인이 불균등한 권력관계에 대한 "무관심"이었든 지배자로서의 "온정주의적 호기심"이었든 간에(*BS*, p.221), 사르트르는 결과적으로 "흑인의 원천을 봉쇄해버리는 오류"(*BS*, p.134)를 범하고 말았다. 그것은 일종의 인식론적 폭력이다. 이러한 오류에서 그리 멀지 않은 곳에 "정착민이 역사를 창조한다. 그의 삶은 신기원이요 오디세이다. 그는 곧 태초다"(*WE*, p.51)라는 식민담론이 작동하고 있음을 파농은 알고 있었다.

『검은 피부, 하얀 가면』을 쓸 당시의 파농은 이론적 내공도 미흡하고 현장투쟁의 경험도 일천한 20대 청년이었다. 알제리 혁명에 뛰어들면서 민중 중심의 탈식민화와 민족해방을 부르짖은 후기 파농과 유럽의 문화적 세례를 받고 프티부르주아지 냄새를 완전히 떨쳐내지 못한 초기 파농 사이에는 분명 차이가 있다. 어쩌면 마르크스주의의 영향을 크게 받은 후기 파농이라면 마르크스주의적 변증법의 틀에서 네그리튀드를 평가한 사르트르에게 이 정도의 알레르기반응은 보이지 않았을 것이다.

그런데도 『검은 피부, 하얀 가면』에서 주목할 만한 점이 있다. 바로 유럽 이론과 사상을 전유하면서도 유럽중심주의적 인식론에 함몰되지 않으려는 파농의 일관되고 완강한 저항의지다. 특히 파농은 자신에게 가장 많은 영향을 미쳤던 지식인 사르트르라 할지라도 그의 유럽중심주의적인 발언에는 여지없이 비판의 칼날을 들이댄다. 이 문제에 관한 한, 헤겔, 마르크스, 프로이트 등 그 누구도 예외가 될 수 없다.

마르크스주의와 탈식민주의의 긴장관계

네그리튀드에 대한 파농과 사르트르의 상이한 평가는 '최종심급'을 둘러싼 논쟁이라고 할 수 있다. "식민주의는 기본적으로 인종의 드라마다"라고 보는 파농의 입장과 아프리카의 탈식민화를 세계사적인 계급투쟁의 "지리적 우발사건"으로 보는 사르트르의 입장은 양립할 수 없다. 이는 곧 흑인민족주의자와 백인 마르크스주의자의 충돌이기도 하다. 일찍이 마르크스와 엥겔스는 『공산당 선언』에서 "지금까지 존재하는 모든 사회의 역사는 계급투쟁의 역사다"라고 천명하며, 유럽의 식민주의역사를 자본주의의 해외시장 개척과정으로 파악한 바 있다. 유럽 부르주아지가 생산수단과 통신수단의 급격한 발전에 힘입어 자본주의 생산양식을 비유럽 세계에 이식함으로써 "전 세계를 자신의 이미지에 따라 창조했다"는 것이다.[5] 이후 제1차 세계대전을 일으킨 제국주의를 자본주의의 마지막 단계로 파악한 레닌이든, 중심부와 주변부의 불균등한 권력관계를 강조한 종속 이론이든, 자본주의적 생산관계를 글로벌 네트워크의 차원에서 설명한 세계체제 이론이든 간에 마르크스주의에서는 인종, 민족, 제국의 문제를 모두 계급의 하위범주로 복속시켜 왔다. 하지만 파농은 계급투쟁의 '대문자' 역사(History)를 절대적 진리나 보편적 가치로 받아들이지 않는다. 그 역사도 탈식민화나 여성해방과 마찬가지로 '여러' 역사들(histories) 가운데 하나일 뿐이다. 식민지 문제를 유럽 자본주의의 부산물로 보는 것 자체가 파농에게는 유럽중심주의적인 발상이다.

그런 점에서 파농과 사르트르의 입장 차이는 탈식민주의와 마르크스주의의 긴장을 징후적인 형태로 보여준다고 할 수 있다. 사실 이 긴장관계는 파농에게만 국한된 것이 아니라 탈식민주의 전통에서 반복적으로 드러난다. 20세기 초 탈식민주의의 사상적 기틀을 마련한 듀보이스(W.E.B. Du Bois)가 "20세기의 문제는 인종장벽의 문제다"라고 선언한 이래,[6] 숱한 흑인 민족주의 사상가들이 마르크스주의의 그늘을 벗어나 인종 문제를 하나의 독립적이고도 일차적인 관심사로 부각하고자 노력해왔다. 가령 파농의 스승이자 네그리튀드의 마르크스주의적 노선을 대표한 세제르는 "마르크스는 옳지만 우리는 마르크스를 완성할 필요가 있다. 내가 보기에 니그로의 해방은 정치적 해방만으로는 부족하다"면서 마르크스주의와 일정한 거리를 두었다.[7] 아프리카 민족주의와 사회주의의 결합을 시도한 응크루마(Kwame Nkrumah)도 신식민주의의 모순을 비판하면서 "이제 빈부의 갈등은 국제적 차원으로 확대되었다. 이러한 현상을 입증하기 위해 더 이상 고전적 마르크스주의자들에게 자문할 필요는 없다"는 주장을 제기하고 나섰다.[8] 이외에도 패드모어(George Padmore), 제임스(C.L.R. James), 라이트(Richard Wright) 같은 일군의 흑인 사상가와 작가도 모두 마르크스주의의 효용과 한계를 고민한 바 있다. 그들은 마르크스주의나 공산주의에 입각한 반식민주의·반인종주의 운동을 전개하며 듀보이스 이후의 '흑인 마르크스주의'(Black Marxism) 전통을 이어나갔다.[9]

후대에 사이드가 마르크스를 오리엔탈리스트로 비판한 연유도 크게 다르지 않다. 사이드 덕분에 잘 알려진 얘기지만, 영국의 인도 식민통치를 두고 마르크스는 이렇게 평가했다. "영국이 인도의 사회혁명을 야기한 것은 사악한 이해관계 때문이었고 그것을 실행한 방식도 어리석었다. 하지만 그것이 중요한 문제는 아니다. 문제는 아시아가 처한 사회적 상황에서 근본적인 혁명 없이 인류의 운명을 완수할 수 있느냐에 있다. 만약 그렇지 않다면, 영국이 자행한 범죄가 무엇이었든 간에 영국은 자신도 모르게 그 혁명을 가져오는 역사의 도구가 되었다."[10] 하지만 사이드가 보기에 영국이 아시아의 전근대적 봉건사회를 해체하고 유럽 근대성을 이식함으로써 사회주의 혁명의 토대를 마련했다고 보는 것이야말로 유럽중심주의적 역사관의 표본이다.[11] 유럽 식민주의에 대한 엥겔스의 옹호는 마르크스보다 더 노골적이다. "알제리의 정복은 문명의 진보를 위해 중요하고도 다행스러운 일이다. ……결국 문명, 산업, 질서 그리고 최소한 어느 정도의 계몽을 가져다주는 현대유럽의 부르주아지는 그 야만적인 사회에서 군림하는 봉건지주나 비적(匪賊)보다 훨씬 더 낫다."[12] 아마 파농이나 사이드가 들었더라면 격분했을 내용이다.

자메이카 철학자 밀스(Charles W. Mills)는 『계급에서 인종으로: 백인 마르크스주의와 흑인 급진주의에 대한 에세이』에서 유럽의 백인 노동자와 비유럽의 식민지 원주민 사이의 차이를 이렇게 기술한다.

백인 노동자가 자신의 노동의 산물에서 소외되었다면, 유색인, 특히 흑인노예는 자신의 인간성에서 소외되었다. 계몽주의적 이성이 부르주아의 기획과 공모했다면, 그 이성은 백인우월주의에 순응함으로써 훨씬 더 철저히 타락해버렸다. 자유주의적 개인주의가 때로는 백인 노동자를 충분히 고려하지 못했다면, 유색인에 대해서는 전혀 관심조차 없었다. 괴테와 베토벤의 후예인 '문명국가' 독일이 어떻게 유대인 홀로코스트의 주인공이 될 수 있었는지를 설명하는 것이 제2차 세계대전이후에 제기된 난제였다면, '문명화된' 유럽 사회 전체가 수백만 식민지 원주민에게 어쩌면 그토록 잔인한 학살과 야만적인 노예제도를 실행할 수 있었는지를 설명하는 것은 훨씬 더 오래된 난제다. 마지막으로, 마르크스의 프롤레타리아가 억압의 족쇄를 인식하고 벗어나도록 요청받았다면, 유색인은 역사적으로 자신의 억압을 인식하는 데 전혀 어려움이 없었다. 왜냐하면 그것은 문자 그대로 족쇄였기 때문이다. 지적인 역사와 정치적 실천의 결합이라는 이상이 비판적 계급 이론의 오래된 목표였다면, 최근에 대두하기 시작한 비판적 인종 이론에서는 그러한 이상이 훨씬 더 자주 인식되었다. 왜냐하면 인종적 피지배자의 억압은 더 노골적이고 직접적이었으며, 그들이 처한 상황의 절박함으로 인해 명목적 해방과 실질적 해방의 일치가 더 절실히 필요했기 때문이다.[13]

물론 이러한 주장은 '고통 비교' 담론으로 함몰될 위험이 있다. 즉 상이한 배경과 경험을 지닌 피억압자들이 둘러앉아 누구의 고통이 가장 심했는지를 따지는 사이, 여전히 계속되는 고통을 종식하기 위한 투쟁의 구심점은 상실하게 마련이라는 것이다.[14] 동시에 그러한 담론이 피억압자들의 연대를 해칠 수도 있다. 하지만 연대를 가로막는 원인을 어느 쪽에서 먼저 제공하는지도 되짚어봐야 한다. 저항 이데올로기의 원조 격인 마르크스주의가 '고통 비교'에서도 항상 앞자리를 차지하려는 입장을 고수해온 것 역시 부정할 수 없다. 자본과 노동의 갈등이 이 지구상에서 가장 심각하고 절박한 문제라고 강변하는 동안,

계급은 '거대서사' 또는 '최종심급'으로 등극하고 피억압자 내부의 차이는 '종속변수'로 치환된다. 이때 마르크스가 외친 혁명은 인종의 차이를 넘어선 '보편적' 프롤레타리아를 위한 것이 아니라 마르크스가 속했던 유럽의 백인 노동자를 위한 것이 되어버린다. 결국 인종적 타자는 계급적 타자의 동지가 아닌 동생으로 호명되는 셈이다. 여기가 바로 프롤레타리아와 '니그로' 사이의 연대의식에 균열이 발생하는 지점이다.

위에서 언급한 흑인민족주의·반식민주의 사상가들은 탈식민주의 계보에서 뚜렷한 족적을 남긴 인물들로서, 이들 모두가 이런저런 형태로 마르크스주의의 영향권하에 있었던 것이 사실이다. 다시 말해 마르크스주의는 탈식민주의의 가장 중요한 이념적·이론적 토대 중의 하나였다. 파농도 예외가 아니다. 파농이 탈식민화와 민족해방의 주체로 지목한 농민은 투쟁의 이유와 방식에서 마르크스주의적 계급혁명의 주체인 프롤레타리아와 매우 흡사하다. 또한 파농이 투쟁의 궁극적 목표로 제시한 '새로운 인본주의'의 전제조건인 정치의식이나 사회의식은 마르크스주의에서 강조하는 노동자의 계급의식을 아프리카에 이식한 것이라 해도 과언이 아니다. 그런 점에서 파농은 분명 마르크스주의자다. 하지만 파농은 마르크스의 모든 구절을 하나도 빠짐없이 무조건 받아들였던 마르크스주의자는 아니었다. 오히려 그는 마오쩌둥이나 카스트로와 마찬가지로 마르크스를 자신이 속한 사회의 지정학적 맥락과 역사적 토양에 맞게 수정하고 변형하여 실천한 사상가다.[15] 파농을 탈식민주의의 대표적인 사상가로 자리매김할 수 있는 이유도 바로 여기에 있다. 서구 이론의 주체적 수용과 비판적 전유야말로 탈식민주의의 가장 일관된 담론적 실천의 전략이기 때문이다.

6

탈식민화의 변증법

투쟁의 현장에서 문화의 속성을 체득하다

"프랑스어를 배우고 프랑스어로 자신을 표현하는 것은 더 이상 반민족적인 배반에 해당하거나 정복자와의 동일시를 의미하지 않았다. '싸우는 알제리의 소리'가 혁명의 메시지를 전하는 긍정적인 방식으로 사용하면서 프랑스어는 해방의 도구로 바뀌었다."

그들의 테크놀로지와 우리의 이데올로기

파농은 탈식민주의 이론가인 동시에 탈식민화 운동가다. 이 때문에 파농의 이론은 항상 정치적 실천성을 전제한다. 정신의 학자와 사회혁명가로서 프랑스의 식민통치에 맞서 투쟁했던 파농은 모든 활동의 초점을 탈식민화와 민족해방이라는 정치적 목표에 맞추었던 인물이다. 이러한 파농의 입장은 앞서 제2장에서 살펴보았듯이 유럽의 정신의학을 수용하는 태도에서도 잘 드러난다. 당시 식민지 원주민의 '야만적인' 심리와 행동을 분석하여 식민통치에 정당성을 부여했던 정신의학을 파농은 정신의 탈식민화를 위한 도구로 활용했다. 식민주의의 물리적·정신적 폭력으로 인한 극심한 자기소외와 자기분열에 빠진 식민지 원주민을 치유하기 위해 파농은 유럽중심주의적 정신의학의 가설과 개념을 뒤집어서 이용했다. 말하자면 정신의학의 이데올로기는 거부하면서 테크놀로지는 차용하는 이중 전략인 셈이다. 이는 억압의 과학을 해방의 과학으로 전환하는 것이며, 지배자의 지식으로 피지배자의 정신을 치유하는 작업이다. 우리 식으로 얘기하면, 조선 말기 개화론자들이 주장했던 동도서기론(東道西器論)과 유사하다. '우리'의 정신을 구현할 목적으로 '그들'의 문물과 기술을 전유한 것이다.

유럽 이론에 대한 파농의 입장도 전혀 다르지 않다. 제5장에서 상세하게 논의한 것처럼, 정신분석학, 실존주의, 마르크스주의 같은 유럽 이론도 파농에게는 언제나 비판적 전유의 대상이었다. 파농의 저서를 읽어내려가다 보면, 프로이트, 라캉, 융, 아들러, 헤겔, 사르트르, 마르크스 등 허다한 이름이 여기저기에서 등장하지만, 그 누구도 파농의 목소리를 대변하거나 대체하지 못한다. 물론 파농은 '파농주의'로 일컬어질 만큼 자신만의 독창적이고 자기충족적인 사유체계를 확립한 이론가가 아니다. 오히려 자신의 주장을 펼치기 위해 도움이 되는 이론은 무엇이든 끌어다 쓴다. 하지만 특정 이론이나 사상에 무비판적으로 의존하거나 함몰되지는 않는다. 흑인 선배들이 주창한 아프리카 민족주의와 네그리튀드를 대할 때도 마찬가지다. 오로지 탈식민화와 민족해방이라는 역사적 과제를 수행하기 위해 그 많은 이론과 사상을 전유할 따름이다. 비록 전유하는 이론이 투쟁의 대상인 유럽에서 빌려온 것이라고 하더라도 파농에게 중요한 것은 이론의 계보학적 기원이 아니라 이론의 정치적 효과다.

거부보다 전유를 우선시하는 파농의 실용주의 입장은 유럽 이론뿐 아니라 서구 과학과 기술 전반에 대해서도 일관되게 드러난다. 사실 전유의 정치학은 파농의 전체 저서를 관통하는 이론적 입장인 동시에 정치적 투쟁전략이기도 하다. 파농에 따르면, 정신과 물질의 이중적 탈식민화를 위해서는 전유가 가장 효율적이면서 불가결한 선택이다. 식민지 상황은 힘의 불균형이 고착된 상황이기에 지배자와 피지배자 사이의 타협이나 화해의 가능성이 전혀 존재하지 않는 일종의 '마니교적 세계'(the

Manichean World)다. 원래 마니교는 3세기 페르시아에서 예언자 마니(Mani)가 창시한 이원론적 종교인데, 파농이 식민지 사회의 이분법적 구조를 마니교에 비유한 것이다. 이때 식민지 지배자와 피지배자의 관계는 형이상학적 우열의 논리로 규정되며 일상의 영역도 공간적으로 철저히 분리된다.

결국 식민지 사회를 지배하는 논리는 주체와 타자의 상호주체성에 바탕을 둔 헤겔의 변증법이 아니라 '우리'와 '그들'의 상호배타성에 기초하는 아리스토텔레스의 이분법이다.(*WE*, pp.38~39) 둘 중의 하나는 '잉여'이므로 '우리'가 살아남기 위해서는 '그들'이 사라져야 한다. 거기에는 '중간지대'란 존재할 수 없으며 모든 관계는 선/악의 흑백논리로 획일화되고 이분화된다.(*DC*, p.125) 이런 상황에서 피지배자는 '전무 아니면 전부'식의 극단적인 선택을 하게 마련이다. 지배자에게 스스로 굴복하고 동화되거나 아니면 지배자와 관련된 모든 것을 송두리째 거부하는 것이다. 이러한 양자택일의 기로에서 파농이 모색한 '제3의 길'이 바로 전유다.

파농의 저서 가운데『사멸하는 식민주의』는 투쟁전략으로서의 전유를 가장 구체적으로 기술하고 있다. 파농이 FLN에서 활동하던 시기에『알제리혁명 5년』이란 제목의 프랑스어판으로 나왔다가 파농 사후에 영역판으로 다시 출간된 이 책은 알제리 독립전쟁에 관한 일종의 현장보고서다. 이 책은 혁명을 둘러싼 부모와 자식 간의 갈등, 유럽 선진문물을 혁명을 위해 전유하는 방식, 알제리 사회 내부의 소수민족 문제, 알제리 여성이 독립전쟁에서 수행한 역할 등을 조명하면서 알제리 전통 사회가 혁명을 통해 변해가는 과정을 소상하게 서술하고 있다. 지금까지 논의한『검은 피부, 하얀 가면』이 마르티니크의 식민지 원주민의 인종적 정체성에 초점을 맞추었다면, 후기 저서 중 첫 번째 책인『사멸하는 식민주의』는 알제리 독립전쟁을 통해 새롭게 형성되는 민족적 정체성에 주목하고 있다.

『사멸하는 식민주의』는 파농 저서 중에서 사회변화에 대한 가장 낙관적인 전망을 보여준다. 프랑스어판 제목에 들어간 '5년'(Year Five)은 1954년부터 5년간 계속된 알제리전쟁으로 인해 알제리 민족의 역사가 새롭게 시작되었다는 것을 암시한다. 영어판 제목이 말하듯이 바야흐로 식민주의는—적어도 파농이 이 책을 집필하고 있던 당시에는— '사멸'하고 있었다. 파농에게 이 새로운 정치질서는 돌이킬 수 없는 역사의 흐름으로 보였다. 그런데 이제 와서 파농의 유토피아적 비전이 제3세계의 디스토피아적 현실과 어긋났다고 해서『사멸하는 식민주의』가 무의미한 책은 아니다. 이 책이 서술하는 알제리 독립전쟁의 역사는 오늘날 서구 문화제국주의와 세계자본주의의 헤게모니에 직면한 제3세계 독자들에게 여전히 시사하는 바가 크다. 파농의 식민지 시대와 우리의 탈식민 시대는 억압의 방식에서나 저항의 방식에서나 차이점보다 공통점이 더 많기 때문이다.

『사멸하는 식민주의』에서 파농의 독자들에게 가장 큰 흥미와 논란의 대상이 된 것은 「베일 벗은 알제리」에 나오는 알제리 여성의 변화다. 파농은 알제리 여성이 가부장적 억압의 상징인 베일, 즉 하이크(haik)를 탈식민화 투쟁의 도구로 전유하면서 혁명주체로 거듭나는 모습을 생생하게 묘사한다. 특히 페미니즘 진영에서는 「베일 벗은 알제리」를 놓고 젠더와 여성 문제를 바라보는 파농의 입장에 대해 뜨거운 논쟁이 이어졌다. 그런데 엄밀히 말해서 하이크는 유럽 근대성이 아닌 알제리 전통사회의 상징이며, 알제리 여성이 전유하는 것은 이 베일 자체가 아니라 그것을 향하는 프랑스 남성의 제국주의적이고 가부장적인 시선이다. 이 문제에 관해서는 파농의 여성관을 분석하는 제8장에서 별도로 논의할 것이므로 여기서는 탈식민화를 위해 유럽 선진문물의 상징인 의약품과 라디오를 어떻게 전유하는지 살펴보고자 한다.

알제리혁명이 가져온 인식론적 혁명

알제리전쟁이 일어난 1954년 이전만 해도 알제리 원주민은 프랑스 식민주의와 관련된 모든 것에 대해 "거칠고 무차별적이며 무조건적인 방식의 저항"(DC, p.122)으로 일관해왔다. 수탈과 능멸의 일상 속에서 울분과 증오만 품고 살아가는 '대지의 저주받은 자들'로서는 "알곡과 쭉정이를 구분하는 객관적인 시각을 가지는 것이 불가능"(DC, p.122)했기 때문이다. 파농이 보기에 식민지 원주민이 그처럼 편협하고 경직된 시각을 가지게 된 근본원인은 "[지배자와 피지배자 사이의] 공통영역을 찾는 것이 불가능한 식민지 상황"(*DC*, p.125)에 있다. "식민지 상황에서는 개인적인 접근이나 자연스럽게 행동할 수 있는 능력 그리고 '접점'이 형성되고 유지되는 양상을 찾아보기가 힘들다. 식민지 상황에서는 식민지 사회가 뚜렷하게 이분화되기 때문에 모든 관계가 획일화된다."(*DC*, p.126)

게다가 '식민지 상황'은 숙명론이 지배하는 '죽은 사회'다. 변화의 가능성이 보이지 않기 때문이다. "식민지 피지배자에게 삶이란 뭔가 꽃을 피우고 본질적인 생산성이 발전하는 과정이 아니라 편재하는 죽음과의 부단한 투쟁이다. 이들이 기근, 실업, 높은 사망률, 열등의식, 미래에 대한 희망의 부재를 통해 끊임없이 경험하는 것은 죽음의 위협이다." 그러한 상황에서 알제리 원주민이 프랑스와 관련된 모든 것에 알레르기반응을 보이는 이유는 "삶을 거부하는 것이 아니라 언제 닥칠지 모르는 전염성 강한 죽음 앞에서 삶의 활력을 잃어버렸기 때문이다."(*DC*, p.128)

체념과 거부로 일관한 삶의 방식은 알제리 원주민 중에서도 엘리트계층보다는 하층민에게서 더 두드러지게 나타났다. 삶의 조건, 즉 물적 토대가 달랐기 때문이다. 식민지배의 조력자이자 동시에 수혜자인 토착 부르주아지와는 달리, "삶을 마치 코앞에 나가온 죽음처럼 느끼며 살아가는"(*DC*, p.128) 식민지 민중은 인종과 계급의 이중적 단층선으로 인해 이중적 억압을 당하고 있었다. 파농이 보기에 식민지 민중과 엘리트 사이의 입장 차이는 존재론적이면서 동시에 인식론적이었다. 식민권력에 편입되어 혜택을 누릴수록 지배 이데올로기에 철저히 세뇌당했고, 반대로 식민권력으로부터 소외될수록 뼛속 깊이 완강한 저항주체가 될 수밖에 없었다. 유럽 정착민이기 때문에 부유하고 아프리카 원주민이기 때문에 궁핍한 이분법적 사회질서가 '식민지 상황'의 물질적 조건을 지배했을 뿐만 아니라 그 속에서도 가장 소외되고 핍박당하는 민중의 인식론적 입장에도 직접적인 영향을 미친 것이다. 따라서 식민지 민중의 눈에는 공무원, 교사, 의사, 엔지니어, 경찰, 공수부대원 모두가 한통속으로 보였다.

비정치적인 활동에 종사한다고 여겨지는 의사도 예외는 아니었다. 오히려 더 교묘하게 식민지배의 정당화와 영속화를 위해 복무했다. 이를테면 그들이 작성한 원주민의 위생건강이 향상되었다는 통계자료는 점령자가 그 땅을 얼마나 잘 관리하고 있는지, 프랑스가 알제리를 위해 얼마나 적극적으로 평등과 박애를 실천하고 있는지 홍보하는 증거로 활용되었다. 만약 알제리 독립투사가 부상을 당하여 병원을 찾으면 항상 의사 옆에 경찰이 동석하여 진료와 심문을 동시에 실행했다. 때로는 의사가 고문 기술자로 둔갑하거나 고문 사실을 부인하는 증인으로 출석하기도 했다. 프랑스의 의료서비스와 프랑스 식민주의가 별개의 것으로 인식될 수 없었던 것이다. 당연히 알제리에서는 환자와 의사 사이에 응당 있어야 할 신뢰가 형성될 수 없었다. 아무리 아파도 병원 근처에 가기를 꺼렸다. 설령 응급상황이 벌어져 병원 문턱에 들어서더라도 자신의 증상을 정확하게 드러내지 않고 의사와 숨바꼭질만 계속했다. 의사의 시선과 손길이 감시와 처벌로만 느껴졌기 때문이다. 알제리 환자에게 의사는 국적이나 피부색에 상관없이 "식민주의 네트워크의 연결고리이자 지배 권력의 대변인"으로 여겨졌다. 심지어 원주민 의사마저 "유럽화된 의사요 서구화된 의사라는 이유로 피지배사회의 일원이 아닌 억압자와 한패로 간주되어 암암리에 반대편 진영으로 내몰리게 되었다."(*DC*, pp. 131~132)

유럽(화된) 의사를 불신하는 알제리 원주민에게 남은 유일한 대안은 전통적 민간요법뿐이었다. 하지만 치료시기를 놓쳐 생명을 잃게 되는 경우가 허다했다. 의사가 처방하는 페니실린이 마을 뒷산에서 캔 약초보다 더 효력이 있음을 알면서도 "정치적·심리적·사회적 이유로" 복용하지 않은 것이다. 알제리 환자에게는 "단 한 번이라도 약을 삼키는 것이 서구 기술의 정당성을 인정하는 행위"(*DC*, p. 131)로 받아들여졌기 때문이다. 파농의 표현에 따르면, 그것은 "배타적 세계 사이의 대립이며 상이한 기술의 모순적 상호작용이자 다른 가치체계 간의 격렬한 대면"이었다.(*DC*, p. 131) 다시 말해 약초와 항생제는 상이한 치료 방식을 대표했을 뿐만 아니라 식민지 이전 사회와 식민지 사회, 즉 아프리카의 전통과 유럽의 근대성을 상징했다. 여기서 파농이 비판하려는 것은 알제리 환자의 맹목적인 민족주의나 전근대적 전통주의가 아니다. 비판의 초점은 식민주의라는 억압적 체제다. 식민지 상황에서는 피지배자가 방어기제에 사로잡혀 테크놀로지(선진의술)와 이데올로기(식민주의)를 분리하는 일이 불가능하다는 것을 알기 때문이다. 오히려 파농은 식민지 상황에서 피지배자가 지배자의 모든 것을 일괄적으로 거부하는 것이 지극히 자연스러운 반응이라고 여긴다.

그런데 식민주의와 관련된 모든 것을 송두리째 거부하던 알제리 민중의 극단적인 자세가 알제리전쟁이 발발하면서부터 바뀌기 시작했다. 1954년부터 1959년까지 전개된 알제리전쟁은 서구 문물에 대한 태도와 탈식민화 투쟁전략에 획기적인 변화를 가져온 일종의 인식론적 혁명이었다. 가장 두드러진 변화는 의사와 의약품에 대한 태도에서 나타났다. 프랑스 측의 무차별적이고 잔인한 진압작전으로 인해 사상자가 속출하면서 서구 의약품에 의존하는 일이 불가결해진 것이다. 항생제, 마취제, 소독약, 파상풍 백신, 수술기구의 수요가 급증했고, FLN에서는 원주민 의사, 약사, 간호사 등을 통해 의약품을 비밀리에 확보하여 전쟁터에서 부상당하거나 감옥에서 고문당한 사람들을 치료했다. 이를 파악한 프랑스 식민정부는 의약품이 독립전쟁에 연루된 원주민에게 공급되지 못하도록 엄격하게 통제했지만 오히려 혁명의 연대의식을 고취하는 효과를 가져왔을 뿐이다. 당시 블리다 병원에서 근무했던 파농이 이러한 비밀활동의 중심에 서 있었음은 물론이다.

파농은 알제리전쟁이 가져온 변화를 이렇게 서술한다. "식민주의의 사슬을 끊은 그 충격은 배타적 태도는 수정하고 극단적 입장은 유보하게 하였으며 독단적 견해는 용납될 수 없게 하였다."(DC, p.139) 알제리인의 일상에서도 전통적 민간요법과 관련된 미신적 요소들이 퇴치되고 과학적 위생과 진료가 그역할을 대체했다. 의약품이 이제는 식민권력의 부산물이 아니라 투쟁과 해방의 무기가 된 것이다. 알제리 의사와 환자의 관계도 신뢰를 회복했다. 환자의 불신과 경계심은 사라지고 의사도 거리감과 온정주의를 떨쳐버렸다. 한때 "정복자의 대리인"이었던 의사가 "우리의 의사, 우리의 기술자"로 다가오면서 원주민 사회는 "알제리 공동체의 일원"이라는 "놀라운 혁명적 연대의식"으로 혼연일체가 되었다. 파농은 "정치를 벗어난 과학, 인간을 섬기는 과학이 식민지에는 존재하지 않는다"던 자신의한탄이 더 이상 적절하지 않음을 인정할 수밖에 없었다.(DC, pp.140~141)

희망의 메신저 '싸우는 알제리의 소리'

파농이 탈식민화 전략의 변화와 그 효과를 설명하면서 제시히는 또 다른 예가 라디오다. 의약품과 마찬가지로 라디오도 알제리전쟁을 경험하기 이전의 알제리 원주민에게는 가치중립적이거나 보편적인 물건이 아니었다. 그것은 서구 과학과 기술의 결정체였으며 지배 권력의 문화적 전유물이었다. 라디오는 우리 시대의 TV나 컴퓨터와는 분명 다른 역할을 수행한 매체였다. 당시 알제리 사회에서 라디오 수신기를 가지고 있다는 것은 "서구 프티부르주아 소유권의 영원한 게임에 참여하는 것"(*DC*, p.73)을 의미했다. 한마디로, 라디오의 소유 여부는 프랑스 식민주의와 알제리 민족주의 또는 매판 부르주아지와 알제리 민중을 구분 짓는 경계선과 다를 바 없었다. 따라서 식민지배에 대한 반감을 조금이라도 지닌 알제리인이라면 라디오를 소유하고 청취하기를 거부하는 것이 지극히 당연했다.

더구나 그 상징성의 정도에 있어서 라디오는 의약품을 능가했다. 파농이 '식민지 상황'의 속성으로 규정한 '마니교적 이분법'을 가장 여실히 보여주는 본보기라고 할 만큼 라디오는 식민지 지배자와 피지배자에게 상반된 의미를 지니고 있었다. 파리의 프랑스 국영방송을 수신하여 내보내던 라디오-알제리(Radio-Alger)는 특히 백인 정착민에게 상당히 중요한 기능을 수행했다. "문명의 중심부"로부터 공간적으로 고립된 그들에게 라디오란 식민주체로서의 목적의식과 방향감각을 잃지 않게 해주는 "문명 세계와의 유일한 연결고리"였다. 매일 아침마다 접하는 라디오-알제리 뉴스는 "원주민 사회에 동화되지 말고 자신의 문화적 정통성을 망각하지 말 것을 권유하는 일상의 지침서"였으며, "미래도 없고 가치도 없이 무기력하게 낙후된 원주민 사회의 부식성(腐植性)에 젖어들지 않도록 해주는 효과적인 저항의 도구"였다.(*DC*, pp.71~72)

반면 알제리 원주민에게 라디오-알제리는 "프랑스어와 그 메시지의 운반자"였을 뿐만 아니라 "프랑스의 존재를 나타내는 상징이자 식민지 지형의 물질적 재현으로서 모든 부정적 가치의 가장 극단적인 표현"(*DC*, p.73)이었다. 따라서 알제리인은 "프랑스인이 프랑스인에게 얘기하는" 라디오-알제리를 "폐쇄적이고 특권적인 그들만의 세계"로 인식하며 의도적 무관심으로 철저하게 외면했다.(*DC*, pp.73~74) 식민정부가 이데올로기적 홍보를 목적으로 원주민에게 라디오를 구입하여 청취하라고 유도했지만 별다른 효과가 없었다. 요컨대 라디오는 식민지 지배자와 피지배자 모두에게 이데올로기적 저항의 도구였던 셈이다. 프랑스인이 라디오를 통해 이른바 '토착화'의 위험과 불안으로부터 벗어나려고 했다면, 알제리인은 라디오를 멀리함으로써 '문명화'로 미화되는 정신적 식민화를 거부했던 것이다.

그러나 라디오에 대한 알제리인의 인식은 의약품의 경우처럼 독립전쟁이 시작된 1954년을 기점으로 '혁명적인' 변화를 맞게 된다. 무장투쟁이 본격적으로 전개되면서 식민주의가 파산할지도 모른다는 불안을 프랑스인들의 얼굴에서 읽기 시작한 알제리인들이 정확한 정보를 얻으려고 프랑스 신문과 라디오에 눈길을 돌리게 된 것이다. '진실'에 대한 절박한 욕구는 라디오 수신기가 원주민 사회의 필수품이 되게 했으며 특히 문맹률이 높은 하층민에게서 신문보다 라디오의 수요가 더 급증했다.

이러한 상황에서 등장한 것이 '싸우는 알제리의 소리'(The Voice of Fighting Algeria)라는 방송이었다. 주변 아랍국가에서 알제리전쟁에 관한 정확하고 상세한 정보를 수집하여 송신한 이 방송은 알제리인의 민족주의적 일체감과 연대의식을 고취하는 데 결정적인 역할을 했다. 입에서 입으로 전해졌던 파편화된 탈식민화의 정보가 이 방송을 통해 "알제리 민족의 정치이념"으로 조직되고 "하나의 거대한 서사시"로 재구성되었다. 1956년 이후 알제리에서 "라디오 수신기를 구입하는 행위는 뉴스를 얻기 위해 현대 기술을 받아들이는 것이 아니라 혁명전선과의 소통을 위한 유일한 수단을 확보하는 것이며 혁명과 함께 살아가는 것을 의미했다."(DC, pp.83~84) 문자 그대로, '그들'의 테크놀로지를 이용하여 '우리'의 이데올로기를 전파한 것이다.

이 사실을 뒤늦게 간파한 프랑스 측이 라디오 수신기의 판매와 방송 청취를 통제하려고 나섰지만 소용없었다. 오히려 '싸우는 알제리의 소리'에 대한 전파방해 작업은 알제리 민중의 잠재된 정치의식을 깨우쳐주는 부메랑효과만 불러왔다. 방해전파를 뚫고 흘러나오는 단편적이고 불완전한 정보를 모든 사람이

'싸우는 알제리의 소리' 라디오 스튜디오
알제리 독립전쟁이 시작되자 '진실'에 대한 알제리인들의
절박한 욕구가 터져나왔다. 곧 인접 아랍국에 '싸우는 알제리의
소리' 스튜디오가 설치되었다. 이 방송은 알제리인의 민족주의적
일체감과 연대의식을 고취시키는 데 결정적인 역할을 했다.

함께 모여서 취합하고 재구성할 수밖에 없었다. 이러한 경험을 계기로 삼아 라디오를 통한 저항을 개인적 차원에서 집단적 차원으로 끌어올리게 된 것이다. 파농은 이것이 알제리 민중의 정신적 탈식민화에 매우 중요한 영향을 미쳤다고 평가한다. 이제껏 지식과 도덕의 '권위자'에게만 의존해왔던 알제리 민중이 모두 함께 동등한 주체로 참여하는 '해석의 공동체'를 경험함으로써 그들 스스로도 역사창조의 주체가 될 수 있다는 소중한 교훈을 얻었기 때문이다. 파농은 이러한 담론적 실천이 일종의 민주주의적 실험이었다는 점에서 식민지독립 이후의 알제리가 나아갈 방향을 미리 제시하는 이정표가 되었다고 평가한다.

지배 언어로 지배 권력을 교란하다

라디오에 대한 인식론적 전환은 라디오가 전달하는 프랑스어에 대해서도 새로운 시각을 갖게 하였다. 알제리전쟁 이전의 알제리인은 프랑스어에 대해 철저한 거부로 일관했다. 라디오-알제리에서 흘러나오는 프랑스어 뉴스는 비판이나 의심이 아닌 외면의 대상이었다. 알제리인을 경멸하고 비하하는 식민담론과 그것을 전달하는 프랑스어를 동일시한 것이다. 프랑스어는 오로지 "정복의 언어요 억압적 권력의 매개물"이었으며 "하나의 질서이고 위협이자 또한 모욕"이었다.(*DC*, p.89) 알제리인은 자신에게 말을 거는 프랑스인의 태도가 기껏해야 "온정주의적 이해"(*BS*, p.33)나 "나르시시스트의 모놀로그"(*WE*, p.46)임을 인식하고 있었다. 따라서 프랑스어를 배우거나 사용하는 것은 "정복자의 부속물을 자기 것으로 받아들이고, 정복자의 기호와 상징과 영향력에 스스로 마음의 문을 여는 것"이었으며, 반대로 프랑스어 대신 아랍어로 자기표현을 하는 것은 "일상적 형태의 차별화인 동시에 민족의 실존을 확인하는 구체적 저항"(*DC*, p.91)이었다.

그러나 1956년 이후 '싸우는 알제리의 소리'를 아랍어, 커바일어, 프랑스어의 세 가지 언어로 방송하게 되면서 아랍어의 민족주의적 신성함과 프랑스어의 식민주의적 이질감이 동시에 희석되기 시작했다. 여전히 정복자의 언어이긴 하지만, 프랑스어는 더 이상 유일한 지배언어가 아니라 혁명의 정확한 정보를 전달하는 "여러 언어 가운데 하나"로 바뀌었다. 아랍어든 프랑스어든 이제는 그 어떤 것도 절대적이고 보편적인 언어로 군림할 수 없게 되었다. 도구로서 프랑스어의 "제한적이고 상대적인 가치"(*DC*, p.95)가 부각되면서 프랑스어에 덧씌워진 모든 권위가 거짓이었음이 드러난 것이다. 이제 알제리인은 식민주의의 매개어인 프랑스어를 배우는 데 뒤따르는 열등감과 죄책감에서 벗어나게 되었다.

프랑스어를 배우고 프랑스어로 자신을 표현하는 것은 더 이상 반민족적인 배반에 해당하거나 스스로를 무기력하게 만드는 정복자와의 동일시를 의미하지 않았다. '싸우는 알제리의 소리'가 혁명의 메시지를 전하는 긍정적인 방식으로 사용되면서 프랑스어는 해방의 도구로 바뀌었다. 이전에는 정신병리학적으로 거의 광란상태에 빠진 알제리인들에게 그 어떤 프랑스어 발음도 거부와 비난과 치욕으로 들렸지만, 민족해방의 투쟁과 더불어 프랑스어의 정치성을 떨쳐버리려는 매우 중요한 작업이 시작되었다. 이는 '원주민'도 정복자의 언어에 책임을 지겠다는 것을 의미했다.(*DC*, p.90)

파농은 프랑스어를 둘러싼 이러한 변화에 많은 의미를 부여한다. 무엇보다도 이 변화는 프랑스어의 헤게모니를 극복하는 효과를 가져왔다. 오늘날 글로벌자본주의 시대에 세계 언어로 군림하는 영어와 마찬가지로, 알제리전쟁 이전의 프랑스어는 식민권력의 헤게모니를 강화하고 영속화하는 매개체였으며, 그 자체가 절대적인 권위를 지닌 일종의 '로고스'였다. 그러나 '싸우는 알제리의 소리'에서 프랑스어를 커바일어나 아랍어와 동등한 기능과 비중을 지닌 언어로 방송하면서 프랑스어의 지위는 보편적 언어에서 국지적 언어로 격하되었다. 이는 라디오라는 미디어 자체의 변화도 이끌어냈다. 이제 라디오는 지배언어의 모놀로그가 펼쳐지는 배타적인 공간에서 여러 언어가 조우하고 경합하는 이데올로기적 '대화'의 장으로 바뀌었다.

여기서 파농은 알제리전쟁의 패러독스를 발견한다. 알제리에서 프랑스어의 저변을 확대한 것이 식민정부의 문화정책이 아니라 알제리 민중의 반식민투쟁이었기 때문이다. 저항의 대상에서 저항의 도구로 변환된 프랑스어가 더 이상 백인 정착민과 토착 부르주아지만의 배타적인 언어가 아니라 식민지 민중까지 사용하는 그야말로 '보편적인' 언어로 탈바꿈된 것이다. 식민주의와 민족주의 사이의 이분법적 경계선이 적어도 언어의 영역에서는 유보된 것이나 다름없었다. 프랑스어의 상대적 가치가 드러난 이상, 알제리인은 프랑스어 사용이 식민주의 이데올로기의 내면화라는 비난에서 벗어날 수 있었다. 이는 알제리 민중에게 정복자의 언어를 차용하는 데 대한 도덕적 면죄부를 부여했을 뿐만 아니라 문화제국주의에 대한 불안감과 강박관념을 극복할 수 있게 했다. 비록 파농은 알제리전쟁의 성과인 식민지독립을 끝내 목격하지 못하고 36세의 나이로 유명을 달리했지만, 탈식민화를 위한 전략의 변화와 그 득실에 대한 그의 전망은 틀리지 않았다.[1]

이분법에서 변증법으로 전환하다

파농이 『사멸하는 식민주의』에서 일종의 투쟁전략으로 기술하는 전유가 흥미로운 이유는 알제리 민중이 투쟁을 통해 사물의 가치가 달라지는 과정을 경험했기 때문이다. FLN에서 차용한 의약품과 라디오는 애당초 프랑스와 알제리 양측 모두에게 고정불변의 본질적인 가치를 지닌 것으로 여겨졌지만, 투쟁 과정에서 그것의 가치가 효용성을 기준으로 재구성된 것이다. 말하자면 사물의 가치가 '우리'와 '그들'의 갈등적 관계 속에서 변주된다는 것을 깨달은 것이다. 지극히 당연한 이 사실을 알제리 민중은 처음부터 받아들이지 못했다. 모든 사물을 선과 악의 흑백논리로만 바라보게 하는 '식민지 상황' 때문이었다. 아프리카의 전통은 무조건 좋은 것이고 유럽의 근대성은 무조건 나쁜 것으로 여겼던 것이다.

알제리전쟁은 그러한 본질주의적인 이분법에 균열을 만들었다. 그리고 그 효과는 인식론적 차원에 그치지 않았다. 지배자의 테크놀로지를 전유함으로써 지배자의 이데올로기를 교란한 투쟁전략은 지배자가 점유하고 있던 우월한 물질적 토대마저 뒤흔들었다. 투쟁전략을 거부에서 전유로 전환한 것이 투쟁목표를 성취하는 밑거름이 된 것이다. 파농이 거듭 강조하듯이, 그러한 방식의 저항이 가능했던 것은 정복자의 테크놀로지를 전유한다고 해서 정복자의 이데올로기에 포섭되거나 함몰되지 않는다는 믿음을 혁명주체들이 가졌기 때문이다. 그것은 투쟁을 통해 체득한 역사적 교훈이었다.

무조건적인 거부에서 선별적인 전유로 전환한 알제리의 탈식민화 전략은 유럽 문물에만 국한되지 않았다. 유럽인을 향한 알제리인의 시선에도 '적' 아니면 '동지' 식의 단순한 이분법을 넘어서는 의미 있는 변화가 찾아왔다. 알제리전쟁이 발발한

1954년 당시만 하더라도 알제리 내부의 모든 유럽인은 프랑스 식민정부와 한패로 여겨졌다. 파농이 "알제리의 유럽인 마이너리티"라고 부르는 백인정착민과 유대인은 개인의 정치적 입장 차이와 상관없이 무조건 알제리의 '적'으로 여겨졌다. "식민지 상황의 맥락에서 모조리 획일적인 전체"로 파악하는 "극단적인 과잉단순화"(*DC*, p.158)의 논리가 프랑스와 알제리 진영 양쪽을 지배했기 때문이다.

하지만 알제리전쟁이 전개되면서 그러한 이분법적 경계선이 무너지기 시작했다. 파농은 그러한 변화의 조짐을 프랑스 내부에서부터 읽을 수 있었다. 여태껏 알제리 문제에 대해 침묵하던 프랑스의 민주주의자들과 좌파지식인들이 알제리의 독립을 지지하고 나선 것이다. 비록 프랑스는 "엄청난 인종주의적 잠재력을 지닌 제국주의 국가이지만 프랑스인들 사이에는 자발적인 반성이 일어났다." 파농은 이 현상을 두고 "프랑스가 알제리 투사들에 의해 식민화되기 시작했다"(*DC*, p.150)라고 말했다. 이를테면 변증법적 변화가 일어난 셈이다.

알제리 내부의 "유럽인 마이너리티" 사회에서는 더 뚜렷한 변화가 일어났다. 적지 않은 유럽 정착민이 FLN에 협력하거나 동조하는 사례가 발생했다. 심지어 체포·구금되어 혹독한 고문을 당하기도 했지만 "알제리의 독립투쟁에 헌신한 진짜 투사처럼"(*DC*, p.151) 용감하게 싸웠다. 유럽과 아프리카 또는 기독교와 이슬람 사이에 존재하던 종래의 경직된 경계선이 흐트러지고 식민정부와 FLN 사이에 새로운 전선이 형성된 것이다.

그중에서도 특히 유대인의 변화는 의미심장했다. 일부 유대인들은 "자신을 모욕하는 자들과 한편이 되어 알제리인들을 거꾸로 모욕하는 것을 꽤 기분 좋게 여겼지만"(DC, p.154), 알제리의 모든 유대인이 다 그런 것은 아니었다. 알제리 유대인 인구의 4분의 3에 해당하는 유대인이 알제리문화와 전통에 동화되어 "완전히 아랍화된 민중"(DC, p.155)으로 살고 있었는데, 알제리전쟁이 터지자 알제리 독립을 위해 재정적인 도움도 주고 직접 투쟁현장에 참여하기도 했다. 알제리가 전통적인 이슬람·아랍 주류사회임을 감안하면 유대인의 참여는 놀라운 일이 아닐 수 없었다. 유럽정착민과 유대인의 이러한 변화를 목격한 FLN은 "알제리에 사는 모든 사람은 알제리인"(DC, p.152)이라고 선언하며 독립 이후에 이들이 원한다면 알제리 시민권을 부여하겠노라고 약속했다.

파농은 이렇듯 알제리전쟁이 수반한 사물과 인간의 혁명적 변화에서 역사의 변증법을 읽어낸다. 여기서 변증법적이라 함은 모든 사물이나 사상이 내재적인 모순으로 인해 끊임없는 생성과 변화의 과정 속에 놓여 있음을 의미한다. 파농이 보기에 인종, 젠더, 민족, 국가, 계급, 종교 같은 기존의 단층선을 넘어서 식민주의에 대한 찬반을 놓고 새로운 갈등이 형성되는 것이야말로 변증법적 역사전개의 한 단면이다. 사실 『사멸하는 식민주의』뿐 아니라 파농의 전체 저서에서 서술되는 탈식민화와 민족해방의 전개과정도 변증법적이다. 물론 파농이 의미하는 '식민지 상황' 자체는 반(反)변증법적이다. 파농이 공시적(共時的) 모델로 설명하는 '식민지 상황'에서는 사회변화를 이끌어낼 만한 갈등과 투쟁이 전혀 일어나지 않는다. 불균등한 권력관계의 고착화와 공간적 단절로 특징지어진 '식민지 상황'을 지배하는 것은 변증법이 아니라 이분법이다. 하지만 '마니교적 세계'를 극복하는 과정은 혁명적인 동시에 변증법적이다. 파농이 "완전한 무질서의 기획"(*WE*, p.36)으로 일컫는 탈식민화 무장투쟁을 통해 새로운 사회질서가 태동하기 때문이다.

더 거시적인 관점에서 보면, 통시적(通時的)으로 펼쳐지는 파농의 역사적 청사진도 변증법적이다. 우선 아프리카 전통사회와 유럽 식민주의가 마주쳐서 '식민지 상황'을 낳았고, 그렇게 형성된 식민주의와 반식민주의의 대립은 식민지독립으로 귀결된다. 독립 이후에는 토착 부르주아지와의 계급갈등을 통해 민중의 "민족의식이 사회의식과 정치의식으로 급격하게 진일보"(*WE*, p.203)할 것이다. 궁극적으로는 모든 형태의 억압과 소외가 사라진 "인간 역사의 새로운 시작"(*WE*, p.315)이 도래하리라고 파농은 전망했다. 이는 파농이 인종환원주의자가 아님을 의미한다. 피부색의 차이를 '최종심급'으로 상정한 『검은 피부, 하얀 가면』에서와는 달리, 알제리전쟁을 통해 사상적으로 더욱 성숙해진 파농에게 식민지해방은 진정한 인간해방의 부분집합에 불과하다. 파농이 제시한 '새로운 인본주의'

개념은 후대 비평가들 사이에서 끊임없는 논란이 되어왔지만, 한 가지 분명한 것은 파농의 유토피아가 '식민지 상황'의 종식만으로는 실현되지 않는다는 점이다. 어쩌면 파농이 상상한 대안적 사회는 혁명으로 이루어지는 어떤 구체적인 사회형태라기보다 혁명 그 자체인지도 모른다. 우리가 파농을 변증법적으로 읽어야 하는 이유도 바로 여기에 있다.

7

폭력의 윤리학과 정치학

'대지의 저주받은 자들'이 역사의 주인이 되다

"탈식민화는 무의미한 존재로 짓밟힌 구경꾼들을 역사의 조명등이 휘황찬란하게 내리비치는 무대의 주연 배우로 탈바꿈시킨다. 탈식민화는 새로운 인간의 창조다. 하지만 창조의 정당성은 어떤 초자연적인 힘에서 비롯되지 않는다. 식민화되었던 물건이 스스로를 해방시키는 과정을 통해 인간으로 거듭나는 것이다."

테러리즘을 둘러싼 불편한 진실

안중근, 마오쩌둥, 프란츠 파농, 체 게바라, 오사마 빈 라덴. 시대와 국적이 모두 다른 이 인물들을 하나로 묶어주는 공통분모는 무엇일까? 그것은 바로 테러리스트라는 꼬리표다. 이들은 모두 당대의 정치권력과 사회질서를 붕괴시키거나 혼란케 할 목적으로 물리적 폭력을 행사한 인물들이다. 그런데 이들을 테러리스트의 범주로 묶는 데 모든 사람이 동의할 수 있을까? 이는 이들을 테러리스트로 규정하는 시각이 보편적 타당성을 확보할 수 있느냐에 관한 질문이다. 왜냐하면 누구의 시각에서 보느냐에 따라 이들은 테러리스트일 수도 있고 혁명투사일 수도 있기 때문이다. 이를테면 식민지 지배자와 피지배자, 좌익과 극우, 제3세계와 서구, 이슬람과 기독교 등 입장이 상이하다면 이들을 향한 가치판단도 달라지게 마련이다. 식민지독립을 위한 무장투쟁에 참여한 인물이 독립 이전에는 흉악한 테러리스트로 매도되었다가 독립 이후에는 민족의 영웅으로 추앙받는 경우가 허다하지 않은가?

테러리스트에 대한 판단이 이처럼 애매할진대 테러리즘이라는 개념 자체도 마찬가지다. 테러리즘이란 무엇인가? 테러리즘은 소수자나 피지배자가 억압적 권력에 맞서는 최후의 자구책인가 아니면 그 어떤 이유로도 용인될 수 없는 반인륜적 범죄행위인가? 테러리즘과 여타 범죄 행위의 차이는 차원의 문제인가 정도의 문제인가? 테러리즘과 전쟁의 경계선은 어디인가? 국가 주도의 테러리즘은 어떻게 해석해야 하는가? 테러 행위의 목적이 지닌 정당성과 그것을 수행하는 방법의 부당함 사이의 괴리를 얼마만큼 인정해야 하는가? 테러 행위가 야만적인 범죄가 아니라 정당한 투쟁의 방편으로 옹호될 수 있는 지점은 어디까지일까? 테러리즘의 일차적인 목표가 다른 사람들을 죽이는 것이라면 그들을 죽게 내버려두는 것은 테러리즘이 아닌가?

"어떤 정부나 집단에 특정한 정치적 요구를 관철하기 위해 폭력을 체계적으로 동원하는 것."[1] 이것이 테러리즘의 사전적 의미다. 독일의 법학자 슈미트(Carl Schmitt)는 두 주권국가가 선전포고를 한 후에 행해지는 것이 전쟁이라면 테러는 주권국가가 아닌 여러 세력 간의 충돌이라고 구분한 바 있다. 그러나 주권국가 역시 실제로는 전시뿐만 아니라 평상시에도 자국민과 다른 나라 국민에게 테러를 가한다. 테러리즘이라는 단어의 현행 용법은 프랑스혁명 당시 집단처형과 숙청을 주도했던 로베스피에르(Maximilien Robespierre)의 공포정치에서 유래한다. 내부의 적을 제거하기 위해 국가의 이름으로 테러를 가한다는 것이다. 이러한 맥락에서 데리다(Jacques Derrida)는 테러리즘과 전쟁, 국가 테러리즘과 비(非)국가 테러리즘, 테러리즘과 민족해방운동, 국내 테러리즘과 국제 테러리즘의 구분이 불가능하다고 주장한다.[2] 그런데 우리 시대의 정부와 대중매체는 테러리즘이란 단어가 지닌 이러한 애매모호함을 무시하고 마치 그것이 자명한 범주인 양 너무 편하고 쉽게 사용하는 경향이 있다. 우리는 특정한 형태의 물리적 폭력을 테러로 규정하는 기준이 특정 집단의 입장과 이해관계의 영향으로부터 완전하게 벗어날 수 없음을 인정해야 한다.

우리는 인류 역사에서 끊임없이 인간이 인간에게 가한 물리적 폭력을 때로는 정당화하고 때로는 정죄해왔다. 과거 히로시마와 나가사키의 원폭투하와 나치 독일이 저지른 유대인 학살 그리고 캄보디아, 르완다, 보스니아 등지에서 자행된 이른바 인종청소는 물론이고, 최근에도 팔레스타인, 아일랜드, 체첸, 위구르, 아프가니스탄 등 지구촌 방방곡곡에서 잔학한 폭력이 이런저런 명분하에 자행되고 있다. 문제는 가해자와 피해자가 누구냐에 따라 엇비슷한 폭력일지라도 판단의 잣대가 달라진다는 점이다. 가령 아프리카 흑인의 희생과 착취로 얼룩진 노예무역이나 콜럼버스의 '신대륙 발견'으로 시작된 아메리카 인디언 학살과 2001년에 알카에다가 미국 세계무역센터와 국방부에 감행한 9·11 테러 사이의 근본적인 차이가 무엇인지를 한번쯤 되새겨볼 필요가 있다. 사실 어느 경우든 남의 땅을 침략하여 파괴와 살상을 저질렀다는 점에서는 대동소이하다.

"한 사람의 죽음은 비극이지만 수백만 명의 죽음은 통계다." 이것은 스탈린이 한 말이라고 전해지는데, 스탈린의 대량숙청을 비난하기 위해 냉전기간에 미국 언론에서 자주 언급한 문구다. 인간의 죽음을 계량화하는 데 대한 불편함을 잠시 접고, 자유민주주의와 세계평화의 수호자임을 자임하는 미국이 그동안 주도하거나 개입한 전쟁으로 얼마나 많은 인명피해가 발생했는지를 되짚어볼 필요가 있다. 미국이 영국 식민지에서 주권국가로 그리고 제국으로 발돋움한 역사는 곧 전쟁의 역사라고 해도 과언이 아니다. 1776년 독립을 선언한 미국은 영국과의 독립전쟁에서 10만 명이 웃도는 희생자를 냈고, 19세기 말까지 인디언 원주민 300여만 명을 학살했으며, 필리핀 독립전쟁에서 100만 명이 넘는 민간인을 희생시켰다. 이후에도 미국이 세계 각지에서 이런저런 빌미로 무력도발을 일으키고 주권국가를 침략하면서 제1차 세계대전 이전까지 최소한 500만 명이 넘는 희생자가 발생했다.

제2차 세계대전 후에도 한국전쟁에서 최소한 300만 명, 베트남전쟁에서 500여만 명이 사망했고, 미국이 기획하고 조종한 중남미와 중동의 끊임없는 지역분쟁에서 100만 명이 넘는 인명피해가 발생했다. 또한 '테러와의 전쟁'을 선포한 2001년부터 미국이 침공한 아프가니스탄과 이라크에서는 아직도 수많은 사람이 계속 목숨을 잃고 있다. 제2차 세계대전을 포함한 현대사를 통틀어 미국이 전쟁에서 죽인 사람은 2천만~3천만 명에 이른다. 이 수치는 전쟁사 연구자들이 추정한 것으로, 미국 중앙정보국을 비롯해 각종 비밀조직이 개입한 국지전과 지역분쟁의 희생자는 제외한 것이다. 한마디로, 미국은 인류역사

상 가장 많은 전쟁을 일으키며 전쟁으로 먹고 자란 전쟁 전문 국가다.[3]

우리 시대의 국가 테러리즘을 주도한 미국이 왜 9·11 테러를 계기로 테러리즘의 최대 희생자로 부각되었을까? 9·11 테러는 규모나 기간 면에서 지금까지 거론한 사건들에 비해 상대적으로 '대량학살'이 아니었음에도 왜 테러리즘의 대명사로 자리 잡았을까? 물론 일차적인 이유는 다른 사건들이 과거라는 시간적 안전거리를 확보한 데 비해 9·11 테러는 우리가 직접 목격한 동시대의 사건이라는 점 때문일 것이다. 하지만 더 중요한 이유는 9·11 테러가 여태껏 전쟁과 테러의 무풍지대였던 미국 본토에 타격을 가함으로써 미국인들이 갖고 있던 공간적 안전거리를 없애버렸다는 점에 있다. 글로벌 자본주의와 팍스아메리카나의 심장부 미국도 테러의 피해자가 될 수 있다는 사실 자체가 엄청난 충격으로 다가왔던 것이다. 이는 어떤 행위를 테러로 규정하는 기준이 피해자의 시각에 따라 결정되며 특히 피해자가 강대국일 경우 그 테러 행위를 정죄하고 비난하는 강도가 훨씬 더 높아진다는 것을 의미한다. 이 과정에서 약소국에 속한 가해자, 즉 '테러리스트'의 목소리는 철저히 사라진다.

테러리즘을 둘러싼 논쟁의 가장 큰 맹점은 바로 여기에 있다. 알카에다가 주도한 9·11 테러는 비도덕적이며 반인륜적인 테러리즘으로 매도하고 미국의 이라크 침공은 정당하고 합법적인 '테러리즘과의 전쟁'으로 간주하는 근거가 힘의 논리에 기초할 뿐이라는 것이다. 즉 불균등한 권력관계가 테러리즘의 기준을 좌우한다. 이때 둘 사이의 근본적인 차이는 폭력의 성격이다. 하나가 동시대 세계질서를 보존하고 강화하는 폭력이라면 다른 하나는 그것을 교란하고 전복하는 폭력이라는 것이다.[4]

물론 고귀하고 무고한 생명을 앗아간 테러행위를 두고 이처럼 대차대조표를 따지는 식으로 논의하는 것을 9·11 테러 희생자들의 유족은 도저히 용납할 수 없을 것이다. 하지만 그들의 분노와 고통을 잠시만 '외면'하고 지구 반대편에서 쌍둥이빌딩의 붕괴를 담담하게 또는 환호하며 바라봤던 사람들의 입장을 한번 생각해보자. 미국이 자국의 이익과 패권을 보호하기 위해 걸프전쟁을 일으키고 이라크와 아프가니스탄을 침공하는 과정에서 수많은 사람이—9·11 테러의 희생자들보다 훨씬 더 많은 사람이—가족과 재산을 잃었다. 그들도 미국의 제국주의적 침공을 이른바 '정의로운 전쟁'으로 받아들일까? 과연 그들에게 9·11 테러는 어떤 의미일까? 그들에게도 9·11 테러가 반인륜적인 테러일까? 그들은 빈 라덴과 부시 중에서 심정적으로 누구 편에 서 있을까? 그들에게는 누가 진짜 테러리스트인가?

강자의 폭력은 구조적이고 일상적이어서 인식하기 어려운데 반해 약자의 폭력은 삽화적이며 선정적으로 드러난다. 또한 기울어진 역학관계에서 양비론은 강자에 대한 지지와 같

9 · 11 테러와 이라크 전쟁. 누가 테러리스트인가
알카에다가 주도한 9 · 11 테러만 반인륜적인 테러리즘으로 여겨지고
미국의 이라크 침공은 정당하고 합법적인 '테러리즘과의 전쟁'으로
간주되는 근거는 힘의 논리, 즉 불균등한 권력관계에 기초한다.
하나는 동시대 세계질서를 강화하는 폭력이고 다른 하나는
그것을 교란하고 전복하는 폭력일 뿐이다.

다. 올바른 '펜'이라면 독자에게 겉으로 드러나는 파도만 보도록 하지 않고 그 파도를 일으키는 구조를 파악하도록 노력할 것이다.[5]

이것은 최근에 발생한 『샤를리 에브도』 테러를 두고 칼럼니스트 홍세화가 어느 일간지에 기고한 글의 일부다. 유럽 문명의 심장부 프랑스 파리에서, 그것도 민간인들을 겨냥해 저질러진 이슬람 근본주의자들의 테러에 대해 전 세계가 경악하고 분노하는 상황에서, 그는 이 사건을 "기울어진 역학관계"의 측면에서 한번쯤 곱씹어보자고 요구한다. 다시 말해 『샤를리 에브도』가 표현의 자유를 실천하는 '펜'이었다면, 그 펜이 어떤 위치에서 어떤 역할을 수행해왔는지를 살펴보자는 것이다. 이어서 그는 미국의 부시 행정부가 대량살상무기를 핑계로 이라크를 침략하여 수십만의 무고한 이라크인들이 희생당했을 때 "우리는 이라크인이다!"라는 구호가 서방 언론매체에 등장한 적이 있었느냐고 반문한다. 이스라엘의 어느 역사학자가 자신은 '샤를리'(Charlie)가 아니라 '찰리'(Charlie)라면서 단 한 번도 가난하고 소외된 사람을 풍자의 대상으로 삼지 않았던 찰리 채플린을 떠올리게 한 일은 우리로 하여금 테러리즘과 관련하여 많은 것을 다시 생각하게 한다.

이처럼 복잡하고 민감한 테러리즘 문제를 둘러싸고 서구 학세에서 오랫동안 논란의 중심에 서 있었던 인물이 바로 파농이다. 파농은 프랑스 식민주의에 맞서 FLN의 일원으로 알제리 독립전쟁에 직접 참여했을뿐더러 『대지의 저주받은 자들』을 비롯한 후기 저서에서— '테러리즘' 대신 '폭력'이나 '무장투쟁'이란 용어를 사용하긴 했지만—테러리즘의 전략과 효과를 상세하게 기술한 바 있다. 실제로 1960년대 아프리카 민족주의, 이슬람 근본주의, 미국 흑인민권운동 진영에서 파농은 정신적 지주이자 실천적 지식인의 모델이었고 그의 저서는 투쟁 현장의 바이블이었다. 어떻게 보면, 파농이야말로 테러리즘에 관한 완벽한 이론가요 실천가인 셈이다. 서구의 제국주의 테러리즘은 간과하거나 묵인하면서 제3세계의 민족주의와 반식민주의 테러리즘에 대해서는 알레르기반응을 보이던 서구 학계가 파농을 집중적으로 공격한 것은 전혀 이상한 일이 아니다. 20세기 후반 포스트모더니즘의 영향으로 파농을 '글로벌 이론가'로 재해석하기 전까지만 해도 서구 학계의 보수 지식인들은 물론 진보 지식인들조차 파농을 '폭력의 사도'로 정죄하는 데 전혀 주저함이 없었다.

아렌트와 사르트르, 두 얼굴의 파농

서구 사회에서 파농을 '폭력의 사도'로 각인시키는 데 가장 많은 영향을 끼친 학자는 아마도 아렌트(Hannah Arendt)일 것이다. 아렌트는 나치즘의 박해를 경험한 독일계 유대인으로서 전체주의 비판에 앞장선 진보적 지식인이지만, 유독 '흑인 문제'에서만은 인종주의자로 의심받을 정도로 보수적인 입장을 견지한 정치철학자다. 권력과 폭력의 관계를 분석한 『폭력에 관해서』(*On Violence*)에서 아렌트는 1960년대 당시 세계적인 현상이 된 학생운동의 과격화 양상을 비판하고 그 대표적인 사례로 미국 내의 흑인민권운동을 거론한다. 그녀의 어조는 경멸과 냉소로 가득 차 있다. "대부분의 니그로 학생들은 대학생이 될 지적 능력도 없으면서 대학에 들어와서는 자신들을 이해집단으로 간주하며 흑인공동체의 대표로 조직화한다. 그들의 관심은 오로지 대학의 기준을 낮추는 것이다." 그녀가 보기에 미국의 대학들이 "사심 없고 도덕성이 높은 백인 저항자들의 주장"보다 "누가 봐도 무분별하고 터무니없는 니그로들의 요구에 굴복하는 희한한 경향"은 "백인사회의 죄의식"이 아니면 달리 설명할 길이 없다.[6]

아렌트는 비합리적이고 폭력적인 학생운동과 흑인민권운동의 진원지로 파농을 지목한다. 아렌트가 파농에게 가하는 비판은 원색적이고 노골적이다. 그것은 비판이 아니라 비난이다. "노예상태에서 빵을 먹느니 차라리 굶더라도 존엄성을 지키는 게 낫다"는 파농의 주장은 "최악의 수사학적 과잉"이며 "무책임한 과장어법"에 불과하다고 포문을 연 아렌트는, 파농이 주도한 알제리 민족해방의 역사를 진정한 인간해방을 가로막는 광기의 산물로 간주한다. 파농에 대한 비판은 제3세계 탈식민화운동 전반에 대한 비판으로 이어진다. 아렌트는 인류역사에서 노예반란과 같은 피지배자의 폭력적 저항이 바람직한 결실을 거둔 예가 거의 없었다고 전제한다. 그러면서 폭력에 의존하는 신좌파운동과 파농을 사상적 지주로 삼은 제3세계주의는 "마르크스주의가 남긴 모든 형태의 시대착오적 잔존물의 뒤범벅에 불과"하다고 못 박는다. 아렌트는 파농이 꿈꾼 제3세계 탈식민화를 위해 싸우고 있는 자들을 향해 이렇게 외친다. "꿈이 이루어진 적은 한 번도 없다." 그것은 "모든 이의 꿈을 악몽으로 만들어버린 미친 분노"에 불과하며, "제3세계란 것 역시 현실이 아니라 이데올로기", 즉 현실이 될 수 없는 이데올로기적 환상일 뿐이라고 말이다.[7]

아렌트가 파농과 제3세계주의를 비판하는 근거는 간단명료하다. 피지배자의 폭력도 지배자의 폭력과 마찬가지로 비윤리적일뿐더러 비효율적이라는 것이다. 아렌트의 주장을 파농에 대한 비판으로만 국한해서 보면 식민주의자의 혐의를 벗기 힘든 것이 사실이다. 그런데 『폭력에 관하여』란 저서 전체를 읽어보면 아렌트의 주장이 나름대로의 논리적 일관성과 설득력을 가지는 것 또한 사실이다. 권력의 정당성과 권력의 정당화는 구분되어야 한다는 것이 아렌트의 핵심논지다. 폭력은 권력을 정당화시킬 수 있을지언정 폭력에 의존하는 권력은 결코 정당하지 않으며 폭력은 권력의 자기파멸을 초래할 뿐이라는 것이다.[8] 식민지 권력관계에서 지배자가 피지배자에게 행사하는 폭력의 부메랑효과를 생각하더라도 아렌트의 주장은 분명 타당한 구석이 있다.

하지만 아렌트가 의미하는 권력의 주체가 어디까지나 유럽이라는 점에서 그녀의 주장은 반쪽짜리 진실이다. 아렌트가 비판적 분석의 대상으로 삼은 권력, 즉 나치즘, 전체주의, 공산주의, 제국주의 등은 모두 유럽 근대성의 산물이다. 제3세계는 거기에 맞서 저항적 폭력의 주체로 등장하긴 했지만 억압적 권력의 주체가 된 적은 없다. 이는 역사적 사실인 동시에 아렌트의 분석틀이 지닌 맹점이다. 폭력이 권력을 파괴한다는 아렌트의 기본전제, 즉 권력이 행사한 폭력은 결국 그 권력의 기반을 와해시킨다는 주장은 유럽에만 해당하는 얘기다. 근대성의 역사에서 제3세계가 권력의 주체가 되어 유럽에게 폭력을 행사하고 그 폭력이 제3세계에 부메랑으로 되돌아온 적은 없다. 말하자면, 아렌트는 폭력이 권력에 미치는 효과를 유럽중심주의적 시각에서만 분석한 셈이다. 그 과정에서 폭력의 비합리성과 비효율성을 부각하기 위해 파농과 제3세계를 들먹인 것이다. 거꾸로 파농의 시각에서 본다면, 저항의 폭력이 비합리적이고 비효율적이라는 아렌트의 주장이야말로 투쟁의 현장과 단절된 탁상공론으로 비쳤을 것이다.

그러한 파농의 입장을 가장 적극적으로 변호한 서구 지식인이 바로 사르트르다. 같은 유대인이면서도 아렌트와는 정반대로 사르트르는 탈식민화를 위한 폭력을 옹호한 파농에게 『대지의 저주받은 자들』의 「서문」으로 쓴 글을 통해 전적인 지지를 보낸다. 서문답지 않게 분량도 길고 내용도 도발적인 이 「서문」은 백혈병과 투병하며 죽음을 앞둔 파농의 부탁으로 쓴 글인데, 출판되자마자 『대지의 저주받은 자들』 못지않게 뜨거운 논쟁거리가 되었다. 아렌트와 마찬가지로 사르트르도 파농을 논의하는 근본적인 이유가 유럽의 자기반성임을 숨기지 않는다. "유럽인으로서 나는 적의 책을 훔치고 거기에서 유럽을 위한 치료약을 만들어내고 싶다. 그것을 최대한 활용하자." 사르트르의 궁극적인 관심은 '그들'이 아니라 '우리'에게 있다. "우리 유럽인을 위해 쓴 책도 아닌데 내가 머리말을 쓸 하등의 이유가 없다. 그래도 내가 머리말을 쓴 이유는 그 책이 유럽에 있는 우리까지 탈식민화하기 때문이다. 즉 우리 모두의 뼛속 깊이 스며 있는 식민지 정착자의 심성을 철저하게 뿌리 뽑게 한다."[9]

'우리'와 '그들' 사이에 이러한 입장 차이가 있음에도 사르트르와 파농 사이에는 지식인으로서의 상호존중과 반식민주의적 연대의식이 깔려 있다. 사르트르가 볼 때, 유럽 근대성의 파산을 선언하며 무장투쟁의 정당성을 역설하는 파농은 새로운 충격과 도전이 아닐 수 없다. 파농 이전의 제3세계 지식인은 그저 백인을 흉내 내는 '니그로' 내지는 유럽에 동화되려고 애쓰는 '원주민'에 불과했다. 유럽을 향한 그들의 비판은 "불만해소 차원"에서 용인되었고 "짖는 개는 물지 않는 법"이라는 속담을 확인해줄 따름이었다. 하지만 파농은 다르다. "아무것도 숨기거나 두려워하지 않는" 파농, "유럽은 끝났다"고 외치며 정면으로 대드는 파농에게 그러한 지배자의 온정주의적 접근은 통하지 않는다. 사르트르가 『대지의 저주받은 자들』의 출간을 "스캔들"이라고 한 것도 제3세계가 더 이상 유럽의 눈치를 보지 않고 "스스로 말하는 주체"로 등장했기 때문이다.

사르트르가 파농을 옹호하는 간접적이면서도 근본적인 이유는 식민주의에 대한 죄책감과 수치심 때문이다. "우리[유럽인]에게 인간이란 식민주의의 공모자가 되는 것을 의미한다. 왜냐하면 우리 모두가 한 사람의 예외도 없이 식민지 착취의 수혜자이기 때문이다." 특히 유럽 인본주의의 대변인 노릇을 자임하는 사르트르에게 식민주의와 인본주의의 결탁은 가장 부끄러운 모순이다. "끊임없이 인간(Man)에 대해 얘기하면서도 지구 방방곡곡 남의 땅에서 인간들(men)을 닥치는 대로 죽이는 유럽을 이제는 더 이상 쳐다보지 말자"는 파농의 구절은 사르트르에게 견디기 힘든 모멸감을 준다. 이에 사르트르가 내뱉는 냉소적 자기비판은 파농의 비판 못지않게 거칠고 날카롭다.

인본주의는 거짓의 이데올로기이자 약탈을 위한 완벽한 정당화에 불과하다. 입에 발린 말과 가식적인 감수성은 우리가 저지른 죄악의 알리바이일 뿐이다. ……자유, 평등, 우애, 사랑, 명예, 애국심 등등 우리는 지껄이고 또 지껄인다. 이 모든 것은 우리로 하여금 더러운 니그로, 더러운 유대인, 더러운 아랍인에 대한 반인종주의적 얘기를 마음껏 하게 해준다. 진보주의자든 그냥 온정주의자든 간에 고매한 [유럽] 사람들은 그러한 [말과 행동의] 불일치 때문에 엄청 충격을 받았노라고 토로한다. 하지만 그들은 잘못 판단했거나 아니면 부정직하다. 우리에게 인종주의적 인본주의보다 더 일관된 것은 없다. 여태껏 유럽인은 오로지 자신이 인간이 되기 위해 온갖 노예들과 괴물들을 창조해오지 않았던가?[10]

유럽 식민주의에 대한 자기비판이 직설적인 만큼 제3세계의 폭력적 탈식민화를 옹호하는 사르트르의 논리에서도 완곡어법을 찾아보기 힘들다. 우선 사르트르는 폭력 사용을 반대하는 평화주의자들을 식민주의의 하수인으로 몰아붙인다. "만약 착취와 억압이 지구상에 존재한 적이 없었고 폭력이 바로 오늘 저녁에 시작되었다면, 비폭력의 슬로건이 싸움을 당장 종식시켰을 것이다. 하지만 모든 지배체제와 심지어 당신의 비폭력적 관념마저 천년에 걸친 억압에 의해 만들어진 것이라면, 당신의 무저항은 당신을 억압자들과 한패가 되는 데 도움을 줄 뿐이다." 사르트르의 눈에 알제리나 앙골라 등지에서 발생하는 유럽인 학살은 "부메랑의 순간"일 따름이다. "학살을 시작한 것도 우리"고, "그들을 자극한 것도 우리"다. 폭력은 '그들'에게 남은 "최후의 수단"이다. '그들'의 폭력에 망연자실한 유럽의 좌파와 진보적 지식인들이 그동안 가했던 '우리'의 폭력을 되새겨보지만, 때는 늦었다. 늦어도 너무 늦었다. 이제 남은 건 끝장을 보는 것, 즉 "그들의 수중에 있는 모든 수단을 다하여 식민주의를 몰아내는 것"뿐이다.[11]

사르트르는 한 걸음 더 나아가서 폭력의 정당성뿐만 아니라 효과의 측면에서도 파농과 동일한 입장을 취한다. 사르트르는 탈식민화를 위한 폭력을 이렇게 해석한다. "유럽인을 쏴 죽이는 행위는 일석이조의 효과가 있다. 그것은 억압자를 죽이는 동시에 피억압자를 죽이는 행위다." 여기서 말하는 피억압자란 억압자의 이데올로기에 의해 세뇌된 원주민, 즉 '검은 피부'를 가리려고 '하얀 가면'을 뒤집어쓴 흑인을 의미한다. 무장투쟁에 참여함으로써 '원주민'의 열등감과 소외감을 떨쳐버리고 잃어버렸던 자존감을 회복하는 것이다. 무지몽매했던 알제리 농민들이 총칼을 집어든 순간, 그들은 "처음으로 그의 발밑에 민족의 땅을 느끼며" 그들을 얽매었던 "의존 콤플렉스는 날아가 버린다." 폭력은 '니그로'를 '인간'으로 만드는 치유와 갱생의 효과를 가져다준다.

파농과 사르트르가 가장 역설하는 것도 식민지 피지배자의 "인간성을 입증"하는 과정으로서의 폭력이다. "이 억누를 수 없는 폭력은 분노 섞인 소음도 아니고 미개인 본능의 부활도 아니며 울분의 결말은 더더욱 아니다. 그것은 인간이 스스로를 재창조하는 것이다." 결국 사르트르가 설명하려는 폭력의 정치학과 윤리학은 '우리'와 '그들'의 유럽중심주의적 이분법에 기초하면서도 그 이분법을 넘어선다. "우리가 그들의 희생을 발판으로 인간이 되었다면 지금은 그들이 우리의 희생을 통해 스스로 인간이 된다. 이제 그들은 우리와 다른 인간인 동시에 우리보다 더 나은 인간이다."[12]

파농이라는 동일한 인물에 대한 아렌트와 사르트르의 평가가 이토록 상반된 이유는 어디에 있을까? 한 사람은 그를 무책임하고 광기어린 테러리스트로, 다른 한 사람은 그를 '니그로'의 인간성을 회복시킨 혁명적 휴머니스트로 보았다. 이른바 역사적 객관성이란 잣대에서 보자면, 두 사람 모두 파농에 대한 객관적인 평가를 내렸다고 보기는 어렵다. 당대 유럽 지성계의 양심으로 통하던 사르트르는 식민주의가 저지른 죄악에 대한 비판적 자의식에 사로잡힌 나머지 파농의 주장을 너무 감상주의적으로 받아들였다는 비판을 받을 수 있다. 이에 비해, 파시즘에 대한 저항이라는 의제에 함몰된 아렌트는 파농의 영향을 받은 미국 흑인민권운동과 제3세계 민족해방운동마저 일종의 파시즘으로 몰아세우는 오류를 범하고 말았다. 유럽 제국주의도 폭력적이고 제3세계 민족주의도 폭력적이라는 양비론으로 아렌트는 양측 모두가 폭력에 의존하는 변질된 권력체제라고 싸잡아서 비판한 것이다. 아렌트와 사르트르의 양립 불가능한 시각은 두 사람 모두 유대계 유럽인이면서 유럽 근대성의 치부를 파헤친 진보적 지식인이라는 공통점을 무색케 한다. 이 극명한 대조는 역사란 사실에 관한 '이야기'이며 역사서술은 결국 해석의 문제라는 역사학의 해묵은 명제를 새삼 확인시켜줄 따름이다.

사실 아렌트는 정치철학자인 동시에 역사학자다. 아렌트는 유대계 동료 베냐민(Walter Benjamin)의 「역사철학 테제」("Theses on the Philosophy of History")에 영향을 받아 『과거와 미래 사이에서』(*Between Past and Future*)를 저술했고, 「역사철학 테제」에 실린 짧은 논문들을 영어로 번역하여 『계시』(*Illuminations*)라는 제목으로 펴내기도 했다. 역사학자로서의 아렌트는 역사의 허구성을 인정하지 않고 "실제 있었던 일을 그대로" 전달하려던 근대 역사학의 태두 랑케(Leopold von Ranke)의 입장에 반대한다. 역사가는 자아를 소멸시켜야 한다는 랑케의 전제가 불합리하다고 보기 때문이다. 역사가는 무한한 사실들 중에서 선택을 해야 하는데, 그 선택 자체가 "역사에 대한 간섭"이므로 정말 공정하고 가치중립적인 역사서술은 애당초 불가능하다는 것이다.[13]

더구나 아렌트는 객관성과 보편성을 추구하는 역사서술이 실은 정치적 왜곡과 편향성의 결과물이라고 생각한다. 이는 랑케식의 역사서술이 역사의 정복자를 위로하고 칭찬하게 마련이라는 벤야민의 역사관과 일치한다.[14] 아렌트에게 학자적 명성을 확립해준 『전체주의의 기원』(*The Origin of Totalitarianism*)의 원래 제목이 "반유대주의-제국주의-인종주의: 지옥의 세 기능"이었다는 사실도 피지배자의 입장을 대변하는 것이 역사가의 임무라는 그녀의 문제의식을 간접적으로 반증해주고 있다.

그렇다면 역사학자로서 소멸할 수 없는 아렌트의 '자아'가 과연 무엇이었기에 그녀는 파농을 히틀러와 구분되지 않을 정도의 폭력주의자로 보았을까? 『과거와 미래 사이에서』에서 아렌트는 고대 그리스의 민회가 "양쪽의 주장을 들어주기 위해 열린" 공개토론의 장이었고, 거기서 시민들이 "똑같은 세계를 상대방의 시각에서 이해하는 방법"을 배웠다고 칭찬한 바 있다.[15] 하지만 『폭력에 관하여』에서 아렌트 자신은 파농이 속한 세계를 상대방의 시각에서 보려고 하지 않는다. 아마도 반유대주의라는 인종주의의 피해자였던 아렌트에게 식민주의적 인종주의는 관심 밖이었던 모양이다. 파농에 대한 아렌트의 신랄한 공격은 그가 대표하는 FLN과 아프리카 흑인 전체를 향한 그녀의 시선이 무의식적으로 반영된 것이 아닐까? 어쩌면 파농은 아렌트에게 '상대방'으로 인정하기도 싫은 존재가 아니었을까? 만약 아렌트가 파농을 이해할 만한 가치가 있는 '상대방'으로 여겼더라면, 공포와 절망의 한복판에서도 변화의 희망을 읽어내고자 했던 베냐민의 역사철학을 파농의 절박한 탈식민화 투쟁에도 적용하지 않았을까?

알제리혁명의 폭력성과 야만성

아렌트의 파농 비판에 대해 또 하나 짚고 넘어가야 할 것은 파농이 폭력에 호소할 수밖에 없었던 역사적 배경을 그녀가 간과한다는 점이다. 아렌트는 유럽 식민주의의 폭력을 비판하는 과정에서 다음과 같은 발언을 한다. "대단한 파급력을 지녔던 간디의 성공적인 비폭력 저항운동이 영국이 아닌 스탈린의 러시아나 히틀러의 독일 또는 전전(戰前)의 일본과 마주쳤다면 그 결과는 식민지독립이 아닌 대량학살이나 항복이었을 것이다. 하지만 인도에서의 영국과 알제리에서의 프랑스는 [과도한 폭력을] 억제하는 분별력이 있었다."[16] 여기서 아렌트는 흥미로운 자기모순을 드러낸다. 폭력적인 파시즘 앞에서는 비폭력적 저항이 소용없음을 부지중에 스스로 인정하고 있는 것이다. 이는 나치 독일처럼 폭력적인 권력에 맞서기 위해서는 그녀가 시종일관 비판해온 폭력이 필수 불가결하다는 얘기다.

아렌트는 영국과 프랑스의 식민주의가 훨씬 덜 폭력적이었다고까지 주장한다. 물론 영국과 프랑스의 식민주의는 나치 독일과는 달리 지역과 상황에 따라 인종 말살정책과 원주민 동화정책을 병행한 것이 사실이다. 하지만 파괴와 살상이 홀로코스트처럼 대규모가 아니었다고 해서 덜 폭력적이었다고 하는 것은 문제가 있다. 특히 파농이 참전했던 프랑스와 알제리 산의 전쟁에 관한 한, 아렌트의 수상은 역사적 사실과 다르다. 그렇다면 여기서 잠시 알제리전쟁의 실상을 살펴볼 필요가 있다. 이는 아렌트의 오류를 입증하기 위해서뿐만 아니라 파농이 폭력을 옹호했던 역사적 배경을 이해하기 위해서라도 필요할 것이다.

파농이 알제리혁명으로 부르는 알제리전쟁은 역사상 가장 잔혹한 폭력이 수반된 전쟁 중의 하나였다. 그것은 원주민의 저항과 정착민의 탄압이 가장 첨예하게 맞부딪친 식민지독립 전쟁이었다. 제2차 세계대전을 계기로 고조된 알제리 민족해방 운동과 이것을 저지하려는 프랑스 식민정부의 대립은 1945년에 발생한 세티프(Sétif) 사건에서 정면으로 충돌했다. 독립을 요구하는 무슬림 시위를 프랑스군이 진압하면서 2만여 명의 사상자를 발생시킨 이 유혈참사는 알제리전쟁의 도화선이 되었다. 제2차 세계대전이 막바지에 달하면서 프랑스 본토에서는 나치 독일로부터의 해방을 환호하고 있을 무렵, 지중해 건너 알제리에서는 프랑스의 제국주의적 학살이 시작된 것이다.

알제리전쟁은 1954년 11월 FLN의 만성절 봉기로 시작하여 1962년 에비앙 협정을 거쳐 그해 7월 알제리가 독립함으로써 막을 내렸다. 프랑스가 8년 동안 150만 명의 정규군을 알제리에 투입한 결과, 알제리전쟁은 참전과 피해 규모에서 20세기 최대의 민족해방운동이 되었다. 프랑스 측의 발표에 따르면, 민간인을 포함한 사망자 수가 프랑스는 3만 명, 알제리는 30만 명을 넘어섰고, 알제리 측의 주장으로는 200만 명에 이르는 알제리 민간인이 사망했다. 프랑스군의 '질서유지작전'은 사실 무차별 학살이었다. 이를테면 알제리 국기를 내건 조그만 마을 하나를 초토화하기 위해 순양함이 함포사격을 가하고 폭격기가 폭탄세례를 퍼붓는 식이었다. 제2차 세계대전 당시 '조국' 프랑스를 위해 나치와 싸우려고 프랑스군에 지원했던 알제리 병사들이 귀향하여 그 참상을 목격하고 모두 FLN에 뛰어든 것은 결코 이상한 일이 아니었다. 객관적인 전력에서 월등하게 앞서는 프랑스군이었지만 FLN의 게릴라전과 테러 그리고 원주민들의 비협조와 약탈로 인해 알제리전쟁은 뚜렷한 승자 없는 소모전으로 치달았다. 이 과정에서 프랑스군이 수없이 자행한 양민학살과 일상화된 고문 그리고 이에 맞선 보복성 테러는 양측 모두에게 도저히 치유될 수 없는 상처를 남겼다.

알제리전쟁의 폭력성과 파괴성은 종전 후에도 살아남은 이들을 끊임없이 괴롭히고 있다. '피에-누아르'(pieds-noirs)로 일컬어지는 알제리의 유럽계 주민 100만여 명은 보복을 피해 알제리를 떠났고, 프랑스 편에서 싸운 알제리 병사 '하르키'(harki) 중에서 프랑스로 탈출하지 못한 30만여 명이 동포의 손에 무자비하게 학살되었다. 독립 이후에도 사회주의 노선을 내세운 군부독재와 혁명세력들 간의 권력투쟁으로 편안한 날이 없던 알제리는 1990년대에는 민주화에 대한 욕구까지 분출되면서 완전히 내란상태에 빠졌다. 10여 년에 걸친 알제리 내전은 테러, 납치, 처형, 고문이 반복되는 가운데 10만 명이 넘는 사망자를 내면서 30년 전 알제리전쟁의 상흔을 일깨워주는 '제2의 알제리전쟁'이 되고 말았다.[17] 이는 그만큼 알제리전쟁과 그 여파가 파괴적이었고, 더 나아가서는 이 전쟁의 배경인 프랑스 식민통치가 폭력적이었음을 의미한다.

알제리전쟁은 폭력과 야만의 정도가 강했던 만큼이나 가해자 프랑스에 더욱 '불편한 진실'이 되었다. 전쟁 발발 후 40여년 동안 프랑스 정부는 진상규명이나 피해보상은 고사하고 전쟁의 실체마저 공식적으로 인정하지 않으려는 태도를 견지했다. 1980년대까지만 해도 프랑스 중·고등학교 교과서에는 알제리전쟁이 '사건'이나 '위기' 같은 애매모호한 용어로 서술되어 있었다. 종전 후 무려 37년이 지난 1999년에 와서야 프랑스 정부의 공식문서에서 '질서유지작전'이란 용어를 '알제리전쟁'으로 대체한다는 법안이 의회에서 통과되었다.[18] 진보적 지식인과 학생들의 끈질긴 요구와 국제사회의 따가운 눈총에도 프랑스 정부가 이토록 알제리전쟁을 대면하기 꺼렸던 이유는 그만큼 알제리전쟁의 폭력성이 평등과 박애라는 국가이념과 양립할 수 없었기 때문이다. 독일의 홀로코스트나 미국의 베트남전쟁이 그러하듯이, 프랑스에게 알제리전쟁은 떨쳐버릴 수 없는 트라우마이자 가리고 싶은 치부임이 틀림없다.

억압의 폭력에 맞서는 저항의 폭력

지금까지 파농의 폭력 옹호론을 둘러싼 찬반논란과 알제리 전쟁의 역사적 배경을 살펴보았다. 이제 파농의 텍스트 속으로 들어가서 그가 실제로 폭력에 대해 무슨 얘기를 했는지 구체적으로 살펴보자. 파농은 테러리스트인가라는 질문에 답하기 위해서는 우선 그가 옹호한 폭력의 의미와 효과를 분석해볼 필요가 있다. 파농의 비판자들이 그를 테러리스트로 보는 이유는 그가 알제리전쟁의 와중에서 무장투쟁을 주도했기 때문만은 아닐 것이다. 전시(戰時) 상황에서 적군에게 폭력을 가했다는 이유만으로 비난한다면 이 세상의 모든 전쟁 영웅은 설 자리가 없어진다. 파농이 '폭력의 사도'로 각인된 이유는 폭력에 관해 남긴 그의 저서가 아프리카·흑인·이슬람·프롤레타리아·제3세계 등 다양한 저항세력이 시도한 반제국주의·반자본주의 투쟁의 역사에서 사상적 지침서로 자리 잡아왔기 때문이다.

파농의 모든 저서는 폭력이란 주제를 다루고 있다고 해도 과언이 아니다. 초기 저서 『검은 피부, 하얀 가면』은 정신분석학 이론을 이용하여 식민주의가 흑인 원주민에게 가한 심리적·인식론적 폭력을 해부함으로써 정신적 탈식민화를 위한 발판을 마련한다. 이에 비해, 파농이 알제리전쟁에 뛰어든 이후에 쓴 후기 저서 『대지의 저주받은 자들』『사멸하는 식민주의』『아프리카 혁명을 향하여』는 모두 식민주의의 물리적·제도적 폭력에 주목하며 물질적 탈식민화를 위한 전략과 성과를 상술한다. 이 중 후대에 파농을 테러리스트로 자리매김하는 데 가장 크게 기여한 글이 바로 『대지의 저주받은 자들』에 실린 「폭력에 관하여」("On Violence")다. 이 에세이는 알제리전쟁에서 벌인 무장투쟁에 관한 현장보고서가 아니라 폭력의 윤리적 정당성과 정치적 효용성을 체계적으로 논의하는 일종의 이론적 분석에 해당한다. 여기서 파농은 FLN이 독립전쟁 과정에서 어떠한 형태의 폭력을 동원했고 그 효과가 무엇이었는지에 대해서는 거의 얘기하지 않는다. 그 대신 파농은 식민주의 자체가 일종의 폭력기계임을 부각함으로써 탈식민화를 위한 폭력의 불가피성을 강조하는 우회 전략을 사용한다.

파농에 따르면, 식민주의는 물질적 실천과 담론적 실천을 동반한다. 식민지 정복과 지배의 근본 원인은 힘의 불균형이다. 유럽의 식민지 역사가 전개될 수 있었던 것은 유럽 근대성의 산물인 과학과 기술 덕분이다. 동시에 식민주의는 헤게모니적 담론으로서 엄청난 힘을 발휘한다. 즉 물질적 침탈을 정당화하는 지배 이데올로기를 피지배자가 스스로 받아들이고 내면화할 때 식민지배가 효과적으로 진행된다. 따라서 식민주의를 극복하려는 탈식민화의 기획도 물질과 정신의 양면에서 함께 이루어져야 한다. 탈식민주의 역사에서 이 사실을 가장 절실하게 인식한 인물은 아마도 파농일 것이다. 파농은 초기 저서에서든 후기 저서에서든 초지일관 물질적 탈식민화와 정신적 탈식민화를 유기적이고 상호보완적인 관계로 파악한다.

파농이 무장투쟁의 목표로 상정한 탈식민화(decolonization)란 문자 그대로 '식민지 상황'에서 벗어나는 것으로서, 이를 정확하게 이해하려면 그가 의미한 '식민지 상황'이 무엇인지 살펴볼 필요가 있다. 파농은 『검은 피부, 하얀 가면』에서부터 식민주의는 "객관적 차원과 주관적 차원에서 총체적 이해와 해결이 요구되는 문제"이며 그것은 "객관적인 역사적 조건들의 상호관계뿐만 아니라 그러한 조건들에 대한 인간의 태도를 포함한다"(*BS*, p.11, p.84)라고 주장한다. 여기서 파농이 말하는 "객관적 차원"이나 "역사적 조건"은 물질적인 것이고 "주관적 차원"이나 "인간의 태도"는 정신적인 것을 의미한다. 이 두 가지 요소의 결합을 통해서 식민주의가 완성된다는 것이다.

식민주의의 양면성은 『대지의 저주받은 자들』에서 더 구체적으로 거론된다. 파농은 정신적인 식민지 상태를 이렇게 서술한다.

정착민이 역사를 창조한다. 그의 삶은 신기원이자 오디세이며, 그가 곧 태초(太初)다. 그는 "우리가 이 땅을 창조했다. 만약 우리가 떠나가면 모든 것이 수포로 돌아가고 이 나라는 중세시대로 회귀할 것이다"라고 주장한다. 자신이 절대적 원인이라는 것이다. 그에 맞서서 원주민은 무감각한 피조물처럼 열병에 소진되고 조상전래의 관습에 얽매인 채 식민지 중상주의(重商主義)의 개혁적인 역동성을 돋보이게 하는 거의 무생물 같은 배경 역할만 할 뿐이다.(*WE*, p.51)

'식민지 상황'이란 피정복자가 정복자의 지배 이데올로기에 세뇌되어 저항의 의지와 용기를 완전히 상실해버린 정신적 노예상태를 말한다. 백인은 강하고 아름답고 깨끗하고 합리적인 반면 흑인은 약하고 추하고 더럽고 야만적이라는 인종주의 이데올로기를 흑인 스스로 당연하게 받아들임으로써 식민권력은 정당화되고 강화되는 것이다.

파농은 그러한 정신적 식민화의 원인을 물질적 조건에서 찾는다. 흑인 원주민에게서 흔히 발견되는 의존 콤플렉스나 열등의식이 식민지 시대 이전부터 내재했던 아프리카 고유의 심리적 속성이 아니라 유럽의 식민지배가 초래한 사회문화적 부산물이라는 것이다. 이것이 『검은 피부, 하얀 가면』의 핵심 논지다. 『대지의 저주받은 자들』에서도 파농은 식민주의의 물질성을 계속 역설한다.

식민지 상황의 특수성은 경제적 현실과 불평등 그리고 생활양식의 엄청난 차이가 반드시 인간으로서의 실존적 현실로 드러난다는 데 있다. 식민지 사회를 자세히 들여다보면 그 세계가 특정 인종과 특정 집단에 속하느냐 못하느냐에 따라 뚜렷하게 나뉜다는 것을 알 수 있다. 식민지에서는 경제적 하부구조가 상부구조이고 원인이 곧 결과다. 백인이기 때문에 부유하며 부유하기 때문에 백인이다. 마르크스주의적 분석틀이 식민지 문제를 다룰 때만은 약간 수정되어야 하는 이유도 바로 여기에 있다.(*WE*, p.40)

이 구절은 파농이 쓴 모든 책의 주제를 축약해놓았다고 해도 과언이 아니다. 파농의 메시지는 간단명료하다. 백인들이 얘기하는 인종의 우열은 주어진 사실이 아니라 꾸며낸 신화이며, 불균등한 권력관계로 말미암아 그 백색 신화가 보편적 진리로 둔갑했다는 것이다.

파농이 식민주의의 물질성을 강조하는 또 하나의 근거는 식민지배의 고유한 방식에 있다. 식민지에서는 유럽 자본과 아프리카 노동의 생산관계를 강화하기 위해 인식론적 폭력보다 물리적 폭력에 더 의존한다. 그람시(Antonio Gramsci)에 따르면, 유럽 시민사회에서는 힘의 우위를 과시하는 '강압'보다는 이데올로기 교육을 통해 지배자가 피지배자의 '동의'를 이끌어냄으로써 '지적·도덕적 권위'를 확보하는 '헤게모니'를 통해 지배하는 것이 더 효과적이다. 그러나 식민지에서는 지배자가 강압적 지배방식을 더 선호한다. 알튀세(Louis Althusser)의 구분을 적용하자면, 식민지에서는 군대와 경찰로 대표되는 '억압적 국가장치'가 학교, 교회, 가정, 언론, 문화 등을 포함하는 '이데올로기적 국가장치'에 우선한다. 알튀세가 분석한 근대 유럽사회는 '억압적 국가장치'와 '이데올로기적 국가장치'의 결합을 통해 권력체제를 유지한다. 즉 이데올로기에 의해 '주체'로 '호명'된 자들이 자본주의적 재생산을 위한 명령에 억지로 따르는 것이 아니라 자발적으로 움직임으로써 체제 유지가 용이해지는 것이다.

하지만 파농이 파악한 식민지 상황은 그렇지 않다. 근대 유럽이 채택하는 식민지 경영방식은 여전히 전근대적이다. 근대성을 먼저 경험한 유럽이 보기에 아프리카는 부정하고 싶은 자신의 야만적 과거이자 바깥이므로 굳이 유럽 안에서 가동하는 '합리적'이고 '부드러운' 지배방식을 고수할 필요나 가치가 없기 때문이다. 파농이 보기에 식민지 지배자는 지배의 강제성을 은폐하거나 무마하려는 노력조차 하지 않는다. 오히려 불합리하고 불균등한 권력관계를 마치 당연한 것처럼 강요한다.(*WE*, p.38, p.84) 권력의 위용을 최대한 가시적으로 드러내고 공포심을 조장하는 심리적 테러를 가함으로써 저항의지를 철저히 봉쇄하는 것이다. 물론 식민주의의 폭력이 물리적인 동시에 이데올로기적이라는 것은 파농의 전체 저서를 가로지르는 핵심 논지이지만, 여기서 파농은 식민지 원주민에게 가해지는 물리적 폭력의 잔혹성과 일상성에 방점을 둔다. 유럽 시민사회와 비유럽 식민지에서 폭력이 사용되는 방식의 차이에 주목하는 것이다.

그 차이의 이면에는 '니그로'나 '유색인'을 인간으로 인정하지 않는 백인우월주의가 작동하고 있다. 노예제도와 종족학살 같은 적나라한 폭력의 역사가 가능했던 것도 아프리카 흑인과 아메리카 인디언을 '물건'과 '미개인'으로 여겼기 때문이다. 이 완고한 인종주의 이데올로기는 인종적 타자에게 가한 모든 폭력을 정당화하는 근거가 되어왔다. 따라서 저항의 방식도 달라져야 한다. 제국 중심부의 계급적 타자와 주변부의 인종적 타자를 지배하는 방식이 다른 만큼, 반식민주의 투쟁도 유럽 내부의 반자본주의 투쟁보다 더 과감하고 과격해야 한다. 이것이 바로 파농의 우회적이면서도 궁극적인 메시지다.

식민지 사회의 '마니교적 이분법'

파농이 마르크스주의 분석틀을 수정하여 설명하려는 식민지 사회의 특수성은 인종의 계급화다. 식민지에서는 개인의 사회적 위치가 오로지 피부색으로 결정된다는 것이다. 어떤 비평가들은 파농의 입장을 인종환원론으로 비판하기도 하지만,[19] 파농은 바로 그러한 환원적 사회구조가 '식민지 상황'임을 강조한다. 파농이 볼 때, 식민지 사회는 철저한 '마니교적 세계'다. 식민지에서는 지배자와 피지배자를 마니교적 이원론, 즉 절대적 가치와 그것의 부재로 규정할뿐더러 실제로도 정착민과 원주민은 경제적으로 상반된 삶을 영위한다.(*WE*, p.41) 한쪽은 깨끗하고 풍요로운 지역이고, 다른 한쪽은 지저분하고 궁핍한 지역이다. 한쪽은 빵과 존엄성의 원천인 땅을 소유한 자들이고 다른 한쪽은 그것을 박탈당한 자들이다. 땅을 빼앗고 빼앗긴 결과가 선과 악, 축복과 저주, 문명과 야만, 고귀와 비천의 이분법으로 정당화되는 것이다. 요컨대 '식민지 상황'에서는 인종의 차이가 계급의 우열로 바뀌고 이는 다시 형이상학적 위계질서로 굳어진다.

어떻게 보면, '식민지 상황'에 대한 파농의 이러한 접근은 마르크스주의자답지 않게 다분히 반(反)변증법적이다. 변증법은 기본적으로 시간의 흐름에 따른 갈등과 변화를 전제한다. 마르크스가 말한 것처럼 시간은 역사발전의 공간이다. 노동과 소외도 결국 시간적 경험이며 자본주의 역시 시간의 경제학이다. 그런데 파농이 설명하는 식민지 상황에서는 아리스토텔레스의 이분법에 기초한 공간의 정치학이 우선한다. 식민권력은 공간의 자유로운 사용과 이동을 금지하며 그것을 강제적으로 규정한다. 이는 개인이 신체표현의 가능성과 영토확장의 한계선을 스스로 선택할 수 없다는 점에서 가장 원초적이면서도 실존적인 억압 방식이다.[20] 원주민들에게 허락된 거주지는 주체성의 흔적이 지워진 공간이며 그들은 공간적으로나 정신적으로나 "석화(石化)된" 존재다. 파농의 다음 구절은 공간의 억압이 얼마나 숨 막히는지를 여실히 보여준다.

원주민들은 꼼짝 못하도록 얽매인 존재다. 원주민들이 가장 먼저 배우는 건 자기 자리에 머물면서 정해진 경계선을 넘어가지 않는 것이다. 이들이 언제나 꿈속에서 힘찬 근육운동을 하는 이유도 여기에 있다. 이들의 꿈 내용은 움직임과 공격성에 관한 것이다. 나는 꿈속에서 뛰고 헤엄치고 달리고 산에 오른다. 미친 듯이 웃기도 하고 한걸음에 강을 건너기도 하며 전속력으로 나를 쫓아오는 자동차들보다 더 빨리 내달린다. 식민지배를 당하는 동안 원주민들은 저녁 9시부터 아침 6시까지 자유를 쟁취하기 위한 몸부림을 잠시도 멈추지 않는다.(*WE*, p.52)

원주민들의 꿈이야말로 억압적 현실에 대한 '소망충족'인 셈이다. 이것은 식민지의 정태적 사회구조가 문자 그대로 교착상태임을 반증한다. 거기에는 변화의 가능성도 미래의 희망도 보이지 않는다.

이처럼 숨 막히는 식민주의의 정신적·신체적·제도적 폭력 앞에서 원주민들은 크게 두 종류의 행동을 취하게 된다. 하나는 집단적 자기파괴, 즉 동족상잔이고, 다른 하나는 주술적 신비주의로의 도피다. 첫 번째 경우는 억압된 공격성이 공동체 내부의 적을 향해 분출되는 것으로서, 부족 간의 전쟁이나 이웃 사이의 싸움 또는 가정폭력 등 다양한 형태로 나타난다. 두 번째 경우는 격렬한 춤, 즉흥적 팬터마임, 샤머니즘적 제의행위를 통해 "가장 날카로운 공격성과 가장 충동적인 폭력성을 배출하고 변환하며 주술로 쫓아버리는" 행위를 의미한다. 이러한 제의적 행위는 "원주민이 정착민을 건너뛰는" 효과를 가져온다. 식민지배의 모든 고통과 궁핍의 원인을 "마술적이고 초자연적인 힘"의 탓으로 돌려버림으로써 정착민은 잠시 눈앞에서 사라지고 원주민은 마음의 안정을 얻게 된다. 즉 "숙명론적 믿음"으로 세속적 식민권력에 대한 두려움을 일시적으로나마 감내한다는 것이다.(*WE*, p.54)

원주민의 주술적 도피주의에 대한 파농의 평가는 양가적이다. 한편으로 이것은 "공동체가 스스로를 정화하고 해방시키며 설명하는 방식"이다. 이를 통해 공동체에 속한 개인은 "부족의 역사와 전통 속에 자신을 통합시키고, 신분증과 같은 위치와 안정감을 부여받게 된다."(*WE*, p.55) 문제는 중세시대의 카니발처럼 원주민의 주술적 도피에도 시공간적 제약이 뒤따른다는 점이다. "축적된 리비도와 금지된 공격성이 화산폭발처럼 해소"된다고 해도 그것은 "인가된 원(圓) 안에서만" 가능하다. 그 원은 원주민을 "보호하는 동시에 허용하는" 이중적 경계선이다.(*WE*, p.57) 허용의 범위 안에서만 일탈이 가능한 것이다. 결국 원주민을 옥죄는 폭력의 근본원인인 식민주의는 여전히 피할 수 없는 현실로 남아 있다. 그래서 파농은 식민주의를 회피하지 말고 대면하자고 제안한다. 신이나 마술의 힘에 기대지 말고 인간 스스로의 힘으로 식민주의를 극복해야 한다는 것이다.

이분화와 고착화로 귀결되는 식민지 상황을 타파하기 위해 파농이 내세우는 대안은 폭력이다. 물론 파농이 폭력 자체를 미화하지는 않는다. 힘에는 힘, 테러에는 테러로 맞서는 투쟁방식은 "증오의 악순환"에 빠지거나 "돌이킬 수 없는 지점"에 도달할 위험(*WE*, p.89)이 있다는 것을 파농도 인지한다. 그러면서도 파농은 폭력이 피지배자가 취할 수 있는 유일한 대응책임을 강조한다. 말하자면 "일종의 필요악"(*WE*, p.92)인 셈이다. 탈식민화의 폭력을 옹호하는 파농의 입장은 다음의 짧막한 구절에 잘 압축되어 있다.

식민주의는 생각하는 기계도 아니고 이성적 판단능력을 부여받은 물체도 아니다. 식민주의는 본성 자체가 폭력이며 오로지 더 큰 폭력에 맞닥뜨릴 때만이 굴복한다.(*WE*, p.61)

『아프리카 혁명을 향하여』에서도 파농은 비폭력적 방식의 저항이 식민지 상황에는 어울리지 않는다고 주장한다. 그것은 역사의 교훈이라고 주장하면서, 비폭력적 탈식민화를 향한 프랑스 측의 제스처에 현혹되지 말 것을 당부한다.

아주 특수한 상황하에서는 평화적인 수단과 식민지배자의 합의를 통해 식민체제가 종식됨으로써 두 국가 간의 협력이 재개되는 방향으로 나아갈 수 있을지 모른다. 하지만 그 어떤 식민주의 국가도 체제유지를 위한 모든 가능성을 완전히 소진하기 전까지는 결코 스스로 물러나는 법이 없다는 사실은 역사가 말해준다. 비폭력적인 탈식민화가 이슈로 제기되는 이유는 식민지배자가 갑작스러운 인간성의 변화로 인해 요구한 것이 아니라 국제적 차원에서 힘의 새로운 균형에 대한 압력을 받아들이지 않을 수 없었기 때문이다. 가령 프랑스가 사하라 이남 아프리카의 탈식민화 과정을 주도한 것은 분명한 사실이지만, 그러한 비폭력적 개혁은 프랑스 식민주의가 다른 지역에서 계속 고전을 면치 못하기 때문에 생겨난 현상이다.(AR, pp.154~155)

파농이 폭력을 옹호하는 논리는 철저하게 반동적이다. 식민주의의 폭력에 저항하는 탈식민화의 폭력은 논리적 귀결이자 불가피한 선택이다. "정착민의 이분법은 원주민의 이분법을 낳기 때문이다."(WE, p.93) 그래서 파농의 구절에는 균형, 비례, 대응, 상호작용 같은 단어들이 가득하다.

식민정부의 폭력과 원주민의 저항적 폭력은 서로 균형을 잘 유지하고 놀라우리만큼 상호적인 동질성 속에서 서로에게 반응한다. 이 폭력의 위력은 식민모국으로부터 이식된 폭력의 규모에 비례하여 더 끔찍해질 것이다. 식민지 피지배자가 전개하는 폭력은 멸종위기에 처한 식민정부가 행사하는 폭력에

정비례할 것이다.(*WE*, p.88)

그러므로 비폭력, 대화, 타협, 개선, 개혁을 외치는 토착 부르
주아지의 탁상공론은 무익하고 무기력하다. 이들이 내세우는
이른바 법치주의나 평화주의는 패배주의의 허울에 불과하다.
"원주민의 생명이 오직 정착민의 썩은 시체에서 피어날 수 있
는" 상황에서(*WE*, p.93), 그러한 비폭력주의는 식민권력의 이
해관계와 기득권을 오히려 강화할 뿐이다. 원주민과 정착민 사
이에는 상호 보완이나 공생이 아닌 상호 대립과 배제만 존재한
다. 둘 중의 하나는 불필요한 잉여요 없어져야 할 과잉이기 때
문이다.

탈식민화의 폭력은 창조적 파괴

『대지의 저주받은 자들』의 「폭력에 관하여」에서 파농은 폭력
의 정당성과 불가피성을 주장하는 데서 한 걸음 더 나아가 폭
력의 효과를 강조한다. 탈식민화의 폭력이 초래하는 역기능보
다 순기능에 논의의 초점을 맞추는 것이다. FLN의 대변인이자
전략가로 활동한 파농이 보기에 무장투쟁이 가져다주는 가장
중요한 효과는 식민지 피지배자의 주체의식 회복이다. 식민지
상황에서 폭력이 행사되는 방식은 거의 언제나 편향적이다. 폭
력의 형태가 인식론적이든 제도적이든 아니면 물리적이든 간

에 지배자와 피지배자는 각각 폭력의 주체와 대상이 되고 이러한 일방향성은 양자 모두에게 너무나 익숙하고 당연하게 받아들여진다. 특히 물리적 폭력은 피지배자에게 무력감과 모멸감을 심어주는 가장 직접적인 원인이 된다. 따라서 파농은 폭력 자체가 옳은지 나쁜지의 여부를 떠나 폭력의 고착화된 일방향성과 이로 인한 피지배자의 노예근성을 파괴하는 것이 탈식민화의 과제라고 믿는다.

파농은 폭력의 효과를 개인과 집단의 두 차원으로 나누어서 설명한다. 우선 개인적 차원에서 볼 때, "피지배자는 폭력 안에서 그리고 폭력을 통해서 자유를 되찾는다."(*WE*, p.86) 피지배자에게 탈식민화의 폭력은 파괴인 동시에 해방이다. 폭력은 억압의 족쇄를 파괴할 뿐만 아니라 노예로 길들여진 의식구조를 파괴함으로써 이들을 "새로운 인간"으로 거듭나게 해주기 때문이다. 폭력은 열등감과 절망에 사로잡힌 피지배자의 의식을 "정화하는 힘"(*WE*, p.94)이며, 빼앗긴 자유와 잃어버린 자존심을 회복시키는 "특별 사면장"(*WE*, p.86)이다. 따라서 폭력은 파괴적인 동시에 창조적이라는 역설이 성립한다. 앞서 살펴보았듯이 『대지의 저주받은 자들』의 「서문」에서 사르트르가 얘기한 "일석이조"의 효과도 이를 두고 한 말이다. 탈식민화의 폭력은 지배자를 없애는 동시에 식민주의 이데올로기에 세뇌된 피지배자까지 없애는 이중적 과정이다.

집단적 차원에서는 탈식민화의 폭력이 동원과 통합의 효과를 가져다준다. 식민정부는 원주민의 반식민주의 운동을 봉쇄하기 위해 부족 간의 갈등과 불화를 조장하는 분리주의 정책을 실시한다. 하지만 무장투쟁은 원주민이 지역주의와 부족주의를 청산하고 "거대한 폭력의 유기체"의 일원으로서 새로운 소속감을 느끼게 한다. 파농은 이것을 "피와 분노가 혼합된 접착제"로 표현하는데, 여기서 "민족의식"의 씨앗을 발견한다. 반식민 무장투쟁이 "공동의 목적, 민족의 운명, 집단의 역사"를 지향하는 연대의식을 형성함으로써 "그다음 단계인 국가 건설"로 발전하게 된다는 것이다.(*WE*, pp.93~94)

파농이 묘사하는 폭력의 효과는 개인적이자 집단적이며, 심리적 해방과 사회적 해방을 함께 수반한다. 이를 두고 어떤 비평가는 "탈식민화의 두 단계"로 설명하지만,[21] 심리적 해방과 사회적 해방은 동시발생적인 과정이다. 또한 하나가 없이는 다른 하나도 불가능하다는 점에서 그 둘은 상호보완적인 과정이다. 식민주의가 물리적 폭력과 인식론적 폭력을 동반하는 것과 마찬가지로 탈식민화의 폭력과 그 효과도 물질과 정신의 양면성을 지니는 것이다. 그렇게 본다면, 탈식민화는 개인의 의식과 사회의 질서를 완전히 뒤바꾸는 총체적 혁명이다. 파농이 탈식민화를 가리켜 "완전한 무질서의 기획"이요 "역사적 과정"(*WE*, p.36)이라고 하는 것도 이 때문이다. 탈식민화의 폭력이 정치적 필요성과 함께 윤리적 정당성까지 확보하는 근거가 바로 여기에 있다. 이제 탈식민화의 폭력은 "필요악"의 수준을 넘어서 기독교적 의미의 중생(重生)과 구원을 가져다주는 "절대적 폭력"으로 규정된다. 물론 탈식민화가 초자연적 현상은 아니지만 이를 묘사하는 파농의 어투는 완연히 종교적이다.

탈식민화는 결코 은밀하게 진행되지 않는다. 그것은 개인들에게 영향을 미치고 그들을 근본적으로 변화시키기 때문이다. 탈식민화는 무의미한 존재로 찌그러졌던 구경꾼들을 휘황찬란한 역사의 조명을 한 몸에 받는 주연배우로 탈바꿈시킨다. 그것은 새로운 인간들이 영위하는 삶에 자연스러운 리듬을 부여하며 또한 새로운 언어와 새로운 인간성을 소개한다. 탈식민화는 진정 새로운 인간의 창조다. 하지만 그 창조의 정당성은 결코 어떤 초자연적인 힘에서 비롯되지 않는다. 식민화되었던 '물건'이 스스로를 해방시키는 과정을 통해 인간으로 거듭나는 것이다. "나중 된 자가 먼저 되고 먼저 된 자가 나중 되리라"는 성서 구절이 실현되는 것, 그것이 바로 탈식민화다.(*WE*, pp.36~37)

폭력을 수반한 탈식민화를 통해 '물건'이 '인간'으로 거듭난다는 파농의 주장은 인종과 계급의 이중적인 맥락을 지닌다. '새로운 인간'으로 재창조되는 집단은 식민지 원주민 모두가 아니라 식민지배로 인해 가장 많은 희생을 강요당한 하층민이다. 사실 파농이 말하는 원주민(the natives)은 동질적인 집단이 아니다. 민족국가 내부에도 계급적 차이가 엄연히 존재한다. 한쪽에는 파농이 민족 부르주아지(national bourgeoisie)로 일컫는 토착지주와 엘리트계층이 있고, 다른 한쪽에는 파농이 민중(the people)이라고 부르는 집단이 있는데, 식민지 수탈의 직접적인 대상인 농민과 도시빈민이 여기에 속한다. 전자가 식민권력에 기생하면서 나름의 기득권과 혜택을 누리고 살아가는 반면, 후자는 물질적으로나 정신적으로나 철저하게 소외된 삶을 영위한다. 한쪽은 "말은 혁명적이어도 행동은 개량주의적이지만"(*WE*, p.59), 다른 한쪽은 말과 행동 모두 혁명적이다. 왜냐하면 식민지 하층민은 상대적으로 훨씬 덜 식민화된 집단이기 때문이다.

파농의 시선은 거의 언제나 식민지 하층민에게 향하고 있으며, 폭력의 효과를 논의하는 대상도 이 집단에 한정된다. 이들은 문자 그대로 "대지의 저주받은 자들"이며 "잃을 것은 없지만 얻을 것은 많은 자들"이다. 특히 "계급제도의 바깥에서" 가난과 굶주림에 시달리던 농민은 "식민지 피지배계층 중에서 오직 폭력만이 수지맞는다는 사실을 깨달은 최초의 집단"(*WE*, p.61)이다. 이들은 집단적 자학이나 주술로 울분을 표출하고 현실도피적인 제의를 통해 상처를 위무해왔지만 무장투쟁에 참가하면서부터 엄청난 변화를 보인다. 비로소 현실을 대면했기 때문이다. "기괴한 환상 속에 빠져 뒹굴고 있던 비현실의 세월을 뒤로하고, 원주민은 마침내 손에 총을 들고 일어나 자신의 삶을 억누르는 식민주의 세력과 맞서게 된다."(*WE*, p.58) 그리고 이들은 "식민화와 탈식민화는 단지 상대적인 힘의 문제"라고 인식하게 된다. 이들에게 해방과 타협은 양립 불가능하다. 이들에게 해방이란 "모든 수단을 동원하는 것이며 그중에서도 맨 먼저 힘을 사용하는 것"을 의미한다.(*WE*, p.61)

파농이 주목하는 또 하나의 집단은 도시빈민이다. 유럽과는 달리 근대화와 산업화를 경험하지 못한 아프리카에는 노동자가 아직 계급을 형성하지 못하고 있었다. 마르크스의 계급투쟁 이론이 아프리카 토양에는 완벽히 적용될 수 없었던 것도 이 때문이다. 그 대신 아프리카 식민지 사회에는 룸펜프롤레타리아 집단이 있었다. 이들은 식민지 침탈로 인해 삶의 터전을 잃어버리고 부족공동체를 떠나 도시 언저리를 떠도는 유랑민 무리들인데, "식민지 피지배자 중에서 가장 자발적이며 가장 급진적이고 혁명적인 세력을 형성"(*WE*, p.129)하고 있었다. 파농은 이들을 가리켜 "아무리 쫓아내고 돌을 던져도 나무뿌리를 갉아먹는 쥐떼와 같다"고 표현한다. 이들은 "계급 없는 백수"이고 "직업 없는 잉여인간"이며 "희망 없는 인간쓰레기"(*WE*, p.130)에 불과하다.

하지만 이들은 무장투쟁에 참여하면서 '인간'으로 거듭나게 된다. 여태껏 이들의 삶을 억눌러온 무력감과 모멸감을 떨쳐버리고 인간으로서의 자존감을 회복하는 것이다. 또한 무장투쟁은 이들로 하여금 "집단적 노력과 공동의 운명"(*WE*, p.203)에 대한 의식을 형성하게 한다. 말하자면 계급 없는 룸펜프롤레타리아가 일종의 계급의식을 스스로 형성하게 되는 것이다. 파농이 볼 때, 이처럼 개인과 집단의 차원에서 동시에 이루어지는 하층민의 이데올로기적 각성이야말로 탈식민화 역사의 가장 중요한 전환점이다.[22]

파농은 과연 테러리스트였는가

프랑크푸르트학파의 대표적 이론가이면서 파농에게 적잖은 영향을 받았던 마르쿠제(Herbert Marcuse)는 문명의 역사를 폭력의 역사로 파악한 바 있다. 마르쿠제에 따르면, 가진 자의 자유를 지키기 위해 가지지 못한 자의 자유를 억압하는 것이 문명의 역사이며, 이러한 억압의 폭력은 또 다른 폭력인 저항의 폭력으로 이어질 수밖에 없다. 이론상으로는 폭력과 비폭력을 구분하는 것이 가능하지만, 실제로는 "혁명적 폭력과 반동적 폭력의 차이, 즉 피억압자가 행하는 폭력과 억압자가 행하는 폭력의 차이"만 존재할 따름이다. 마르쿠제는 "윤리적으로는 두 종류의 폭력 모두 비인간적이고 악한 것"임을 인정하면서도, "역사가 언제 한 번이라도 윤리적 기준에 부합하게 이루어진 적이 있었던가?"라고 반문한다.[23] 물론 이런 주장은 사회주의 혁명에 역사적 필연성과 정당성을 부여하려는 맥락에서 나온 것이다. "폭력과 비폭력 사이의 선택이란 있을 수 없다. 선택은 오직 두 가지 형태의 폭력, 즉 자본주의 폭력과 사회주의 폭력 중에서만 가능하다."[24] 그러면서 마르쿠제는 자본주의적 폭력이 "후진국의 인종적 마이너리티"에게도 가해진 것을 지적하며 사회주의 폭력과 탈식민화 폭력 사이의 연대 가능성을 강조한다.

계속해서 마르쿠제는 피억압자가 억압자에게 저항할 수 있는 권리는 실정법에 우선하며, 문명의 역사만큼 유구한 이 저항의 권리가 없었다면 인간은 여전히 원시적인 야만상태에 머물러 있었을 것이라고 주장한다. 피억압자의 저항이 역사 발전의 원동력이었다는 얘기다. 마르쿠제가 이러한 주장을 하는 이유는 억압적인 권력 자체를 폭력으로 보기 때문이다. 문제는 "기존체계의 제도화된 폭력"은 합법을 가장하지만 "저항의 폭력은 실정법상으로 불법적일 수밖에 없다"는 데 있다. 하지만 마르쿠제는 그 어떤 사회체제도 저항의 폭력을 합법화하지 않기 때문에 저항의 합법성을 논하는 것 자체가 무의미하다고 주장한다. "비폭력을 원칙으로 삼으라는 설교는 제도화된 폭력을 재생산하는 것"과 마찬가지라는 것이다.[25] 마르쿠제가 보기에 지배 권력은 아무리 개방적이어도 피지배자의 혁명을 허용하지 않으며 반대로 피지배자의 비폭력주의는 아무리 급진적이어도 결국 지배자의 이해관계에 복무하기 마련이다.

폭력 문제와 관련하여 팔레스타인 출신 탈식민주의 비평가 사이드(Edward W. Said)도 『팔레스타인 문제』(*The Question of Palestine*)에서 비슷한 주장을 개진한다. 테러리즘에 대한 사이드의 입장은 양면적이다. 마르쿠제와는 달리 사이드는 피억압자의 초법적인 권리 또는 약소민족의 자구책이라는 논리로 테러리즘 자체를 옹호하지 않는다. 그리고 파농처럼 폭력의 순기능이나 효과를 강조하지도 않는다. 하지만 사이드는 이스라엘이 팔레스타인에 가한 테러리즘은 묵인하면서 팔레스타인의 테러리즘만을 매도하는 국제사회의 풍토는 부당하다고 주장한다. 사이드가 볼 때, 테러리즘의 주역은 오히려 이스라엘이다. 팔레스타인을 '선민' 이스라엘의 재건을 위해 처리해야 할 대상으로 접근하는 시오니즘이 이데올로기적 테러리즘이며, 이를 법과 제도의 이름으로 구체화하는 것이 이스라엘의 국가 테러리즘이다. 물론 이스라엘의 국가 테러리즘은 용인하고 심지어 칭찬까지 하면서 팔레스타인의 저항을 테러리즘으로 몰아세우는 미국 미디어의 편향된 보도행위 역시 이데올로기적 테러리즘이다. 사이드가 『팔레스타인 문제』를 저술한 목적도 이러한 "범죄의 불균형"을 제대로 바라보지 못하는 "인식의 불균형"을 바로잡는 데 있다.[26]

사이드가 테러리즘 문제를 논의하면서 자주 꺼내는 단어가 '불균등' 또는 '비대칭'이다. 이 단어는 『오리엔탈리즘』에서부터 사이드의 논리와 입장을 대변하는 핵심용어가 된다. 오리엔탈리즘이든 시오니즘이든 모든 재현과 권력의 문제는 '우리'와 '그들' 사이의 불균등에서 비롯된다는 것이다. 테러리즘의 문제도 예외가 아니다. 설령 어느 쪽 명분이 옳은지는 주관적 판단의 문제라 치더라도 팔레스타인이 테러리즘의 훨씬 더 큰 피해자임은 부인할 수 없는 객관적 현실이다. "순전히 산술적인 측면에서, 즉 실제로 발생한 인명과 재산 피해를 냉정한 숫자로 얘기하면, 그동안 시오니즘이 팔레스타인에 행한 것과 그에 대한 보복으로 팔레스타인인들이 시오니스트들에게 행한 것은 비교될 수 없다."[27]

인명희생의 '불균등한' 대차대조표는 사이드의 주장에 타당성을 부여하는 근거가 된다. 1967년 제3차 중동전쟁 이후 이스라엘과 팔레스타인의 무력충돌이 격화되면서 발생한 양측의 사상자 수는 유대인 1명당 아랍인 40명꼴이며, 민간인 희생자 비율까지 따진다면 팔레스타인이 최대의 피해자다. 하지만 탱크와 로켓포로 중무장한 이스라엘 군대가 팔레스타인 난민촌에 가하는 무차별 공격은 '작전'이나 '응징'으로 규정되고, 군사력에서 절대적인 열세인 팔레스타인 저항세력의 무장항쟁(intifada)은 '테러'로 매도된다.[28] 사이드에게 이처럼 편향된 재현은 논리적으로나 윤리적으로나 설득력이 없다.

마르쿠제와 사이드가 피억압자의 저항 폭력을 옹호하는 논리는 비슷하면서도 똑같지는 않다. 마르쿠제는 폭력을 피억압자의 초법적인 고유권한이자 사회변화의 추동력으로 인식하는 데 비해, 사이드는 피억압자의 폭력을 억압자의 폭력에 맞서기 위한 불가피한 고육지책으로 파악한다. 저항 폭력을 마르쿠제는 '절대선'으로, 사이드는 '필요악'으로 보는 셈이다. 그런 점에서 피억압자의 폭력을 현실론적으로 접근하는 사이드보다 당위론적으로 접근하는 마르쿠제가 더 급진적이라고 할 수 있다. 어떻게 보면, 파농의 폭력론은 마르쿠제와 사이드의 상이한 입장을 결합한 것이다. 파농이 식민지 민중의 폭력을 옹호한 근거는 크게 두 가지로 대별된다. 첫째, 식민주의 자체가 성찰과 양보를 모르는 일종의 폭력 기계이므로 그것을 극복하려는 탈식민화 역시 불가피하게 폭력을 선택해야 한다. 둘째, '대지의 저주받은 자들'을 인간으로 거듭나도록 하는 탈식민화의 폭력은 새로운 역사의 창조를 위한 필수요건이다. 이 두 전제를 파농은 동시에 수용함으로써 저항 폭력의 정치적 필요성과 윤리적 정당성을 동시에 확보하고 있는 것이다.

파농은 테러리스트인가? 결국 우리는 이 질문으로 다시 돌아오게 된다. 사전적 의미로 따진다면 파농은 분명 테러리스트다. 정치적 목적을 이루기 위해 프랑스라는 국가를 상대로 체계적인 폭력을 사용한 것은 사실이다. 파농의 저서가 테러리스트로 규정된 단체나 조직의 사상적 기반이 되어온 것도 사실이다. 하지만 우리 시대가 테러리스트라는 단어에 덧씌운 온갖 부정적인 함의를 생각한다면 그리고 파농이 활동했던 식민지 시대의 역사적 특수성을 고려한다면, 파농을 테러리스트로 간단히 규정해버리는 것은 문제가 있다. 파농에 관한 가장 객관적인 전기를 저술했다고 평가받는 메이시(David Macey)가 지적한 것처럼, 만약 파농이 폭력 대신 무장투쟁이란 단어를 사용했더라면 동일한 내용이라도 덜 과격하고 덜 도발적으로 들렸을지도 모른다.[29] 아니면 파농에 대한 서구 학계의 인종주의적 편견에 불편한 심기를 토로한 라바카(Reiland Rabaka)의 주장처럼, 파농이 '니그로'였기 때문에 그의 폭력론은 서구 사회가 받아들이기 힘든 '스캔들'이었을 수도 있다.[30] 라바카의 문제제기를 피해의식에 사로잡힌 흑인 학자의 감정적인 반응으로만 치부할 수는 없다. 파농의 주장에 담긴 철학이나 논리에 상관없이 그를 무조건 테러리스트로 낙인찍는 풍토는 분명 인종주의적 반감의 부산물이기 때문이다.

사실 서구 학계가 사르트르나 마르쿠제를 파농이나 사이드처럼 '폭력의 사도'나 '테러 선동가'로 정죄한 적은 거의 없다. 발언 내용만 따진다면 사르트르나 마르쿠제가 파농과 사이드보다 오히려 더 과격하고 급진적이다. 하지만 파농과 사이드는 '검은 피부'와 '제3세계'에 각인된 폭력적 이미지 덕분인지 몰라도 테러리즘을 둘러싼 사상적 검열의 장에 빠짐없이 단골손님으로 초청받는다. 아마도 가장 큰 이유는 이들의 폭력론이 빼앗긴 땅을 되찾으려는 정치적 의지를 표방하기 때문일 것이다. 서구 학계가 자기성찰을 위한 방편으로 제3세계 탈식민주의를 포섭하고 전유하면서도 탈식민주의의 이념·이론적 토대를 구축한 파농을 가장 껄끄럽게 여기는 이유도 바로 여기에 있다. 여타 탈식민주의 이론가들과는 달리, 파농은 정신과 물질의 이중적 탈식민화를 주장하며 그것을 온몸으로 실천한 인물이기 때문이다. 폭력투쟁 없이는 진정한 탈식민화가 불가능하다는 파농의 메시지를 서구 사회가 수용할 수 없는 것이다. 사이드 역시 서구의 윤리적 사각지대이자 미국의 외교적 아킬레스건인 팔레스타인 문제에 집요하게 개입했다는 이유로 유대계 지식인들과 보수성향의 비평가들로부터 온갖 비난과 모욕을 감수해야 했다. 사이드가 공격한 시오니즘은 결국 영토 이데올로기이기 때문이다.

파농과 사이드가 맞서 싸운 제국주의 권력은 예나 지금이나 피지배자의 저항담론에 관용(tolerance)을 베풀지만 한계도 명확하다. 세련된 체제일수록 어지간히 과격한 주장도 받아들이는 유연성이 있지만, 절대 용인할 수 없는 지점이 있으니 그게 바로 땅에 대한 요구다. 이는 권력의 속성이기도 하다. 탈식민주의는 물론 페미니즘이나 다문화주의도 마찬가지다. '유리천장' 밑에서 또는 '인가된 원' 안에서는 '황금 팔찌·수갑'을 끼고 마음껏 떠들 수 있지만 그 경계선을 넘어서는 순간 강력한 비난과 제재가 가해진다. 파농과 사이드는 넘지 말아야 할 그 금기의 선을 넘은 것이다. 더구나 이들은 '유색인'이었기에 비난과 제재의 수위가 훨씬 더 높았다.

마르크스의 계급혁명론과 파농의 민족해방론을 같이 놓고 생각해보자. 둘 다 지배자의 물적 기반을 빼앗기 위한 피지배자의 폭력투쟁을 전제하지만, 서구 사회가 유독 파농의 주장을 더 껄끄럽게 여기는 이유가 어디에 있겠는가? 서구 '안'의 '빨갱이'도 골치 아픈 마당에 서구 '바깥'의 '검둥이'까지 '빨갱이' 행세를 하는 것이야말로 용납하기 힘든 도발일 수 있다. 마르크스가 강조한 계급갈등과 계급혁명은 일차적으로 서구 자본주의 사회 내부의 문제이지만 파농이 추구한 탈식민화와 민족해방은 서구와 제3세계 사이의 문제이며, 무엇보다도 파농의 주장이 그대로 실현되려면 수 세기 동안 서구가 침탈하고 점유한 '땅'을 되돌려줘야 한다. 서구 사회가 마르크스보다 파농을 더 불편하고 불쾌하게 여기는 이유를 피부색의 차이에서 찾는 것은 인종환원론일 수 있다. 하지만 마르크스는 놔두고 파농만 테러리스트로 규정하는 것 역시 인종환원론이 아닐까?

결국 이것은 시각의 문제다. 파농이 테러리스트인가라는 질문에 대한 대답은 대답하는 이가 누구냐에 따라 달라진다. 많은 것을 가지고 누리기에 혁명이란 단어에 알레르기반응을 일으키는 자들, '검은 피부'를 야만과 폭력의 기표로 간주하는 자들에게 파농은 분명 테러리스트다. 하지만 더 이상 잃을 것이 없는 온갖 '잉여인간들', 저세상의 천국보다 지금 여기에서의 유토피아를 꿈꾸는 '대지의 저주받은 자들'에게 파농은 희망의 사다리요 가능성의 디딤돌이다. 그리고 그 사이에 있는 어중간한 '회색 인간들', 특히 입은 과격하지만 손발은 움츠러든 이른바 진보 지식인들에게 파농은 그냥 넘어가고 싶은 골칫거리로 남을 것이다.

여성해방, 또 다른 미완의 혁명

민족의 지형도에서 '그녀들'의 자리는 어디인가

"여성이 역사에 진입하면서 알제리인들의 자유는 여성해방과 동일시되기 시작했다. 알제리 역사의 페이지를 써가는 이 영웅적인 여성은 여태껏 아무런 책임의식 없이 살아온 편협한 세계의 장벽을 붕괴시키는 동시에 식민주의의 파괴와 새로운 여성의 탄생에 참여하고 있었다."

남성주의자 파농의 애매한 시선

파농은 탈식민주의 역사에서 가장 실천적이고 가장 진보적인 사상가였다고 해도 과언이 아니다. 어쩌면 진보적이란 단어보다 급진적 또는 혁명적이란 단어가 파농에게 더 어울릴 수 있다. 인종, 민족, 계급, 종교, 지역 등의 다양한 층위에서 파농은 항상 피지배자나 소수자의 목소리를 대변하는 데 앞장섰다. 따라서 인종주의, 식민주의, 제국주의, 자본주의, 부르주아 민족주의, 엘리트주의, 유럽중심주의 등 모든 지배 이데올로기에 대해 파농은 언제나 적대적이고 저항적인 입장을 견지했다. 그런데 젠더와 섹슈얼리티 문제에서는 얘기가 달라진다. 이론적으로든 실제 삶에서든 파농은 남성중심주의적 가부장제의 틀을 완전히 벗어나지 못한 '남자'였다. 이 문제에 관한 한 파농은 충분히 진보적이지 못했고, 진보적인 입장을 취했다고 해도 일관성이 부족했다.

파농에게 젠더와 섹슈얼리티 문제는 '다른 질문'인 동시에 '타자의 질문'에 해당한다. 식민지 사회의 인종적·계급적 모순에 주목한 흑인 남성 민족주의자 파농에게 식민지 내부의 여성 문제는 부수적이고 종속적인 문제였다. 파농의 일차적인 관심사는 어디까지나 '니그로'의 정신적·물질적 탈식민화였으며, 그 '니그로'의 대명사는 거의 언제나 삼인칭 남성이었다. 물론 파농이 새로운 역사의 주인공으로 등장하기를 염원했던 '대지의 저주받은 자들' 속에는 제3세계·흑인 여성이 포함되어 있고, 파농의 서사에서 식민지해방과 여성해방이 불가분의 관계에 있는 것도 사실이다. 하지만 '그(녀)들'을 향한 파농의 시선이 가부장적 온정주의와 남성주의에서 벗어났다고 보기 힘든 것도 사실이다. 이 때문에 파농을 사상적 지주로 삼은 제3세계 민족주의나 탈식민주의 진영에서 파농의 여성관을 둘러싼 '불편한 진실'을 간과하거나 외면하는 경향이 있다. 반면 서구 페미니스트들은 여성의 침묵과 주변화를 수반한 파농의 민족해방론에 끈질기게 문제를 제기해오고 있다. 파농을 옹호하든 비판하든 그의 텍스트 속으로 들어가서 여성 문제에 대한 그의 입장과 발언을 구체적으로 따져보는 작업이 필요할 것이다.

파농의 남성주의적인 시각은 특히 초기 저서 『검은 피부, 하얀 가면』에서 두드러지게 나타난다. 앞서 제3장에서 상술했듯이 파농은 「유색인 여성과 백인 남성」과 「유색인 남성과 백인 여성」의 두 장에서 인종 간의 남녀관계가 수반하는 '니그로'의 (자기)소외를 다양한 사례를 통해 비판적으로 분석한다. 문제는 이 과정에서 파농이 남성주의를 넘어 성차별주의, 남성우월주의, 여성혐오, 동성애혐오 등의 혐의를 받을 만한 발언들을 심심찮게 쏟아낸다는 데 있다. 파농이 『검은 피부, 하얀 가면』에서 주목하는 것은 식민지 상황에서 검은 피부와 하얀 피부의 '표피적' 차이가 상징하는 불균등한 권력관계다. 기본적으로 사랑, 섹스, 결혼은 피부접촉을 수반하는 행위이기에 흑백 간의 성적 만남은 인종적 차이를 문자 그대로 피부로 느끼는 상황을 연출한다. 이 점을 인지한 파농은 젠더와 인종이 중첩된 상황에서 발생하는 흑인의 열등의식을 두 장에 걸쳐 상세하게 분석한다. 「유색인 여성과 백인 남성」에서는 흑인 여성(정확히 말하면 '물라토'로 불리는 혼혈 여성) 마요테와 백인 남성 앙드레의 비극적인 사랑 얘기가 나오고, 계속해서 또 다른 혼혈 여성 니니가 흑인 남성 막타르의 구애를 거절하는 얘기가 소개된다. 반면 「유색인 남성과 백인 여성」에서는 흑인 남성 브뇌즈와 백인 여성 마리엘 사이의 이루어질 수 없는 사랑이 묘사된다. 그런데 어느 경우든 간에 흑인은 백인과의 만남에서 차별과 소외를 경험하게 된다.

파농의 고향 마르티니크의 원주민은 남녀노소와 빈부귀천을 막론하고 백인을 사랑하고 백인과 결혼하려는 거의 편집증적인 백인선망에 빠져 있다. 이때 백인선망은 흑인혐오와 동전의 양면을 이룬다. 이 증상은 흑인 남성보다 흑인 여성에게서 더 노골적으로 나타난다. 주로 경제적인 이유 때문이다. 취업이나 유학의 기회가 거의 주어지지 않는 식민지 여성에게 백인 남성과의 만남은 신분상승의 유일한 통로가 되기 때문이다. 마요테와 니니가 처한 상황이 브뇌즈의 경우보다 더 절박하고 처절한 이유가 여기에 있다.

흥미로운 것은 인종 간의 사랑을 묘사하는 파농의 어조가 두 장에서 상이하다는 점이다. 백인선망에 사로잡힌 마요테와 흑인혐오에 빠진 니니를 바라보는 파농의 시선과 포기신경증으로 고통받는 브뇌즈를 향한 파농의 시선은 확연히 구분된다. 백인 남자를 붙잡지 못해 안달하는 마요테와 피부색이 조금이라도 덜 검은 남자를 만나려는 니니가 흑인 남성인 파농의 눈에 곱게 보일 리가 없다. 반면 브뇌즈의 이야기는 파농 자신의 경험이 투영된 탓인지 누구라도 공감할 만한 문학작품 속의 애절한 러브스토리로 전개된다. 모두 식민지 원주민의 사랑이지만 한쪽은 경멸과 냉소의 대상인 반면, 다른 한쪽은 동정과 연민의 대상이 된다.

파농은 특히 마요테에게 원색적인 비난을 퍼붓는다. 자기소외의 원인을 식민지 사회구조에서 찾는 브뇌즈의 경우와는 달리, 마요테의 실패한 사랑은 개인적 탐욕과 이기심의 소산으로 치부한다. 파농은 마르티니크의 여자들이 백인 남자를 만나 인생대박을 노리는 "욕지기 나는 현상"(*BS*, p.47)을 도저히 참을 수 없다. 마요테는 "백인 남자에게 굶주린 미치광이 유색인 여자들"(*BS*, p.49)의 표본이며, 그녀의 자서전적 소설 『나는 마르티니크 여자다』는 "싸구려 상품이요 퇴폐를 부추기는 쓰레기"(*BS*, p.42)일 뿐이다. 백인 남자를 붙잡기 위해 "조국에 등을 돌린" 마요테를 향해 파농은 "인신공격이나 일삼는 엉터리 소설가여, 제발 조용히 사라져라"(*BS*, p.53)라고 외친다. 마요테에 대한 파농의 여성혐오적인 발언은 그녀를 백인선망과 흑인혐오에 빠뜨린 식민지 상황에 대한 분노와 좌절을 복화술의 형태로 표출한 것이기도 하다. 분명 파농의 분노 밑바닥에는 백인 남성에게 '우리 여자들'을 빼앗겨야 하는 흑인 남성의 박탈감과 열패감이 웅크리고 있다.

식민지 남성 파농의 상처받은 자존심은 『검은 피부, 하얀 가면』에서 전도되고 왜곡된 형태로 보상받는다. 가장 직접적인 방법은 백인 여성의 몸을 차지하는 것이다. 이는 '우리 여자들'을 빼앗아간 백인 남성과 그 배후의 식민권력에 대한 일종의 우회적인 보복이다. 마르티니크의 흑인 유학생들이 프랑스에 도착해서 제일 먼저 하는 일은 창녀촌으로 달려가 백인 여자 위에 올라타는 것인데, 파농은 이를 두고 "진정한 남성성에 입문하는 의식"(*BS*, p.72)이라고 일컫는다. '니그로'의 남자다움과 인간다움은 오로지 백인 여성을 정복함으로써만 실현된다는 것이다. 백인 여성과의 결혼 역시 "백인의 문화, 백인의 아름다움, 백인의 백인다움과의 결합"이기에 "총체적 자아실현으로 나아가는 고귀한 통로"(*BS*, p.63)로 여겨진다. 물론 이 구절들의 행간에는 '백인 되기'를 갈망하는 흑인의 자기소외에 대한 파농의 냉소적 비판의식이 진하게 배어 있다. 하지만 "백인의 문명과 고귀함을 부여잡고 내 것으로 만들기 위해 부단히 하얀 젖가슴을 쓰다듬는 나의 손길"(*BS*, p.63)에는 식민지 피정복자의 안쓰러운 몸부림과 가부장적 정복자의 가슴 뿌듯한 성취감이 뒤엉켜 있다.

파농의 여성혐오와 동성애 혐오

'니그로'의 손상된 자존심을 만회하고 싶은 파농의 무의식적 욕망은 『검은 피부, 하얀 가면』의 후반부로 갈수록 더욱 뚜렷이 드러난다. 「니그로와 정신병리학」에서 파농은 프로이트, 아들러, 융 등의 심리학 이론을 통해 흑인의 자기소외 양상을 분석하는데, 이 과정에서 흑인혐오를 지닌 백인 여성의 심리를 필요 이상으로 장황하게 해부한다. 물론 여기서 파농이 비판하려는 것은 흑인 남성에 대한 백인의 "생물학적 편견", 즉 "니그로는 색골이며 강하고 거칠다"(*BS*, p.167)는 잘못된 생각이다.

문제는 파농이 백인 여성의 흑인혐오를 "두려움과 찬탄의 혼합물"(*BS*, p.173)로 규정하면서 "두려움" 못지않게 "찬탄"에 자꾸 방점을 둔다는 데 있다. 한편으로는 '니그로'가 거대한 성기와 가공할 만한 정력을 가졌다는 통념이 사실과 무관한 백인의 신화임을 강조하면서도, 다른 한편으로는 백인 남성에 대한 흑인 남성의 성적 우위를 은근히 상기시킨다는 느낌을 지울 수 없다. "니그로는 페니스"(*BS*, p.170)라는 등식관계를 불식하려는 동시에 그것을 부지중에 부각하는 것이다. 명시적 부정과 암시적 긍정 사이를 오가는 파농의 애매한 화법은 다음 두 구절을 병치해보면 잘 드러난다.

대부분의 백인 남성에게 니그로는 (가장 원초적인 형태의)

성적 본능을 상징한다. 니그로는 모든 도덕과 금지를 넘어선 생식기 정력의 화신이다. 백인 중에서도 특히 여성은, 순전히 귀납적인 추론으로 얘기할 때, 항상 니그로를 방탕한 파티, 광란의 축제, 황홀한 성적 쾌감의 세계로 들어가는 불가사의한 입구의 문지기로 여긴다. 하지만 이러한 생각들은 진실 앞에 설 자리가 없어진다. 그것은 상상의 차원에서만 존재하며 언제나 오류에 기반을 두고 있다.(*BS*, p.177)

우리는 자아가 스스로를 방어하기 위해 사용하는 속임수들을 잘 알고 있기 때문에 거부의사를 곧이곧대로 받아들이지 않는다. 거기엔 엄청난 반전이 있게 마련이다. 기본적으로, 강간에 대한 두려움에는 강간을 해달라는 요구가 담겨 있지 않은가? ……덩치 큰 금발여인은 니그로 가까이만 가면 와들와들 떤다. 그 공장엔 백인 남자들이 가득하기 때문에 그녀가 두려워할 이유가 없다. 결국 그녀는 니그로와 잠자리를 같이한다.(*BS*, p.156)

『검은 피부, 하얀 가면』 전체를 놓고 보면, 파농은 여성의 섹슈얼리티 지형도를 그리고 있다고 해도 과언이 아니다. 전반부에는 사회경제적인 생존을 위해 백인 남자를 쫓아다니는 마르티니크의 '물라토' 여인들이 나오고, 후반부에는 성적 욕망을 충족하고자 '니그로'에게 향하는 금발여인이 등장한다. 이외에도 "섹스로 자신을 완전히 부수고 녹여줄 수 있는"(*BS*, p.171) "니그로 사냥"(*BS*, p.176)에 나선 백인 여성의 사례는 다양하다. '니그로'와의 섹스를 상상만 해도 오르가슴을 느꼈다는 창녀가 있는가 하면, '니그로'와 한번 잠자리를 같이한 후에는 백인 남자를 쳐다보지도 않는다는 여자도 있다.

『검은 피부, 하얀 가면』은 전반부와 후반부가 참으로 묘한 대조를 이룬다. 파농은 "니그로의 정력은 환상"(*BS*, p.157)임을 거듭 주장하지만, 그 환상은 좀처럼 사라지지 않는 잔상으로 남아 있다. 어쨌든 파농을 비롯한 흑인 남성은 패자에서 승자로 위치가 바뀌는 셈이다. "니그로에게 가하는 린치는 성적인 보복"(*BS*, p.159)이라고 보는 파농으로서는, 린치를 가한 백인 남성과 그 배후의 제국주의적 가부장제에 "성적인 보복"을 하고 싶은 욕구를 없애기란 어려울 것이다. 이러한 유추해석은 "백인 남성이 흑인 남성을 미워하는 이유는 성적인 무력감과 열등감에 굴복하기 때문이 아닌가?"(*BS*, p.159)라는 주장을 통해서도 충분히 뒷받침된다. 백인 남성의 불안과 질투가 "성적인 능력에서 흑인 남성의 우월함을 인정"(*BS*, p.177)하는 데서 비롯된다는 것을 감안할 때, 파농의 복화술이 지닌 효력은 결코 미약하지 않다.

문제는 흑인혐오의 이면을 해부하려는 파농의 시도가 여성혐오로 흘러간다는 데 있다. 무엇보다도 파농은 여성의 성적인 만족도가 페니스의 크기에 좌우된다는 지극히 남성·남근 숭심적인 시각을 은연중에 내비친다. '니그로'를 거대하고 흉측한 페니스와 동일시하는 백인의 신화를 비판하면서도 자신부터 동일한 가부장적 판타지에 사로잡혀 있는 것이다. 심지어 파농은 백인 여성이 '니그로'의 강간을 두려워하는 동시에 갈망한다는 가설을 기정사실로 여기면서 논의를 전개한다. "니그로에게 강간당하는 환상을 품고 사는 여자는 자기 혼자만의 꿈과 내밀한 욕구를 나름대로 충족하고 있다"(*BS*, p.179)는 파농의 주장은 영락없는 성차별주의자의 발언이다. 파농이 여기서 사용하는 강간이란 단어의 맥락이 축어적이든 은유적이든 간에, 그것이 지닌 폭력성에 대해 파농은 아무런 문제의식도 지니고 있지 않아 보인다.

파농의 남성중심주의적 시각은 흑인 원주민 여성을 향해서 인종주의적인 양상을 띤다. 사실 『검은 피부, 하얀 가면』에서 흑인 여성은 「유색인 여성과 백인 남성」을 제외하면 거의 찾아볼 수 없다. 그나마 원주민 여성에 대한 파농의 예외적인 관심도 흑인혐오·백인선망에 사로잡힌 '물라토' 여성을 윤리적·정치적으로 단죄하는 차원에 머물러 있다. "유색인 여성의 성(性)심리에 관한 한, 나는 아는 바가 없다"(*BS*, pp.179~180)는 파농의 구절은 많은 논란의 대상이 되어왔다. 유색인 여성에 대한 무지를 솔직하게 인정한 것인지 아니면 의도적인 무관심을 표명한 것인지 참으로 모호하다. 파농의 속내가 무엇이든 간에 그의 시선이 언제나 백인 여성에게로 향하고 있음을 스스로 인정한 것이다. 백인 남성에게 당한 능멸과 린치를 백인 여성—정확히 얘기하면, 백인 여성에 대한 환상—을 통해 보상받으려는 흑인 남성 파농의 기획에서, 정작 그가 주목해야 할 흑인 여성은 '보이지 않는' 존재가 되고 만다. 『검은 피부, 하얀 가면』의 전체 주제가 식민지 원주민(특히 흑인 남성)의 자기소외에 대한 진단과 처방인데도 파농 자신부터 인종주의 이데올로기에서 완전히 벗어나지 못했을 뿐 아니라 그 인종주의의 굴레를 상대적 약자인 흑인 여성에게 덧씌우고 있는 것이다.

『검은 피부, 하얀 가면』에서 나타난 파농의 남성·남근중심주의는 이성애중심주의와 맞물려 있기도 하다. 비록 명시적으로 동성애 문제를 논의하지는 않지만, 파농의 동성애혐오적인 태도는 심심찮게 드러난다. 흑인혐오증을 지닌 대부분의 백인 여성이 과부, 이혼녀, 독신녀, 창녀처럼 "비정상적인 성생활"(*BS*, p.158)을 영위하고 있다고 주장하면서, 파농은 동성애를 그러한 '비정상'과 연관 짓는다. "흑인혐오증이 있는 남자가 억압된 동성애자인 것처럼, 흑인혐오증이 있는 여자는 [흑인의] 잠재적 섹스파트너일 뿐이다"(*BS*, p.156)라는 발언에서도 동성애자와 '변태' 여성의 유비관계가 분명하게 성립된다. 또한 마르티니크에서 동성애자를 찾아보기 힘든 이유는 "오이디푸스 콤플렉스의 부재"(*BS*, p.180) 때문이며, 전후 유럽사회의 도덕적 붕괴에서 기인한 "오이디푸스 정신질환"이 마르티니크에 없다는 것은 "우리가 진심으로 축하할 일"(*BS*, p.152)이라고 주장한다.

계속해서 파농은 유럽사회의 고질적인 병폐인 흑인혐오와 반유대주의가 일종의 "희생양 콤플렉스"임을 주장하면서 그러한 병폐의 공통된 특징인 "결함, 죄의식, 죄의식의 부인, 편집증—이런 것들은 모두 동성애적 속성이다"(*BS*, p.183)라는 말을 흘린다. 동성애를 인종주의와 같은 병리학적 현상으로 규정하는 것이다. 파농의 동성애혐오는 어느 백인 의사의 인종주의적 연구를 반박하는 과정에서 더 노골적으로 드러난다.

> 남자가 다른 남자에 대해 "그는 너무나 육감적이야"라고 말하는 것을 들을 때마다 나는 극도의 혐오감을 느낀다. 나는 남자의 관능미란 게 무엇인지 도무지 모른다. 여자가 다른 여자를 두고 "그녀를 갖고 싶어 미치겠어. 그녀는 내 애인이야"라고 말하는 것을 한번 상상해보라.(*BS*, p.201)

이렇듯 '니그로'의 정신적 탈식민화를 시도하는 과정에서 언뜻언뜻 튀어나오는 파농의 남성·남근·이성애중심주의는 파농을 저항과 해방의 아이콘으로 생각하며 그의 글을 대하는 독자들에게 꽤 당혹스러운 돌부리가 아닐 수 없다. 이는 인종, 계급, 젠더, 섹슈얼리티가 '중층결정'된 식민지 상황을 분석하고 극복하려는 파농이 실제로는 인종 문제에만 천착하고 있음을 말해준다. "모든 형태의 착취는 인간이 인간에게 가하는 폭력이라는 점에서 똑같다"(*BS*, p.88)는 파농의 날카로운 문제의식이 인종적 타자인 '니그로'에게만 한정되어 있는 것이다. 『검은 피부, 하얀 가면』을 저술한 초기 파농은 계급 문제에서나 젠더와 섹슈얼리티 문제에서나 프티부르주아 냄새를 채 떨쳐버리지 못한 가부장적 지식인임을 부인하기 힘들다. 그러한 이데올로기적 미성숙은 파농이 알제리전쟁에 참여하고 난 이후, 즉 『대지의 저주받은 자들』을 비롯한 후기 저서에 가서야 상당 부분 극복되는 것을 목격할 수 있다.

베일의 이데올로기, 베일의 섹슈얼리티

젠더관계에 대한 후기 파농의 변화된 입장은 『사멸하는 식민주의』에 실린 「베일 벗은 알제리」("Algeria Unveiled")에서 분명하게 나타난다. 파농의 여타 저서가 '여성 문제'를 '흑인 문제'의 이차적인 이슈로 다룬 것은 사실이다. 파농의 '최종심급'은 초기 저서에서는 인종이고 후기 저서에서는 인종과 계급이며, 그가 지칭하는 '니그로'와 흑인의 대명사는 언제나 삼인칭 남성이다. 이에 비해 「베일 벗은 알제리」는 식민지 알제리의 여성을 텍스트 전면에 등장시키며 식민지해방과 여성해방을 동시발생적이고 상호보완적인 과정으로 서술한다. 여기서 파농은 여태껏 침묵(당)하고 있던 알제리 여성을 독립전쟁의 주체로 호명하고 그들에게 혁명동지로서의 임무를 부여한다. 가히 젠더관계의 혁명이라 할 만한 변화가 파농의 사유체계에서 일어난 셈이다.

하지만 후대 페미니스트들에게 가장 많은 논란거리를 제공하는 글도 역시 「베일 벗은 알제리」다. 보기에 따라서는 '페미니스트 파농'의 가능성을 주장할 수도 있겠지만, 때로는 부지중에 때로는 노골적으로 드러나는 파농의 가부장적 발언이 그의 독자들을 여전히 불편하게 만들기 때문이다. 행간 곳곳에 스며 있는 파농의 남성중심주의적 시선은 과연 그가 여성해방을 민족해방과 대등한 의제로 생각했는지 의심하게 한다. 따라서 이 장에서는 파농을 일방적으로 비판하거나 무조건적으로 옹호하는 접근방식을 지양하고, 논란이 되는 「베일 벗은 알제리」에서 드러난 파농의 여성해방론과 민족해방론 사이의 간극이 무엇인지 그리고 탈식민주의 사상가로서의 파농이 여성 문제에 대해 어떤 입장을 취하는지 구체적으로 살펴보고자 한다. 지금까지 대부분의 파농연구는 역사적 콘텍스트를 중심으로 파농 텍스트의 '바깥'에서 이루어졌다. 여기서는 텍스트 '안'으로 들어가 파농의 서사를 순차적으로 따라가면서 그의 여성해방론이 전개되는 과정에서 드러난 틈새와 모순을 꼼꼼하게 짚어볼 것이다.

우선 식민지 알제리 사회에서 여성이 두르고 다녔던 베일이 무엇을 의미했는지 그리고 파농이 그것을 어떻게 해석했는지 살펴보자. 파농은 서두에서 의상으로서의 베일이 지닌 상징적 의미를 강조한다.

특정한 문화적 집단에 소속되어 있다는 사실은 대개 의복의
전통에 의해 드러난다. 예를 들면, 아랍 세계에서 여성이 쓰는
베일은 관광객의 눈에 금방 들어온다. 무슬림이 돼지고기를
먹지 않거나 라마단 기간에 섹스를 스스로 금하는 사실은 오
랫동안 모르고 지나칠 수도 있다. 하지만 여성의 베일은 너무
나 확연한 것이어서 아랍 사회를 특징짓는 요소가 되기에 충
분하다. 북아프리카 아랍 지역, 즉 튀니지, 알제리, 모로코, 리
비아에서 베일은 의복의 전통에 속한다. 관광객이나 외국인에
게 베일은 알제리 사회와 그 사회의 여성적 요소를 규정해 준
다. 알제리 남성의 경우, 남성 의상은 어느 정도 선택의 여지나
약간의 이질성을 허용한다. 반면 흰 베일로 싸인 여성은 알제
리의 여성 사회에 대한 인식을 획일화한다. 우리가 여기서 얘
기하는 베일은 그 어떤 수정이나 변형도 절대 용인하지 않는
제복이다.(*DC*, pp.35~36)

베일은 단순한 의상이 아니다. 그것은 알제리 사회의 고유한
전통인 동시에 알제리 여성성의 상징이다. 베일과 알제리 사
이에 등식관계가 성립할뿐더러 베일과 알제리 여성 사이에도
등식관계가 성립하는 것이다. 말하자면 베일은 알제리(여성)
의 내냉사요 고착화된 이미지가 된 셈이다. 파농은 "관광객이

나 외국인에게" 이처럼 "획일화된" 이미지가 비쳐 진다는 것을 강조한다. 그러나 정작 파농 자신은 본인도 알제리 사회에서는 외국인임을 인식하지 못하는 듯하다. 어느새 파농은 침묵하는 알제리 여성을 대표하고 대신하는 자리에 앉게 된다. 문제는 파농이 알제리 여성의 대변인이 되었다고 해도 실제로 베일을 쓰는 알제리 여성이 베일을 어떻게 생각하는지는 알 길이 없다는 것이다. 결국 파농이 베일에 대해 말하는 모든 내용은 외국인이자 남성의 시선으로 여과될 뿐이다.

파농에게 알제리 여성의 베일이 '문제'로 다가온 것은 아이러니하게도 프랑스 식민정부가 베일에 주목하고 개입을 시도하면서부터다. 식민지경영이 맘대로 되지 않아 애를 먹고 있던 프랑스는 알제리 여성의 베일에서 중요한 힌트를 찾아낸다. 당시 프랑스 사회학자들과 인종학자들은 알제리 사회가 표면적으로는 부계사회이지만 이면적으로는 모계사회의 구조로 되어 있으므로 알제리 여성을 정복하면 알제리를 정복할 수 있다는 연구결과를 발표했다. 졸지에 여성이 식민주의적 관심의 대상으로 부상한 것이다. "여자들만 차지하면 나머지는 다 따라온다"는 전제하에, "알제리의 사회구조와 저항능력을 파괴하려면 여자들을 정복하는 것이 급선무다. 지금 당장 나가서 베일 뒤에 숨은 그들, 알제리 남자들이 보이지 않게 집안에 숨겨둔 그들을 찾아내자"(*DC*, pp.37~38)는 것이 식민정책의 새로운 슬로건이 되었다. 알제리 여성을 감싸고 있던 베일이 초미의 관심사가 된 것이다. 식민지 지배자는 알제리 여성에게 수 세기 동안 그들을 억눌러온 전통이 잘못된 것임을 당당하게 말 하라고 부추겼다. 동시에 알제리 여성에게 베일을 씌운 알제리 남성을 향해 비난의 화살이 쏟아졌다. 당시 상황을 파농은 이 렇게 서술한다.

식민정부는 여태껏 굴욕과 단절과 감금 속에서 지내던 이 여성을 수호하는 사명을 엄숙하게 천명했다. 식민정부는 알제리 남성에 의해 무기력하고 무가치하며 참으로 비인간적인 대상으로 불행하게 왜곡되어온 여성이 엄청난 가능성을 지니고 있다고 열변을 토했다. 알제리 남성의 행위는 철저히 중세적이고 야만적으로 규정되었다. 여성을 폄하하는 '가학적이고 흡혈귀 같은' 태도는 무한한 과학의 입을 통해 총체적인 비난을 받게 되었다. 지배자는 알제리 가족사를 둘러싼 판결문, 평가서, 논거, 부풀린 비화, 교훈적 사례 등을 대량 축적함으로써 알제리인들을 죄책감의 울타리 안으로 가두려고 했다.(*DC*, p.38)

파농은 이 현상을 "식민주의적 기획"으로 규정하고, 이것을 알제리 여성을 사이에 두고 벌이는 알제리 남성과 프랑스 남성의 싸움으로 파악한다. 정확한 분석이다. 그런데 파농은 이 과정에서 알제리 남성이 식민주의자들의 비판의 표적이 되었음을 거듭 강조한다. 물론 그 비난이 부당하다는 뉘앙스가 행간에 진하게 배어 있다. 그런데 파농의 이러한 대응에서 여성은 찾아볼 수 없다. 파농에게는 베일을 벗기려는 식민정부의 기획이 알제리 여성에게 어떤 영향을 미치는지, 그 기획이 당사자인 알제리 여성에게 정말로 해방인지 아니면 또 다른 억압인지는 문제되지 않는다. 그 대신 파농은 베일을 벗는/벗기는 행위가 "알제리 남성을 뒤흔드는" 효과를 초래한다는 점에만 집중한다. 알제리 남성의 시선으로 사태를 바라보는 파농에게, 베일을 벗는/벗기는 것은 아무런 문제없이 잘 지내던 알제리 여성을 "억지로 끄집어내어" 원하지 않는 자유를 부여하는 것 정도로만 해석된다. 알제리 여성의 대변인임을 자처하고 나선 파농이 사실은 알제리 남성의 대변인 역할만 하고 있는 셈이다.

> 식민주의적 기획에서는 여성에게 알제리 남성을 뒤흔드는 역사적 사명이 주어진다. 여성을 개종시키고 여성을 외국의 가치에 복속시키며 여성을 현재 위치에서 억지로 끄집어내어 자유롭게 하는 것은 곧 [알제리] 남성에게 진짜 권력을 행사하고 알제리문화를 파괴하는 실질적이고 유효한 수단을 획득하는 것을 의미한다.(*DC*, p.39)

'백인 남성이 유색인 남성으로부터 유색인 여성을 구출하는' 식민주의적 기획은 알제리만의 고유한 현상이 아니다. 인도의 순장(殉葬)이나 아프리카의 여성할례 그리고 이슬람 사회의 부르카와 차도르의 경우에서 보듯이, 식민지 여성은 항상 서구의 식민주의적 계몽과 해방의 대상이 되어왔다. 동시에 식민지 여성은 피지배자의 전통적 가치와 질서를 재생산하는 수단이기도 하다. 식민주의가 기본적으로 땅을 뺏고 빼앗기는 과정인 것처럼, 여성의 몸도 일종의 땅처럼 정복의 대상이 되는 동시에 수호의 대상이 되는 것이다.

파농의 시각은 분명 남성중심적이지만 그가 정확하게 분석하는 것은 식민주의와 반식민주의가 공유하는 가부장적 메커니즘이다. 「베일 벗은 알제리」에서 베일은 지배자에게나 피지배자에게나 환유적 상징물이다. 일반적으로 환유란 어떤 사물이나 사실을 인접성의 논리에 따라 그것과 관련이 깊은 단어로 대체하여 표현하는 것을 의미한다. 파농이 묘사하는 베일도 일종의 환유다. 베일은 알제리 여성 그리고 더 나아가서는 알제리라는 민족국가를 대표하고 또한 대체하는 환유다. 퍼스(Diana Fuss)가 지적한 것처럼, 베일을 쓴 알제리 여성이 또다시 일종의 베일이 되는 것이다. 그 베일은 "신성불가침한 문화적 가치를 수호하려고 애쓰는 민족의 불가사의한 얼굴"이며, 그 베일을 쓴 알제리 여성은 "민족의 부재 속에서 민족의 정체성을 대표하는 짐을 지고 가야 한다."[1]

따라서 프랑스 식민주의자들에게는 베일을 벗기는 것이 알제리 여성의 몸을 차지하는 것임과 동시에 알제리 가부장제의 사회구조와 자존심을 파괴하는 것이다. 파농은 이를 두고 "문화적 파괴"(*DC*, p.38)라고 표현한다. 알제리 남성의 입장에서 보면, 베일은 여성을 공적 영역에서 소외시키고 남녀 간의 노동분업을 유지하는 수단이다. 그러므로 베일의 제거는 알제리 남성의 상징적 거세에 해당한다. 오리엔탈리즘을 분석한 사이드의 틀로 얘기하면, 베일은 남성적(남성화된) 서양이 여성적(여성화된) 동양과 마주치는 장(場)이다. 알제리 가부장제 사회가 더 강하고 더 남성적인 외부 세력에 의해 말 그대로 '침입'(penetration)당하는 것이다. 한마디로, 베일은 알제리의 가부장적 민족주의와 프랑스의 가부장적 식민주의 사이의 심리적·이데올로기적 전쟁터라고 할 수 있으며, 따라서 양측 모두에게 베일은 양보할 수 없는 의미를 지닌다.

베일에 대한 파농의 예리한 통찰은 여기서 멈추지 않는다. 파농은 정신분석학적 접근을 통해 베일의 사회문화적 역학뿐만 아니라 더 원초적인 섹슈얼리티의 함의를 읽어낸다. 힘의 불균형에서 비롯되는 식민주의는 거의 언제나 군사적 정복과 성적 정복을 동시에 수반한다. 그런데 알제리 여성의 베일은 프랑스 남성의 성적 정복을 방해하고 지연시키는 걸림돌이다. 베일이 남성의 시선을 차단하기 때문이다. 선글라스와 마찬가지로, 베일은 쌍방향이 아닌 일방적인 응시와 관찰을 가능하게 한다. 베일을 쓴 여성과 조우하는 남성은 보는 주체가 아니라 보이는 대상이 된다. 정확하게 얘기하면, 남성은 자신이 대상화된다는 불안감에 빠지게 된다. 따라서 베일은 정복자(프랑스 남성)와 피정복자(알제리 여성) 사이의 권력관계가 불안정해지거나 유보되는 순간을 창조한다.

파농은 이러한 상황을 두고 "보이지만 보이지 않는 이 여성은 식민주의자를 좌절하게 한다. 상호성이 없어지기 때문이다. 그녀는 자신을 드러내지 않고 자신을 넘겨주지 않으며 자신을 내놓지 않는다"(*DC*, p.44)라고 묘사한다. 골드버그(David Theo Goldberg)에 따르면, 이는 가시성과 비가시성의 우열이 역전되는 순간이다. 한편으로는 젠더와 인종의 이중적 위계질서를 상징하는 베일이 알제리 여성을 보이지 않는(invisible) 존재로 주변화시키지만, 다른 한편으로는 알제리 여성이 베일 안에서 보이지 않는(unseen) 존재가 됨으로써 식민주의의 침투와 훈육을 거부하는 자율적 공간이 확보된다는 것이다.[2]

동시에 파농은 식민주의자의 "좌절" 이면에 꿈틀거리는 "공격성"을 읽어낸다. 베일의 양가성에 주목하는 것이다. 백인 남성의 시선을 차단하고 봉쇄하는 베일이 오히려 백인 남성의 성적 판타지를 자극하게 된다. 정복자에게 그녀는 "은닉된 보물이요 자연의 완성품"이며 "강력한 관능성이 가미된 이국적 낭만"(*DC*, p.43)으로 여겨진다.

알제리 여성을 마주하는 유럽인에게는 공격성의 결정체, 즉 일종의 팽팽한 폭력적 긴장이 형성된다. 이 여인을 벗기는 것은 곧 그녀의 아름다움을 드러내는 것이다. 그것은 그녀의 비밀을 드러내고 그녀의 저항을 무너뜨리며 그녀를 실현 가능한 모험의 대상으로 삼는 것이다. 얼굴을 가리는 것은 비밀을 은폐하는 행위인 동시에 숨겨진 신비의 세계를 창조하는 행위다. 혼란에 빠진 유럽인은 아주 복합적인 방식으로 알제리 여성과의 만남을 경험한다. 거기에는 이 여인을 자신의 손이 닿는 곳에 가져와서 소유의 대상으로 삼으려는 의지가 담겨 있다.(DC, pp.43~44)

정복자의 공격성은 꿈속에서 강간으로 나타난다. 파농이 정신과 의사로 근무할 때 상담했던 유럽 남성의 상당수는 꿈속에서 알제리 여성과 독특한 형태의 섹스를 경험한다고 진술했다. 그것은 유럽 여성과의 관계에서 경험하는 낭만적이거나 관능적인 섹스가 아니다. 그것은 폭력이다.

알제리 여성과의 관계에서는 단계적으로 가까워지거나 서로에게 자신을 드러내는 과정이 전혀 없다. 곧바로 극단적인 폭력으로 치닫는다. 그것은 점령이자 강간이요 거의 살인에 가까운 행위다. 심지어 정상적인 유럽 남성에게도 나타나는 그 행위는 의사(擬似)신경증에 해당하는 만행이요 사디즘이다. 알제리 여성의 공포에 질린 태도로 인해 이 만행과 사디즘은 더욱 부각된다. 꿈속에서 여성 희생자는 암사슴처럼 비명을 지르고 몸부림친다. 그리고 기진맥진하여 기절한다. 그녀

는 뚫리고 찢어진 채 순교자가 된다.(*DC*, p.46)

여기서 파농이 서술하는 알제리 여성의 베일은 일종의 성적 페티시(fetish)라고 할 수 있다. 원래 페티시는 원시종교에서 주술적 힘이 있다고 믿어 신성시하는 주물(呪物)을 말하지만, 정신분석학에서 일반적으로 의미하는 페티시는 남성의 성적 욕망을 자극하는 여성의 속옷, 구두 같은 소품이나 특정 신체 부위를 가리킨다. 그러한 맥락에서, 알제리 여성의 베일은 정확히 페티시가 된다. 그것도 이중적인 의미에서. 누구에게는 가장 신성불가침한 주물이 누구에게는 가장 세속적이고 관능적인 자극제로 바뀌는 것이다. 퍼스의 구절을 인용하면, 피지배자에게는 베일이 "알제리 민족주의의 정체성을 대변하는 가시적 기호이자 제국주의의 침입과 식민지배에 맞서는 저항의 상징"이지만, 지배자에게는 "성적 페티시의 모든 속성이 부과된 일종의 이국적 기표"가 된다.[3]

'베일을 벗은' 또는 '베일이 벗겨진' 알제리

이처럼 복합적인 의미를 지닌 베일이 마침내 벗겨졌다. 꿈속에서 이루어지던 정복자의 '소망충족'이 현실에서 이뤄진 것이다. 식민정부의 집요하고도 다각적인 노력으로 알제리 여성은 "더 가치 있고 의미 있는 삶의 혜택을 누리라"는 명분하에 공적 영역으로 초청받았다. 정복자는 "여자는 구원받았고, 베일의 모든 상징적 의미는 벗겨졌다"면서 승리를 자축했고, "시험용 여인들은 맨 얼굴과 자유로운 몸으로 알제리 유럽사회에 마치 양화(良貨)처럼 유통되었다."(DC, p.42) 반면 알제리 남성은 "자신의 아내를 팔아넘기고 전시함으로써 패배를 인정하고 저항을 포기하는"(DC, p.40) 굴욕감을 맛보았다. 파농은 이를 두고 "식민지 상황의 비극을 심리학적 차원에서 축소판으로 보여준다"(DC, p.40)면서 그 과정을 다음과 같이 서술한다.

식민당국은 베일을 벗기는 작업이 성공할 때마다 알제리 여성이 서구의 원주민 사회 침입을 지지할 것이라고 확신했다. 베일이 제거될 때마다 식민주의자들의 눈에는 지금까지 금지된 영역의 지평이 열렸고 알제리의 맨몸이 하나하나씩 드러났다. 새 얼굴이 모습을 드러낼 때마다 정복자의 공격성과 그에 따른 희망은 열 배나 증가했다. 베일을 벗은 알제리의 모든 신여성은 정복자에게 알제리 사회의 방어체제가 틈새와 균열을 보이며 완전히 붕괴하고 있다고 선언했다. 벗겨져 내린 베일, 오랜 세월을 감싸고 있던 하이크로부터 해방된 몸, 정복자의 뻔뻔하고 안달하는 시선에 내맡겨진 얼굴, 이 모든 것은 알제리가 자신을 부정하고 정복자의 강간을 받아들인다는 사실의 소극적인 표현이었다.(DC, p.42)

여기서 한번쯤 짚고 넘어가야 할 것은 파농의 애매한 시선이다. 앞에서 살펴본 세 개의 인용문만 보더라도, 베일을 벗는 일련의 과정을 묘사한 파농의 구절은 다른 데와 달리 유독 성적 함의와 디테일로 가득하다. 마치 성인영화의 강간 장면을 촬영하는 카메라의 집요한 시선처럼 파농의 묘사는 필요 이상으로 생생하고 장황하며, 그가 사용하는 단어는 실제로 눈앞에서 전개되는 사디스트적인 성행위를 연상시킨다. 비록 꿈속의 내용 또는 비유적 표현이라는 검열기제가 작동하긴 하지만, 알제리 여성의 옷은 "벗겨지고" 알몸은 "드러나며" 그녀의 가랑이는 "뚫리고 찢어진다." 이 과정에서 알제리 여성은 거룩한 "순교자"에서 "암사슴" 같은 사냥감으로 바뀌며, 남성 화자 파농의 시선은 사디즘과 마조히즘 사이에서 격렬한 진자운동을 계속한다.

파농은 당사자의 "동의와 승인" 없이 "비참한 굴욕" 속에 진행된 베일 벗기기가 일종의 "강간"(DC, p.45)이라고 비난한다. 하지만 그가 이 강간을 관찰하고 재현하는 시선은 상당히 복합적이다. 일차적으로 파농의 묘사에서 가장 두드러지는 것은 알제리 남성의 가부장적·민족주의적 시선이다. 그것은 알제리 여성의 "정절을 유린하는"(DC, p.45) 유럽 식민주의자들을 향한 증오심과 복수심이기도 하며, 또한 "자신의 여자"(DC, p.48)를 지켜주지 못한 알제리 민족주의자들의 자괴감과 열패감이기도 하다. 동시에 거기에는 낯선 남자들의 시선에 자신의 얼굴과 몸을 노출하며 "정복자의 강간을 받아들이는"(*DC*, p.42) 알제리 여성에 대한 배신감도 뒤섞여 있다. 알제리 여성이 겪은 정신적·육체적 강간의 상처가 알제리 남성에게 그리고 파농 자신에게 전이되는 것이다. 그 과정에서 알제리 여성의 목소리는 찾아보기가 힘들다. 「베일 벗은 알제리」에서 파농이 지칭하는 "지배자"나 "정복자"의 대명사는 물론이고 "피지배자"나 "원주민"의 대명사도 모두 삼인칭 단수 남성이다. "그"와 "그" 사이의 싸움에서 "그녀"는 사라지거나 말이 없다. 그런 점에서 파농의 에세이 제목 "Algeria Unveiled"는 "베일을 벗은 알제리"보다 "베일이 벗겨진 알제리"로 번역하는 것이 더 정확할 수 있다.

유럽인들의 반응을 묘사하는 파농의 구절도 흥미롭다. 알제리 여성이 베일을 벗자 유럽 남성과 유럽 여성은 상이한 반응을 보인다. 우선 유럽 여성의 반응이 꽤 미묘하다. 유럽 남성에 의해 비교대상이 되어온 유럽 여성은 알제리 여성이 원래 못생겨서 "결점을 숨기려는 순전히 여성적인 의도"로 베일을 뒤집어쓴다고 자위해왔다. "유럽 여성은 고치고 꾸미고 드러내는 경향이 있는 반면, 알제리 여성은 숨기고 가리며 남성의 의심과 욕망을 부추기는 전략을 선호한다"(*DC*, p.45)는 것이 유럽 여성의 자체분석이었다. 그런데 유럽 여성의 우월감은 알제리 여성이 베일을 벗으면서 사라진다. "이전의 모든 어색함과 소심함을 벗어던지고, 맨 얼굴과 당당한 몸짓"으로 거리를 활보하는 알제리 여성 앞에서, 유럽 여성은 "베일 벗은 알제리 여성의 진화를 감독하고 실수를 교정해주는 만족감"(*DC*, p.44)을 더 이상 누리지 못한다. 그 대신 "여성적 매력과 세련미의 차원에서 도전자"이자 "풋내기에서 전문가로 변신하고 초심자에서 전도사로 변화한 경쟁자"(*DC*, p.44)와 마주하게 된다. 이런 상황에서, 유럽 여성의 전략적 선택은 "알제리 남성이 그랬던 것처럼, 베일 벗은 여성을 악과 타락의 구렁텅이로 맹렬하게 몰아넣는 것"(*DC*, p.44)이다. 유럽 여성에게 알제리 여성은 더 이상 온정주의적 계몽과 시혜의 대상이 아니라 '여성적' 질투와 경쟁의 대상이다.

이에 비해 유럽 남성의 전형적인 반응은 "실망"이다. 알제리 여성이 베일을 벗기 전에는 "좌절"과 "공격성"에 사로잡혔던 유럽 남성은 막상 베일이 벗겨지자 그동안 가졌던 온갖 성적 환상과 신비감을 잃어버린다. "베일을 벗고 그들의 눈앞에 모습을 드러낸 여자들은 평범하고 조야했다. 신비롭게 생각할 만한 구석이라곤 전혀 없었다. 도대체 그동안 무엇을 숨겨왔는지 알 수가 없었다"(*DC*, p.45)는 구절은 유럽 남성의 푸념 섞인 실망감을 잘 대변한다. 이제 알제리 여성은 유럽 남성에게 "소비자를 현혹하는" 이국 여인이 아니라 유럽 여성과 진배없는 "평범하고 조야한"(*DC*, p.45) 아낙네에 불과하다. 알제리 남성과 유럽 남성이 공유하는 가부장적 시선 앞에서, 유럽 여성과 알제리 여성은 함께 "상품"으로 진열되는 것이다. '최종심급'이 인종에서 젠더로 뒤바뀌고, 제국주의와 민족주의의 대립이 가부장적 제휴로 봉합되는 순간이다. 파농은 이 순간에 동참하고 있다. 정확하게 얘기하면, 인종의 차이를 넘어서는 가부장적 결탁의 순간이 알제리의 식민지 상황에서 창조될 뿐만 아니라 파농의 텍스트 안에서도 재창조되고 있는 것이다.

'초대'받은 혁명주체의 비주체성

파농의 남성중심주의적 시각은 알제리 여성의 변화와 투쟁을 서술하는 「베일 벗은 알제리」의 후반부에서도 계속된다. 식민권력의 초대에 의해 억지로 베일을 벗은 알제리 여성은 또 다른 초대를 받는다. 이번에는 파농이 소속된 FLN이 그녀들에게 손을 내밀었다. "여자들을 알제리혁명의 능동적 요소로 참여시키는 결정"(*DC*, p.48)을 FLN 지도부가 내린 것이다. 파농은 그 결정을 알제리전쟁의 중요한 전환점으로 평가하지만, 사실 이 인용구에는 FLN과 파농이 공유한 민족주의의 가부장적 모순이 절묘하게 압축되어 있다. "능동적"과 "참여시키는"이란 두 단어의 어색한 병렬이 바로 그것이다. 즉 알제리 여성이 참여하는 주체가 아니라 참여시키는 대상이 되었다는 점에서 파농이 강조하려는 여성의 능동적 주체성은 애당초 제한적일 수밖에 없다.

파농이 혁명으로 일컫는 알제리전쟁은 애당초 "순전히 남자들만 수행하는 전쟁"이었다. "철저히 비밀을 유지해야 하는 필요성으로 인해 독립투사들이 자신의 여자를 철저히 무지상태에 가두어둬야 했기"(*DC*, p.48) 때문이다. 하지만 광기에 가까운 정복자의 폭력이 점차 강도를 더해가면서 "총력전의 긴급성"이 대두하자 FLN 지도부는 "여자들까지 전쟁에 투입하는 쉽지 않은 결정"(*DC*, p.48)을 내렸다. 문제는 '여성성'이었다. 여자들은 "남자들과 똑같은 희생정신"이 없기 때문에 "여성에게는 찾아보기 힘든 숭고한 도덕성과 강인한 성격을 요구하는"(*DC*, p.48) 혁명투사의 임무를 수행하지 못한다고 본 것이다. 고민 끝에 FLN 지도부는 알제리 여성에게 남성 투사의 "대체요원"이 아닌 "새로운 임무를 적절히 감당할 수 있는 구성원"(*DC*, p.48)의 자격을 부여했다. 파농이 말한 알제리 여성의 "새로운 임무"란 게릴라전에서 부상당하거나 전염병에 걸린 군인들을 간호하는 것이었다. 그것만 해도 파농에게는 "엄청나게 혁명적인 발걸음"이었다. "여하튼 혁명을 여자들의 활동에 의존하게 하는 사실 자체가 중차대한 선택"(*DC*, p.49)으로 여겨진 것이다.

알제리 여성이 공적 영역으로 "혁명적인 발걸음"을 내딛고 난 이후에도, 파농을 비롯한 FLN 지도부는 엄청난 불안감에 사로잡혔다. "내부의 강력한 반대"와 "끊임없는 망설임"이 알제리 여성의 참전 여부를 둘러싸고 계속되었다. 이번에도 역시 여자들의 '여성성' 때문이었다. 무엇보다도 혁명투사로서 알제리 여성의 미숙함과 유약함이 큰 걸림돌이 되었다. "베일의 감금에 익숙해 있던 몸이 대로(大路)의 무한한 지평에 노출되면 정상적인 움직임이 불가능"(*DC*, p.49)하다는 이유로 알제리 여성은 현장에서의 작전수행 능력을 좀처럼 인정받지 못했다. 더구나 남자도 견디기 힘든 온갖 잔혹한 폭력과 고문을 여자가 감당할 수 있으리라고 기대하지 않았다. 혁명의 동지로 부름을 받았지만 혁명의 언저리에서 맴돌고 있는 알제리 여성은 여전히 "어린아이"(*DC*, p.52)에 불과했다.

알제리 여성, 특히 젊은 알제리 여성은 자기 안의 거부감, 주관적으로 형성된 두려움과 감정 등의 여러 가지 요소를 모두 극복해야 한다. 동시에 그녀는 본질적으로 적개심을 지닌 정복자와 경찰의 세계와 맞닥뜨려야 한다. 기동력과 효율성을 갖춘 경찰들은 잠시도 경계심을 늦추지 않는다. 알제리 여성이 위험을 무릅쓰고 유럽인 도시로 들어갈 때마다 자신과의 싸움에서 승리하고 어린아이 같은 두려움을 이겨내야 한다. 그녀는 자신의 몸과 마음 어딘가에 박혀 있는 정복자의 이미지를 고찰하고, 그것을 개조하며 그것을 부식시키는 본질적인 작업에 착수하며, 거기에 부착된 수치심 같은 것을 제거하고 무력화시켜야 한다.(*DC*, p.52)

유럽 식민주의자들에게 계몽과 교화의 대상이었던 알제리

여성이 이번에는 알제리 민족주의자들에게 연민과 우려의 대상이 된 것이다. 전자의 경우든 후자의 경우든 알제리 여성이 가부장적 온정주의의 대상이 된 점에서는 다를 바가 없었다. 게다가 알제리 여성의 안전에 대한 파농의 우려마저도 일시적인 것처럼 보인다. 알제리 여성의 성공적인 임무수행 능력을 "의심할 자격이 있는" 혁명지도자들이 가장 깊은 책임감을 느낀 것은 혁명 그 자체이지 "우리 자매들"의 안전이 아니었다. "그러한 결정이 혹시 혁명의 진전을 방해하는 파국적인 결과를 초래하지 않을까?"(DC, p.49) 은연중에 던지는 이 질문 속에 파농의 속내가 담겨 있는 듯하다. 파농의 궁극적인 관심사는 여성해방이 아니라 식민지해방이었던 것이다.

"니그로를 창조한 것은 백인이지만 네그리튀드를 창조한 것은 니그로다."(DC, p.47) 이는 "베일이 벗겨진" 알제리 여성을 독립전쟁에 "참여시킨" 사건이 네그리튀드에 비견될 만큼 역사적 의미가 크다는 것을 강조하기 위해 파농이 한 말이다. 문제는 FLN의 결정에만 모든 의미를 부여하려는 파농의 민족주의적 서사시에 알제리 여성이 "능동적" 행위자로 등장하기 힘들다는 점이다. 파농의 민족주의적 열망이 강해질수록 알제리 여성의 주체성은 약해진다. 알제리 여성은 실제로 전쟁에 참여하는 행위자임에도 도구적 주체로 남을 뿐이다. 실제로 파농이 알제리 여성을 묘사할 때는 "연결고리" "망보기" "운반책" "등대와 바로미터"(DC, pp.53~54)처럼 도구적 성격을 가지는 단어가 심심찮게 등장한다. 파농은 알제리 여성의 혁명 참여를 두고 "여성과 혁명투사의 연속성"(*DC*, p.50)을 발견했다고 말하면서도, 여성을 혁명투사로 칭하지는 않는 것이다.

이상에서 살펴본 대로라면, 파농은 여성을 역사의 주인공이나 동반자가 아닌 도우미로 여겼다는 비판을 피하기 어렵다. 파농의 남성중심주의적 시각을 예리하게 해부한 매클린톡(Anne McClintock)에 따르면, 파농은 행위자로서 알제리 여성이 지닌 자발성과 능동성을 박탈해버린다. 알제리 여성의 투쟁정신과 주체성은 오직 남성의 '초대'와 '지명'을 통해서만 확보된다.⁴ 따라서 알제리전쟁 이전의 알제리 여성은 파농이 베일을 두고 표현한 대로 "생명력도 없고" "특징도 없고" "획일적인 물체"가 되어버린다. 파농에게 과거의 알제리 여성은 무색무취한 일종의 베일이다. 파농의 눈에 비친 베일이 "모양이나 색깔에 아무런 발전적인 변화도 없이 정체되고 죽어 있던 알제리의 문화적 재고품"(*DC*, p.47)에 불과하듯이, 그 베일을 덮어쓴 알제리 여성도 남성의 개입을 기다리는 익명의 덩어리일 뿐이다. 결국 식민주의가 "죽어 있던" 베일·여성에게 "새로운 생명을 부여하는"(*DC*, p.47) 희한한 역사적 아이러니가 성립하는 셈이다. 베일이 상징하는 가부장적 억압과 소외라든지 베일에 가려진 알제리 여성의 한숨과 탄식에 대해서 파농은 별로 할 말이 없다.

알제리 여성을 역사의 전면에 초대하려는 파농의 노력이 과

연 진정성을 가지고 있는가에 대한 의심은 쉽게 사라지지 않는다. 이런 의심을 증폭하는 것이 「베일 벗은 알제리」에 첨부된 「부록」("Appendix")이다. 이 짤막한 글은 알제리 여성을 가부장제의 노예로 보는 프랑스의 이슬람 전문가나 사회학자들의 의견을 반박하려고 덧붙인 것인데, 오히려 파농 자신의 선입견을 부지중에 드러내고 있다. 파농이 보기에 알제리 여성의 자기해방을 위한 "정당한 열망"을 "퇴행적이고 야만적인 가부장제"(DC, p.64)가 가로막고 있다는 프랑스 측의 사회학적 사례 연구는 무지와 오해의 소산이다. 사실 "알제리 여성은 자신의 남자형제들처럼 오늘날 해방 투쟁에서 중요한 역할을 수행할 수 있게 하는 방어기제를 꾸준히 구축해왔다"(DC, p.65)는 것이 파농의 주장이다. 알제리 여성이 어느 날 갑자기 뛰쳐나온 어정뱅이가 아니라 준비된 투사였다는 얘기다. 이 주장은 「베일 벗은 알제리」의 본문에서 파농 자신이 거듭 강조한 알제리 여성의 "극적인 변화"와도 상치되는 얘기다.

그 덕분에 알제리전쟁 이전부터 알제리 여성에게는 역사적 주체로서의 '자리'가 주어진다. 하지만 그만큼 파농의 민족주의 서사에서는 "알제리 여성의 지위" "그녀의 속박, 존재감의 결핍, 비굴한 태도, 거의 부재에 가까운 침묵"(DC, p.65)에 대해 문제를 제기할 '자리'가 없어진다. 그런 이슈들은 "과학적 연구"의 결과물이 아니라 "흔히들 얘기하는" 속설이요 "근거 없이 제기된" 스캔들에 불과하다. "무슬림 사회가 여성에게 자리를 내어주지 않고 여성의 인격을 절단하며 여성의 발전과 성숙을 허용하지 않고 영구적인 발육부전 상태에 방치한다"(*DC*, p.65)는 주장이야말로 파농에게는 유럽중심주의적인 식민담론의 전형적인 사례다. 계속해서 파농은 알제리 여성이 집안에 갇혀 있었던 배경을 독특한 논리로 해명한다. 그것은 가정과 사회의 유기적 관계를 유지하려는 알제리 여성의 자발적 선택이었으며, 혁명전사로서의 역량을 축적하는 과정이었다는 것이다.

> 알제리 여성이 가정을 열렬히 사랑한 것은 우주가 부과한 한계 때문이 아니었다. 그것은 햇볕과 바깥세상과 구경거리를 싫어해서가 아니었으며, 세상으로부터의 도피도 아니었다. ……알제리 여성은 스스로 제한을 가하고 활동영역이 제한된 삶의 방식을 선택함으로써 투쟁의식을 심화하며 전투 준비를 하고 있었다.(*DC*, p.66)

결과적으로, 이슬람 전통사회를 야만적으로 바라보는 유럽 오리엔탈리즘에 대한 파농의 반격은 이슬람 사회 내부의 모순을 묵인함으로써 오리엔탈리즘 못지않게 환원론적 오류를 범하고 있는 것이다. 바로 여기가 후대 페미니스트들이 비판하는 파농의 맹점이다. 파농 자신의 민족주의적 욕망이 워낙 강하다 보니 알제리 여성의 주체성을 부각하려는 시도가 오히려 알제리 가부장제의 모순을 은폐하고 있음을 인식하지 못하는 것이다. 결국 파농은 베일에 가려져 있던 알제리 여성을 베일 바깥으로 끌어내리려다가 다시 베일로 덮어버린 셈이다.

그들이 읽지 못한 베일의 기호학

그런데 알제리 여성의 주체성을 강조하려는 파농의 노력을 순전히 가부장적 온정주의의 산물로만 치부해버려도 될 만큼 파농의 텍스트가 단순한 것은 아니다. 어떻게 보면, 파농은 혁명의 동지로 거듭나는 알제리 여성의 "혁명적인 변화"에 상당한 역사적 의미를 부여하고 있다. 「베일 벗은 알제리」의 후반부에서 파농은 베일을 벗고 유럽 여성으로 가장한 알제리 여성의 활약상을 상세하게 소개한다. 알제리전쟁이 격화일로로 치달으면서 독립투사의 아내, 과부, 이혼녀 등으로 제한되었던 동원 대상이 젊은 미혼여성으로까지 확대되었다. 이들의 활동영역도 후방에서 전방으로 그리고 적진 내부로까지 확장되었으며, 유럽 민간인에 대한 테러에도 동참하였다. 당초의 우려와는 달리, 알제리 여성은 단기간에 용맹스럽고 자발적인 전사로 거듭났다.

파농에게 알제리 여성의 변화는 경이로울 따름이었다. 핸드백과 옷 속에 독립투사들에게 건네줄 수류탄, 권총, 비밀문서, 자금을 숨기고 적진 깊숙이 활보하는 모습을 두고 파농은 "베일 벗은 알제리 여성이 서양 바다에서 물고기처럼 휘젓고 다녔다"(*DC*, p.58)라고 표현한다. 그러한 모습은 유럽 소설이나 영화에 나오는 비밀첩보원과도 다르고 전문적인 훈련을 거친 레지스탕스 요원과도 달랐다. 그들에게는 "모방할 만한 캐릭터"가 존재하지 않았다. 그들은 "실습과정도 없고 상황설명도 없고 요란한 출정식도 없이" 곧바로 적진에 투입되었다. 파농은 알제리 여성전사의 등장을 "예비적인 교육 없이 순수한 상태에서 이루어진 진정한 탄생"이라고 칭찬을 아끼지 않는다.(*DC*, p.50) 물론 파농이 알제리 여성전사와 유럽 여성전사의 차별성을 강조하는 배경에는 민족주의적 욕망이 작동하고 있다. 그렇다고 해서 파농이 알제리 여성의 변신을 알제리 민족주의의 성과로만 파악하는 것은 아니다.

파농이 여기서 주목하는 것은 알제리 여성이 모방 대상 없는 모방을 한다는 점이다. 즉 "모방할 만한 캐릭터" 없이 "순수한 상태에서 탄생한" 알제리 여성전사는 그 자체가 모방의 새로운 모델이 된다. 이때의 모방은 일반적인 식민지 상황에서 흑인이 백인에게 동화되려고 백인의 언어와 문화를 흉내(mimicry) 내는 것과 다르다. 흉내로서의 모방은 모방의 주체가 자신을 모방의 대상과 동일시하고 그 대상을 역할모델로 삼으면서 결국 주체의 자기소외를 초래하게 된다. 대표적인 예가 『검은 피부, 하얀 가면』에서 파농이 분석한 마르티니크의 식민지 원주민, 즉 '하얀 가면'으로 자신의 '검은 피부'를 가린 채 백인과 같아지려고 애쓰는 흑인이다. 그런데 파농이 지금 목격하는 알제리 여성은 흉내 내고 싶은 역할모델이 없다. 겉모습은 유럽 여성을 닮게 되었지만, 어디까지나 그것은 정치적 목적을 이루기 위한 문화적 변장(cultural cross-dressing)이며 자기소외가 아닌 자기실현으로 나아가기 위한 연기(performance)이자 위장(masquerade)이다.[5]

「베일 벗은 알제리」의 후반부로 갈수록 파농의 남성중심주의는 알제리 여성의 주체성과 묘한 긴장관계를 형성한다. 여성을 관찰과 보호의 대상으로만 파악했던 파농의 남성중심주의적 시선이 조금씩 힘을 잃어가는 것이다. 이는 알제리전쟁에서 여성의 참여가 점차 확대되고 그 성과가 두드러질수록 파농의 텍스트 내부에서도 여성의 주체성을 긍정하는 인식론적 변화가 일어나기 때문이다. 특히 알제리 여성이 외부로부터 자신을 "보호하고 안심시키고 격려했던"(DC, p.59) 베일을 갑자기 벗어야 하는 과정에서 겪는 신체적·심리적 변화를 분석한 장면은 상당히 흥미롭다. 파농은 그 변화를 혁명적인 동시에 변증법적이라고 해석한다. 그것이 변증법적인 이유는 식민지 지배자와 피지배자의 이분법적 사회구조에 고착되지 않고 끊임없는 갈등과 투쟁을 통해 새로운 형태의 권력관계를 생성하기 때문이다.

베일을 벗은 몸은 마치 탈출하고 해체되는 것 같다. 그녀는 어울리지 않는 옷을 입거나 심지어 벌거벗은 느낌마저 든다. 그녀는 강렬한 미완성의 느낌을 경험한다. 그녀는 무언가 모자란다는 불안감에 사로잡히며, 이와 함께 몸이 해체되는 기괴한 기분을 맛본다. 베일의 부재는 알제리 여성의 신체적 패턴을 왜곡시킨다. 그녀는 몸의 새로운 치수와 근육의 새로운 제어장치를 재빨리 만들어내야 한다. 그녀는 베일벗은 여자의 겉모습을 스스로 창조해야 한다. 그녀는 (유럽인으로 통하기 위해) 소심하고 어색한 태도를 완전히 극복해야 하며, 동시에 주위의 이목을 끄는 과장된 행동을 하지 않도록 조심해야 한다. 베일을 벗어 던지고 유럽인의 도시를 활보하는 알제리 여성은 자신의 몸을 재교육하고 완전히 혁명적인 방식으로 재확립해야 한다. 이러한 몸과 세계 사이의 새로운 변증법은 혁명적 여성에게 가장 중요하다.(*DC*, p.59)

"몸과 세계 사이의 새로운 변증법"이란 마지막 구절은 특히 주목할 만하다. 알제리 여성이 스스로 주체성을 확보할 수 있는 발판을 제공하기 때문이다. 여기서 말하는 "세계"란 알제리 여성을 둘러싼 복합적인 권력관계를 의미한다. 거기에는 유럽의 식민지 제국주의와 함께 알제리의 가부장적 민족주의도 포함된다. 알제리 민족주의와 프랑스 식민주의 사이의―엄밀하게 말하면, 아프리카 가부장제와 유럽 가부장제 사이의―이데올로기적 전쟁터로만 여겨졌던 베일이 새로운 의미를 획득하게 되는 것이다. 베일-여성-알제리의 등식관계가 깨지면서 이제 베일은 알제리 여성과 알제리 남성 사이의 협상 공간으로 자리 잡기 시작한다. 알튀세의 용어로 환언하면, 알제리가 식민화되기 이전의 가부장제 사회에서는 젠더가 '최종심급'이었고—이 부분은 파농이 충분히 인지하지 못했다—이후의 식민지 사회에서는 인종이 '최종심급'으로 작용하던 베일이 이제는 인종과 젠더의 '중층결정'이라는 복합적 갈등과 투쟁의 장으로 바뀐 것이다. 다시 말해 알제리 민족주의와 유럽 식민주의에 의해 이중으로 식민화된 알제리 여성은 상충하는 그 두 개의 가부장적 질서의 틈새에서 자신만의 자리를 찾아가기 시작했다고 할 수 있다.

베일의 복합성은 알제리 여성이 벗었던 베일을 다시 쓰면서 새로운 양상을 띠게 되었다. 프랑스 식민당국이 베일을 벗은 알제리 여성의 비밀활동을 눈치채고 대대적인 검문을 실시하면서 알제리 여성이 총포류를 비롯한 전쟁 물자를 베일에 감춰 운반할 목적으로 베일을 다시 착용한 것이다. 그러자 이번에는 프랑스 진영에서 다시 베일을 벗기려고 시도했다. 하지만 결과는 그다지 성공적이지 못했다. 이전에 베일을 벗길 때보다 훨씬 더 강압적인 수단을 동원했지만 알제리 여성의 저항이 완강했기 때문이다. 더구나 그 저항은 "자발적"이고 "거의 모두가 동의하는 반응"(*DC*, p.62)이었다. 결과적으로 식민당국은 "프랑스와 드골 장군의 초청으로 알제리 여성이 자유를 쟁취했다는 주장이 사실이 아니라는 것을 스스로 확인"(*DC*, p.62)하게 되었고, "식민주의의 통제와 지시 없이도 세상이 움직인다는 사실을 인정"(*DC*, p.63)해야만 했다. 파농은 이러한 심리적 게릴라전의 성과를 알제리 민족주의의 승리로 본다. 프랑스의 강압과 회유로 알제리 여성이 베일을 벗어야 했을 때 알제리 남성이 느꼈던 무력감과 모욕감이 말끔히 사라졌기 때문이다. 다만 알제리 남성의 자존심이 알제리 여성을 통해 회복되었다는 사실이 놀라울 따름이다. 그것은 파농에게도 분명 새로운 발견이었다.

파농은 알제리 여성이 다시 베일을 쓰게 된 과정을 "알제리 혁명의 전환점"으로 강조하면서, 베일이 또 다른 의미에서 알제리 여성을 "보호하는" 기능이 있다고 분석한다. 원래 베일은 외부 남성의 시선을 차단하는 동시에 여성의 사회 진출도 차단하는 이중의 역할을 수행했다. 즉 베일은 알제리 여성을 보호함으로써 알제리 가부장제를 보호했다고 할 수 있다. 그런데 알제리 여성이 남성중심의 역사에 새로 진입하면서 베일은 알제리 여성의 자기보호를 위한 전략적 수단이 된 것이다. 베일의 억압적 기능에 주목하지 않았던 파농이지만 베일의 새로운 기능만큼은 중요한 의미를 부여하며 거기서 알제리 여성의 주체성을 읽어내고자 한다. 과거에는 보호와 단절이 동전의 양면이었지만, 이제는 보호가 참여의 수단이기 때문이다. 그래서인지 알제리 여성의 두 번째 변신을 묘사하는 파농의 구절에서 불안한 기색이나 우려의 목소리는 찾아보기 힘들다. 이미 알제리 여성이 비밀전사로서의 역량을 '인증'받은 탓도 있겠지만,

파농의 어조에는 확신과 자신감이 넘쳐난다. 이것을 적극적으로 해석한다면, 알제리 여성의 변화가 알제리 여성에 대한 파농의 인식론적 변화를 이끌어냈다고 할 수 있다.

여하튼 「베일 벗은 알제리」의 결론부에서 파농이 가장 강조하는 것은 베일의 변화된 기능이다. "정체된" 알제리 사회의 가부장제 기표로서 오랫동안 "죽어 있던" 베일이 알제리전쟁을 계기로 식민주의와 반식민주의 사이의 치열한 줄다리기 장소가 되었다는 것, 이것이 바로 파농이 전하려는 이야기의 골자다. 특히 파농은 알제리 여성이 베일을 벗은 과정과 베일을 다시 쓴 과정의 차별성을 강조한다. 전자의 경우는 타율적 개입을 수반했지만 후자의 경우는 순전히 자율적 선택의 결과라고보는 것이다. 그래서 파농은 알제리 여성이 다시 쓴 베일에서 "원래 그것이 지녔던 순전히 전통적인 중요성이 완전히 벗겨지고"(*DC*, p.62) "위장의 기술, 투쟁의 수단으로 탈바꿈했다"(*DC*, p.61)라고 주장한다. 베일에 각인된 가부장제의 모든 억압과 모순이 제거되고 탈식민화와 여성해방의 상징물로 거듭났다는 얘기다.

파농은 이러한 변증법적 변화를 "베일의 역사적 역동성"이라고 주장하며 거기에서 알제리 식민화와 탈식민화의 압축된 역사를 읽어낸다.

베일의 역사적 역동성은 알제리 식민화의 전개과정에서 인지할 수 있다. 처음에는 베일이 저항의 메커니즘이었지만, 그것이 사회집단에서 지닌 가치는 매우 강했다. 베일을 쓴 이유는 남녀 간의 성적 분리를 완강하게 요구한 전통 때문이기도 하지만, 동시에 정복자가 알제리를 벗기려고 안달했기 때문이기도 하다. 그다음 단계에는 알제리혁명과 연관된 변화가 특수한 상황에서 일어났다. 베일은 혁명 수행과정에서 버려졌다. 정복자의 심리적 정치적 공격을 차단하기 위해 사용된 것이 새로운 수단과 도구가 되었다. 베일을 통해 알제리 여성은 투쟁에서 파생된 새로운 문제들을 대면할 수 있었다.(*DC*, p.65)

베일이 "위장(camouflage)의 기술"로 효력을 발휘할 수 있었던 이유는 베일을 반(反)본질주의적인 시각에서 접근했기 때문이다. 프랑스의 식민정책은 알제리 여성과 베일 사이에 등식 관계를 수립하고 거기에 가부장적 억압이라는 하나의 고정된 의미만 부여함으로써 베일의 변화에 성공적으로 대처하지 못했다. 반면 알제리 측은 베일을 상황에 따라 가치와 기능이 달라지는 사회문화적 구성물로 인식함으로써 심리적 게릴라전에서 승리한 것이다. 어떻게 보면, 이러한 전략이 베일과 그것을 쓴 알제리 여성을 도구화했다고 비판받을 수도 있다. 하지만 끊임없는 변화와 갱생을 통해 새로운 의미를 획득하는 베일의 헤게모니적 속성을 투쟁전략으로 전유했다는 점에서 긍정적으로 평가할 만하다.

한 걸음 더 나아가서, 파농은 베일의 변화를 통해 알제리 여성의 변화를 말하고자 한다. 사실 파농이 그린 민족해방의 유토피아적 청사진에는 식민지해방과 계급해방뿐만 아니라 여성해방도 포함된다. 파농은 이 점을 『대지의 저주받은 자들』에서 분명히 밝히고 있다.

저개발 국가에서는 모든 수단을 통해 최대한 빨리 남성과 여성을 동원해야 한다. 이 과정에서 가장 경계해야 할 것은 여성에 대한 남성의 우월을 신성시하는 전통을 영속화하는 위험이다. 여성은 남성과 똑같은 자리를 차지해야 할 것이며, 그것은 헌법조항이 아닌 일상의 삶에서, 즉 공장과 학교와 의회에서 이루어져야 한다.(*WE*, p.202)

베일을 투쟁 수단으로 이용한 알제리 여성의 자발적 저항을 부각하는 것도 이러한 연유에서다. 파농은 알제리 여성의 변화에서 자신이 염원하는 "총체적 혁명"의 가능성을 본 것이다. 가부장적 민족주의자들의 보호 대상이었던 알제리 여성이 민족을 보호하는 주체로 거듭나는 모습은 가히 혁명적이다. 여성이 스스로 변화했는지 남성의 초대와 지명을 통해 변화했는지 여부는 파농에게 이차적인 문제다. 중요한 건 여성이 변화했다는 데 있다. 「베일 벗은 알제리」에서 가장 빈번히 등장하는 단어가운데 하나가 "혁명(적)"이라는 사실은 그만큼 알제리 여성의 변화가 가져올 파급효과를 파농이 절박하게 기다렸음을 반증한다. 프랑스 식민당국이 알제리 여성을 정복하면 알제리를 정복한다는 생각으로 베일을 벗기는 데 총력을 기울였다면, 파농은 거꾸로 여성해방을 민족해방의 교두보로 삼으려는 의지를 강력하게 표명하고 있는 것이다.

여성해방과 식민지해방의 유기적 관계

"베일의 역사적 역동성"을 "총체적 혁명"의 서곡으로 해석하고 싶은 파농의 열망은 『사멸하는 식민주의』에 실린 「알제리 가정」("The Algerian Family")에서 더 분명하게 드러난다. 이 에세이는 알제리전쟁이 총력전으로 치달을 때 베일에서 촉발된 "혁명의 기운"이 알제리 사회 전체로 퍼져나가는 과정을 보여준다. 여성의 변화가 가정의 변화로 그리고 사회의 변화로 이어지는 것이다. 여기서 파농이 파악한 알제리 가정은 알제리 가부장제 사회의 토대이자 축소판이다. 파농은 가부장제란 단어를 사용하지 않으면서도 그것을 상징하는 전통, 관습, 아버지의 권위가 혁명을 통해 어떻게 해체되고 재구성되는지를 서술한다. 파농의 역사적 청사진에서 "전통"과 "혁명"은 양립 불가능하다. "새로운 알제리 사회의 창조"(*DC*, p.101)를 위해서는 "낡은 가치를 파묻고" "새로운 길을 걸어가야"(*DC*, p.103) 한다. 이때 극복해야 할 전통의 핵심이 바로 알제리 가정이고 그 중심에 아버지가 있다. 한마디로, 알제리 가정은 보존의 대상이 아니라 청산의 대상이며, 알제리 사회 내부의 혁명이 전개되는 공간이다.

파농의 분노 섞인 묘사에 따르면, 독립전쟁 이전의 알제리 는 철저한 가부장제 사회였다. 남존여비, 조혼, 출가외인, 일부다처제 등의 온갖 "쓸모없는 제도"와 "고루한 신념체계"(*DC*, p.100)가 알제리 여성을 문맹과 빈곤으로 몰아넣은 채 그것을 "베일로 덮고" 있었다. 파농은 「베일 벗은 알제리」에서 베일에 각인된 알제리 사회 내부의 가부장적 권력관계를 간과했고 그것이 후대 페미니스트들에게 비판의 빌미를 제공했다면, 「알제리 가정」에서는 마치 그것을 만회라도 하듯이 가부장제를 척결해야 할 인습으로 강도 높게 비판한다. 최소한 이 순간만 놓고 본다면, 파농을 페미니스트라고 불러도 손색이 없을 정도다. 마치 반식민적 민족주의와 여성주의가 가부장제를 공동의 적으로 삼고 완벽한 제휴관계를 형성한 것처럼 보인다. 파농의 저서 전체를 통틀어 봐도 「알제리 가정」은 민족과 여성 사이의 위계질서나 긴장관계를 찾아볼 수 없는 거의 유일한 텍스트다.

그렇게 암울하고 숨 막혔던 알제리 가정에 "혁명의 기운"이 스며든 것은 알제리전쟁을 통해서였다. 전쟁은 알제리인의 가족관계를 굴종과 예속에서 자유로, 침묵과 단절에서 소통으로 바뀌게 하였다. 전쟁 이전과 이후의 차이를 극명하게 부각하는 파농의 서사전략은 여기서도 유감없이 발휘된다. 파농은 알제리 여성이 독립전쟁에 참여하면서 알제리 사회에 불어닥친 가족관계의 변화를 아버지와 아들, 아버지와 딸, 형과 동생, 남편과 아내의 관계로 세분화하여 설명한다. 파농이 보기에 그중에서도 특히 아버지와 딸의 관계와 남편과 아내의 관계에서 "혁명적인" 변화가 일어났다. 변화의 주체가 여성이었기 때문이다.

파농이 전하는 여성해방의 서사를 몇 군데만 짚어보자. 아버지를 정점으로 하는 알제리 가정의 권력관계는 아들과 딸들이 집을 떠나 혁명전사가 되면서 균열이 발생하기 시작한다. 예전에는 아버지를 똑바로 쳐다보지도 못했던 자식들이 이제는 감히 아버지와 마주앉아 설전을 벌인다. 참전을 만류하는 아버지의 "패배주의적 설교"와 "사려 깊은 충고"(*DC*, p.103)는 더 이상 먹히지 않는다. FLN의 조직원이 되면서 개체성과 자율성을 갖춘 새로운 인격체로 재탄생한 것이다. 아버지는 더 이상 절대적 존경의 대상이 아니다. "아버지의 끊임없는 기다림과 체념의 세계"는 "이미 흔들리기 시작했고, 결국은 완전히 무너져야 하는"(*DC*, p.103) 구시대의 유산에 불과하다. "무능하게 아버지에게 매달리는 낡은 인습은 혁명의 태양 아래 녹아 없어진다."(*DC*, p.101) 하지만 그들이 아버지를 규탄과 배척의 대상으로만 여기는 것은 아니다. 지속적인 대화를 통해 "아버지의 전향"을 이끌어낸다. "알제리 가정의 변화"가 완성되는 순간이다. 다만 "새로운 세계에 뒤처져 있던 아버지가 아들의 발자취를 따라가야 하는"(*DC*, p.104) 형국이 안쓰러울 뿐이다.

딸의 변화는 더욱 "혁명적"이다. "베일을 벗어 던지고 화장을 한 후에 오래도록 행방이 묘연해지는 딸"(*DC*, p.108)의 모습은 아버지에게 감당하기 힘든 충격으로 다가온다. 산이나 감옥에서 돌아온 딸과 마주앉아 딸의 무용담을 듣고 있는 아버지의 모습은 상상할 수 없었던 진풍경이다. "결혼에 목매는 여성은 점점 사라지고 행동하는 여성에게 자리를 내준다. 어린 소녀는 투사로, 여성은 자매로 대체된다."(*DC*, p.108) 투쟁하는 딸이 알제리 여성의 역할모델이 된 것이다. 딸의 반란은 아버지의 권위뿐만 아니라 가부장제 사회의 근간을 뒤흔든다. "남자들의 말은 더 이상 법이 아니고, 여자들은 이제 침묵하지 않는다."(*DC*, p.109) 알제리 사회는 "낡은 가치와 비생산적이고 유치한 두려움"을 버리고 "남녀관계를 지배하는 새로운 가치"를 개발하게 된다. "여성은 남성의 보조자 위치에서 벗어나, 문자 그대로 새로운 자리를 온전히 자신의 힘으로 만들어낸다."
(*DC*, p.110)

부모와 자식 간에 일어난 "근본적인 변화"는 남편과 아내의 관계에서도 그대로 반복된다. 처음에는 대부분의 알제리 남성이 자신의 아내가 FLN의 일원이 되는 것을 두려워하고 못마땅하게 여겼다. 독립투사도 예외가 아니었다. 하지만 아내의 결연한 의지와 용맹스러운 행동은 "남편의 저항"을 조금씩 허물어

알제리전쟁 당시 국기 아래 분열한 여성 전사들
알제리전쟁은 알제리사회의 가부장적 질서를 뒤흔들었다. 특히
딸의 변화는 매우 "혁명적"이었다. 산에서 게릴라전을 펼치거나
감옥에 수감되어 있다가 돌아온 딸의 무용담을 듣고 있는
아버지의 모습은 일찍이 상상할 수 없었던 진풍경이었다.

뜨렸다. 부부가 함께 "투사 커플"이 되는 경우가 늘어났고 급기야 그것이 "알제리의 규범"(*DC*, p.112)으로 자리 잡았다. 심지어 아내가 "행동하지 않고 참여를 거부하며 투쟁정신이 부족한 남편을 질책"(*DC*, pp.111~112)하는 경우도 심심찮게 발생했다. 여자가 "남자의 사내다움이나 용기를 의심"하고 자신의 남편을 "겁쟁이"라고 하는 것은 "절대로 용납될 수 없는 일"(*DC*, p.111)이었지만, 이제는 "흔한 일"이 되어버렸다. 알제리 여성이 베일을 벗고 함께 혁명에 뛰어든 이후부터 결혼은 "종족보존을 위한 태생적 본능의 결과도 아니고 서로의 성적 욕망을 충족하는 제도적 수단도 아니다." 이제 부부는 "민족 공동체의 기초 세포이며 국가의 생식능력이 넘치는 핵"이 되었다.(*DC*, p.114)

파농이 「알제리 가정」에서 펼치는 여성해방론의 골자는, 한마디로, 가정 안에서 일어난 혁명을 밖으로 확산하는 것, 즉 여성해방과 민족해방의 유기적인 결합이다. 다음 구절은 파농의 핵심논지를 잘 압축하고 있다.

여성이 역사에 진입하면서 알제리인들의 자유는 여성해방과 동일시되기 시작했다. 알제리 역사의 페이지를 써가는 이 영웅적인 여성은 여태껏 아무런 책임의식 없이 살아온 편협한 세계의 장벽을 붕괴시키는 동시에 식민주의의 파괴와 새로운 여성의 탄생에 참여하고 있다.(*DC*, p.107)

"새로운 여성의 탄생"이 가부장제 질서의 해체를 뜻하는 "편협한 장벽의 붕괴"뿐만 아니라 "식민주의의 파괴"까지 동반한다는 것은 여성해방이 식민지해방과도 궤를 같이한다는 것이다. 이 논리는 『대지의 저주받은 자들』에서 개진된 민족해방론과 정확한 유비관계를 이룬다. 거기서도 파농은 식민지해방을 의미하는 탈식민화가 "완전한 무질서의 기획" 또는 "새로운 인간의 창조"(*WE*, p.36)라고 규정하면서, 민족 외부의 혁명인 탈식민화와 민족 내부의 혁명인 계급해방이 함께 이루어질 때 진정한 민족해방에 도달할 수 있다고 역설한다. 파농 저서의 전체적인 맥락에서 보더라도 여성해방, 계급해방, 식민지해방이 동시에 전개되어 민족해방으로 귀결되는 역사적 청사진에서 여성해방은 건너뛸 수 없는 "역사적 과정"(*WE*, p.36)이다. 여성해방 없는 민족해방은 미완성이라는 얘기다. 적어도 이 순간에서만은 파농을 옹호하는 비평가들이 강조하는 "페미니스트 파농"의 면모를 엿볼 수 있다고 해도 과언이 아니다.[6] 파농의 텍스트 어디에서도 가부장제와 식민주의의 이중적 억압구조하에 처한 식민지 여성의 곤경을 이만큼 정확하게 파악한 경우는 찾아보기 어렵다.

민족과 여성의 어색한 동거

그렇다면 왜 파농의 여성해방론은 탈식민주의와 페미니즘

진영에서 끊임없이 논란거리가 되고 있는가? 그 이유는 우선 파농의 텍스트 내부에서 찾을 수 있다. 앞서 살펴본 것처럼, 파농의 여성관 자체가 일관되지 않다. 10여 년의 세월 차를 두고 쓰인 『검은 피부, 하얀 가면』과 『대지의 저주받은 자들』은 여성 문제에 접근하는 시각에서 완연한 차이를 보인다. 두 책을 같이 읽는 독자는 성차별주의자 파농과 여성해방론자 파농을 동시에 만나게 된다. 여성 문제를 논의의 전면에 내세우는 『사멸하는 식민주의』에서도 파농의 현실인식은 들쑥날쑥하다. 민족 내부의 젠더 모순, 즉 이슬람 전통사회의 여성 억압에 대해 「베일 벗은 알제리」와 「알제리 가정」은 동일인물이 쓴 글이라고 보기 힘들 정도로 상당한 입장 차이를 보인다. 한쪽에서는 가부장제 사회의 갈등과 모순을 베일로 덮어버리고 다른 한쪽에서는 그 베일을 벗기고 적나라하게 실상을 드러낸다. 또한 알제리전쟁 이전의 여성이 「베일 벗은 알제리」에서 이름도 없고 얼굴도 없는 존재였다가 「알제리 가정」에서는 느닷없이 준비된 혁명투사로 등장한다. 좋게 보면, 여성에 대한 인식론적 변화이지만, 이는 간과하기 힘든 논리적 모순이다.

　젠더관계를 정신과 육체의 이분법으로 접근하려는 것도 파농의 문제점 가운데 하나다. "파농을 넘어서"라기보다는 "파농과 함께" 흑인 여성의 문제를 얘기한다는 훅스(bell hooks)에 따르면, 파농은 여성을 사유의 주체로 인정하는 데 너무 인색하다. 파농이 한때 자신을 "깨우치고 소생시킨" "지적 아버지"였음에도 "오랫동안 파농을 잊고 지낸" 이유에 대해 "그의 저서에는 어머니의 존재, 즉 생각하는 여성의 몸에 대한 인식이 전혀 없기" 때문이라고 답한다. 훅스는 이를 "상징적 모친살해"라고 일컫는다. 그녀가 보기에 파농은 기본적으로 "동종애"(同種愛, homophilia), 즉 "남자들끼리의 유대"에 빠져 있다. 미움도 사랑도, 적대도 연대도, 모두 남자들끼리의 게임이며 여자는 거기에 낄 자리가 없다는 것이다. 흑인 페미니스트로서 훅스의 불만은 파농이 백인 남성과 흑인 남성의 갈등, 아니면 거꾸로, 흑인 남성과 흑인 남성의 결속에만 주목하다 보니 흑인 남성과 흑인 여성의 연대 가능성은 안중에도 없다는 데 있다.[7] 파농이 아무리 급진적 혁명가라 하더라도 '형제애'를 희생하면서까지 '자매'를 대등한 사유의 주체로 받아들이지 못했다는 것이다. 훅스의 비판은 『대지의 저주받은 자들』에 국한되어 있기는 하지만, 파농을 지지하는 독자들이 반드시 되짚어봐야 할 대목임은 틀림없다.

더구나 파농의 여성해방론은 민족해방론과 마찬가지로 '전부 아니면 전무' 식의 흑백논리에 기초하고 있다. 파농의 서사에는 거의 언제나 반전(反轉)이 있다. 특히 후기 저서에서 가장 자주 눈에 띄는 숫자는 1954다. 알제리전쟁이 발발한 해다. 파농에게 1954년은 알제리 역사의 전환점이자 모든 '대지의 저주받은 자들'이 '새로운 인간'으로 거듭나는 순간이다. 따라서 1954년 앞에는 대부분 '이전'(before)이나 '이후'(after)라는 전치사가 붙어다닌다. 탈식민화의 역사는 1954년을 기점으로 극명한 대조를 이룬다. 개인도 가정도 사회도 모두 환골탈태한다. 그야말로 '전무'에서 '전부'로 이행하는 기적적인 변환이 일어난다. 일사불란하게 움직이는 민족의 대서사시에 차이와 다양성은 들어설 자리가 없다. 그 과정에서 '일부'의 존재는 사라진다. 알제리 여성도 예외는 아니다. 모두 베일을 쓰거나 모두 베일을 벗어야 한다. 혁명의 부름을 입은 알제리 여성은 그들이 쓴 베일처럼 모두 같은 색깔로 하나가 되어야 한다. '우리'와 '그들' 사이의 경계선이 워낙 뚜렷하다 보니 '회색 인간'이나 '접경지대'는 이데올로기적 사치에 해당한다.

이처럼 알제리 여성을 획일화되고 동질적인 주체로만 상정하는 파농의 여성해방론은 사실 파농 특유의 인식론적 문법을 압축해서 보여준다고 해도 과언이 아니다. 파농의 후기 저서에서 모든 문제는 민족해방으로 수렴된다. 민족 내부의 차이와 다양성은 민족해방 이후에 생각하자는 것이 파농의 기본입장이다. 『대지의 저주받은 자들』에서 개진하는 민족문화론도 같은 논리에 근거한다. 네그리튀드에서 내세우는 '아프리카문화'라는 개념이 아프리카를 동질화하는 담론적 구성물임을 알면서도 민족해방을 위한 도구의 필요성을 우선시하는 파농은, 민족해방이 구현될 때까지 아프리카 내부의 문화적 차이에 대한 논쟁은 잠시 유보할 것을 요구한다. 여성 문제도 일단 민족해방이라는 큰 울타리 안에서 논의되어야 한다. 여성해방, 계급해방, 식민지해방이 동시에 상호보완적으로 진행되어 민족해방으로 나아가야 한다는 파농의 주장도 거꾸로 얘기하면 여성해방이 민족해방의 하위범주 또는 부분집합으로 포섭된다는 것을 의미한다. 파농에게 계급해방이나 식민지해방도 그 자체만으로는 자기충족적인 가치가 미흡하기는 마찬가지이지만, 최종목표가 아닌 과정과 수단으로서의 성격이 가장 강한 것은 역시 여성해방이다.

결론적으로, 파농의 여성해방론은 일종의 복화술(複話術)이다. 주로 인형극에서 사용하는 복화술은 연기자가 자신의 입을 움직이지 않고 인형의 입을 움직여서 인형이 말을 하는 것처럼 착각하게 만드는 기술이다. 물론 파농이 그런 속임수를 의도한 건 아니었겠지만 그의 여성해방론은 효과의 측면에서 이와 크게 다르지 않다. 『사멸하는 식민주의』의 표층 담론은 성적 타자의 주체성 회복이지만, 그 이면에는 책 제목이 암시하듯이 탈식민화와 민족해방이라는 심층 담론이 자리 잡고 있는 것이다. 물론 여성을 민족해방의 파트너로 '초대'하거나 '동원'하고 그들에게 "남성과 똑같은 자리"를 부여하는 파농의 서사는 공허한 수사나 가장된 몸짓이 아니다. 하지만 그 서사는 민족과 여성 사이의 긴장관계로 인해 이미 균열과 틈새를 드러내고 있으며, 파농의 강력한 민족주의적 판타지로 겨우 봉합되어 있을 뿐이다.

이것은 아무리 파농이 알제리 여성의 대변인 역할을 자임하

더라도 결국 그가 알제리 여성은 아니라는 사실을 재확인시
켜주는 대목이기도 하다. 흑인(남성)의 소외와 억압을 분석한
『검은 피부, 하얀 가면』이 "흑인은 무엇을 원하는가?"(*BS*, p.8)
라는 질문으로 시작한 데 비해, 『사멸하는 식민주의』에서는
"알제리 여성은 무엇을 원하는가?"라는 문제의식을 찾아보기
힘들다. 민족과 여성의 어색한 동거를 담보한 민족해방의 서사
에서 결국 여성의 '자리'는 민족 '안에' 또는 '밑에' 주어질 수
밖에 없는 것이다.

파농이 기획한 민족해방은 현재진행형이다. 엄밀히 말해 현
시점에서 본다면 파농이 그토록 염원했던 알제리와 제3세계의
민족해방은 실패로 끝났다. 식민지해방은 이루어졌지만 여성
해방과 계급해방은 제자리걸음이다. 특히 여성 문제는 파농 시
대와 비교하면 정체보다 퇴행이 더 적절한 표현일 것이다. 식
민지독립 이후의 알제리에서는 이슬람 근본주의와 사회주의가
연합하여 이전의 식민주의보다 더 강력하게 여성을 억압하고
통제했다. 알제리전쟁 당시에 혁명동지로 '호명'되었던 여성은
전쟁이 끝나자 투사가 아닌 도우미로 재평가되어 혁명의 열매
를 맛보지도 못하고 '집'으로 돌아가야 했다. 식민지독립 이전
이든 이후든 여성이 민족주의의 대의(大義)에 우선하여 '개인
적인' 권리를 요구하는 것은 인민과 혁명을 배반하는 행위로
정죄되었다.[8] 결과적으로 볼 때, 알제리 여성을 역사의 주인공
으로 거듭나게 하겠다는 파농의 장밋빛 약속은 허공으로 사

라졌다. 파농의 텍스트 안에서나 밖에서나, 파농 생전에나 사후에나, 알제리 여성은 항상 민족의 그늘에 가려져 있었던 셈이다.

이러한 역사적 '사실' 앞에서 파농의 여성해방론은 어떻게 평가되어야 하는가? 지금까지 분석해본 파농 텍스트의 모순과 틈새만 두고 보더라도 파농을 페미니스트다운 문제의식을 견지한 혁명가로 평가하기엔 미흡한 구석이 많다. 설령 파농을 설익은 페미니스트로 평가한다고 해도 여성 문제에 접근하는 그의 시각은 지나치게 낙관적이다.『대지의 저주받은 자들』에서 파농은 식민지독립 이후 제3세계 사회가 봉착할 신식민주의적 모순과 민족주의의 변질을 정확하게 짚어낸다. 마치 파농이 부활하여 신식민시대의 사회현실을 목격하고 얘기하는 것처럼 그의 예견은 정확하고 치밀하다. 이에 비해 식민지독립 이후 가부장제의 극복 (불)가능성에 대해서는 진지한 고민과 성찰이 부족하다. 아마 파농은 제3세계 여성의 인권신장과 그가 즉흥적으로 제시한 양성평등이 탈식민화와 함께 자동적으로 실현되리라고 믿었던 모양이다. 여성해방이 민족해방에 덤으로 주어지는 보너스인 양, 파농은 너무 쉽게 여성해방을 얘기하고 너무 빨리 민족해방으로 화제를 돌려버린다. 이는 파농이 민족주의와 가부장제의 '끈끈한 우애'에 대해 충분히 성찰하지 못했음을 반증하는 것이 아닐까?

흑인민족주의자 파농의 맹점 또는 초점

그러나 파농을 젠더 모순에 둔감한 가부장적 혁명가로 결론 짓기 전에 몇 가지 고려해야 할 점이 있다. 우선 파농 텍스트의 역사적 배경이 여성의 억압과 소외에 대한 문제의식을 사회적으로 공유하지 않았던 식민지 시대라는 점이다. '그 당시엔 그만하면 됐다' 식의 논리로 파농을 무조건 감싸는 것도 바람직하지 않지만, 반세기 전의 텍스트를 현재의 잣대로만 평가하는 것도 재고해야 한다. 더구나 『검은 피부, 하얀 가면』을 제외한 파농 텍스트의 대부분은 전쟁 한복판에서나 임종을 앞둔 병상에서 짧고 거친 호흡으로 써내려간 글들이다. 말하자면 논리적 세련미와 일관성을 기대하기 힘든 상황이었다. 바바 같은 탈식민 시대의 이론가가 볼 때, 파농은 "좀더 전복적인 해결과 좀더 즉각적인 동일시를 요구하는 절박한 상황"에서 글을 써야만 했고, 그 결과 "너무 빨리 타자를 지목하고" "너무 성급하게 양가적 동일시에서 적대적 정체성으로 옮겨가는" 문제점을 드러낼 수밖에 없었다.[9]

비판의 여지가 많은 파농의 일부 텍스트만을 선별하여 전체로 치환하는 접근방식도 온당하지 않다. 가령 『검은 피부, 하얀 가면』만 보면 파농에게서 남성중심주의 혐의를 지우기 힘든 것이 사실이다. 반면 『대지의 저주받은 자들』에서 파농은 여성 문제를 탈식민화의 역사적 맥락에서 인식하고 여성해방과 양성

평등의 필요성을 간헐적이지만 명시적으로 거론한다. 또한 『사멸하는 식민주의』나 『아프리카 혁명을 향하여』 같은 다른 후기 저서에서도 파농은 가부장제 모순에 침묵하지 않으며 식민지 여성의 투쟁과 해방을 위한 중요한 범례를 제시한다. 그런데 파농의 비판자들은 초기 저서의 문제적 구절들이 마치 그의 전체 입장을 대변하는 것처럼 얘기하는 경향이 있다. 여성 문제에 대한 파농의 모순과 한계를 비판하는 작업은 필요하다. 하지만 파농의 공과(功過)에 대한 총체적 평가가 이루어져야 한다. 파농의 텍스트가 지닌 가부장적 색채를 민족주의의 베일로 은폐하고 그를 시대에 앞선 페미니스트로 추앙하는 것은 문제가 있다. 동시에 파농을 편협하고 경직된 제3세계 민족주의의 대표로 몰아붙이면서 그가 시도한 여성해방의 기획을 일방적으로 폄하하는 것도 문제가 있다. 어느 경우든 그것은 양가적이고 복합적인 파농의 텍스트를 단순화하는 위험에 빠지게 된다.

군이 용어상으로 분류하자면, 파농은 여성주의자가 아니지만 그렇다고 반여성주의자도 아니며 일종의 남성주의자라고 할 수 있다. 흑인 페미니스트 제임스(Joy James)는 남성주의(masculinism)는 가부장제 이데올로기를 구성하는 반여성주의(antifeminism), 성차별주의(sexism), 여성혐오(misogyny), 남성우월주의(male chauvinism) 등과는 구분되어야 한다고 주장한다. 남성주의는 의식적으로나 명시적으로 남성의 우위를 강변하거나 여성을 비하하지는 않지만 젠더관계의 모순을 논의하는 과정에서—논의자의 입장이 중립적이든 진보적이든 간에—은연중에 가부장적 언어나 가설을 재생산하는 것을 가리킨다.[10] 그런 점에서 '남성주의'는 파농을 규정하는 적절한 단어가 될 수 있다. 가부장제 모순을 가부장제 언어로 비판하는 파농, 여성해방을 논하면서도 항상 그 너머를 바라보는 파농, 이 양가성 때문에 파농은 끊임없이 논란거리가 되고 있다. '회색 인간'을 인정하지 않았던 파농이 여성 문제에 있어서만은 일종의 '회색 인간'이 되는 것이다.

좀더 범박하게 말하자면, 여성 문제에 문제의식을 가졌던 파농이 페미니스트가 아닌 이유는 그가 탈식민주의 사상가이기 때문이다. 탈식민화와 민족해방을 여성해방에 우선시하는 파농의 입장은 탈식민주의의 기본전제다. 파농의 맹점인 젠더 모순은 곧 탈식민주의의 맹점이다. 파농에 앞서 탈식민주의의 사상적 토대를 구축했다고 평가되는 듀보이스는 "20세기의 문제는 인종장벽의 문제다"라고 천명하고 나서,[11] "여성의 지위향상은 인종장벽 문제에 버금가는(next to) 문제다"라고 덧붙인 바 있다.[12] 파농의 여성해방론은 이 명제의 연장선에 있다. '버금'은 '으뜸'의 '다음'이란 뜻이다. 인종을 최종심급으로 상정하는 탈식민주의로서는 젠더와 섹슈얼리티가 '으뜸'이 아니라 '버금'에 해당한다. 중요해도 최우선은 아니라는 얘기다. 페미니즘의 경우도 마찬가지다. 최근 흑인 페미니즘과 제3세계 페미니즘이 대두하기 전까지만 해도 서구의 백인 페미니스트들은 인종 문제를 중점적으로 다루지 않았다. 심지어 흑인 페미니즘 내에서도 사안에 따라 인종과 젠더를 놓고 강조점이 달라진다. 페미니즘과 탈식민주의 사이의 역할분담과 연대의 필요성이 제기되는 이유도 여기에 있다. 어떤 이론도 계급, 인종, 젠더, 섹슈얼리티를 모두 포괄하는 '거대담론'이 될 수 없기 때문이다. 그처럼 틈새나 구멍이 없는 명실상부한 '거대담론'의 틀을 그 누구도 만들어내지 못했는데, 파농인들 예외가 될 수 있겠는가?

민족주의의 성과와 폐해

해방의 서사시가 억압의 알리바이로 전락하다

"압제자들에 맞서 민중을 일어서게
했던 민족주의 장엄한 찬가는
식민지독립이 선포되는 순간 힘을 잃고
스러진다. 민족주의는 정치적 교의나
기획이 아니다. 국가가 퇴행하거나
불투명한 상태에 빠지지 않기 위해서는
민족의식이 정치의식과 사회의식으로
신속하게 전환되어야 한다."

파농이 말하는 민족(주의)

파농에게 민족이란 무엇일까? 프랑스 식민지 마르티니크에서 태어나고 자란 혼혈 흑인 파농. 프랑스로 유학 가서 유럽의 문화적 세례를 받고 백인 여성과 결혼한 파농. 알제리와 튀니지에서 정신과 의사와 독립투사로서 치열한 삶을 산 파농. 자신이 죽으면 고향 땅이 아닌 알제리에 묻어달라는 유언을 남긴 파농. 그에게 민족은 무엇을 의미할까? 일평생을 이방인으로 살았던 그에게도 민족적 정체성 또는 민족의식이란 것이 있을까? 민족이 언어와 역사의 공동체라면, 파농에게 그 공동체의 지정학적인 토대는 마르티니크인가 알제리인가? 카리브 해 혼종문화, 유럽 백인문화, 북아프리카 이슬람문화 중에서 그의 민족의식은 어디에 닻을 내리고 있는가?

『대지의 저주받은 자들』을 읽다 보면 이런 질문들을 비켜가기가 힘들 것이다. 왜냐하면 가장 핵심적인 개념이자 가장 혼란스러운 개념이 바로 민족(nation)이기 때문이다. 근자의 민족주의 논쟁에서도 맥락에 따라 민족, 국가, 국민 등으로 다양하게 번역되는 이 개념은 파농의 저서에서도 마찬가지로 다양한 의미로 사용된다. 실제로 파농이 사용하는 민족이란 단어는 때에 따라 지정학적 개념인 국가(state)의 동의어이기도 하고, 마르크스주의적 함의를 지닌 민중(people)을 지칭하기도 하고, 민족문화론에서는 알제리 민족주의, 아프리카 민족주의, 흑인민족주의 등으로 변주되기도 한다. 좁게는 프랑스의 식민지배에 저항하는 알제리를, 넓게는 유럽에 대응하는 아프리카 전체를 그리고 때로는 아프리카 사회 내부의 하층민을 가리키는 민족은 한마디로 명확히 정의하기 힘든 단어다. 더구나 파농이 민족을 항상 긍정적인 개념으로만 사용하는 것도 아니다. 그 민족의 범주에는 파농의 희망대로 탈식민화와 민족해방의 과정을 통해 역사의 주체로 부상해야 할 집단(농민을 비롯한 하층민)과 그 과정에서 척결해야 할 집단(토착 부르주아지)이 병존한다. 따라서 파농의 입장은 논의의 맥락에 따라 민족주의의 옹호일 수도 있고 그 반대일 수도 있다.

이렇듯 복잡하고 모호한 파농의 민족 개념은 민족주의에 대한 그의 논의를 통해 우회적으로 파악해볼 수 있다. 파농이 한 번도 민족의 개념을 정의한 적은 없지만, 『대지의 저주받은 자들』의 핵심 논쟁은 민족주의를 둘러싸고 전개된다고 해도 과언이 아니다. 제1장 「폭력에 관하여」에서는 탈식민화를 위한 무장투쟁에서 동원과 결집의 이데올로기 역할을 하는 반식민주의적 민족주의, 제2장 「자발성: 장점과 단점」에서는 탈식민화의 주역으로 부상한 하층민의 민중 중심적 민족주의의 성과와 한계, 제3장 「민족의식의 함정」에서는 탈식민화 이후 변질된 민족주의인 부르주아 민족주의, 제4장 「민족문화론」에서는 네그리튀드의 추동력이었던 흑인·아프리카 민족주의, 마지막 「결론」에서는 '새로운 인본주의'로 일컬어지는 일종의 유토피아적 초민족주의가 각각 중점적으로 논의된다. 이처럼 다양하고도 단계적인 민족주의 논의를 따라가다 보면 파농이 그리는 '민족'의 밑그림이 무엇인지 파악할 수 있다.

우선 「폭력에 관하여」에서 제시되는 유럽과 아프리카 또는 식민지 지배자와 피지배자의 대립구도에서 볼 때, 파농이 서 있는 토대가 민족주의라는 점은 이론의 여지가 없다. 물론 여기서 말하는 민족주의란 근대유럽의 민족국가 형성과 식민지 팽창의 원동력이 되었던 강대국의 지배 이데올로기가 아니라 이에 대한 약소국의 저항 이데올로기다. 강대국의 민족주의가 약소국에는 제국주의로 다가오기에 아프리카 민족주의는 내부의 차이와 갈등을 넘어 반제국주의적 외연으로 수렴될 수밖에 없다. 유럽의 식민지라는 공통된 역사적 경험이 허다한 언어와 부족으로 나뉜 아프리카를 '상상의 공동체'로 묶어주는 것이다. 파농의 민족주의 역시 그가 활동한 알제리에만 국한되지 않고 아프리카와 더 넓게는 제3세계 전체를 포괄하는 이데올로기다. 통시적 관점에서 볼 때, 탈식민화와 민족해방을 위한 파농의 투쟁은 범아프리카주의와 네그리튀드를 통해 이어져온 흑인민족주의 전통의 연장선에 있다. 흑인민족주의는 식민지 역사의 부산물이기에 유럽중심주의와 백인우월주의의 거부 그리고 식민지배의 극복을 일관된 강령으로 삼아왔다. 파농의 이론적 작업과 정치적 투쟁도 이러한 흑인민족주의의 운동사적 맥락에서 파악해야 한다.

그러나 파농의 민족주의는 모든 문제가 피부색으로만 귀결되는 인종환원주의가 아니다. 물론 식민지 상황에서는 피부색이 '최종심급'임에는 틀림없지만, 파농이 지향하는 민족해방은 식민지 상황의 종결로 완성되지 않는다. '검은 대륙' 내부에도 화해하기 힘든 갈등이 존재하기 때문이다. 『대지의 저주받은 자들』에서 파농이 가장 중점적으로 논의하는 부분도 바로 아프리카 사회의 내부갈등이다. 제1장에서는 백인정착민과 흑인원주민의 이분법적 대립과 탈식민화의 전략을 분석하지만, 그다음 장부터는 논의의 초점이 아프리카의 엘리트계층과 하층민 사이의 갈등에 맞추어져 있다.

여기서 내부갈등을 진단하고 처방하는 파농의 시각은 분명 마르크스주의적이다. 파농은 우선 "우리가 당면한 구체적인 문제는 자본주의와 사회주의 사이의 선택이 아니며" "저개발 국가는 자신에게 어울리는 특유의 가치와 방법과 유형을 찾기 위해 최선을 다할 것"(WE, p.99)을 요구한다. 하지만 곧이어 "저개발 국가에서는 자본주의적 착취와 카르텔과 독점이 공공의 적"(WE, p.99)임을 역설하며 이미 사회주의 쪽으로 마음이 기울었음을 은연중에 드러낸다. 마르크스주의자 파농이 보기에 식민주의와 자본주의는 동전의 양면이며 반식민주의 저항은 반자본주의 투쟁과 분리할 수 없다. 요컨대 파농이 의미하는 민족은 인종과 계급이 맞물린 복합적 개념이며, 그가 지칭하는 '대지의 저주받은 자들'은 '니그로' 일반이 아니라 아프리카·

350

제3세계 하층민이다.

파농의 지형도에서 탈식민화와 민족해방은 연속적 과정이지만 투쟁의 대상은 상이하다. 엄밀히 말하면, 전자는 외부의 적을 축출하는 것이고 후자는 내부의 적을 극복하는 것이다. 그런데 어느 경우든 투쟁의 주체는 하층민이다. 파농이 활동한 알제리의 경우를 보더라도 탈식민화 단계에서는 모든 계층이 합력하여 유럽의 식민권력과 싸우는 게 당연하지만 실제로는 농민을 주축으로 한 하층민만이 무장투쟁에 참여했다. 오직 하층민만이 폭력의 필요성과 당위성을 적극적으로 인식했기 때문이다. 산업화가 진행되지 않아 노동자계급이 채 형성되지 않았던 파농 당시의 아프리카 사회에서 하층민의 전복적 역할을 수행한 집단은 농민이었다. 그들은 식민권력의 직접적인 통제하에 있는 도시 엘리트계층과는 달리 사회경제적으로나 문화적으로나 더 소외되었기 때문에 그만큼 덜 식민화된 계층이다. 특히 농촌에서 삶의 터전을 박탈당하고 도시 주변을 유랑하던 룸펜프롤레타리아야말로 가장 자발적이고 과격한 혁명집단이다. 이들은 엘리트계층이 제안하는 점진적인 변화나 식민권력과의 타협을 단호하게 거부한다. 그래서 파농은 농민과 룸펜프롤레타리아로 구성된 민중을 탈식민화와 민족해방의 주역으로 부각한다.

지식인과 민중의 상호보완적 관계

문제는 식민지 민중의 "이데올로기적 취약성"이다. 「자발성: 장점과 단점」에서 파농은 민중의 "자발성"이 지닌 힘을 강조하면서도 동시에 그 한계에 주목한다. 이들은 낫과 삽을 들고 온몸을 던져 자발적으로 독립전쟁에 참여하지만 그것만으로는 지속가능한 투쟁으로 이어질 수 없다. "불굴의 용기와 훌륭한 구호만으로는 충분하지 않다"(*WE*, p.136)는 사실을 파농은 탈식민화의 현장에서 절감한 것이다. 식민지 민중은 "너무나 오랫동안 생리적으로 비참하고 굴욕적이고 무책임한 삶에 익숙해져 있었기 때문에"(*WE*, p.137) 식민권력이 내미는 "아주 하찮은 친절의 흔적"이나 "약간의 인간적인 대접"(*WE*, p.139)만으로도 감지덕지한다. 무자비한 탄압으로 일관하던 지배자가 회유책으로 일시 전환하면 피지배자의 결속이 쉽게 흔들리고 무너진다는 것이다. 이들은 "최소한의 용인이 더 고삐를 죄기 위한 위장술"이며 "식민주의가 절대로 그냥 물러서는 법이 없다는 것이 역사의 법칙"(*WE*, p.140)임을 충분히 인지하지 못한다. 파농은 이를 두고 "심리적 떡고물로 증오가 무장해제 되어버린다"(*WE*, p.140)라고 설명한다. 따라서 파농은 "농민반란이 혁명전쟁으로 전환"되기 위해서는 지배자에 대한 피지배자의 "증오와 울분"을 "프로그램"(*WE*, p.139)으로 조직화해야 한다고 강조한다. 그래서 파농은 "민중의 정치교육은 역사적 필연이다"(*WE*, p.138)라는 잠정적인 결론에 도달한다.

파농이 여기서 가장 깊이 고민하는 문제는 민중과 지식인의 관계다. 파농은 식민지 민중을 대상으로 한 이데올로기 교육의 필요성을 인정하면서도 이 문제에 상당히 신중하게 접근한다. 민중을 탈식민화와 민족해방의 주역으로 내세워온 파농으로서는 조심스러운 부분이 아닐 수 없다. 자칫하면 자신이 그토록 경계하고 비판하는 엘리트중심주의로 흐를 위험이 있기 때문이다. 그래서 파농은 많은 지면을 할애하며 민중과 지식인의 연대를 대안으로 제시한다. 이때 파농이 호출하는 지식인은 보수나 온건을 표방하는 부르주아 인텔리겐치아가 아니라 도시에서 추방당하고 농촌으로 잠입한 극소수의 급진적 지식인이다. 그들과 민중의 관계는 교육자와 피교육자 간의 일방적 위계가 아니라 서로에게 여집합이 되어주는 상호보완적 제휴다. 지식인은 민중이 역사의 주인임을 깨달을 수 있도록 도와주고 민중은 지식인의 오그라진 손발을 펴서 행동하게 해주는 것, 이것이 파농이 생각하는 지식인과 민중의 관계다.

기본적으로 파농은 민중을 지식인의 지적·도덕적·정치적 '하위주체'로 간주하지 않는다. 후대의 탈식민주의 이론가 스피박(Gayatri Spivak)은 식민지 하층민(the subaltern)을 자기 재현 능력이 없는 익명의 타자로 접근하지만, 파농은 지식인의 특권적 위치를 부인하고 행위주체로서 민중의 위치를 부각한다. 이는 파농이 지식인과 민중의 관계를 정신과 육체의 이분법으로 접근하지 않는다는 것을 의미한다. 민중은 알제리혁명의 토대이며 중심임을 파농이 거듭 강조하는 이유도 여기에 있다. 파농이 파악한 민중은 난삽하고 애매한 언어를 사용하는 지식인과는 반대로 솔직하고 직설적이며 실천적 행동에 적극적이다. 그리고 민중은 지식인이 마음대로 속이고 조종할 수 있는 무지몽매한 존재가 아니라 "조국의 땅과 부존자원이 자신들의 것"(*WE*, p.192)이라는 확고한 주인의식을 지니고 있다. 게다가 이들은 "집단적 투쟁은 집단적 책임의식을 전제"(*WE*, p.199)하는 것임을 인식하기 때문에 특정 개인의 영웅화를 거부하며 모든 결정을 "전체 민중의 동등하고 의식적인 노력"(*WE*, p.199)에 위임한다.

따라서 파농이 생각하는 민중의 이데올로기 교육은 지식인이 민중에게 주인의식을 심어주는 것이 아니라 원래 민중의 삶에 녹아들어 있는 주인의식을 꺼내도록 도와주는 일이다. 따라서 지식인은 민중의 지도자가 아닌 동반자 내지는 도우미가 되어야 한다. 민중 앞에 나서서 민중을 이끌고 가는 지식인보다는 민중의 손을 잡고 민중과 함께 나아가는 지식인, 이것이 바로 파농이 생각하는 지식인의 모델이다. 알제리전쟁의 현장보고서 『사멸하는 식민주의』를 보면, 민중의 "자발성"과 지식인의 "지도력"을 접목하려는 파농의 노력이 투쟁현장에서 실제로 상당한 효과를 거두었음을 알 수 있다.(*DC*, pp.69~97, pp.121~145) 다음 구절에서도, 비록 "위"와 "아래" 또는 "기층부"와 "수뇌부" 같은 단어를 쓰지만, 파농은 알제리전쟁 과정에서 목격한 지식인과 민중의 새로운 관계가 결코 위계적이지 않음을 거듭 강조하고 있다.

민중의 정치적 교육이 그들에게 정치적 연설을 하는 것도 아니고 그렇게 되어서도 안 된다. 그것은 모든 일이 그들의 손에 달렸음을 끊임없이 그리고 열의를 다해서 가르치는 것이다. 즉 우리가 지체해도 그들의 책임이고 전진해도 그들의 책임이며, 모든 일에 책임지는 조물주나 유명인사 따위는 없으며, 조물주는 바로 그들 자신이고 마법의 힘도 결국 민중의 힘이라는 사실을 말해주는 것이다. 이를 실현하기 위해, 즉 민중을 정말로 육화(incarnate)시키기 위해서는 거듭 말하거니와 극단적인 형태의 탈중심화가 필요하다. 위에서 아래로 그리고 아래에서 위로 향하는 운동이 확고한 원칙이 되어야 한다. 이는 형식주의적 고려를 통해서가 아니라 이 원칙을 존중함으로써 해방이 보장되기 때문이다. 밑에서 위로 힘이 솟구쳐 올라감으로써 수뇌부에 추동력을 제공하고 수뇌부가 변증법적으로 나아가는 것을 가능케 한다. 우리 알제리인들은 이 사실을 재빨리 인지했으며 정부 수뇌부의 그 누구도 그러한 해방의 사명을 활용할 겨를이 없었다. 알제리에서 싸우는 자들은 보통사람들이며, 이들은 자신들의 격렬하고 용감한 투쟁이 없으면 수뇌부가 붕괴하리라는 것을 알고 있다. 마찬가지로 기층부의 사람들은 머리와 리더십이 없으면 토대가 모순과 혼란 속에서 분열되리라는 것을 알고 있다. 수뇌부의 가치와 상층부의 힘은 오로지 투쟁하는 민중의 존재에서 비롯된다. 사실은 민중이 자신들을 위해 수뇌부를 자유롭게 구성하는 것이지 수뇌부가 민중을 포용하는 것이 아니다.(*WE*, pp.197~198)

파농이 설정하는 민중과 지식인의 관계는 상호의존적일뿐더러 "변증법적"(*WE*, p.193)이다. 지식인의 역할은 민중을 교육하고 계도하는 것이지만 그 관계가 일방적이지는 않다. 파농이 묘사하는 혁명적 지식인은 민중을 계몽하는 동시에 민중과의 관계를 통해 자신도 계몽된다. 서구 부르주아 주체성을 모델로 삼은 기존의 토착 지식인은 개인주의와 엘리트주의의 장벽에 둘러싸인 채 "그리스·로마 문화의 주춧돌을 지키려고 불철주야 애쓰는 파수꾼"(*WE*, p.46)에 불과하다. 서구 문화제국주의의 첨병 노릇을 한다는 얘기다. 하지만 민중과 함께 탈식민화 무장투쟁에 참여하면서 지식인도 변모하게 된다. 무엇보다도 지식인 고유의 딜레마인 이론과 실천의 괴리를 극복하게 되고, 민중과 마찬가지로 오랜 고질병이었던 열패감과 소외감을 치유한다.

또한 탈식민화 운동은 지식인과 민중 사이의 계몽적 관계를 역전시키는 과정을 수반한다. 민중이 오히려 지식인을 계몽하게 된다는 것이다. "지식인이 민중의 기운을 흡입할수록 앞뒤를 재거나 입 다물고 유보적인 태도를 취하던 습성에서 완전히 벗어나고 복지부동의 정신을 떨쳐버린다."(*WE*, p.48) 말하자면 헤겔이 말한 주인과 노예의 변증법적 관계가 지식인과 민중 사이에 실현되는 것이다. 가히 아프리카판 '계몽의 변증법'이라 할 만하다.

사실 파농이 『대지의 저주받은 자들』에서 설정한 식민지 지식인과 민중의 새로운 관계는 탈식민주의 역사에서 중요한 의미를 지닌다. 파농은 여러 가지 측면에서 최초로 뭔가를 시도한 인물인바, 그중의 하나가 바로 흑인민족주의 전통에 스며있는 엘리트주의를 극복한 것이다. 파농의 선배들인 블라이든(Edward Blyden), 크러멜(Alexander Crummell), 가비(Marcus Garvey), 워싱턴(Booker T. Washington), 듀보이스 등의 흑인민족주의 사상가들이나 지도자들은 한결같이 권위주의와 엘리트주의에 물들어 있었다. 이들 모두는 먼저 깨우친 지도자가 무지몽매한 흑인 민중을 끌어올려야 한다고 주장했다. 일례로, 듀보이스는 「유능한 소수」("The Talented Tenth")라는 글에서 이렇게 말한 바 있다.

밑바닥에서 출발해서 위를 향해 문명화된 민족이 신이 창조한 공평한 세상에 한 번이라도 존재한 적이 있는가? 결코 없었다. 문화는 언제나 위에서 아래로 스며든다. 과거에도 그러했고 현재에도 그러하며 미래에도 그럴 것이다. 유능한 소수가 먼저 일어선 후에, 이들이 구원받을 만한 모든 자를 자신들의 위치까지 끌어올린다. 이것이 인간 진보의 역사다. 역사의 진보를 가로막은 두 가지 역사적 착각은 이미 일어선 소수를 제외하고는 아무도 일어설 수 없다는 생각과 일어서지 못한 자들이 일어선 자들을 끌어내리는 것이 낫다고 품는 생각이다.[1]

이러한 주장의 기저에는 당시 흑인민족주의자들에게 적잖은 영향을 미쳤던 칸트식의 계몽주의 사상이 깔려 있다. 칸트가 의미한 계몽은 인간이 스스로 초래한 미성년상태의 바깥으로 이행하는 것으로서, 이때 미성년상태란 타인의 지도 없이 자신의 이성을 사용하지 못하는 무능력을 말한다. 따라서 계몽적 이성의 주체는 그러한 미성년상태에 있는 일반대중을 교육하고 계도해야 할 의무가 있다. 다시 말해 칸트의 계몽주의 철학은 계몽의 주체와 대상을 구분하는 이분법적 위계질서에 기초하고 있는 것이다.

파농이 볼 때, 그러한 엘리트중심적인 계몽주의가 노예해방 직후 흑인민족주의의 초기단계에는 유효했을지 몰라도 이제는 탈식민화와 민족해방을 가로막는 걸림돌로 작용할 뿐이다. 오히려 피지배자 내부의 엘리트주의가 깨지고 부서질 때 파농이 지향하는 "새로운 인간성"이 창조될 수 있다. 여기에 넛붙여 파농은 "새로운 인본주의"가 진정 민중을 위한 기획이 되

흑인민족주의 운동의 선배인 '엘리트주의자' 듀보이스
파농의 흑인민족주의 운동 선배들인 블라이든, 크러멜, 가비,
워싱턴, 듀보이스 등은 엘리트주의에 물들어 있었다. 특히
흑인 최초로 하버드 대학교에서 박사학위를 취득한 듀보이스는
'유능한 소수'가 무지몽매한 흑인 민중을 계몽해야 한다고 주장했다.

기 위해서는 민중에 의한 기획이 되어야 한다고 역설한다. 지배자의 "온정주의적 호기심"이나 "백인의 자유와 백인의 정의" 덕에 "공짜로" 주어지는 자유가 아니라 피지배자가 "직접 싸우고 대가를 치르면서" 쟁취한 자유여야 한다는 것이다.(*BS*, pp.220~223) 다음 구절은 파농이 민중의 주체성을 얼마나 중시하는지를 잘 보여준다.

교량건설 작업이 그 일에 참여하는 사람들의 의식을 고양하지 못한다면 차라리 다리를 놓지 말고 주민들이 헤엄을 치거나 배를 타고 강을 건너다니는 게 더 낫다. 다리가 하늘에서 '낙하산을 타고' 내려와서는 안 된다. 그것은 인간의 무대에 느닷없이 신이 뛰어드는 것과 마찬가지다. 다리는 주민들의 근육과 지능으로 만들어져야 한다.(*WE*, pp.200~201)

결국 파농의 민족주의는 반식민주의에서 출발하여 민중주의로 귀결된다고 할 수 있다. 파농에게 민중은 민족의 토대이자 민족주의가 존재하는 이유다. "민족 정부가 민족적이기 위해서는 민중에 의한, 민중을 위한 지배"(*WE*, p.205)가 이루어져야 한다는 선언적 주장에서 분명히 드러나듯이, 파농이 궁극적으로 지향하는 민족주의는 민중주의의 또 다른 이름이라고 할 수 있다. 반면 민중이 사라진 민족주의, 민중의 희생과 소외에 기초한 민족주의, 그것은 민족주의의 "빈껍데기"(*WE*, p.148)일

뿐이다. 파농의 지상과제인 탈식민화와 민족해방도 민중이 민족의 주변에서 중심으로 복귀하는 과정이다. 한때 백인 정착민에 의해 그리고 지금은 토착 부르주아지에 의해 노예로 길들여진 민중이 주인으로 거듭나는 과정, 이들의 노예근성을 정화하고 주인의식을 회복하는 일련의 과정이 바로 탈식민화와 민족해방이다. 민중에게는 "존엄성과 주권이 등가물"(*WE*, p.198)임을 믿기에 파농의 모든 노력은 민중의 주권 회복으로 수렴된다.

제3세계 민족 부르주아지의 모순

파농이 그리는 민족 지형도의 한쪽에 민중이 있다면, 그 반대쪽에는 민족(national) 부르지아지 또는 토착(native) 부르주아지가 있다. 파농이 보기에 탈식민화와 민족해방의 가장 큰 걸림돌은 바로 토착 부르주아지다. 봉건지주, 도시상인, 자본가, 지식인 등으로 구성되는 이 계층은 폭력에 의한 급격한 사회변화를 본능적으로 두려워하고 싫어한다. 따라서 탈식민화를 위한 무장투쟁에 결코 참여하지 않는다. 이들은 식민권력에 기생하며 배당금을 챙기는 식민주의의 수혜자이기 때문이다. '검은 피부'에 '하얀 가면'을 뒤집어쓰고 지배자를 흉내 내며 살아가는 이들은 물질적으로나 정신적으로나 가장 식민화된 계층이다. 민중을 향한 파농의 애정이 깊은 만큼 토착 부르주아지에 대한 분노도 싶나. 민중에 대한 기대와 우려가 교차하는 「자발

성: 장점과 단점」과는 달리, 토착 부르주아지의 문제점을 서술하는 「민족의식의 함정」에서는 파농의 어조가 지극히 단순하고 원색적이다. 『대지의 저주받은 자들』보다 먼저 쓴 『아프리카 혁명을 향하여』를 봐도 식민지 민중의 삶을 피폐하게 하는 토착 부르주아지에 대한 파농의 반감이 얼마나 깊은지 잘 드러난다.

아프리카에서 식민지독립을 실현하는 국가들의 위치는 그 국가들의 신흥중산층이나 복원된 족장들의 위치만큼이나 불안정하다. 토착 중산층은 국제무대에서 마지못해 몇 번 제스처를 취하고는 더 이상 전통적인 식민권력의 위협을 느끼지 않게 되면서 갑자기 엄청난 탐욕을 발휘하기 시작한다. …… 불만에 가득 찬 노동자는 식민지 시대보다 나을 게 없는 잔혹한 억압을 겪어야 하며, 노동조합과 야당은 거의 쥐도 새도 모르는 상태로 감금된다. 민족해방을 위한 고달픈 투쟁에 모든 것을 쏟아부었던 민중, 그 민중은 빈손으로 허기진 배를 움켜잡고 그들의 승리가 가져온 현실을 의아하게 바라본다.(*AR*, pp.186~187)

파농을 더욱 분노하게 하는 것은 식민지해방 이후에 민족 부르주아지가 보이는 행태다. 식민지해방은 민중의 헌신과 희생으로 이루어졌건만 정작 식민지해방 이후 이들은 "군중 속으로 사라져버리고 시민이라는 빈 직함만을 차지할 뿐이다."(*WE*, p.171) 그 대신 식민권력의 하수인으로 복무했던 민족 부르주아지가 신생 독립국의 주역으로 슬그머니 고개를 내밀고는 "과거 식민지 정착민의 후임자로 들어선다."(*WE*, p.152) 민족 부르주아지가 추진하는 이른바 "국유화"는 "모든 경제를 국가의 수중에 두고 운용하며 국가의 필요를 충족하는 것"이 아니라 "식민지 시대의 잔재인 부당이권들을 자신들의 수중으로 이양하는 것을 의미할 따름"이다.(*WE*, p.152) 이들을 향한 파농의 신랄한 비판은 거침이 없다.

식민지배가 종식되면서 권력을 인계받은 토착 부르주아지는 미숙한 중간계층이다. 이들은 실질적인 경제력이 없으며, 자신들이 대체하고자 하는 식민모국의 부르주아지와는 비교가 안 되는 집단이다. 신생독립국에서 가장 계몽된 집단에 속하는 대학엘리트와 상인계층의 인구분포는 소수에 불과하며 수도에 집중되어 있다. 저개발국가의 토착 부르주아지는 뭔가를 생산하고 발명하며 뭔가를 세우려고 애쓰는 직업에 종사하는 대신 오로지 중개상 역할을 하느라 정신이 없다. 이들은 온갖 조직적인 암거래에 깊숙이 관여하며, 이들의 심리상태는 사업가가 아닌 장사꾼이다. 이렇게 된 것은 식민지배로 인한 정착민의 탐욕과 억압의 체제가 이들에게 다른 선택의 여지를 남기지 않았기 때문이었으리라 (*WE*, pp.149~150)

이른바 "국유화" 과정에서 주도적인 역할을 담당하는 것이 정당과 의회다. 민족정당을 기치로 내걸고 의회민주주의를 표방한 집권정당은 사실상 부르주아지의 이해관계만을 충실히 대변하고 민중과 반대세력은 무자비하게 탄압하는 반민중적·비민주적 집단이다. 의회정치도 애당초 우민정책을 위한 허울에 불과하다. 단일정당은 "본색을 드러낸 맨 얼굴의 파렴치하고 냉소적인 부르주아 독재의 현대적 형태"(*WE*, p.165)로서, "수뇌부의 지침을 위로부터 아래로 국민에게 전달하는" 역할만 수행하며 "국민과 지도자 사이에 차단막"을 쳐버린다.(*WE*, p.170) 민주주의의 구심점이자 민중의 대변인이 되어야 할 의회와 정당이 부르주아 독재의 하수인으로 전락하면서 국가 전체가 탐욕과 약탈의 자본주의적 정글이 되어버린다. 국민을 위해 존재해야 할 국가는 "과시행정을 일삼고 끊임없이 위기의식을 조장하면서 국민을 괴롭히고 겁박하는"(*WE*, p.165) 억압기제로 둔갑한다. 정치지도자들을 "조직깡패"와 "협잡꾼"에 비유한 파농은 이들이야말로 민족해방을 가로막는 "진짜 매국노"라고 규정하며, 이들의 "아둔함과 사기행각과 지적·정신적 빈곤"에 적개심을 넘어 수치심마저 느낀다고 토로한다.(*WE*, p.183)

한때 반식민투쟁에서 민족의 구심점이 되었던 정당은 이제 산산조각 나버리고, 식민지독립 직전 정당을 규합하는 데 앞장섰던 지식인들은 독립이 가져다준 떡고물이나 챙기는 쪽으로 방향을 선회하고 있다. 정당은 점점 사적인 입신출세의 수단이 되어간다. 새로운 체제의 내부에서도 부의 획득과 독점 과정에서 불평등이 생긴다. 어떤 자들은 몇 배의 수입을 올리며 기회주의적인 역량을 과시한다. 특권은 양산되고 부패는 만연하며 도덕은 땅에 떨어진다. 오늘날 약탈자들은 빈약한 국가재정에 비해 너무나 숫자가 많고 너무나 게걸스럽다. 부르주아지가 장악한 권력의 도구가 되어버린 정당은 이 체제를 강화하고 국민을 윽박지르며 좌절하게 한다. 정당은 정부가 국민을 통제하도록 도와준다. 정당은 점점 반민주적으로 변해가며 억압의 도구가 된다. 누가 봐도 정당은 부르주아지와 한패가 되었다. ……이렇듯 빈부격차가 일상화된 저개발국가에서는 군대와 경찰이 체제유지의 양대 축을 형성한다. 물론 이들은 외국 전문기관으로부터 자문을 받는다. 군대와 경찰이 휘두르는 공권력은 국가의 다른 영역이 침체되는 정도와 비례한다. 차관에서 비롯된 각종 이권은 외국인이 낚아채가고, 스캔들만 무성하고, 고위공직자는 나랏돈 빼돌려 마누라 몸치장하는 데 쏟아 붓고 국회의원은 사리사욕 채우느라 정신이 없다. 말단 경찰관과 세관직원에 이르기까지 이 거대한 부패의 행렬에 뛰어들지 않는 사람은 하나도 없다.(*WE*, pp.171~172)

민족 부르주아지에 대한 파농의 분노가 얼마나 깊은지는 줄곧 반자본주의적 입장을 견지해온 그가 심지어 유럽 부르주아지를 모델로 삼아서까지 민족 부르주아지를 비판하는 데서 잘 드러난다. 파농의 눈에 비친 민족 부르주아지는 엄밀한 의미에서 계급이라고 할 수 없다. 적어도 자본주의적 근대화의 주역인 유럽 부르주아지는 위로는 봉건귀족과 아래로는 프롤레타리아와의 상호작용과 계급갈등을 통해 자생적으로 형성된 계급이다. 하지만 강제로 이식된 식민지 자본주의의 하수인인 민족 부르주아지는 계급형성을 위한 토양이 채 갖추어지지 않은 상태에서 기형적으로 형성되었다. 파농에 따르면, 모방 대상인 유럽 부르주아지와는 달리 민족 부르주아지에게서는 이름에 걸맞은 경제력과 노동윤리를 찾아볼 수 없다. 이들의 행태와 심성은 "행상인" 수준이다. 이들은 "생산, 창조, 탐구, 건설, 노동에 주력하지 않고 오로지 중개 형태의 활동에 몰두한다." (*WE*, pp.149~150) 파농이 말하는 "중개"란 매판자본의 역할을 의미한다. 제3세계 민족국가와 서구의 신식민적 자본 사이에서 "전송선" 내지는 "윤활유" 기능만을 수행한다는 것이다.

토착 부르주아지의 역할은 국가를 변화시키는 것과는 전혀 무관하다. 이들은 요즘 신식민주의의 가면을 썼지만 광포한 본성을 위장한 자본주의를 민족국가와 연결하는 전송선 역할만 할 뿐이다. 토착 부르주아지는 유럽 부르주아지의 영업 대리인 역할에 만족하기 때문에 아무런 콤플렉스도 없이 어깨에 잔뜩 힘을 주고 자기 역할을 수행한다. 그러나 아무런 야망도 없이 천박한 세계관으로 떡고물이나 챙기는 보따리장사 기능만 하다 보니 토착 중산층은 부르주아지에게 부과된 역사적 역할과는 완전히 멀어지게 된다. 다른 지역의 민족 부르주아지가 보여준 역동적이고 개척자다운 정신이나 새로운 세계를 발명하고 발견하는 능력은 서글프게도 이들에게서 흔적도 찾아볼 수 없다. 식민지 국가의 부르주아지를 지배하는 시대정신은 오로지 탐닉이다. 서구 부르주아지는 어떤 상황이었어도 최소한 시작 단계에서는 탐험과 발명에 치중하였건만, 이들은 그 단계를 건너뛰고 서구 부르주아지의 부정적이고 퇴폐적인 단계만 답습한다. 식민지 국가의 토착 부르주아지는 첫발을 내디디면서부터 자신들을 쇠퇴기의 서구 부르주아지와 동일시한다. 이들은 앞으로 도약하는 것이 아니라 처음부터 막다른 골목에 접어든 것이다. 이들은 젊은이다운 성급함과 대담무쌍함과 성취의 욕구를 알기도 전에 벌써 노쇠해버린 것이다. 토착 부르주아지의 때 이른 노쇠현상은 이국적인 것이나 맹수사냥과 카지노를 즐기려고 관광여행을 오는 서구 부르주아지에 의해 더 빨리 부추겨진다. 토착 부르주아지는 이런 서구 부르주아지의 욕망을 충족시키고자 휴양지와 유람시설과 리조트센터를 개발한다. 그런 것이 관광산업이란 미명하에 진행되고 때로는 국가기간사업으로 포장되기도 한다. 토착 부르주아지의 이런 퇴폐적인 행태가 믿기지 않으면, 지금 라틴아메리카에서 벌어지는 일들만 생각해봐도 된다. 아바나와 멕시코의 카지노, 13살짜리 어린 혼혈 소녀들로 가득 찬 리오 해변, 아카풀코와 코파카바나 항구로 가보라. 이 모든 것은 토착 중산층의 타락이 남긴 오점이다. 아무런 아이디어도 없이 자기 뱃속만 채우며 민중과 단절된 삶을 살아가는 토착 중산층은 체질적으로 전체 국민의 관점에서 국가가 처한 문제들을 생각하지 못한다. 이들은 그저 서구 산업의 매니저 역할에 충실하며 자기 나라를 유럽의 매음굴로 개발하고 있다.(*WE*, pp.152~154)

여기서 파농이 유럽 부르주아지를 비교대상으로 삼은 이유는 그들을 긍정적으로 평가하기 위함이 아니다. 서구 자본주의 자체도 모순덩어리지만 그것의 아류인 식민지 자본주의는 더 형편없다는 것을 강조하기 위해서다. 적어도 초기 단계에서는 역동적이고 생산적인 가치체계로 사회변화를 이끌어냈던 서구 자본주의에 비해, 제3세계 천민자본주의는 서구 자본주의 후기의 퇴행적인 요소만 그대로 이식해왔다는 것이다. 한마디로, 민족 부르주아지는 민족국가에 "백해무익한"(*WE*, p.176) 존재다. 분한과 냉소가 가득 배어 있는 파농의 어투에서 완곡어법은 찾아보기가 힘들다

유럽의 경우를 보더라도 부르주아지는 나름대로 정교한 이데올로기를 가다듬으며 자신의 힘을 축적한다. 그처럼 역동적이고 세속적이며 계몽된 부르주아지는 자본의 축적이라는 소임을 다하며 자신의 국가에 최소한의 번영은 가져온 것이 사실이다. 그러나 저개발국가에는 제대로 된 부르주아지가 존재하지 않는다. 단지 행상인의 심성을 지닌 채 과거의 식민권력이 건네주는 파산배당금이나 챙기며 감지덕지하는 탐욕적이고 게걸스러운 소규모 특권계층만 있을 뿐이다. 이 졸부형 부르주아지는 위대한 아이디어나 창의력과는 거리가 멀다. 이들은 유럽 교과서에서 읽었던 것을 기억은 하지만, 어느새 복사판 유럽이 아닌 희화화된 유럽이 되어버린다.(*WE*, p.175)

계속해서 파농은 민족 부르주아지의 이데올로기적 빈곤을 문제 삼는다. 파농이 보기에 유럽 부르주아지는 인본주의와 민주주의라는 이데올로기로 자신들의 입장과 이해관계를 합리화하기 위한 노력을 게을리하지 않는다. 하지만 민족 부르주아지에게는 일말의 문제의식이나 열등의식조차 없기 때문에 그러한 자기성찰의 제스처마저도 찾아볼 수 없다. 이들은 서구 자본의 "대리인"이자 외국 기업의 "관리인" 역할을 하는 데 급급한 나머지 자국 민중의 고통과 소외에는 전혀 관심이 없다. 비록 유럽 인본주의와 인종주의가 동전의 양면임을 인식하고 그것을 극복한 "새로운 인본주의"를 최종목표로 상정하는 파농이지만, 그러한 인본주의의 가면마저 갖추지 못한 민족 부르주아지의 천박함을 비판하는 것이다. 다시 말해 유럽 부르주아지는 인종주의의 죄악을 인본주의의 언술로 은폐라도 하는 데 비해 아프리카의 민족 부르주아지는 그런 재주조차 없다는 게 파농의 생각이다.

토착 부르주아지의 파산은 경제 분야에 국한되지 않는다. 그들은 편협한 민족주의와 인종주의의 기치를 내걸고 권력을 장악하지만, 최소한의 인본주의적인 내용을 담은 기획을 당당하게 실천할 능력도 없다. 이들은 유럽의 도덕과 정치철학 조약문에서 따온 문구들을 무책임하게 읊조리고 다니지만 그 화려한 선언문들은 공허하게만 들린다. 원래 부르주아지가 동시대 사회를 자기식대로 이끌고 갈 힘이 있다면 보편적인 민주주의의 가치를 적극적으로 표명하는 것을 개의치 않는다. 경제적 기반을 확고하게 다진 부르주아지가 자신의 인본주의 이데올로기를 부인해야 하는 경우는 극히 드물다. 서구 부르주아지는 비록 근본적으로 인종주의자들이긴 하지만 인류의 위대한 존엄성에 대한 선언이 손상 가지 않도록 각양각색의 뉘앙스를 동원하여 자신들의 인종주의를 그럴듯하게 포장한다. 서구 부르주아지는 자신들이 착취하고 업신여기는 자들과의 싸움을 두려워하지 않게끔 튼튼한 울타리와 난간을 확보한다. 흑인들이나 아랍인들에 대한 서구 부르주아지의 인종적 편견은 경멸의 인종주의, 즉 자신들이 미워하는 대상을 과소평가하는 인종주의다. ……반면 토착 부르주아지의 인종적 편견은 두려움에서 비롯되는 방어적 인종주의이기에 본질적으로 야비한 부족주의나 씨족 또는 종교단체 간의 적대감과 다를 게 없다.(*WE*, pp.163~164)

민족주의의 변질과 민족의 분열

민족 부르주아지의 기승과 폐해는 민족주의의 변질을 수반하게 마련이다. 탈식민화 과정에서 아프리카 내부의 다양한 계층을 아우르며 가장 효과적인 동원과 결집의 이데올로기로 작동했던 민족주의가 식민지독립 이후에는 토착 지배계층의 이해관계를 대변하는 부르주아 민족주의로 전락한 것이다. 파농은 이를 두고 진정한 민족주의의 "조야하고 허약한 모조품"(*WE*, p.148)이라고 말한다. 사실 민족주의란 용어는 『대지의 저주받은 자들』에서 그 의미가 상당히 헷갈리게 사용된다. 「민족의식의 함정」에서는 '민족의식'과 '민족주의'를 같은 의미로 사용하지만(*WE*, pp.203~204), 「민족문화론」에서는 두 단어의 의미를 뚜렷이 구분하고 있다.(*WE*, p.247) 두 장을 쓴 시기나 맥락이 상이함을 고려할 때, 적어도 「민족의식의 함정」에서는 '부르주아'란 수식어를 붙이지 않는 한 파농이 '민족주의'를 '민족의식'과 동일한 의미로 사용한다고 봐도 무방하다. 이는 파농이 문제 삼는 것이 민족의식이나 민족주의 일반이 아니라 그것의 변형인 부르주아 민족주의임을 의미한다. 반식민주의적 저항 이데올로기로서 민족주의가 지닌 가치를 파농은 결코 과소평가하지 않는다.

파농이 개탄하는 것은 민족주의의 타락이다. 식민지독립이 실현되면서 민족주의가 저항 이데올로기로서의 정체성을 상실하고 민족국가 내부의 지배 이데올로기로 둔갑한 것이다. 신생 민족국가의 지배계층인 민족 부르주아지가 "민족의식을 불모의 형식주의 속에 가두어버렸기"(*WE*, p.204) 때문이다. 그 결과, "한때 민중을 억압자에 맞서 봉기하게 하였던 그 장엄한 행진곡이 독립선언과 더불어 멈춰 서고 비틀거리다가 사라져버린다."(*WE*, p.203) 이제 민족주의는 독재군부와 결탁한 부르주아지의 온갖 비인도적이고 반민족적인 죄악을 정당화하는 구호에 지나지 않는다.

파농은 민족주의의 타락이 민족의 통합 대신 민족의 분열을 초래할 것이라고 경고한다. 분열의 추동력은 민족주의를 가장한 인종주의다. 아프리카의 경우, 사하라사막을 경계로 흑인민족주의를 내세운 남쪽의 "흑인 아프리카"와 아랍민족주의를 표방한 북쪽의 "백인 아프리카"로 나뉜다. '니그로'와 '아랍인' 사이에 "잠재적 인종주의"가 작동하기 때문이다. 가령 세네갈 같은 사하라 이남 지역에서는 기독교 선교사들이 "이슬람의 문화제국주의"에 대한 비난을 포교전략으로 이용하면서 무슬림을 인종주의적 반감의 표적으로 삼는다. 이들은 "위대한 아프리카 제국들은 유럽 식민주의가 도착하기 전부터 아랍의 침략으로 붕괴하였고, 아랍의 점령이 유럽 식민주의를 위한 기반을 마련했다"(*WE*, p.160)는 식의 주장으로 반아랍주의를 부추기며 반식민주의 정서를 희석한다. 반면 파농이 활동한 북부 아프리카의 무슬림은 "백인 아프리카는 유구한 문화적 전통을 자랑하고 지중해에 위치하며 유럽의 연장선에서 그리스·로마 문명을 공유하지만, 흑인 아프리카는 활력이 없고 잔인하며 문명화되지 못한, 한마디로, 미개한 지역"(*WE*, p.161)이라고 믿는다. 이런 아프리카판 인종주의는 유럽 인종주의의 변형으로서, 유럽의 인종적 타자인 '아랍인'이 '니그로'를 희생양으로 삼아 인종주의의 가해자가 되는 것이다.

이외에도 아프리카에서는 순혈 흑인/혼혈 흑인, 토착 흑인/이주 흑인, 무슬림 흑인/가톨릭 흑인 등의 이런저런 단층선 때문에 인종주의의 피해자가 또 다른 피해자를 재생산하는 '증오의 악순환'이 반복된다. 자민족중심주의적 인종주의는 아프리카 대륙에서뿐만 아니라 민족국가 내부에서도 분열의 동인으로 작용한다. 아프리카 사회는 원래 허다한 부족으로 이루어졌지만 식민지독립과 더불어 민족국가로 재탄생한다. 하지만 "식민주의 이전부터 존재하던 인종 간의 해묵은 증오가 표면화하면서"(*WE*, p.159) 아프리카의 민족주의는 국가주의를 넘어 부족주의로 회귀한다. 그 원인 역시 "외국인이 떠난 빈자리를 차지하려는 민족 부르주아지의 호전적인 불안"(*WE*, p.160) 때문이다.

　아프리카 통합이라는 그 모호한 공식은 한때 아프리카의 모든 사람의 열정적인 애착을 이끌어냈고 식민주의에 엄청난 압력을 행사했지만, 이제 그 가면을 벗어던지고 국가라는 빈껍데기 안에서 지역주의로 산산조각 나버린다. 민족 부르주아지는 눈앞의 이익만 지키려고 매달리면서 한 치 앞도 내다보지 못한 채 국가의 통합을 이루거나 국가를 안정적이고 생산적인 토대 위에 건설할 능력이 없음을 드러낸다. 식민주의를 패퇴시켰던 국가의 전선은 허물어지고 그것이 성취한 승리는 수포로 돌아간다.(*WE*, pp.159~160)

　아프리카 통합을 위해 노력하던 파농이 볼 때, 분리주의와 지역주의는 민족 부르주아지의 속성이다. 이 때문에 민족 부르주아지가 헤게모니를 장악한 아프리카의 미래에 대한 파농의 전망은 기대보다 우려가 강할 수밖에 없다. "망각의 안갯속으로 점점 사라져 가는 아프리카 통일과 가장 잔인하고 혐오스러운 형태의 쇼비니즘으로의 회귀 사이에서 지루한 시소게임"(*WE*, p.157)이 벌어질 것이라는 파농의 우려 섞인 예견은 그의 사후에 정확하게 맞아떨어졌다. 민족 부르주아지가 주도한 '외국인' 배척운동은 원주민 흑인과 비원주민 흑인 간의 갈등을 부추겼고, 그 결과 아프리카 대륙은 끊임없는 내란과 인종청소의 악순환에 휘말려 들었다. 아프리카 민족주의가 극복의 대상인 유럽 민족주의에 버금가는 쇼비니즘과 파시즘의 나락으로 빠져든 것이다. 반세기 전 듀보이스를 비롯한 흑인민족주의자들이 주창한 범아프리카주의의 이상은 무망한 수사가 되어버렸고 아프리카 대륙은 세계체제의 '주변부'에서 여전히 빈곤과 기아에 허덕이는 '암흑의 오지'로 남아 있다.

파농은 이러한 천민자본주의, 군사독재체제, 신식민주의의 삼각연대와 그것이 수반한 민족주의의 변질과 민족국가의 분열이 식민지 역사의 산물이라고 주장한다. 즉 제3세계가 봉착한 신식민적 현실은 "식민체제가 식민지 피지배자를 불구로 만든 결과"(*WE*, p.149)라는 것이다. 동시에 파농은 절반의 책임이 민족 부르주아지에게 있음을 강조한다. 민족 부르주아지의 "지적 나태와 정신적 빈곤, 뿌리 깊은 세계주의적 의식구조, 이들의 미성숙과 비겁" 그리고 "민중과의 실질적인 연대의 부재"(*WE*, pp.148~149)가 역사의 퇴행을 초래했다고 보는 것이다. 여기서 파농이 비판하는 "세계주의"(cosmopolitanism)는 "신자유주의적 보편주의", 즉 민족 부르주아지가 수용하는 신식민주의적 가치체계를 의미한다. 그중에서도 민중과의 단절은 부르주아 민족주의의 가장 심각한 모순이다. 탈식민화 과정에서 민족 부르주아지는 민족의 이름으로 민중을 동원했고 그 이후에도 민족의 이름으로 민중을 착취하며 억압하고 있다. 결국 민중은 민족에게 이용당하고 민족에게 버림받은 셈이다. 파농이 볼 때, 그것은 역사적 사기극이다.

민족의식에서 사회·정치의식으로

그런데도 파농은 민족해방의 희망을 버리지 않는다. 그리고 그 희망은 여전히 민족주의에서 출발한다. 민족주의에 대한 파농의 애증이 교차하는 지점이라고 할 수 있다. 물론 부르주아 민족주의는 "막다른 골목"에 이르렀다. 하지만 민족주의 자체는 제3세계의 저항주체가 놓아버릴 수 없는 희망의 끈이며 식민주의 굴레에서 벗어나는 데 필요한 디딤돌이다. 그런데 반식민적 민족주의로는 불충분하고 불안정하다. 파농의 변증법적 청사진에 따르면, 저항 이데올로기로서의 민족주의는 탈식민화를 위한 과도기적 기능을 마친 후 다음 단계로 나아가야 한다.

민족주의는 정치적 교의나 기획이 아니다. 국가가 퇴행하거나 기껏해야 정체되고 불투명한 상태에 빠지지 않기 위해서는 민족의식에서 정치의식과 사회의식으로의 신속한 전환이 이루어져야 한다. 한때 혁명 지도자들이 기획하고 민중의 총체적인 인식과 열정으로 이행되었던 기획만으로는 국가가 존재할 수 없다. 국가의 노력은 저개발국가이 전반적 배경과 연계하여 이루어져야 한다. 기아, 무지, 빈곤, 자각의 부재에 대한 투쟁의 전선이 남녀노소 모두의 육체와 정신을 통해 형성되어야 한다. 수 세기 동안 민중의 정신적 성취를 가로막았던 사회악을 극복하려는 실천과 의지가 모든 저개발국가 민중의 실천과 의지에 접목되어야 한다. 서개발 인간의 차원에서는 일종의 집단적 노력과 공동운명이 존재한다. 제3세계가 관심을 기울여야 할 뉴스는 벨기에 국왕 보두앵의 결혼이나 이탈리아 지배계층의 스캔들 따위가 아니다. 우리가 듣고 싶은 뉴스는 아르헨티나와 미얀마 사람들이 문맹상태나 지도자들의 독재 성향을 극복하려고 시도하는 실험적인 노력이다. 바로 이러한 것들이 우리를 강하게 하고 가르쳐주고 효율성을 열 배나 더 증대시킨다. 민중을 정치적으로 그리고 사회적으로 해방하기를 진정으로 원하는 정부는 기획이 필요하다. 그것은 경제적 기획이다. 즉 부의 분배와 사회적 관계와 관련된 교의가 있어야 한다.(*WE*, p.203)

여기서 파농이 말하는 "민족의식"이란 민족국가의 이데올로기적 토대인 일종의 국가의식이며 "사회의식"과 "정치의식"은 루카치(Georg Lukács)의 프롤레타리아 계급의식에 상응하는 개념이다. 루카치의 프롤레타리아가 노동의 소외를 겪으며 물화(物化)의 근본원인을 발견하고 자신들을 집단적인 계급으로 자각하는 것처럼, 파농의 제3세계 민중도 (신)식민주의의 극단적인 침탈과 억압 속에서 사회혁명의 필요성을 인식하고 민족해방의 주역으로 재탄생하게 된다는 것이다. 사이드가 추정한 것처럼, 파농이『대지의 저주받은 자들』을 집필하기 전에 루카치를 접했을 가능성은 매우 높다. 이미 루카치의 일부 논문이 유럽 학술지에 소개되었고 1961년에는『역사와 계급의식』의 프랑스어 완역판이 출간되었기 때문이다.[2]

민족의식의 다음 단계인 사회의식·정치의식이 마르크스주의적 계급의식과 맞닿아 있다는 것은 파농이 제안하는 "정치적 교의나 기획"이 결국 "경제적 기획"이라는 사실을 봐도 잘 알 수 있다. 파농은 "부의 분배와 사회적 관계"의 새로운 정립이 민족해방의 핵심이라고 파악한다. 아무리 탈식민화를 통해 외부의 적인 유럽 식민주의를 물리쳤다 하더라도 내부의 적인 부르주아 민족주의를 척결하지 못하면 여전히 '식민지 상황'에 처해 있다고 보는 것이다. 따라서 파농에게 민족의식·민족주의가 식민지독립과 민족국가 건설을 위한 이데올로기적 추동력이라면, 사회의식·정치의식은 민족국가 내부의 계급해방을 위한 전제조건이다.

결국 파농이 주창하는 민족해방은 식민지해방과 계급해방의 유기적 연속성이 확보될 때, 즉 식민주의와 자본주의의 이중적인 억압구조가 동시에 극복될 때 완성되는 복합적 기획이며, 그것이 바로 파농이 의미하는 "새로운 인본주의"(WE, p.204)의 구현이다. 그런 점에서 파농의 민족 개념은 범아프리카주의와 네그리튀드가 구현한 반식민주의적 흑인민족주의의 연장선에 있으면서 동시에 마르크스주의적 변증법을 통해 그것을 변주하고 넘어선다고 할 수 있다.

하지만 파농이 민족주의의 과도기적 역할을 강조한다고 해서 그것의 필요성을 축소하는 것은 결코 아니다. 파농은 아프리카 저개발국가가 민족의식의 단계를 거치지 않고 곧바로 사회의식·정치의식의 단계로 나아가면 "사회정의에 대한 맹렬한 욕구"가 너무 급격하게 분출되어 "원시적 부족주의"(*WE*, p.204)로 되돌아갈 위험이 있다고 경고한다. 즉 민족국가 건설이 궁극적 목표는 아니지만 그렇다고 건너뛰거나 우회할 수 없는 과정이라는 것이다. 민족국가 자체가 식민지 역사의 산물이지만 그것의 분열과 "원시적 부족주의"로의 회귀는 파농이 지향하는 민족해방과 아프리카 통합에서 멀어지는 역사의 퇴행이기 때문이다. 다시 말해 식민지독립 이후의 아프리카에서 파농이 말하는 민족의식이 부르주아 민족주의로 변질되지만 않는다면, 그것은 자민족중심적인 지역주의로의 분열과 신자유주의적 세계주의로의 편입을 동시에 막는 이중의 견제장치가 될 수 있다.[3]

민족문화의 역사성

민족문화의 토대를 과거에서 현재로 옮기다

"지식인이여, 그대는 하늘 아래 모든 것에 관해 얘기할 수 있다. 하지만 새로운 역사의 지평을 열고 조국에 서광을 비추고 그대 자신과 민중이 함께 일어서기 위해서는 몸으로 협력해야 한다. 민족문화를 위한 투쟁은 그 무엇보다도 민족해방을 위한 투쟁을 의미한다."

네그리튀드와 '니그로'의 재구성

파농 연구자들 사이에서 통용되는 파농주의(Fanonism)라는 단어는 헤겔주의나 마르크스주의의 경우와는 달리 파농의 독자적인 사상체계를 지칭하지 않는다. 파농주의 자체가 정신분석학, 마르크스주의, 실존주의, 네그리튀드 등의 다양한 이론과 이념이 뒤섞인 혼종일뿐더러 파농이 특정 이론에 의존하거나 함몰되지 않고 그것을 정치적 목적을 위해 전유하는 데 주력했기 때문이다. 그에게 모든 이론적 논의는 동시대의 역사적 상황과 분리될 수 없었고 따라서 논의의 초점은 항상 탈식민화와 민족해방이라는 정치적 의제로 수렴되었다. 파농의 사상적 계보에서 가장 중요한 비중을 차지하는 네그리튀드도 예외가 아니었다. 그는 흑인 선배들이 정립한 네그리튀드의 전통을 맹목적으로 옹호하거나 찬양하지 않았다. 오히려 정치적 실천성이 미흡한 네그리튀드의 모순과 한계를 지적하며 네그리튀드에서 추구하는 아프리카 민족문화가 어떻게 하면 민족해방의 도구로 사용될 수 있을지 고민할 것을 촉구했다. 파농은 네그리튀드가 민중 중심의 반식민적 저항보다는 엘리트계층을 위한 지적 유희로 나아가고 있다고 판단했기 때문이다. 앞에서 논의했던 제3세계 부르주아 민족주의의 문제점을 파농은 당시 네그리튀드를 주도하던 아프리카 지식인들에게서도 발견한 것이다.

네그리튀드에 대한 파농의 비판적 거리는 『대지의 저주받은 자들』에 수록된 「민족문화론」에서 잘 드러난다. 사실 「민족문화론」은 『대지의 저주받은 자들』에서 민족주의에 대한 가장 치열한 논쟁을 담고 있는 장이다. 「폭력에 관하여」 「자발성: 장점과 단점」 「민족의식의 함정」은 모두 파농이 백혈병과 투병하면서 임종을 앞두고 급히 쓴 글이기에 논리적 세련미나 정교함이 떨어진다. 이에 비해 「민족문화론」은 『대지의 저주받은 자들』에서 가장 이론적이며 논리적인 글이다. 1959년 로마에서 열린 제2차 흑인작가·예술가 대회에서 발표했던 내용을 일부 수정한 이 글은 대상 독자부터 다르다. 앞의 세 장은 지식인과 민중의 유기적인 관계를 강조하면서 민중을 향해 새로운 역사의 주인으로 거듭날 것을 요구하지만, 이 장은 아프리카 지식인을 대상으로 민족문화에 대한 성찰과 전망을 제시하고 있다. 비록 네그리튀드라는 단어는 한 번도 등장하지 않지만 「민족문화론」은 분명 네그리튀드에 대한 파농의 우회적인 비판이다.

네그리튀드의 뿌리는 19세기 말부터 활동한 흑인민족주의 사상가들이나 할렘르네상스를 주도한 미국 흑인작가들로 거슬러 올라갈 수 있지만 하나의 사회운동으로서의 네그리튀드는 1930년대 파리에서 유학 중이던 프랑스 식민지 출신의 흑인 지식인들에게서 시작됐다. 특히 세제르와 생고르는 네그리튀드의 이론적 토대를 구축한 인물들이다. 세제르가 처음 개념화한 네그리튀드란 용어는 원래 노예무역과 식민지배의 역사적 경험을 공통분모로 삼은 흑인의 집단적 정체성을 의미했다.

이들은 네그리튀드를 "소외의 극복을 위한 투쟁" "흑인들 간의 연대의식" "동화정책에 대한 투쟁" "정신의 탈식민화" "분노한 청춘의 반응" "의식의 구체적 실현" "탈소외의 과정" "해독의 과정" "의식을 해방하는 방식" "흑인성의 대담한 긍정" "흑인의 문화적·심미적 가치 회복" "정체성의 추구" "아프리카로의 몰입" "아프리카적 인성의 긍정" 등으로 정의하면서,[1] 흑인 수난사의 기표이자 굴욕과 수치의 낙인이었던 '니그로'를 흑인의 정치적 자의식과 문화적 자긍심의 상징으로 전환하는 데 주력했다. 이는 흑인을 '니그로'로 만들었던 인종주의와 식민주의를 회피하지 않고 대면함으로써 흑인의 주체성을 회복하려는 기획이었으며, 당시 프랑스의 지배적 문예사조였던 초현실주의의 혁명적 속성을 전유하여 프랑스 언어와 문화의 헤게모니를 해체하고 새로운 인간성의 모델을 창조하는 작업이었다.

네그리튀드의 여파가 얼마나 혁명적이었는지는 파농의 『아프리카 혁명을 향하여』에 생생하게 묘사되어 있다. 프랑스 식민지 마르티니크의 섬 소년이었던 파농에게, 프랑스에서 귀향한 세제르와의 만남은 일종의 코페르니쿠스적 혁명이었다. 그와의 만남 이전과 이후의 차이를 파농은 이렇게 회상한다.

1939년까지 서인도제도인은 마치 자신이 백인인 것처럼 살아가고 생각하고 꿈꾸며 시와 소설을 썼다. (이것은 『검은 피부, 하얀 가면』에서 이미 살펴본 바 있다.) 세제르 이전의 서인도제도 문학은 유럽인들의 문학이었다. 서인도제도 원주민은 자신을 백인과 동일시하며 백인의 태도를 채택했다. 서인도제 도인은 백인이었다.(*AR*, p.26)

모든 사람의 존경을 한 몸에 받는 학교 선생님이 "니그로는 멋지고 훌륭하다"고 선언한 것이야말로 서인도제도 사회에서 초유의 사건이었다. 분명 그것은 하나의 스캔들이었다. 사람들은 그가 미쳤다고 수군댔고 그의 동료들은 소문으로 떠도는 그의 정신질환에 대해 이런저런 얘기를 늘어놓았다. 배울 만큼 배우고 대학졸업장까지 있는 박학다식한 사람이 "니그로는 불행하다"라는 것을 너무나 뻔히 알면서도 자신의 피부색은 아름다우며 "거대한 블랙홀"은 진리의 원천이라고 떠들어대는 것보다 더 해괴망측한 일이 어디 있겠는가? 물라토도 니그로도 그의 헛소리를 납득할 수 없었다. 물라토는 암흑에서 벗어났다고 믿었기 때문에 그랬고, 니그로는 암흑에서 벗어나기를 갈망했기 때문에 그랬다. 두 세기에 걸쳐 전해내려오는 백인의 진실이 이 사람은 틀렸다고 입증했다. 그는 미쳤음이 틀림없다. 왜냐하면 그가 옳다는 것은 상상도 할 수 없었기 때문이다.(*AR*, pp.21~22)

세제르가 무슨 말을 하고 다녔기에 미친 사람 취급을 받았는지 그의 말을 직접 인용해보자.

우리는 거절당하는 삶을 살아오며 열등의식을 키워왔다. 나는 흑인이 항상 자신의 정체성을 찾아 헤매어왔다고 생각한다. 내가 보기에 우리가 정체성을 확립하기 위해서는 우리 자신이 누구인지에 대한 구체적인 의식을 가져야 한다. 우리는 흑인이며, 우리에게 역사가 있으며, 그 역사는 위대한 가치를 지닌 문화적 요소를 지니고 있으며, 니그로는 흔히 얘기하듯 어제 갑자기 생겨난 것이 아니라 아름답고 중요한 흑인문명이 오래도록 존재해왔다는 사실을 인식해야 한다. 우리가 처음 글을 쓰기 시작했을 때, 사람들은 마치 아프리카가 세계문명에 아무런 기여를 한 게 없는 것처럼 아프리카에 대해서는 한 장도 할애하지 않았다. 그래서 우리 자신이 니그로이며 우리는 이를 자랑스러워하고 아프리카는 인류역사에서 백지가 아니라는 사실을 확인했다. 한마디로, 우리 니그로의 유산은 존경받을 만한 가치가 있으며 이 유산은 과거에 얽매인 것이 아니라 장차 인류에게 중요한 공헌을 하게 되리라는 것을 확인했다.[2]

세제르가 주창했던 네그리튀드는 한마디로 '정신의 탈식민화'다. 파농식으로 얘기하자면, '검은 피부'가 수치스러워 흑인 스스로 덮어쓰고 있던 '하얀 가면'을 벗어던지자는 것이다. '니그로'는 노예제도와 식민주의의 부산물이며 백인이 흑인에게 가한 인식론적 폭력이지만, 세제르는 도리어 그것을 뒤집어서

'니그로'를 진정한 흑인성의 표상으로 삼자고 제안한다. 또한 '우리'라는 단어의 반복이 암시하듯이 세제르는 전 세계 모든 흑인이 연대의식을 가질 때 흑인의 주체성 회복을 구체화할 수 있다고 강조한다. 블랙디아스포라를 초래한 식민주의 역사가 그러했듯이 탈식민화의 과정도 '글로벌' 현상이어야 한다는 것이다.

생고르도 네그리튀드를 흑인의 "자기긍정"으로 규정한다. 네그리튀드는 유럽 비평가들이 얘기하는 것처럼 흑인의 열등 콤플렉스나 인종중심주의의 결과물이 아니라 "자신의 뿌리를 찾는 일이요 자기 존재에 대한 확인"이며, '니그로'는 흑인민족주의자들이나 할렘르네상스 시인들이 말한 '아프리카적 인성' 또는 '흑인적 인성'의 연장선에 있다고 주장한다. 생고르가 특히 강조하는 것은 아프리카 고유의 주체철학, 즉 "자아가 세계나 타자와 관계를 짓는" 독특한 방식이다. "분리, 분석, 갈등, 대립"에 기초한 유럽의 이분법적 형이상학과는 달리, 아프리카 우주관은 정신과 물질을 "상호보완적 관계의 네트워크"로 인식한다는 것이다.

또한 생고르는 합리적 이성을 내세우는 헬레니즘문화와 예술적 창의성, 감성, 직관, 리듬을 구현하는 아프리카문화를 대비시킴으로써 아프리카문화가 유럽문화의 저급한 모방이 아니라 대등한 대안임을 역설한다. "아프리카인은 생각하지 않고 느낀다"는 구절이 말해주듯, 생고르는 이성/감성, 정신/육체,

주체/객체의 이분법적 위계질서를 역전시키는 전략을 통해 유럽중심주의에 맞서 아프리카중심주의를 구축한다. 한 걸음 더 나아가서, 생고르는 네그리튀드를 "흑인 세계의 문화적 가치의 집합"인 동시에 "인간해방의 도구"이자 "20세기 인본주의의 한 형태"라고 정의함으로써 네그리튀드에 인류사적 보편성을 부여한다.[3]

생고르와 세제르, 네그리튀드의 내부갈등

그런데 네그리튀드 운동은 생고르의 본질주의 모델과 세제르의 반본질주의 모델 사이에서 벌어진 치열한 내부논쟁을 거치며 변환기를 맞이한다. 생고르가 '니그로'를 초역사적이고 생물학적인 고정불변의 본질로 해석한 데 비해, 세제르는 그것을 역사의 변화에 따라 달라지는 사회문화적 구성물로 접근한 것이다. 물론 세제르가 『귀향수첩』에서 말한 '귀환'은 과거 식민지 이전으로의 회귀가 아니라 근원으로의 회귀를 의미하는데, 그 근원도 계속 변화하고 갱생하는 것으로 파악한 것이다. 세제르는 세간에서 자신을 "유럽 이전 과거로의 회귀를 외치는 선지자"로 여기지만, 이제 와서 흑인이 돌아갈 고향이 있다는 생각은 헛된 미망이며, 흑인의 과제는 "과거를 반복하려는 유토피아적이고 허망한 시도"나 "현재 식민지 사회의 연장"이 아니라 "새로운 미래의 창조"임을 분명히 밝힌다.

세제르도 처음에는 흑인의 혈통(blood)에 근거한 생고르의 네그리튀드 개념에 동의했을뿐더러 자신에게 아프리카 역사와 문화를 가르쳐준 생고르에게 많은 빚을 졌다고 회고하기도 했다.[4] 하지만 마르크스주의의 영향을 받게 되면서 세제르는 결국 생고르의 본질주의 입장과 결별하게 되었다. 파농이 「민족문화론」을 발표한 1959년 즈음만 하더라도 네그리튀드의 헤게모니는 이미 생고르 쪽으로 기울어져 있었다. 특히 식민지독립 이후 세네갈의 대통령이 된 생고르의 영향력에 힘입어 본질주의적 '흑인성' 개념은 네그리튀드의 정설로 그리고 아프리카 민족주의를 떠받치는 정치 이데올로기로 굳어져 가고 있었다.[5]

네그리튀드의 내부갈등은 세제르와 생고르의 상이한 개인사적 배경과 정치적 노선과도 무관하지 않다. 세제르는 마르티니크의 평범한 흑인가정에서 태어나고 자란 혼혈 흑인이자 이주노예의 후손이었던 반면, 세네갈에서 대지주의 아들로 태어난 생고르는 '뿌리'로부터 단절되지 않은 아프리카 순혈 흑인이었다. 세제르와 생고르가 각각 혼종성과 순수성을 네그리튀드의 모델로 내세운 이유가 여기에 있다. 프랑스 유학을 마치고 각자의 나라로 돌아가서도 세제르는 사회주의를 반식민주의 투쟁에 접목하여 민중 중심의 정치활동을 전개했지만, 생고르는 사회주의와 일정한 거리를 두며 권위주의와 엘리트주의에 경도된 정책을 펼쳤다. 또한 세제르가 서인도제도 흑인의 비참하고 절망적인 상황을 고발하며 동화정책으로 인한 피지배자의 열등의식을 분석한 데 비해, 생고르는 식민지 이전 아프리카의 원초적 신비와 아름다움을 찬양하는 데 주력했다. 결국 생고르가 추구한 네그리튀드는 문화적인 것을 정치·경제적인 것에 우선시하는 일종의 문화주의(culturalism)로 흘러갔다. 1932년 파리에서 처음 만나『흑인학생』이라는 신문을 공동창간하고 유럽의 초현실주의 문학과 마르크스주의 사상에 심취하여 흑인해방을 함께 부르짖었던 두 명의 '흑인형제'는 애당초 양립하기 힘든 배경과 가치관을 지니고 있었던 것이다. 이러한 차이는 나중에 파농에게도 직간접적인 영향을 미치게 되었다.

특히 세제르의 영향은 파농에게 거의 절대적이었다. 파농의 고등학교 스승이었던 세제르는 파농의 사상적 지주였다고 해도 과언이 아니다. 세제르의『식민주의에 대한 담론』(*Discourse on Colonialism*)을 읽다 보면 파농이 여러 저서에 걸쳐 제기한 대부분의 이슈는 세제르가 이미 얘기했던 내용임을 알 수 있다. 무엇보다도 세제르는 마르크스주의자였다.『식민주의에 대한 담론』에서 세제르는 "프롤레타리아의 문제와 식민지 문제는 두 세기에 걸친 부르주아 지배의 산물"임을 천명하며, 진정한 탈식민화는 미국 자본주의의 개입 없이 사회주의의 토대 위에서 이루어져야 한다고 역설한다.[6] 하지만 세제르는 나중에 파농이 그러하듯이 마르크스주의의 맹목적인 숭배자가 아니었다. 그는 마르크스주의를 적극적으로 전유하는 동시에 마르크스주의의 한계를 지적하는 것도 잊지 않는다. "마르크스는 옳다. 그러나 우리는 마르크스를 완성할 필요가 있다. 내 생각엔 니그로의 해방이 정치적 해방만으로는 이루어지지 않는다"는 주장이나, "네그리튀드는 결국 좌파의 몫이다. 나도 생고르도 우리의 해방이 우파에서부터 비롯되리라고 생각한 적은 단 한 번도 없다. 그것은 불가능하다. 그러나 나는 흑인 문제가 단순히 사회적 문제라고는 여기지 않는다. ……경제적 문제는 중요하다. 그러나 그것이 전부는 아니다"라는 주장은 그의 제자 파농에게 그대로 전수된다.[7]

이외에도 세제르가 파농에게 남긴 흔적은 도처에서 발견된다. 예를 들어, 식민지 사회는 마니교적 이분법의 세계이며, 거기에서 진행되는 식민화는 원주민의 물화(thingification)라는 주장도 그렇고, 프랑스를 포함한 유럽 전체를 인종주의적 사회로 간주하는 시각이나 토착 부르주아지를 식민권력의 공모자 내지는 하수인으로 보는 시각도 그렇다. 세제르는 현실정치에서도 마르티니크의 공산당 소속으로 활동했으면서도 흑인 문제에 무관심한 프랑스의 좌파 지식인들에게는 파농처럼 실망감을 표시하는 데 주저하지 않았다. 또한 세제르는 마노니를 직접 거명하면서 원주민의 열등의식을 물질적 침탈의 결과로 보지 않고 정신적 원인으로만 설명하려는 유럽중심주의적 접근을 반박한다. 이러한 모습은 '의존 콤플렉스'에 대한 유물론적 분석을 시도하는 파농을 미리 보는 듯하다. 이뿐만 아니라 식민지 이전의 순수한 아프리카문화를 동경하면서도 탈식민화의 역사는 이미 오염되고 뒤섞여버린 혼종문화를 토대로 이루어질 수밖에 없다는 세제르의 주장은 파농의 민족문화론에 중요한 실마리를 제공한다.[8]

따라서 파농이 「민족문화론」에서 비판의 화살을 겨냥하는 쪽은 당연히 세제르가 아니라 생고르다. 그가 두 인물을 명시적으로 비교하지는 않지만, 파농이 지적하는 아프리카 민족문화의 문제점을 살펴보면 비판의 대상이 생고르임을 어렵잖게 짐작할 수 있다. 파농이 못마땅하게 여기던 아프리카 민족문화의 요소를 생고르가 주도한 네그리튀드에서 발견한 것이다. 세제르가 그러했던 것처럼, 파농과 네그리튀드 사이의 괴리는 양자 간의 정치노선의 차이와 무관하지 않았다. 네그리튀드의 또다른 지도자이면서 마다가스카르 수상이었던 라베마나자라(Jacques Rabemanajara)는 유엔총회에서 FLN에 반대하는 투표를 했고, 당시 세네갈 대통령이었던 생고르도 자국 대표에게 프랑스 측의 제안에 찬성하도록 지시한 바 있다. 파농으로서는 이러한 '흑인 형제들'의 비협조가 가장 실망스러웠을 것이다. 입으로는 흑인의 연대와 통합을 외치다가도 실제 이해관계에 부딪히면 등을 돌리는 아프리카 엘리트계층은, 알제리 민중의 고통보다 프랑스의 명예와 보편적 가치의 손상을 더 염려하는 프랑스 좌파 지식인들과 하등의 차이가 없었다.[9]

파농이 파악한 네그리튀드의 공과(功過)

파농이 생고르의 본질주의 모델에 기초한 네그리튀드를 비판하는 이유는 무엇보다도 그 배경과 성향이 엘리트주의적이기 때문이다. 파농이 보기에 이른바 "아프리카 민족문화"는 민족을 기치로 내걸었지만 실질적인 주체는 결국 아프리카 흑인 지식인이다. 식민지 상황에서 아프리카 지식인이 취하는 입장은 크게 두 가지로 대별된다. 하나는 유럽문화에 동화되어 식민권력에 복무하는 것이고, 다른 하나는 식민지 이전의 과거로 도피함으로써 정신적 위안을 추구하는 것이다. 당시 전개된 아프리카 민족문화 복원운동은 후자의 경우에 해당하는 것으로서, 그 배경에는 아프리카 엘리트계층의 정체성 위기가 주된 원인으로 작용한다. 파농의 분석을 들어보자.

현실적인 차원에서 얘기할 때, 나는 아스테카 문명이 과거에 존재했다고 해서 오늘날 멕시코 농민의 먹거리가 달라지지 않는다는 것을 기꺼이 시인할 수밖에 없다. 또한 나는 위대한 송하이 문명의 유적들이 오늘날 대지 위에 빈털터리로 내팽개쳐진 채 기아와 문맹에 허덕이는 그 후손들에게 아무런 도움도 줄 수 없다는 것도 인정한다. 하지만 거듭 얘기하거니와 토착 지식인들이 식민지 시대 이전부터 존재했던 민족문화를 열렬하게 탐구하는 데는 다 그만한 이유가 있다. 그것은 서구문화에 함몰되어버릴지 모른다는 불안감 때문이다. ……아마도 이 열정적인 탐구와 분노에 동력과 방향을 제공하는 것은 자기비하와 체념과 포기로 점철된 현재의 불행 너머 그 어디에 선가 아름답고 찬란한 시절을 발견하려는 비밀스러운 희망이다. 그러한 시절이 존재했다는 것만으로도 우리 자신에게나 다른 사람들에게나 우리의 명예는 회복된다. 토착 지식인들은 오늘날 야만의 역사에 아연실색하고만 있을 수 없기에 과거로 되돌아가서 거기에 천착하겠다는 결심을 무의식적으로 하게 되는 것 같다.(*WE*, p.209)

아프리카 흑인 지식인이 "과거의 아름답고 찬란했던 시절"을 동경하는 것은 알고 보면 현재의 소외와 좌절을 보상받기 위한 시도라는 것이다. 이들에게는 식민지 이전의 과거가 식민지 역사의 질곡에서 벗어날 수 있는 은신처를 제공해준다. 거기는 '그들'의 발길이 닿지 않는 '우리'만의 공동체이며, 정복자의 문화에 오염되지 않은 순수성과 동질성의 세계다. 그러한 문화적 지성소를 찾지 못하면 식민지 지식인은 "심각한 심리·정서적 장애"를 겪게 되며, 그 결과 이들은 "정박지도 없고 지평선도 없는 개인들, 개성도 국적도 뿌리도 없는 일종의 천사 같은 족속들"(*WE*, p.218)이 되고 만다. 현재 없는 지식인에게 과거는 전부다. 파농은 "일종의 종교나 우상숭배의 양상을 띠는"(*WE*, p.217) 아프리카 민족문화 복원운동의 배경을 이렇게 분석한다.

이러한 태도를 정확하게 분석해보면, 지식인이 자신의 마지막 정신적 정박지에서 이탈하여 민중과 연결된 밧줄이 끊어지고 표류한다는 위기의식의 징후가 드러난다. 민족문화에 대한 선언적 신념도 사실은 자신의 정박지를 확보해주는 것이면 무엇이라도 붙잡으려는 열렬하면서도 절박한 노력일 뿐이다. 토착 지식인은 자신의 구원을 보장받고 백인문화의 지배로부터 도피하기 위해 미지의 뿌리로 되돌아가서 어떤 대가를 치르더라도 야만적인 민중 속으로 몰입하려고 한다.(*WE*, pp.217~218)

파농이 볼 때, 토착 엘리트가 느끼는 '뿌리 없음'의 불안감은 남의 땅에 '뿌리'를 내리려고 애쓰는 데서 기인한다. 이들이 문화적 소외를 겪는 원인은 스스로를 서구문화에 예속시켰기 때문이라는 것이다. 서구 문화제국주의에 대한 절반의 책임은 식민지 지식인에게 있다는 얘기다.

이 현상의 원인은 토착 지식인이 서구문화에 무작정 자신을 내던졌기 때문이다. 마치 최소한의 심리적 안정감을 확보하기 전까지는 새로운 가족환경을 탐색하기를 멈추지 않는 입양아들처럼, 토착 지식인은 유럽문화를 자신의 것으로 만들기 위해 무진장 애쓴다. 그는 라블레, 디드로, 셰익스피어, 에드거 앨런 포를 아는 데 만족하지 않고 자신의 지성을 이들과 묶어서 최대한 일체가 되게 했다.(*WE*, pp.218~219)

파농은 문화제국주의에 함몰된 토착 엘리트에 대해 "문화의 매개를 통해 서구 문명에 스며듦으로써 힘겹게 유럽 주류문화에 편입된 지식인, 다시 말해 자신의 문화를 남의 문화와 맞바꾼 지식인"(*WE*, p.219)이라고 평가한다. 유럽의 문화적 시민권을 취득하려는 처절한 시도가 오히려 소외와 불안을 초래했다는 것이다. 더구나 이들이 겪는 소외는 이중적이다. 자신의 '뿌리'에서도 멀어지고 남의 땅에도 뿌리내리지 못하는, 말하자면, 문화적 이중국적을 소유했지만 양쪽 어디에도 속하지 못하는 주변인이 된 것이다. 한마디로, "자기 땅에서마저 이방인이 되어버린 자들"(*WE*, p.219)의 정체성 회복운동이 바로 네그리튀드라는 것이다.

그런데 파농은 이처럼 엘리트주의적이고 과거지향적인 네그리튀드를 일방적으로 비판하지만은 않는다. 네그리튀드의 공과를 동시에 짚어내려는 파농은 일단 긍정적인 측면을 인정하고 들어간다. 과거의 말살이 식민주의의 핵심전략인 만큼 과거의 복원이 얼마나 중요한지를 파농도 깊이 인식하고 있기 때문이다.

자신들의 과거에 수치스러운 게 전혀 없으며 거기에서 존엄과 영광과 숭고함을 발견하는 것은 참으로 즐거운 일이다. 과거의 민족문화에 대한 권리주장은 민족의 명예를 회복시켜줄 뿐만 아니라 미래의 민족문화에 대한 희망의 근거로 작용한다. 원주민의 심리정서적인 평정을 되찾기 위해서는 중요한 변화가 요구된다. 우리는 식민주의가 단순히 피지배 국가의 현재와 미래만을 통제하는 데 그치지 않는다는 사실을 충분히 강조하지 않는 것 같다. 식민주의는 피지배 민족을 손아귀에 넣고 원주민의 머릿속을 완전히 비우는 데 만족하지 않는다. 식민주의는 잘못된 논리로 피억압자의 과거를 돌아보고 그것을 왜곡하고 훼손하며 파괴한다. 이렇게 식민지 이전의 역사를 폄하하는 작업은 오늘날 변증법적 의미를 띠고 있다.(*WE*, p.210)

식민주의의 과거 파괴와 이에 맞선 네그리튀드의 과거 복원이 "변증법적 의미"를 지닌다는 발언은 파농이 그만큼 네그리튀드의 역사적 가치를 인정한다는 얘기로 들린다. "식민주의가 원주민들의 암흑을 밝혀주며, 정착민들이 이 땅을 떠나는 순간 자신들은 다시 미개와 타락과 야수성의 나락으로 떨어진다는 생각을 원주민들의 머릿속에 주입하는 것"이 식민주의 이데올로기라고 할 때, 네그리튀드는 그것에 대한 저항 이데올로기로서의 역할을 수행한다는 것이다. 그래서 파농은 "토착 지식인의 요구는 사치품이 아니라 필수품"(*WE*, p.211)이라고 잠정적 결론을 내린다. 제6장에서 살펴봤듯이, 네그리튀드를 마르크스주의 역사관 속으로 편입시키는 사르트르의 유럽중심주의를 파농이 비판한 것도 이러한 연유에서다.

이처럼 파농은 과도기적 단계로서 네그리튀드의 가치와 필요를 인정한다. 파농에 따르면, 식민지 지식인이 취하는 태도는 세 종류 또는 세 단계로 나뉜다. 이는 민족문화의 진화과정이기도 하다. 첫째는 "무조건적인 동화"의 단계로서, 아프리카 지식인이 유럽 식민모국의 문예사조에 "조목조목 일치하는 글쓰기"를 하면서 자신을 지배 권력에 복속시키는 과정이다. 이를테면 '하얀 가면'을 쓰고 백인 흉내를 내며 백인 되기를 애쓰는 과정이다. 그다음은 토착문화로의 "회귀와 몰입"의 단계인데, 아프리카 민중과의 단절에 위기의식을 느낀 지식인이 "차용한 심미주의" 시각에서 아프리카의 과거를 재발견하고 재해석하는 과정이다. 하지만 "지식인은 민중과 일체가 되지 못하고 민중의 바깥에 서서 민중의 삶을 회고할 따름이다." 마지막은 "투쟁"의 단계. "민중 속에서 그리고 민중과 함께 몰입을 시도한" 지식인이 이제는 "민중을 일깨우는" 역할을 하면서 "투쟁의 문학, 혁명의 문학, 즉 민족의 문학"을 실천하게 된다.(*WE*, pp.222~223) 파농이 서술하는 "진화의 파노라마"에서 네그리튀드는 두 번째 단계에 속한다. 요컨대 네그리튀드는 파농이 생각하는 진정한 민족문화와는 거리가 있지만 거기로 나아가는 과정으로서의 역사적 가치는 있다는 것이다.

파농이 네그리튀드의 과거지향성 자체를 문제 삼는 것은 아니다. 문제는 과거로의 회귀가 현재와의 단절로 이어진다는 점이다. 식민지 지식인이 과거의 "존엄과 영광과 숭고"에 집착하는 동안 현재의 "사건들"은 간과되고 은폐된다. 그 "사건들"이란 식민지 상황으로 인한 고통이며 특히 민중이 당하는 고통이다. 바꿔 말하면, 과거지향적인 네그리튀드의 흑인 정체성 회복 운동이 '지금 여기서' 전개되는 탈식민화와 민족해방을 위한 민중의 투쟁에서 멀어진다는 것이다.

식민주의에 의해 문화의 부재로 선언된 니그로나 선천적 야만으로 규정된 아랍인이 필연적으로 하게끔 되어 있는 것은 국가 단위를 넘어서 대륙 단위와 심지어는 인종 단위의 문화적 현상을 드높이는 일이다. 아프리카에서 식자층이 전개하는 운동은 니그로·아프리카 문화나 아랍·이슬람 문화를 향한 운동이다. 그것은 민족문화를 지향하지 않는다. 문화는 현재의 사건들로부터 점점 단절되어간다. 문화는 격렬한 감정으로 타오르는 난로 옆에서 도피처를 찾지만, 거기서 생산적이고 동질적이며 일관된 힘을 문화에 제공할 수 있는 정도(正道)를 개척해나가지 못한다.(*WE*, p.217)

그 대신 아프리카 지식인은 민족문화의 "껍데기"에 주목한다. 이들은 아프리카 민중의 "전통, 관습, 외양"(*WE*, p.221)에 집착하면서 스스로를 최대한 "아프리카적으로" 그리고 "니그로답게" 재현한다. 흑인만의 "스타일, 이미지, 색깔"(*WE*, p.220)이 부각되며, 아프리카 고유의 정신과 리듬을 구현하는 것들, 이를테면 구전설화, 민속의상, 도자기, 수공예, 목공예, 춤, 재즈, 블루스 등이 찬양과 숭배의 대상이 된다. 파농은 이 현상을 두고 "진기함을 추구하는 진부함"(*WE*, p.221)이라고 꼬집는다.

무슬림의 여성용 두건이 신성하게 여겨지고, 파리나 이탈리아에서 사온 신발 대신 아프리카산 생가죽 슬리퍼를 신으며, 지배자의 언어를 말하면 갑자기 입에 가시가 돋는다. 이 단계에서 자신의 민중을 재발견한다는 것은 니그로가 되겠다는 뜻이며, 그것도 여타 니그로와 같은 니그로가 아니라 진짜 니그로, 똥개 니그로, 즉 백인이 원하는 종류의 니그로가 되려는 것을 의미한다. 자신의 민중에게 되돌아가는 것은 더러운 아랍인이 되는 것, 알아볼 수도 없을 정도로 최대한 원주민처럼 되는 것, 그나마 자라고 있던 자신의 날개를 잘라버리는 것을 의미한다.(*WE*, p.221)

지식인과 민중의 유기적 연대 그리고 과거와 현재의 변증법적 대화를 강조하는 파농으로서는 이처럼 엘리트주의적이고 과거지향적인 네그리튀드에 동의할 수 없는 것이 당연하다. 현재와의 상호작용이 결여된 과거, 민중의 실천적 삶과 유리된 엘리트계층의 지적 유희는 민족문화의 "껍데기요 송장"이며 "영원히 박제된 지식"(*WE*, p.225)일 뿐이다. 그래서 파농은 민중의 대변인과 계몽인 역할을 자임하고 나서는 흑인 지식인에게 "자신이 얼마나 민중과 멀어졌는지를 우선 깨달을 것"(*WE*, p.22)을 요구한다. 지식인은 민중이 항상 과거에 머물러 있다고 믿고 과거로만 눈을 돌리지만, 민중은 "이미 그 과거에서 벗어나 끊임없이 변동하는 움직임" 속에 들어와 있다. 따라서 파농은 "민중이 거하는 이 신비로운 불안정성의 영역으로 진입하지 않는 한"(*WE*, p.227), 지식인들은 "기껏해야 용렬한 기회주의자들이나 뒷북치는 사람들"(*WE*, p.224)이 될 것이라고 경고한다.

전략적 허구로서의 아프리카 민족문화

과거지향적인 네그리튀드의 필요성을 인정하면서 동시에 그것의 한계를 지적하는 파농의 양면적 입장은 네그리튀드의 이분법적 사유체계에 대해서도 동일하게 적용된다. 주체/타자, 중심/주변, 우월/열등, 문명/야만, '우리'/'그들' 등의 인위적인 경계선에 기초하는 이분법은 모든 민족주의 이데올로기에 내재하는 분석틀인데, 네그리튀드도 예외가 아니다. 그것이 문제가 되는 이유는 저항 이데올로기로서의 네그리튀드가 지배 이데올로기의 이분법을 극복하지 못하고 도리어 반복하고 재생산하기 때문이다. 그래서 파농은 「민족문화론」에서 상당히 많은 지면을 할애하며 네그리튀드의 이분법을 비판적으로 분석한다.

사실 파농의 민족 개념 자체도 이분법의 한계에서 벗어나지 못한다. 앞서 언급한 것처럼 파농이 의미하는 민족은 논의의 맥락에 따라 달라진다. 좁게는 프랑스 식민통치하의 알제리라는 국가에서부터 넓게는 유럽에 대응하는 아프리카에 이르기까지 파농의 민족은 광범위한 스펙트럼을 형성한다. 게다가 민족해방을 논할 때의 민족은 제3세계 내부의 하층민, 즉 민중을 지칭하기도 한다. 따라서 파농의 민족주의는 그가 활동한 FLN에 근거한 국가주의나 민중주의로 나아가다가도 때로는 듀보이스가 주창한 범아프리카주의의 반향처럼 들리기도 하고, 심지어 미국과 서인도제도를 포함하여 블랙디아스포라를 모두 아우르는 흑인민족주의의 양상을 띠기도 한다. 이는 파농의 민족 개념이 특정한 혈통, 언어, 영토, 역사, 종교 등을 공유하는 실체가 아니라 정치적 의지를 공유하는 '상상의 공동체'이며, 구체적인 역사적 상황하에서만 그 의미와 가치가 부여되는 일종의 담론적 전략임을 의미한다.

그뿐만 아니라 파농의 민족 개념은 프랑스/알제리, 유럽/아프리카, 서구/제3세계, 기독교/이슬람, 부르주아지/하층민 등의 이항대립적인 구도 안에서 변주되고 있다. 그에게 민족은 고정불변의 본질이나 정태적 구조가 아니라 일종의 관계적 정체성이며 변증법적 과정이다. 이는 민족을 범주화하는 파농의 방식이 철저하게 반동적임을 의미한다. 물론 이러한 이분법적 구분은 파농이「결론」에서 제시하는 '새로운 인본주의'의 단계에 이르면 자취를 감추지만 그 이전까지는 주요한 분석틀로 작용한다. 이분법은 지배담론의 논리를 재생산할 위험을 내포하면서도 동시에 저항담론의 근거와 전략이 되기 때문이다. 파농은 이 점을 매우 깊이 인식하고 있었기에 이분법을 경계하면서도 폐기하지 않는다.

파농의 눈에 비친 네그리튀드는 그러한 이분법의 효용과 모순을 동시에 보여주고 있다. 우선 파농은 '아프리카문화' 또는 '흑인문화'라는 범주 자체에 동의하지 않는다. 왜냐하면 그것은 아프리카 내부의 차이와 다양성을 무시하고 아프리카를 동질화하는 오류를 범하기 때문이다. 그 오류는 이론적인 동시에 역사적이다. 가령 나이지리아와 알제리는 언어, 문화, 종교, 식민지 역사 그 어디에서도 공통점을 찾기가 힘들다. 또한 미국의 흑인작가 라이트(Richard Wright)나 휴즈(Langston Hughes)와 아프리카의 정치가 생고르나 케냐타(Jomo Kenyatta)가 고민하는 당면과제는 서로 다르기 마련이다. 결국 민족문화의 구체성을 확보하려면 관련 논의를 국가 단위로 할 수밖에 없다. 사실 아프리카의 동질화는 식민주의 담론의 핵심

전략에 해당한다. 아프리카를 익명의 덩어리로 묘사하고 그 광대한 대륙을 검은 색깔로 덧칠해버리는 것이야말로 식민주의자들의 가장 상투적이고 일관된 작업이다.

식민주의는 세부적인 차이에 전혀 아랑곳하지 않고 니그로가 미개인이라는 주장만 계속 되풀이하고 있다. 식민주의자에게는 니그로의 국적이 앙골라든 나이지리아든 상관없다. 그냥 '니그로'일 뿐이다. 식민주의는 이 광대한 대륙을 미개인의 서식처, 미신과 광신이 가득하고 경멸을 받아 마땅한 나라, 하나님의 저주가 임한 식인종의 세계, 요컨대 니그로의 세계로만 간주한다. 식민주의의 정죄는 그 범위에 있어서 대륙적이다. 식민지 이전의 아프리카 역사가 인류의 가장 어두운 암흑시대였다는 식민주의의 주장은 아프리카 대륙 전체에 적용된다. 따라서 토착 지식인이 자신의 정체성을 복원하고 식민주의의 마수에서 벗어나려는 노력은 식민주의와 동일한 논리에 근거하고 있다.(*WE*, pp.211~212)

파농이 우려하는 것은 '균열 속의 반복'이다. 부족이나 국가의 경계선을 넘어 통합된 아프리카문화를 구축하려던 네그리튀드의 기획이 식민주의 전략을 거꾸로 답습하게 된다는 것이다. 결국 식민주의와 반식민주의 또는 유럽중심주의와 아프리카중심주의는 논리적으로 닮은꼴일 수밖에 없다. 어느 경우든

'검은 피부'를 공통분모로 삼아 아프리카 대륙을 익명의 덩어리로 동질화하는 작업일 뿐이다. 파농은 이것을 "사유의 인종화"(*WE*, p.212)라고 표현한다.

이러한 사유의 인종화, 아니면 최소한 그것을 처음 시도한 데 대한 책임은 분명히 유럽인들에게 있다. 그들은 다른 문화의 부재가 남긴 간극을 백인문화가 메우게 함으로써 백인문화를 확립하는 작업을 계속해왔다. 식민주의는 하나의 민족문화 이외에도 또 다른 민족문화가 존재한다는 사실을 부인하는 데만 아낌없이 시간을 쏟아부었다. 따라서 식민지 피지배자는 즉각적으로 대륙 단위의 반응을 내보였다. 아프리카에서 지난 20년간 전개된 원주민 문학은 민족 문학이 아닌 니그로 문학이다. 예를 들어, 백인이 나머지 인류에게 내뱉은 모욕에 대해 비록 논리적이지는 않지만 감정적으로 맞대응한 것이 바로 네그리튀드다. 백인의 모욕에 대한 네그리튀드의 반격은 어떤 분야에서는 금지되고 저주받은 것들의 명예를 회복시킬 수 있다는 것을 입증했다. 뉴기니와 케냐의 지식인들은 무엇보다도 식민주의자들의 총체적인 배척과 전방면의 경멸에 직면했기 때문에 자기존중과 예찬의 노래로 반응해야 했다. 아프리카문화의 무조건적 긍정이 유럽문화의 무조건적 긍정을 이어받은 것이다. 일반적으로 얘기해서 네그리튀드의 시인들은 노후한 유럽과 전도유망한 아프리카, 무미건조한 이성과 서정적인 감성, 억압적인 논리와 풍요로운 자연을 대비시켰다. 한쪽에는 편협, 허례허식, 예법, 회의론이 있었고, 다른 쪽에는 순수, 생명력, 자유 그리고 당연히 다산(多産)이 있었다. 또한 거기엔 무책임도 있었다.(*WE*, pp.212~213)

파농이 네그리튀드의 무책임한 면을 지적한다고 해서 네그리튀드에 대한 그의 평가가 비판 일변도로 나아가는 것은 아니다. 이항대립의 논리에 기초한 네그리튀드가 지배담론을 재생산하는 위험에도 저항담론의 역할을 나름대로 수행한다고 보기 때문이다. 그 역할이란 피지배자의 자긍심을 회복시키는 일이다. 식민주의 담론은 식민지 이전의 아프리카를 인정하지 않는다. 아프리카의 '역사'는 유럽의 도착과 더불어 시작되었고 침략과 정복은 '미개'의 땅에 '문명'을 전파해준 것으로 기술된다. 네그리튀드는 바로 이러한 식민주의의 인식론적 폭력을 거부하고 무효화하는 작업이다. 즉 식민화되기 이전의 아프리카에도 유럽의 기독교와 헬레니즘에 비견될 만한 역사와 문명이 존재했음을 규명하는 작업이다. 파농은 이러한 맞대응으로서 네그리튀드의 가치를 인정한다. 그렇지 않으면 저항담론의 출발점을 확보할 수 없기 때문이다.

파농은 한 걸음 더 나아가 민족문화를 대륙이나 인종의 층위로 환원하는 것도 일종의 전략으로 받아들인다. 물론 '아프리카 민족문화'라는 범주 자체는 민족의 인종화를 수반하는 이론적 허구이며, 아프리카문화의 순수성이나 흑인문화의 보편성도 또 다른 형태의 신화일 뿐이다. 이를 두고 파농이 객관적 사실이라고 말한 적은 없다. 그런데도 파농이 '아프리카문화'를 완전히 부정하지 않는 이유는 저항담론의 에너지를 결집하기 위해서다. 민족문화를 개별국가 단위로만 접근할 경우 식민지 역사의 공통된 경험에서 비롯되는 "공동의 유대와 동일한 원동력의 존재"(WE, p.213)를 주창하기가 어렵다. 반면 민족문화의 범주를 광범위하게 설정할수록 그만큼 저항의 연대를 확장할 수 있고, 아프리카를 '검은 대륙'으로 재현하는 유럽의 백색신화에 더 효과적으로 대응할 수 있다.

파농은 유사한 예를 아랍 민족주의에서 찾는다. 아랍의 역사를 야만의 역사로 규정한 서구 오리엔탈리즘에 맞서 아랍 지식인들은 개별국가들의 지정학적 위치와 경제적 이해관계를 뛰어넘는 '아랍주의'를 내세우며 역사 바로 세우기 운동을 시도했다. 이것이 '이슬람 각성운동'이라는 문화적 실천으로 이어지면서 아랍권의 탈식민화에 지대한 공헌을 했다.(WE, p.214) 파농은 그러한 아랍 민족주의의 성과가 식민주의라는 공통된 역사적 경험과 이에 근거한 연대의식에서 비롯되었다고 생각한다.

아프리카의 경우도 마찬가지다. 지배담론이 유럽과 아프리카의 대립구도를 견지하는 한, 저항담론도 민족문화의 범주를 "포괄적으로" 설정할 필요가 있다. "백인들이 모든 니그로를 모조리 하나의 자루에 집어넣는"(*WE*, p.215) 전통이 바뀌지 않고, 세제르를 "위대한 시인"이 아닌 "위대한 흑인시인"(*BS*, p.39)으로만 보는 시각이 지배적인 상황에서, 이분법적 환원론은 바람직하지 않지만 불가피한 선택이다. '아프리카' 또는 '흑인'이라는 범주 내부의 차이와 다양성에 대한 논의도 물론 중요하지만 그다음 단계에서 이루어지는 것이 더 효과적이다. 파농의 시각에서 볼 때, 유럽 백인과 아프리카 흑인이 충돌한 식민주의 문제에서는 인종적 차이가 '최종심급'으로 작용한다. 물론 계급, 젠더, 섹슈얼리티, 종교 등이 '중층결정'되어 있는 경우가 대부분이지만, 그래도 식민주의는 기본적으로 인종의 드라마다. 따라서 탈식민화의 문제도 우선 인종의 층위에서 접근해야 한다. 파농이 네그리튀드의 과도기적 필요성을 인정하는 것도 이러한 연유에서다.

일찍부터 파농은 자신을 포함한 그 누구라도 객관성을 유지하는 것이 불가능할뿐더러 부정직하다고 언명한 바 있다.(*BS*, p.86) 진리라는 것도 객관적이고 절대적인 개념이 아니다. 파농에게 진리란 "식민체제의 붕괴를 재촉하고 민족국가의 탄생을 촉진하며 원주민을 보호하고 정착민을 파멸시키는 것"(*WE*, p.50)일 뿐이다. 그래서 파농은 식민주의와 반식민주의의 관계를 '허구에 대응하는 허구'로 접근한다. 참으로 도전적이고 도발적인 주장이다. 이 주장은 파농의 민족문화론에도 그대로 적용된다. 후대 탈식민주의 이론가 스피박이 제3세계 토착주의나 문화민족주의의 이분법적 본질주의의 대안으로 제안한 '전략적 본질주의'와 흡사하지만,[10] 파농의 주장은 더 원론적이다. 어떻게 보면, 탈구조주의와 해체론에 기초하여 근대적 민족 개념의 해체를 시도하는 바바의 탈민족주의 이론과 맞닿아 있기도 하다. 파농에게는 민족이든 흑인성이든 어차피 모든 개념이 담론적 구성물인 이상, 그것이 허구냐 사실이냐가 아니라 어떤 효과를 초래하느냐가 관건이다. 다시 말해 파농의 궁극적인 관심은 민족이 무엇이냐가 아니라 민족을 어떻게 해방하느냐에 있다.

민족문화와 민족해방의 상호작용

파농의 민족문화론이 기나긴 우회로를 거쳐 나아가는 최후의 목표지점은 민족해방이다. 「민족문화론」에서 네그리튀드를 주도한 흑인 지식인들을 상대로 장황하고 치열하게 가상적 논쟁을 전개한 파농은 결론부에 이르러 민족문화를 민족해방과 결부시키며 논의를 마무리한다. 앞서 살펴봤듯이, 민족해방은 파농의 역사적 청사진에서 식민지해방과 계급해방이 유기적으로 이루어지는 과정이다. 외부의 적인 유럽 식민주의를 패퇴시킬 뿐만 아니라 내부의 적인 부르주아 민족주의도 극복함으로써 진정한 민족해방이 이루어지는 것이다. 민족문화의 진화 과정도 유럽문화와의 동화, 토착 흑인문화로의 회귀, 민중과의 연대투쟁이라는 세 단계를 거친다. 파농이 설정한 민족문화의 마지막 단계는 민중과의 연대를 통한 혁명과 투쟁이다. 이 마지막 단계에서 정치적 실천과 문화적 실천이 수렴되는 것이다. 여기서 파농의 궁극적 목표인 '새로운 인본주의'가 구현되고 '니그로'가 인간으로 탈바꿈하며 '대지의 저주받은 자들'이 역사의 주체로 거듭난다.

파농이 민족해방을 위한 투쟁으로서의 민족문화를 논하면서 가장 먼저 주문하는 것이 이론과 실천의 일치다.

> 식민지 민중에게 글을 쓰는 지식인은 미래를 개척하려는 목적으로, 즉 행동하도록 초대하고 희망의 근거를 제시할 목적으로 과거를 이용해야 한다. 그런데 민중에게 희망을 약속하고 그 희망에 구체적인 형태를 부여하기 위해서는 지식인 스스로가 행동에 참여하고 자신의 몸과 마음을 민족해방을 위한 투쟁에 내던져야 한다. 지식인이여, 그대는 하늘 아래 모든 것에 관해 얘기할 수 있다. 하지만 새로운 역사의 지평을 열고 조국에 서광을 비추고 그대 자신과 민중이 함께 일어서기 위해서는 몸으로 협력해야 한다. ……민족문화를 위한 투쟁은 그 무엇보다도 민족해방을 위한 투쟁을 의미한다. 그것이야말로 문화의 확립을 가능케 하는 물질적 토대다. 민중의 투쟁과 단절된 문화적 투쟁은 결코 앞으로 나아갈 수 없다.(*WE*, p.232)

어쩌면 이 구절은 『대지의 저주받은 자들』에서 파농이 가장 힘주어 말하고 싶었던 부분인지도 모른다. 정치적 실천성과 파급효과가 부재한 이론, 미래의 전망이 없는 과거로의 도피, 민중의 삶과 동떨어진 지식인의 언어유희, 자본과 권력에 타협하고 굴복하는 인텔리겐치아, 이런 것들이야말로 식민지 상황 못지않게 파농을 답답하고 암울하게 했을 것이다. 이론의 실천성은 파농 자신을 비롯한 모든 지식인에게 요구되는 가장 중요한 덕목으로서, 파농의 동시대 흑인 엘리트뿐만 아니라 탈식민 시대의 '안락의자' 지식인도 귀담아들어야 할 충고임이 틀림없다.

계속해서 파농은 당시 아프리카 흑인 지식인이 추구한 그릇된 민족문화를 비판하면서 그 대안으로서의 올바른 민족문화를 이렇게 정의한다.

민족문화란 민속이 아니다. 그렇다고 민중의 본성을 발견할 수 있다고 믿는 어떤 추상적인 포퓰리즘도 아니다. 민족문화는 민중의 일상적 현실로부터 점점 유리되어가면서 의미를 상실한 행위들의 찌꺼기가 아니다. 민족문화는 민중에 의한 행위를 서술하고 정당화하며 찬양하는 사유의 영역에서 이루어지는 모든 노력의 집합체다. 그 행위는 민중이 자신을 창조하는 과정이자 현존하는 근거다. 따라서 저개발 국가의 민족문화는 그 국가가 수행하는 독립투쟁의 심장부에 뿌리내려야 한다. 아직도 니그로 아프리카 문화를 기치로 내걸고 투쟁하며 그러한 문화의 통합을 이룩하기 위해 허다하게 회합하는 아프리카 지식인은 자신의 노력이 동전과 석관을 비교하는 것 이외에는 다른 의미가 없다는 것을 깨달아야 한다.(*WE*, pp.233~234)

파농이 생각하는 민족문화는 전통이나 관습이 아니다. 민족문화는 "눈에 보이지는 않지만 끊임없이 생성하는 풍성한 삶"으로서, 전통이나 관습은 그것의 "반영"이며 "물화"(*WE*, p.224)에 불과하다. 네그리튀드가 유럽 문화제국주의에 대항하기 위해 식민지 이전의 '순수하고 진정한' 아프리카·흑인문화를 복원하려고 애쓰지만, 파농은 그러한 시도가 문화의 속성에 위배된다고 본다. 문화라는 것 자체가 현재의 일상 속에서 계속 변화하고 갱신되는 역동적 과정이기 때문이다.

문화는 관습의 투명성이 절대로 없다. 문화는 어떠한 형태의 단순화도 거부한다. 문화는 본질적으로 관습과 대립된다. 왜냐하면 관습은 문화의 퇴행이기 때문이다. 전통에 집착하거나 폐기된 전통을 복원하려는 시도는 역사의 흐름을 거스를 뿐만 아니라 민중에게 적대적인 행위다.(*WE*, p.224)

문화에 대한 파농의 이러한 시각에는 시대를 앞선 이론적 통찰력이 돋보이는데, 윌리엄스(Raymond Williams)의 문화연구가 강조하는 문화의 헤게모니 개념을 미리 보는듯 하다. 윌리엄스의 언어로 풀어보면, 식민지 이전의 아프리카 전통문화가 잔여적인(residual) 문화이고 유럽의 식민주의문화가 지배적인(dominant) 문화라면 탈식민화를 위한 민족문화는 부상하는(emergent) 문화에 해당한다. 파농의 민족문화론 이면에는 지금 부상하는 문화가 언젠가 지배적인 문화가 될 것이라는 믿음이 깔려 있다.

그러한 문화적 헤게모니의 변동이 있기 위해서는 "현실"이나 "실제 사건"에 개입하는 것이 필수적이다. 파농이 현실을 강조하는 이유는 간단하다. 식민주의의 청산 없이는 민족문화의 확립이 불가능하다고 믿기 때문이다. 파농이 볼 때, 식민주의와 민족문화는 본질적으로 양립할 수 없다. 민족문화를 체계적으로 파괴하려는 식민권력이 남아 있는 한, "민족문화는 점점 위축되고 무기력해지고 공허해진다." 식민지배의 구조하에서도 민족문화가 가능하다고 생각한다면 그것은 허황된 미망이며 "지식인들이 흔히 범하는 오류"(WE, p.244)일 뿐이다. 민족문화를 민족의 총체적 표현으로 규정하는 파농은, 민족해방이 민족문화의 전제조건임을 거듭 강조한다. 민족문화가 민족을 만드는 것이 아니라 민족이 민족문화를 가능케 한다는 것이다. 파농이 여기서 얘기하는 민족은 민족국가(nation-state)를 의미한다고 봐야 한다. 논의의 맥락이 프랑스 식민통치하의 알제리일뿐더러, 파농이 이 지점에서는 예외적으로 민족(nation)

과 국가(state)를 구분하여 언급하고 있기 때문이다.

문화는 민족의 표현이다. 민족이 좋아하고 민족이 금기시하며 민족이 모델로 삼는 것들을 표현한 것이 문화다. 다른 금기, 가치, 모델은 전체 사회의 모든 층위에서 형성된다. 민족문화는 이러한 모든 헤아림의 총합이며 사회 전체에 걸쳐 그리고 사회의 각 층위에서 작용하는 내적 외적 긴장의 결과물이다. 식민지 상황에서는 문화가 민족과 국가의 이중적 지지를 상실한 채 쇠퇴하고 소멸한다. 그러므로 민족해방과 국가재건은 문화가 존재하기 위한 전제조건이다.(*WE*, p.244)

민족은 문화의 전제조건이자 문화의 결실이며 문화의 끊임없는 갱신이자 성숙이다. 민족은 일종의 필연이다. 문화를 살아 숨 쉬게 하고 창조의 문으로 인도하는 것은 민족의 존재를 위한 투쟁이다. 나중에 문화에 필요한 조건과 틀을 제공하는 것은 민족이다. 민족은 문화의 창조를 위해 불가결한 여러 가지 요소를 축적하며, 그 요소들만이 문화의 신빙성, 정당성, 생명력, 창조력을 부여할 수 있다. 마찬가지로 하나의 문화를 다른 문화들과 대면하게 하고 영향을 주고받게 하는 것도 그 문화의 민족적 성격이다. 존재하지 않는 문화는 현실과 관계를 맺거나 현실에 영향을 미칠 수 없다. 민족문화가 생명력을 지니기 위해 가장 필요한 것은 엄밀하게 생물학적인 의미에서의

민족재건이다.(*WE*, p.245)

그런데 민족해방이 민족문화에 우선한다는 주장은 자칫 편협하고 경직된 국가중심주의나 제3세계판 속류 마르크스주의로 해석될 여지가 있고, 따라서 파농이 개진하는 민족문화론의 지평이 축소되는 결과를 초래할 수 있다. 만약 파농의 표현 그대로 식민지 상황에서는 민족문화가 원천적으로 불가능하다고 단정해버린다면, 식민주의에 대한 저항으로서의 민족문화는 설 자리가 없어진다. 더구나 이러한 주장은 앞서 문화의 역할을 적극적으로 인정한 파농 자신의 문화유물론적 입장과도 논리적으로 어긋난다.

이를 두고 패리(Benita Parry)는 보편성과 특수성 또는 본질주의와 반본질주의를 오가는 파농의 논리적 모순이라고 설명한다. 한편으로는 문화가 사회변화의 현장이며 과정이라는 전제에서 민족문화를 정의하고, 다른 한편으로는 문화가 사회현실의 수동적 반영이라는 전제에서 민족해방의 우선권을 역설하는 파농의 민족문화론은 내적 긴장을 해소하지 못한 채 불안한 진자운동을 계속한다는 것이다.[11] 아니면 바바가 지적한 것처럼 이러한 현상은 식민지 상황이라는 특수한 역사적 조건에서 비롯되는 문제일 수도 있다. "좀더 혁신적인 대응책과 좀더 즉각적인 입장표명이 요구되는 긴박한 상황"에서 파농이 "너무 성급하게, 너무 빨리" 적과 동지를 규정하려다가 부지중에

논리적 틈새와 균열이 발생했다는 것이다.[12]

그러나 후대 탈식민주의 이론가들이 지적하는 혁명투사 파농의 "성급함"이나 "진자운동"은 좀더 신중하게 따져볼 필요가 있다. 파농은 마치 이러한 문제제기를 예상이라도 했듯이 "정치적 투쟁과 문화는 무슨 관계가 있는가? 해방을 위한 투쟁은 문화적 현상인가 아닌가?"라는 질문을 스스로 던져놓고 이렇게 답한다.

> 민족 주권을 회복하려는 의식적이고 조직적인 기획은 가장 완전하고 명백한 문화적 표현으로 나타난다. 독립투쟁이 성공해야 문화의 정당성과 생명력이 주어지는 것은 아니다. 독립투쟁이 진행되는 동안 문화가 차가운 창고에 갇혀 있으란 법은 없다. 투쟁이 전개되고 내적으로 발전하는 과정에서 문화는 이전과는 다른 방향으로 나아가며 완전히 새로운 길을 모색한다. 자유를 위한 투쟁은 민족문화의 과거 가치와 형식을 복원하지 않는다. 이 투쟁은 근본적으로 다른 인간관계를 지향하기 때문에 민족문화의 형식과 내용을 이전 상태 그대로 놔두지 않는다. 투쟁이 완료되면 식민주의뿐만 아니라 그것에 물든 피지배자도 함께 사라진다.(WE, pp.245~246)

얼핏 들으면 문화를 정치적 투쟁의 부산물로 간주하는 것 같지만, 파농의 강조점은 정치적 실천과 문화적 실천의 상호작용에 있다. 민족해방을 위한 투쟁이 민족문화의 성격을 변화시키는 동시에 민족문화도 그 투쟁에 필요한 역할을 수행한다는 것이다. 이와 같은 물질적 탈식민화와 정신적 탈식민화의 변증법적 관계는 파농의 모든 저작을 관통하는 기본전제이자 핵심논지이며, 따라서 파농의 민족문화론도 이런 맥락에서 이해할 필요가 있다.

그러므로 민족해방이 민족문화의 전제조건이라는 주장을 액면 그대로 해석하여 파농을 민족문화 무용론자로 간주하는 것은 온당하지 않다. 문화의 '상대적 자율성'을 부인하는 듯한 발언의 의도는 엘리트주의적이고 과거지향적인 네그리뛰드의 '문화주의'를 경계하자는 것이지 민족문화 자체를 부정하려던 것이 아니다. 파농이 그렇게 말한 이유는 과거로 도피하고 안주하려는 네그리뛰드 지식인들에게 현재의 투쟁과 저항에 참여할 것을 독려하기 위해서다. 마찬가지로 식민지배하에서는 진정한 민족문화가 불가능하다는 주장도 거꾸로 읽으면 식민주의가 사라지지 않는 한 민족문화가 필요하고 유효하다는 얘기로 이해할 수 있다.

이상에서 살펴본 것처럼 파농의 민족문화론은 복잡하고 애매한 듯하면서도 단순명료하다. 민족문화에 대한 모든 논의가 정치적 효과의 문제로 귀결되기 때문이다. 파농이 중시하는 것은 민족문화의 기원이나 형식이 아니라 민족문화의 효용이다. 민족문화도 탈식민화와 민족해방을 위한 수단일 뿐 그것 자체가 궁극적 가치나 목적이 될 수 없다. 그러한 점에서, 파농의 민족문화론은 앞서 살펴본 민족주의 비판처럼 상당히 선별적이고 실용주의적이다. 파농이 공격하는 것은 정치적 실천성과 파급력이 결여된 민족문화다. 반면 현실에 착근한 민족문화, 민중과 지식인이 유기적 관계를 형성하는 민족문화, 그리하여 정치적 실천과 상호작용하는 민족문화는 민족해방에 필수 불가결하다고 주장한다. 그토록 신랄하게 부르주아 민족주의를 공격하면서도 과도기적 단계와 전략으로서의 민족주의는 인정하듯이, 파농은 자신의 정치적 노선과 어긋나는 네그리튀드의 민족문화를 비판하면서도 탈식민화와 민족해방에 도움이 되는 민족문화는 적극적으로 옹호하고 있는 것이다.

결론적으로, 지금까지 소개한 파농의 제3세계 민족문화론은 크게 세 가지 핵심논제로 압축할 수 있다. 첫째, 민족문화는 민속적 외양이나 관습적 제의에 의해 유지되는 정태적 구조가 아니라 일상적 실천을 통해 계속 변주되는 역동적 과정이다. 둘째, 민족문화는 물질적 실천과 담론적 실천의 상호작용을 통해 구성되고 또한 갱신된다. 셋째, 민족문화는 억압당하던 식민지 민중을 이데올로기적 저항주체로 거듭나게 한다.

한 가지 흥미로운 점은 이러한 논제들이 파농 사후, 즉 20세기 중반 이후에 등장한 포스트마르크스주의, 문화유물론, 탈식민주의 등의 핵심개념과 맞닿아 있다는 사실이다. 이를테면 레이먼드 윌리엄스의 '헤게모니' 개념, 알튀세가 말한 문화의 '상대적 자율성', 에티엔 발리바르가 재구성한 '이데올로기' 개념, 사이드의 문화제국주의 비판, 바바의 탈민족주의 이론, 스피박의 '전략적 본질주의' 개념 등은 이미 파농의 사유체계 안에서 상당히 구체적인 모습으로 존재하고 있다. 특히 서구 문화제국주의와 제3세계 문화민족주의의 변증법적 관계에 대한 사이드의 논의와 문화의 '혼종성' 또는 '번역' 개념에 기초한 바바의 탈민족주의 이론은 파농의 민족문화론에 빚진 바가 크다고 할 수 있다.[13] 더구나 이처럼 선구적인 민족문화론이 치열하고 절박한 투쟁의 산물이었다는 점에서 탈식민·포스트모던 시대의 이론적 유희와는 그 실천적 생명력과 파급효과가 다를 수밖에 없다.

세계화 시대의 제3세계 민족주의

파농이 꿈꾸었던 민족해방은 아직 요원하다. 하지만 민족주의에 관한 파농의 문제의식은 지금 우리에게도 시사하는 바가 적지 않다. 무엇보다도 파농은 민족주의의 위험과 효용을 동시에 일깨워준다. 민족주의가 그 사회의 수직적 위계를 수평적 연대로 대체하지 못할 때, 다시 말해 민족주의가 계급과 젠더의 모순을 은폐하거나 강화할 때 그리고 민족주의가 투쟁의 대상인 제국주의와 오히려 야합할 때, 그 민족주의는 민족해방의 가장 큰 장애물로 둔갑한다. 해방 이후의 한국 사회에서도 매판자본, 독재정권, 신식민주의의 삼각연대가 민족의 이름으로 성사되고 강화되었다. 파농의 분노와 절망은 바로 이러한 '내부의 적'에게로 향한 것이다. 하지만 그렇다고 파농을 민족주의 무용론자로 볼 수는 없다. 민족주의의 변질과 타락은 경계하되 민족주의 자체를 폐기해서는 안 된다는 것이 파농의 입장이다. 저항의 필요성이 사라지면 민족주의도 존재의 이유가 없어지게 마련이다. 그러나 강대국의 민족주의, 즉 제국주의가 소멸하지 않는 한 약소국의 민족주의는 윤리적 당위이자 역사적 필연이다. 설령 민족주의가 허구이며 신화라고 하더라도 제국주의에 대한 효과적인 저항수단이 된다면 민족주의는 존속해야 한다.

파농이 인식한 민족주의의 양가성은 우리 시대에도 여전히 해당된다. 그것은 최근 주요 화두로 등장한 민족주의의 공과와 야누스적 속성을 파농이 미리 말했기 때문만은 아니다. 파농의 현재성은 무엇보다도 우리가 살아가는 탈식민 시대가 파농이 살았던 식민지 시대의 연장선에 놓여 있다는 데 있다. 대다수의 제3세계 국가가 정치적으로는 탈식민화를 쟁취했지만 경제적으로나 문화적으로는 서구의 헤게모니에 더욱 종속되어가는 것이 사실이다. 근자의 논의에서 탈식민(post-colonial)을 탈제국(post-imperial)과 동일시하는 오류가 자주 발견되지만, 글로벌 자본주의로 일컬어지는 현재의 세계 질서는 서구 제국주의의 연속이다. 이른바 '중심부'와 '주변부' 사이의 불균등한 권력관계는 오히려 고착화되고 그것을 합리화하는 방식은 점차 교묘해지고 정교해진다. 이제 글로벌 자본주의 체제의 바깥에 선다는 것은 불가능해졌고 세계화로의 편입은 제3세계 국가의 운명이자 축복처럼 느껴진다. 여기에다가 포스트모더니즘이 주도하는 온갖 담론의 향연이 우리의 비판의식을 혼미케 하며 피아(彼我)의 식별마저 어렵게 하고 있다. 당연히 민족주의는 식민지 시대의 골동품으로 그리고 세계화의 가장 큰 걸림돌로 여겨질 뿐이다. 편협하고 경직된 쇼비니즘과 동일시된 민족주의는 이제 자기비판과 변화의 기회조차 얻기 힘든 형국이다.

그러나 모두가 소리 높여 민족주의의 폐해와 폐기를 부르짖는 지금이야말로 민족주의가 역설적으로 더 필요한 때일 수도 있다. 그것은 민족주의 특유의 완고한 저항의지 때문이다. 저항 이데올로기로서의 민족주의는 '우리'와 '그들' 사이의 경계가 모호해진 이 시대에 더욱 긴요하다. 문화다원주의가 문화제국주의의 가면은 아닌지, 초민족주의가 초국적 자본의 문화상품은 아닌지 세계화의 배후에 작동하는 세력의 정체는 무엇인지 그리고 민족주의가 세계화의 장애물이라는 논리가 누구의 이해관계와 부합하는지 의심하고 검색하는 작업을 서구 포스트모더니즘에 위임할 수는 없기 때문이다. 더구나 세계화가 서구화나 미국화의 완곡어법인 현재 상황에서, 민족주의의 포기는 우리 스스로 무장해제하는 것과 다름없다. 비록 자본과 기술의 종속은 불가피하더라도 우리의 정신마저 내어줄 수는 없는 노릇이다. 적어도 아직까지는 민족주의가 제국주의의 전방위적인 삼투를 허용치 않는 여과장치로 남아 있어야 하며, 민족문화도 서구문화의 헤게모니를 견제하고 서구문화와 대위법적인 관계를 형성하며 이데올로기적 평형추의 기능을 해야 한다. 이러한 노력이 수반되지 않을 때, 세계화는 일찍이 마르크스와 엥겔스가 지적한 것처럼 서구 자본이 자신의 이미지대로 세계를 창조하는 과정일 뿐이며, 우리는 거기에 참여하는 주체가 아니라 포섭당하는 대상으로 남게 될 것이다.

오늘날의 제국주의는 옛날처럼 강압적이지 않다. 근대화에서 세계화로 기치를 바꾼 제국주의는 경제와 문화 분야에서 신자유주의와 포스트모더니즘을 내세우며 우리에게 아주 친근하고 부드럽게 다가온다. 우세한 군사력은 '테러리즘과의 전쟁'을 위해 필요하다면 언제든 사용되지만 평소에는 그 가공할 위용을 되도록 드러내지 않는다. 이제 제국주의가 욕심내는 것은 우리의 땅보다는 우리의 돈과 마음이다. 그리고 그 욕심은 우리의 동의하에 차근차근 실현되어가고 있다. 이 순탄한 제국주의의 행보에 그나마 민족주의가 이따금 제동을 걸고 있는 형국이다. 그러니 이 귀찮고 성가신 민족주의를 시대착오적인 골동품으로 생각하게 하는 것은 당연히 서구의 전략이다. 민족국가의 경계를 넘어선 보편적 가치만 추구하거나 민족국가 내부의 차이와 다양성에반 주곡허는 것이 위험한 이유도 여기에 있다.

그러므로 민족주의를 개발독재 시대의 유령이나 '일상적 파시즘'의 주범으로 몰아붙이기 이전에, 우리 시대의 민족주의가 어떻게 변용될 수 있는지를 놓고 좀더 고민해봐야 한다.[14]

세부적이고 국지적인 것에 천착하다 보면 나무만 보고 숲을 보지 못하는 오류에 빠질 수 있다. 그러한 오류를 파농은 동시대 흑인 부르주아 지식인에게서 발견한다. "토착 지식인은 세부사항을 지나치게 강조한 나머지 식민주의의 패퇴가 투쟁의 궁극적인 목적임을 망각하게 된다. 그는 투쟁의 여러 가지 측면에 관심을 분산하다 보니 지엽적인 임무에 집착하게 되고, 그 임무를 열정적으로 수행하지만 언제나 너무 진지하게 접근하는 경향이 있다. 그는 항상 운동의 전체적인 흐름을 놓쳐버린다."(*WE*, pp.49~50) 파농에게 숲은 언제나 "빵과 땅의 문제"로서, 그 문제를 건너뛰거나 에둘러가는 탈식민화 운동은 사상누각이나 다름없다.

파농의 지적은 오늘날 민족주의를 폐기처분하자고 외치는 제3세계 탈식민 지식인들에게도 해당될 수 있다. "전체적인 흐름"이나 "궁극적인 목적"보다 "세부사항"에 더 주목하는 것은 포스트모더니즘을 비롯한 '포스트' 담론 시대의 일반적 경향이다. 한국 사회에도 계급이라는 거대서사와 더불어 민족주의 담론을 버겁고 식상하게 여기는 분위기가 일종의 시대정서로 자리 잡아가고 있다. 그사이 글로벌 자본주의와 서구 문화제국주의에 대한 문제의식은 점점 희미해져 간다. 민족이라는 '상상의 공동체'가 와해되면서 '우리'와 '그들' 사이의 전선(戰線)도 사라지는 것이다.

"민족의식의 토대 위에서만 국제의식이 발생하고 성장할 수 있다."(*WE*, p.248) 이 구절은 「민족문화론」의 결론에서 파농이 민족주의와 세계주의나 상호작용을 강조한 말이다. 민족국가의 건강한 민족주의가 먼저 확립되어야 "보편적 가치의 발견과 증진"(*WE*, p.247)을 추구하는 세계주의로 나아갈 수 있다는 얘기다. 그렇지 않으면 세계주의나 국제주의는 문화제국주의의 알리바이가 되고 만다. 최근 한국 학계에서도 세계화와 관련된 논의에서 '글로컬리제이션'이라는 단어가 자주 등장한다. 세계화(globalization)와 지역화(localization)의 합성어로서, 서구 문화제국주의의 헤게모니에 맞서 제3세계 토착문화의 주체적 대응을 촉구하고 더 나아가서 서구와 비서구 사이의 '대화적' 관계를 지향하자는 의지를 담고 있다. 이론상으로는 산뜻하고 바람직한 얘기다. 문제는 세계화와 지역화의 비대칭이다. 그 문제는 '중심부'와 '주변부' 사이의 불균등한 권력관계가 존속하는 한 해결되지 않는다. 제3세계 민족주의가 여전히 유효한 이유가 여기에 있다. 물론 자기성찰과 갱신을 거부하는 민족주의는 위험하다. 하지만 민족주의를 거치지 않은 세계주의, 민족주의와의 긴장이 없는 세계주의도 위험하다. 이것이 세계화의 물결 속에서 허우적거리는 우리가 한번쯤 되새겨봐야 할 파농의 충고다.

'새로운 인본주의'의 유토피아를 꿈꾸며

✤ 나오는 말

민족주의와 세계주의 사이에서

『대지의 저주받은 자들』의 마지막 장 「결론」은 파농 저서 전체의 결론에 해당한다. 여기서 파농이 궁극적인 목표로 내세우는 "새로운 인간"의 창조 또는 "새로운 인본주의"의 구현은 그 개념과 맥락이 모호해서 많은 논란거리를 낳았다. 『대지의 저주받은 자들』의 「민족의식의 함정」에서 파농은 탈식민화의 이데올로기적 추동력이었던 민족의식이 식민지독립 이후에 부르주아 민족주의로 변질되지 않으려면 "사회적·정치적 필요에 대한 민중의 자각"이 이루어져야 하며 그러한 "사회의식 또는 정치의식"이야말로 곧 진정한 "인본주의"(*WE*, p.204)라고 주장한다. 여기서 파농이 의미하는 "새로운 인본주의"는 민족의식과 계급의식의 변증법적 승화로서 마르크스주의적 민중주의의 다른 이름이라고 할 수 있다. 따라서 파농의 "새로운 인본주의"는 외부의 적인 유럽 식민지배자와 내부의 적인 토착 부르주아지가 함께 척결될 때, 즉 식민지해방과 계급해방이 함께 이루어질 때 완전히 구현될 수 있다. 물론 파농이 남성우월주의를 "봉건적 전통"으로 규탄하며 "헌법조문에서뿐만 아니라 일상의 삶에서 여성은 남성과 똑같은 위치를 차지해야 한다"(*WE*, p.202)라고 주장한 것을 고려하면, 그의 "새로운 인본주의"는 인종과 계급뿐만 아니라 젠더의 층위에서도 억압과 소외가 모두 사라진 세계를 지향한다고 볼 수 있다. 비록 젠더관계에 대한 파농의 관심이 간헐적이고 부수적이긴 하지만 "새로운 인본주의"의 맥락은 제3세계의 식민지해방, 계급해방, 여성해방의 유기적 결합이라고 봐야 한다.

그런데 파농이 『대지의 저주받은 자들』의 「결론」에서 제안하는 "새로운 인본주의"는 세계주의(cosmopolitanism)에 근접하는 개념이기도 하다. 파농의 대안적 인본주의는 유럽 인본주의에 대한 비판에서 출발한다. "유럽은 끊임없이 인간(Man)을 얘기하면서도 지구 방방곡곡에서 마주치는 인간들(men)을 학살하고, 수 세기 동안 정신적 경험을 빙자하여 거의 인류 전체를 질식시켜왔다"(*WE*, p.311)라고 일갈하며 유럽 인본주의의 폐기처분을 선언하는 파농의 모습은 그의 사상적 스승이자 동지인 세제르와 사르트르를 연상시킨다. 세제르는 인본주의와 인종주의가 동전의 양면이며 언행이 일치하지 않는 부르주아 인본주의는 히틀러의 나치즘 같은 괴물을 잉태할 수밖에 없다고 주장했다.[1] 사르트르도 『대지의 저주받은 자들』「서문」에서

"그것은 거짓말의 이데올로기이자 약탈의 완벽한 정당화에 불과했다. 그 달콤한 수사와 겉치레 감수성은 우리가 자행한 침략의 알리바이 역할을 했을 뿐이다"(*WE*, p.25)라고 하면서 유럽 인본주의에 대해 신랄한 비판을 가한 바 있다. 마찬가지로 파농도 유럽 인본주의가 떠받드는 '인간'이란 유럽 부르주아지뿐임을 지적하며 '니그로'를 포함한 모든 '대지의 저주받은 자들'이 '인간답게' 살아가는 대안적 인본주의를 제시한다.

하지만 그렇다고 파농이 유럽중심주의적 인본주의를 변형한 아프리카중심주의적 인본주의를 대안으로 내세우거나 네그리튀드식의 본질주의적인 흑인정체성 회복운동을 추구하는 것은 아니다. 파농이 보기에 아프리카 토착주의나 문화민족주의는 유럽(주체)/아프리카(타자)의 이항대립적인 위치를 맞바꾸었을 뿐 차이를 우열로 치환하는 유럽중심주의적 인식구조를 되풀이할 뿐이다. 그렇게 되면 아프리카는 여전히 유럽의 모방으로 남게 된다. 파농은 "제2의 유럽"인 미국을 "유럽의 오점과 질병과 비인간성이 끔찍할 정도로 더 커진 괴물"로 규정하며, 아프리카가 "제3의 유럽"이 되는 것은 "역겨운 희화화"(*WE*, pp.313~315)라고 경고한다. "유럽으로부터 영감을 받은 국가, 제도, 사회를 창조함으로써 유럽에 경의를 표하는 짓은 하지 말자"(*WE*, p.315)라고 다짐하는 것을 보면 유럽(중심주의)의 극복이 파농에게 얼마나 중대한 과제인지를 짐작할 수 있다. 그래서 파농은 아프리카 토착주의자의 '역전된 자민족중심주의'를 승인하지 않는다. 파농이 지향하는 것은 인종주의와 식민주의의 전도(顚倒)가 아니라 그것의 초극(超克)이다.

그렇다면 파농의 "새로운 인본주의"는 민족주의와 세계주의 중에서 어느 쪽에 가까운가? 어떻게 보면, 파농은 '민족'의 특수성과 '인간'의 보편성 또는 민족주의와 초민족주의 사이에서 그 어느 쪽도 포기하지 못한 채 진자운동을 계속하고 있다. 한편으로는 네그리튀드를 유럽중심주의적 변증법 속으로 편입시키는 사르트르를 비판하면서도 다른 한편으로는 흑인 고유의 정체성을 전제하는 네그리튀드에 대해 일정한 거리를 두는 것도 이러한 연유에서다. 물론 네그리튀드의 옹호는 초기 저서인 『검은 피부, 하얀 가면』에서 그리고 네그리튀드의 비판은 후기 저서인 『대지의 저주받은 자들』에서 전개된다는 점에서 그러한 입장 차이를 파농의 사상적 변천으로 설명할 수는 있다. 즉 프로이트적 파농은 피부색의 차이에 초점을 맞춰 '니그로'의 소외를 분석하고 처방하는 데 비해, 마르크스적 파농은 '니그로'의 인종적 정체성을 긍정하면서 동시에 넘어서는 세계사적 청사진을 제시하고 있다.

하지만 민족주의에 대한 파농의 입장은 『대지의 저주받은 자들』 안에서도 일관되지 않은 것이 사실이다. 파농이 말하는 '네이션'(nation)이 민족인지 국가인지 불확실한 경우가 많을뿐더러 민족의식, 민족주의, 부르주아 민속주의가 변별되기도 하고 혼용되기도 한다. 어떻게 보면, 파농의 "새로운 인본주의"는 "모

든 것을 의미하면서 아무것과도 싸우지 않는 것"이 될 수 있다.[2]

파농이 역사변화의 주체로 상정하는 민중(the people) 개념도 애매하기는 마찬가지다. 탈식민화 과정에서 지식인의 대척점에 위치하면서도 지식인과 상호보완적 관계를 형성하는 민중은 분명 농민과 도시빈민으로 이루어지는 계급적 하층민을 지칭한다. 파농은 제3세계 민중을 혁명주체로 등장시키는 근거를 이들만의 존재론적 위치와 역사적 경험에서 찾는다. 식민주의의 폭력을 온몸으로 경험한 민중만이 탈식민화를 위한 폭력의 불가피성과 정당성을 수긍하고 무장투쟁에 참여하기 때문이다. 개인주의와 패배주의에 물든 채 신식민주의의 대리인으로 복무하는 토착 부르주아지나 온정주의적 시혜로 자신들에게 면죄부를 부여하려는 유럽 부르주아지는 물론, 유럽 안에서는 과격한 언행을 일삼으면서 유럽 바깥을 향해서는 제국주의적 입장을 취하는 좌파 지식인도 '니그로'의 동지가 될 수 없다. 어차피 혁명이란 '잃을 것이 없는 자들'의 과업이기에 부르주아지는 피부색에 상관없이 진정한 저항주체가 될 수 없다. 이것은 파농의 일관된 정치적 입장이기도 하거니와 그가 알제리전쟁을 수행하면서 체득한 쓸쓸한 역사적 교훈이다.

그렇다면 파농은 마르크스주의자인가? 엄밀한 의미에서 파농은 정통 마르크스주의자가 아니다. 식민지 상황을 마르크스주의 분석틀만으로는 제대로 설명해낼 수 없다고 지적하는 파농, '니그로'의 고경과 투쟁을 외면하는 유럽 좌파 진영을 향해 배신감을 토로하는 파농, 계급혁명을 진정한 민족해방의 부분집합으로 간주하는 파농, 이 사람을 골수 마르크스주의자로 자리매김하는 것은 온당하지 않다. 하지만 파농의 주장 곳곳에 마르크스주의의 입김이 배어 있는 것은 부인할 수 없다. 파농이 명시적으로 마르크스주의 언어를 사용하지는 않지만, 그의 독자들은 파농의 반제국주의적 논지가 반자본주의적 입장에 기초하고 있음을 어렵잖게 짐작할 수 있다. 특히 『대지의 저주받은 자들』의 후반부에서 아프리카의 부르주아 민족주의를 향해 가하는 통렬한 비판은 파농의 이데올로기적 노선이 무엇인지를 분명히 말해준다.

파농의 마르크스주의적 입장은 『아프리카 혁명을 향하여』에서 좀더 확연하게 드러난다. 아프리카 대륙 전체가 조만간 탈식민화될 것으로 전망하던 시점에서 파농이 가장 우려한 건 "이데올로기의 부재"(*AR*, p.186)다. 파농은 "동유럽에서 이룩한 사회주의의 승리"(*AR*, p.186)를 부러워하면서 아프리카에서는 토착 부르주아지의 기승이 가장 큰 골칫거리라고 개탄한다. 파농이 꿈꾸는 아프리카 통합은 "아프리카 합중국(The United States of Africa)이 전쟁과 사망자의 행렬로 점철된 중산층의 쇼비니즘 국가 단계를 거치지 않고 실현되는 것"(*AR*, p.187)이다. 여기서 말하는 "중산층의 쇼비니즘"이란 부르주아 민족주의로서, 파농의 정치적 비전이 분명 사회주의적임을 말해준다. 계속해서 파농은 "의기양양한 중산층은 이 세상에서 가장 맹렬하고 가장 공격적이며 가장 영토 욕심이 강한" 집단이므로 이에 맞서기 위해서는 "마르크스주의적 방법으로 되돌아가야 한다"(*AR*, p.187)라고 주장한다. 투쟁의 방식과 목표가 마르크스주의 모델에 바탕을 두어야 한다고 거듭 강조한 것이다.

그러나 파농이 『대지의 저주받은 자들』의 「결론」에서 "인간의 새로운 역사 창조"에 동참하자고 호명하는 "동지들" "형제들" "우리"(*WE*, p.315)의 범주는 계급갈등에 기초한 마르크스주의적 저항주체의 개념을 넘어선다. 유럽을 모방하거나 따라가지 말고 "새로운 방향"으로 나아가자는 제안은 유럽 근대성이 낳은 모든 형태의 모순과 부조리를 극복하자는 유토피아적 의지의 표명으로, 그 유토피아는 사회주의적 청사진에 국한되지 않는다. 여기서 파농은 "새로운 인간의 창조"가 "모든 인간이 함께 걸어가는"(*WE*, p.315) 과정임을 분명히 밝힌다. 백인 부르주아 남성만 '인간다운 인간'(the Man)으로 드높이고 '여타 인간들'(men)은 짓밟으며 온갖 차별과 배제의 이데올로기로 복무했던 유럽 인본주의와는 달리, 파농이 제안하는 "새로운 인본주의"는 젠더·계급·인종·민족·종교 등의 모든 단층선을 가로지르는 명실상부한 '보편적 진리'로 제시된다. 거기에는 민족주의나 마르크스주의마저 특권적인 위치를 차지할수 없다.

다시 말해 파농은 백인과 흑인, 유럽과 아프리카, 지식인과 민중, 부르주아지와 프롤레타리아, 남성과 여성 등의 "모든 인간"이 이항대립적인 지배와 예속의 틀에서 벗어나 동등한 세계주의적 시민이 되는 세상을 꿈꾸고 있다. 이는 '내'가 곧 '우리'가 되는 사회다. 즉 파농이 말하는 "새로운 인간"은 '나'의 개인주의적 개체성을 초극하면서 동시에 '우리'의 전체주의적 집단성에 귀속되지 않는 존재라고 할 수 있다.

문제는 그 세계가 제3세계 민중에 의해서만 실현될 수 있다는 파농의 입장이다. 일종의 '점유적 배타주의'라고 할 수 있다. 즉 주체의 존재론적 위치가 인식론적 입장을 결정한다는 생각이다. 바로 여기가 파농이 포스트모더니즘 시대의 독자들을 불편하게 만드는 지점이다. 지배 이데올로기는 허위요 저항 이데올로기는 진리라는 식의 이분법을 전제하기 때문이다. 이런 전제는 푸코에게는 논리적 모순이며 레비나스에게는 윤리적 독선이다. 하지만 혁명을 통한 사회변화를 추구했던 파농에게 그것은 실천을 위한 전략이자 믿음으로 굳어져 있다. 이 믿음이 보편성과 특수성의 이율배반을 뛰어넘는 대의가 되는 것이다. 실천적 효과와 결부되지 않은 보편적 진리는 파농에게 한낱 언어유희일 뿐이다.

파농의 이러한 입장은 마르크스주의적 '진리' 개념을 연상시킨다. 마르크스와 레닌에 따르면, 부르주아 이데올로기는 '허위의식'이고 프롤레타리아 이데올로기는 '과학'이며 '진리'다. 어떤 이데올로기의 진위가 계급투쟁에서의 효과에 따라 결정되는 것이다. 자본에 복무하는 이데올로기는 허위이지만 자본과 상충하는 이데올로기는 진리다. 따라서 프롤레타리아 이데올로기는 계급적 이해관계에 기초하면서도 보편적 진리로서의 위치를 확보하게 되는 역설이 가능해진다. 루카치도 같은 이유로 프롤레타리아를 진리의 유일한 담지자로 간주한다. 프롤레타리아만이 자본주의 사회의 물화에 대한 비판의식을 통해 스스로를 의식화할 수 있는 계급이며, 따라서 이들만이 주체와 객체의 이분법을 극복하고 총체성의 이념을 구현할 수 있다는 것이다. 마찬가지로 저항주체로서의 민중에 대한 파농의 믿음도, 부르주아지에 대한 분노와 환멸도 모두 마르크스주의적 계급갈등에 근거하고 있음이 분명하다.

이렇듯 파농의 최종목표인 "새로운 인본주의"는 그것을 구현하기 위한 수단과의 긴장을 드러내고 있다. 하나는 제3세계주의와의 긴장이고, 또 하나는 마르크스주의와의 긴장이다. 여기서 말하는 제3세계주의는 흑인·아프리카 민족주의와 제3세계 반제국주의를 포괄하는 용어로서, 요즘 식으로 얘기하면 제3세계 중심적 탈식민주의라고 할 수 있다. 파농에게는 마르크스주의적 계급혁명이나 제3세계의 탈식민화는 궁극적 목표가 아니라 "새로운 인본주의"를 이루기 위한 과정이요 수단이다. 그런데 파농은 논의 과정에서 제3세계 민족주의와 마르크스주의를 하나의 수단으로 적극적으로 차용하다가 마지막 목표지점에 노달하는 순간 그 수단을 건너뛰고 심지어 폐기하고 있다. 수단과 목표 사이의 일관성을 유지하지 못하는 모습이다. 이를테면 파농이 주장하는 것처럼 마르크스주의적 민중혁명을 통해 제3세계의 민족해방이 이루어진다고 할 때, 막상 민족해방과 함께 도래할 "새로운 인본주의"에는 민중이라는 계급적 주체가 사라지고 그 자리에 계급갈등을 초극한 "새로운 인간"이 들어서는 것이다.

파농에게서 수단과 목표 사이의 긴장이 해소되지 않는 이유는 논리적 도약이 발생하기 때문이다.『대지의 저주받은 자들』의 논지전개를 따라가 보면, 파농의 역사적 청사진이 탈식민화(유럽 식민주의의 추방), 민족해방(부르주아 민족주의의 청산), "새로운 인본주의"의 구현이라는 세 단계로 나뉘어서 펼쳐진다는 것을 알 수 있다. 그런데 파농은 세 단계 사이의 연결고리를 명확하게 제시하지 않는다. 그러다 보니 하나의 단계와 그다음 단계가 구분되는지 아니면 중첩되는지 모호해진다. 예를 들어, 탈식민화와 민족해방은 투쟁 대상이나 방식이 상이함에도 파농은 한 번도 그 차이를 분명하게 얘기하지 않는다. 또한 "새로운 인본주의"도 본론에서는 식민지해방과 계급해방이 동시에 이루어지는 민족해방, 즉 제3세계 민중의 정치적 승리를 의미하지만, 결론에서는 그것보다 더 포괄적이면서도 모호한 개념으로 발전한다. 말하자면『대지의 저주받은 자들』의 본론과 결론 사이에 논리적 비약이 발생하는 것이다.

『대지의 저주받은 자들』은 파농이 백혈병과 투병하며 병상에서 급하게 집필한 책이다. 눈을 감기 전에 자신의 투쟁 경험과 전략을 세상에 남기려는 파농의 가쁜 숨결을 독자들이 느끼게 되는 책이다. 어쩌면 그러한 조급함이 파농의 논리적 모순으로 이어졌을 수도 있다. 시시각각 다가오는 죽음의 그림자를 의식하며 시간과의 승산 없는 싸움을 하고 있던 파농은 자신의 주장을 꼼꼼하게 되새겨볼 겨를이 없었을 것이다. 더구나 파농의 삶과 사유 자체가 온통 현실에 대한 저항에 몰입되어 있었기에 미래 사회의 청사진은 모호할 수밖에 없었다. 마르크스가 현재의 자본주의 생산양식을 집중적으로 비판하면서도 계급혁명을 통해 도래할 미래의 공산주의 생산양식에 대해서는 정교하고 명확한 디테일을 제시하지 않았던 것처럼, 파농의 시선도 거의 언제나 '지금-여기'로 향하고 있었고 좀처럼 그 너머 세계로 옮겨가지 못했다. 파농에게 미래란 디스토피아적 현실에 대한 우려와 유토피아적 비전을 향한 갈망이 교차하는 불투명한 세계일 뿐 아니라 그의 다음 세대가 써내려가야 하는 역사의 여백이다. 전쟁과 혁명의 소용돌이 한복판에서 매 순간 눈앞에서 벌어지는 부조리와의 싸움에 매달려야 했던 파농에게 논리정연하고 자기충족적인 사유체계를 기대하는 것은 탈식민 시대 독자들의 지나친 욕심이 아닐까?

파농의 정치적 한계와 윤리적 성취

파농의 "새로운 인본주의"를 제3세계주의나 마르크스주의 같은 특정 이데올로기로 규정할 수 없다면 그의 이념적·이론적 정체성은 무엇인가? 혹자는 파농을 가리켜 증오와 폭력의 사도라고 했다. 전혀 틀린 말은 아니다. 그런데 파농이 미워하고 맞서 싸운 것이 무엇인가? 그것은 인간이 인간의 이름으로 다른 인간에게 가하는 폭력이다. 파농이 투쟁한 대상을 더 구체적으로 나열해보자. 인종주의, 식민주의, 제국주의, 매판 자본주의, 부르주아 민족주의, 아프리카 부족주의, 흑인 분리주의, 이슬람 근본주의 그리고 모든 형태의 교조주의. 전부 '주의'(主義, ism)가 딸린 것들이다.

어쩌면 파농이 증오한 것은 바뀌지 않는 정체성일지 모른다. 개인이든 집단이든 정체성은 필수 불가결하다. 그러나 정체성은 주어진 것이 아니라 만들어지는 것이다. 따라서 만약 어떤 정체성을 고정불변의 진리나 자기중심적 보편가치로 인식한다면 그것은 이른바 정체성주의(identitarianism)가 되고 만다. 요즘 포스트모더니즘 이론에서 비판의 대상이 되는 영토주의(territorialism)와 유사한 개념이다. 게다가 정체성주의는 동일성과 타자성의 이분법을 재생산한다. 어느 한쪽의 유대는 다른 쪽의 소외를 수반하게 마련이다. '우리'끼리의 결속을 위해 '그들'을 배제하고 차별하는 것이다.

제3세계 민족주의는 정체성주의의 좋은 일례가 될 수 있다. 민족주의가 역사적 필연이자 윤리적 당위인 것은 그것이 강대국의 침탈과 억압에 맞서는 약소국의 저항담론이기 때문이다. 만약 민족주의가 다른 민족을 침략하거나 민족 내부의 또 다른 소수자를 억압하는 데 동원되는 이데올로기적 알리바이로 변질된다면, 그것은 저항담론의 윤리적·정치적 정당성을 잃어버린다. 마르크스주의도 마찬가지다. 모든 저항담론의 원조 격인 마르크스주의가 여성 해방운동과 제3세계 탈식민화에 이론적 원동력을 제공한 것은 사실이다. 하지만 계급을 젠더나 인종에 우선하는 '최종심급'으로 고집하는 순간 마르크스주의도 영토주의적 욕망에서 벗어나지 못한 또 하나의 '거대담론'으로 굳어버린다. 이는 제3세계주의나 마르크스주의를 폐기처분해야 한다는 얘기가 결코 아니다. 다만 저항담론으로서 생명력을 유지하기 위해서는 부단한 자기검열의 노력이 필요하다는 얘기다.

파농은 그러한 정체성주의나 영토주의의 장벽을 끊임없이 넘어서려고 했던 인물이다. 파농은 평생 이방인으로 살았다. 파농에게는 고정된 정체성이 주어지지 않았기 때문이다. 프랑스도 알제리도 파농을 '우리'의 일원으로 받아주지 않았다. 한때 파농이 연대의 희망을 품었던 프랑스 좌파 진영도, 온몸을 던져 헌신한 FLN도 파농을 서인도제도 출신 '니그로'로 간주했다. 심지어 파농이 태어나고 자라난 마르티니크도 어머니의 품 같은 고향은 아니었다. 파농의 유해가 자신의 유언대로 알제리와 튀니지의 '국경지대' 산기슭에 안장된 사실은 그가 인종이나 국가의 정체성에 귀속되기를 거부했던 영원한 아웃사이더임을 상징적으로 말해준다. 파농이 생전에 자신을 민족주의, 반식민주의, 마르크스주의, 실존주의 등의 특정 라벨로 규정하지 않았던 이유도 안정된 위치나 고정된 정체성을 싫어하는 변방인 기질 때문이었을 것이다. 자신이 흑인이면서도 흑인의 순혈주의를 고집하는 네그리튀드를 무조건 승인하지 않은 것도 파농에게는 지극히 당연한 일이었다. 만약 파농이 살아 있다면 파농 연구자들에게 통용되는 '파농주의'란 단어를 그다지 좋아하지 않았을 것이다.

파농에게서 많은 영향을 받은 사이드도 자신이 '포스트콜로니얼' 이론가로 일컬어지는 것을 싫어했다. 사이드는 일각에서 자신을 포함한 제3세계 이민자 출신 지식인을 두고 서구와 비서구 사이에서 '양다리' 걸치는 '문화적 양서류'라고 비난하는 것을 개의치 않고 오히려 그러한 모호하고 유동적인 정체성을 비평의 생산적인 요소로 간주했다. 이런저런 경계선을 넘나들고 무너뜨리는 것을 비평의 본령으로 생각한 사이드는 비평가도 권력자의 권위 대신 여행자의 자유를 지녀야 한다는 신념을 피력했다.[3] 사이드는 제3세계 이민자 출신 지식인의 공통된 역사적 경험인 추방이 그러한 비평의 토양을 제공해준다고 보았다. 고정된 존재론적 위치이 박틸이 유연한 인식론적 위치설정을 가능케 한다는 것이다. 사이드의 구절을 인용하면, "추방된

자는 남겨두고 온 것과 지금 여기에 있는 것을 동시에 생각하는 이중의 시각으로 사물을 볼 수 있지만, 한곳에 갇혀 있는 자는 그러한 시각을 결코 가질 수 없다."[4]

어떻게 보면, 파농에게는 정체성의 부재가 일종의 정체성이다. 사이드처럼 파농의 삶은 추방과 여행의 연속이었다. 하지만 그의 지난한 인생편력은 서구와 제3세계 또는 지식인과 민중 사이에서 어느 쪽에도 경도되지 않고 양쪽을 동시에 바라볼 수 있는 '이중의 시각'을 가져다주었다. '그들의 테크놀로지'를 이용해서 '우리의 이데올로기'를 전파하고, 유럽에서 배운 이론으로 유럽의 모순을 비판하는 '전유의 정치학'을 실천할 수 있었던 것도 파농이 그런 삶의 궤적이 그만큼 유동적이고 복합적이었기 때문일 것이다.

동일한 관점에서 볼 때, 앞서 파농의 논리적 모순으로 설명한 "새로운 인본주의"의 모호함은 어떠한 '주의'에도 귀속되기 싫어한 파농 특유의 '노마드'(nomad) 기질과 무관하지 않다. "새로운 인간의 창조"라는 대의가 또 다른 정체성주의나 도그마로 환원된다면 그것은 이미 새로운 것이 아니다. 파농이 스스로 혁명이라고 일컬었던 알제리전쟁도 인간과 사회를 변화시키는 변증법적 과정이다. 그 과정이 부르주아 민족주의, 아프리카 부족주의, 흑인 분리주의 등의 고착화된 정체성을 획득하는 순간 혁명은 중단될 것이라고 파농은 거듭 경고한다. 이것이 유럽 인본주의와 파농의 "새로운 인본주의" 사이의 근본적인 차이다.

"유럽에 레닌이 있었고 아시아에 마오쩌둥이 있었다면, 아프리카에는 파농이 있었다."[5] 어느 칼럼니스트가 『워싱턴포스트』에 기고한 파농 추모사의 한 구절이다. 레닌, 마오쩌둥, 파농, 이들 모두는 반자본주의·반제국주의 투쟁을 주도한 혁명가인 동시에 이들의 사상이 전 세계로 확산된 '글로벌 이론가'라는 공통점이 있다. 즉 행동하는 지식인의 세계적 모델인 셈이다. 이들 사이에 차이점도 있다. 레닌과 마오쩌둥이 혁명을 통해 자신의 권력체제와 그것을 떠받치는 사상체계를 확고하게 구축한 반면, 파농은 그러지 못했고 또한 그러지도 않았다. 볼셰비키혁명과 문화대혁명은 각각 레닌과 마오쩌둥에게 반대파를 숙청하고 권력을 독점하는 기회를 제공했지만, 알제리혁명으로 파농이 손에 넣은 것이 무엇이던가? 그런 점에서 파농은 쿠바혁명이 완성되는 순간 자신에게 응당 돌아올 혜택을 마다하고 또 다른 혁명을 위해 남미의 정글로 몸을 던진 체 게바라와 흡사하다. 파농이 가장 좋아한 단어가 혁명이었고 그가 추구한 혁명이 끊임없는 자기갱신을 수반한 변증법적 과정이었다고 할 때, 어느 한곳에 머무르기를 거부했던 그의 짧은 삶 자체가 혁명의 연속이었다.

파농은 칸트나 헤겔처럼 범접하기 힘든 위대한 철학자도 아니었고, 푸코나 데리다 같은 정교하고 난삽한 이론가도 아니었다. 그렇다고 레닌이나 마오쩌둥처럼 세세지도를 바꿀 만큼 현대사에 뚜렷한 족적을 남긴 정치가도 아니었다. 그런데도 오늘

440

날 우리가 파농을 다시 읽는 이유는 무엇인가? 파농이 가졌으나 우리가 감히 흉내 내지 못하는 것은 인간에 대한 사랑이다. 그 사랑은 항상 자기성찰과 자기희생을 수반했다. 이 때문에 파농과 마주 서는 포스트모던 시대의 '안락의자' 지식인들은 부채의식을 넘어 수치심을 느끼게 된다. '니그로'에서 인간으로 거듭난 자신의 모습을 반추하며 '대지의 저주받은 자들'을 향해 모두 함께 '인간답게' 살아가자고 외쳤던 흑인 청년을 우리가 기리지 않을 수 없는 이유는 그의 윤리적 진정성이 그의 정치적 편향성을 넘어서기 때문이다.

인간의 억압과 소외를 당연하게 여기는 것을 용납하지 못했던 사람, 인간 존재의 유토피아적 비전을 현실 역사 속에서 구현하려고 애썼던 사람, 인간의 힘으로 인간의 삶을 변화시키는 것이 가능하다고 믿었던 사람이 바로 파농이었다. 그런 점에서 파농은 진정한 휴머니스트이자 자신이 꿈꿨던 "새로운 인본주의"의 살아 있는 모델이었다.

왜 다시 파농인가

1 박노자, 「한국, 안과 밖」, 『한겨레신문』, 2014년 1월 22일.
2 어수웅, 「인기해부학 체 게바라」, 『조선일보』, 2000년 5월 2일.

1 파농의 생애와 유산

1 Homi K. Bhabha, "Remembering Fanon: Self, Psyche, and the Colonial Condition," Nigel C. Gibson(ed.), *Rethinking Fanon: The Continuing Dialogue*, New York: Humanities Books, 1999, p.190, p.194. 원래 이 논문은 *Black Skin, White Masks* (London: Pluto Press, 1986)의 서문으로 출판되었던 글이다.
2 패트릭 엘렌, 곽명단 옮김, 『프란츠 파농 평전: 나는 내가 아니다』, 우물이 있는 집, 2000, 99~107쪽.
3 알리스 세르키, 이세욱 옮김, 『프란츠 파농』, 실천문학사, 2002, 66쪽.
4 같은 책, 68~70쪽.
5 David Macey, *Frantz Fanon: A Biography*, New York: Picador USA, 2000, pp.133~134.
6 알리스 세르키, 앞의 책, 132쪽.
7 패트릭 엘렌, 앞의 책, 204~213쪽.
8 알리스 세르키, 앞의 책, 270쪽

9 같은 책, 396쪽.

10 같은 책, 409~410쪽.

11 같은 책, 449쪽.

12 E. San Juan, Jr., "Fanon: An Intervention into Cultural Studies," Anthony C. Alessandrini(ed.), *Frantz Fanon: Critical Perspectives*, London: Routledge, 1999, pp.126~127.

13 David Macey, 앞의 책, pp.203~204.

14 Homi K. Bhabha, 앞의 글, p.184, p.194.

15 Henry Louis Gates, "Critical Fanonism," *Critical Inquiry* 17, 1991, p.458.

16 Cedric Robinson, "The Appropriation of Frantz Fanon," *Race and Class* 35:1, 1993, p.82.

17 Nigel C. Gibson, "Introduction," *Rethinking Fanon: The Continuing Dialogue*, New York: Humanities Books, 1999, p.36.

18 Tony Martin, "Rescuing Fanon from the Critics," *Rethinking Fanon: The Continuing Dialogue*, New York: Humanities Books, 1999, p.87.

2 정신의학의 탈식민화

1 Hussein Abdilahi Bulhan, *Frantz Fanon and the Psychology of Oppression*, New York: Plenum Press, 1985, pp.49~59.

2 Françoise Vergès, "To Cure and to Free: The Fanonian Project of 'Decolonized Psychiatry'," Lewis R. Gordon, T. Denean Sharpley-Whiting and Renée T. White(eds.), *Fanon: A Critical Reader*, Oxford: Blackwell, 1996, pp.87~91.

3 Hussein Abdilahi Bulhan, 앞의 책, pp.85~87.

4 Jock McCulloch, *Black Soul White Artifact: Fanon's Clinical Psychology and Social Theory*, Cambridge: Cambridge University Press, 1983,

pp.113~114.

5 Frantz Fanon, "La Socialthérapie dans un service d'hommes musulmans: Difficultés méthodologiques," *L'Information psychiatrique* 9(1954), p.355. Jock McCulloch, 앞의 책, p.111에서 재인용.

6 Hussein Abdilahi Bulhan, 앞의 책, p.197.

7 Frantz Fanon and Charles Geronimi, "L'hospitalisation de jour en psychiatrie. Valeur et limites," *La Tunisie Médicale* 38, 1959, p.717. Hussein Abdilahi Bulhan, 앞의 책, p.198에서 재인용.

3 '니그로'의 자기소외

1 Homi K. Bhabha, *The Location of Culture*, London: Routledge, 1994, pp.86~88.

4 '흑인성'의 재구성

1 Jock McCulloch, 앞의 책, p.24.

2 Octave Mannoni, *Prospero and Caliban: The Psychology of Coloni zation*(1950), Pamela Powesland(trans.), Ann Arbor: The University of Michigan Press, 1990, pp.146~147.

3 같은 책, pp.55~56.

4 같은 책, p.72.

5 같은 책, pp.85~86.

6 같은 책, p.104.

7 같은 책, pp.76~77.

8 같은 책, p.41.

9 Maurice Bloch, "New Foreword," Octave Mannoni, *Prospero and Caliban: The Psychology of Colonization*, Pamela Powesland(trans.), Ann

Arbor: The University of Michigan Press, 1990, pp.13~14.

10 Octave Mannoni, 앞의 책, pp.89~93.

11 Maurice Bloch, 앞의 글, p.18.

12 Octave Mannoni, 앞의 책, p.24.

13 같은 책, p.27.

14 같은 책, p.99.

15 Albert Memmi, *The Colonizer and the Colonized*, Boston: Beacon Press, 1965, pp.88~89.

16 Aimé Césaire, *Discourse on Colonialism*, Joan Pinkham(trans.), New York: Monthly Review Press, 1972, pp.39~43.

17 이 장의 마지막 부분('의존 콤플렉스의 유물론적 재해석')은 이경원, 『검은 역사 하얀 이론: 탈식민주의의 계보와 정체성』, 한길사, 2011, 240~247쪽과 거의 동일한 내용임을 밝혀둔다.

5 유럽 이론의 유럽중심주의

1 Jean-Paul Sartre, *Black Orpheus*, S.W. Allen(trans.), Paris: Présence Africaine, 1976, pp.7~9, 22~26.

2 같은 책, p.15, p.59.

3 같은 책, p.40.

4 같은 책, p.60.

5 Karl Marx and Friedrich Engels, *Manifesto of the Communist Party*(1948), Robert C. Tucker(ed.), *The Marx-Engels Reader*, New York: Norton, 1977, pp.473~477.

6 W.E.B. Du Bois, *The Souls of Black Folk*(1903), *The Oxford W.E.B. Du Bois Reader*, Eric J. Sundquist(ed.), Oxford: Oxford University Press, 1996, p.100.

7 Aimé Césaire, 앞의 책, p.70.

8 Kwame Nkrumah, *Neo-Colonialism: The Last Stage of Imperialism*, London: Panaf Books, 1965, p.17.

9 Cedric J. Robinson, *Black Marxism: The Making of the Black Radical Tradition*, Chapel Hill: The University of North Carolina Press, 1983, pp.241~318.

10 Karl Marx, "The British Rule in India"(1853), Robert C. Tucker(ed.), *The Marx-Engels Reader*, New York: Norton, 1977, p.658.

11 Edward W. Said, *Orientalism*, New York: Vintage Books, 1979, pp.153~155.

12 Friedrich Engels, "Defense of Progressive Imperialism in Algeria," *Collected Works*, Vol. 44, New York: International Publishers, 1989, pp.450~451.

13 Charles W. Mills, *From Class to Race: Essays in White Marxism and Black Radicalism*, Lanham, MD: Rowman and Littlefield, 2003, p.18.

14 Reiland Rabaka, *Forms of Fanonism: Frantz Fanon's Critical Theory and the Dialectics of Decolonization*, Lanham, MD: Lexington Books, 2010, p.245.

15 Tony Martin, 앞의 글, p.87.

6 탈식민화의 변증법

1 이상의 내용은 이경원, 앞의 책, 218~224쪽과 상당 부분 중복된다.

7 폭력의 윤리학과 정치학

1 *The New Shorter Oxford English Dictionary*, Lesley Brown(ed.), Vol. 2, Oxford: Clarenden Press, 1993, p.3258.

2 지오바나 보라도리, 손철성·김은주·김준성 옮김, 『테러 시대의 철학:

하버마스, 데리다와의 대화』, 문학과지성사, 2004, 274~275쪽.

3 정문태, 「미국은 사실상 제3차 세계대전 중」, 『한겨레신문』, 2013년 8월 10일. 미국 현대사에서 발생한 이 엄청난 인명피해는 국가경제의 60~70퍼센트가 군산복합체와 연동된 상태로 굴러가는 미국 자본주의 체제의 구조적 모순이 낳은 결과다. 미국의 군사비는 2013 회계연도 기준으로 6,330억 달러에 달하는데, 이는 같은 기간 세계 군사비 총액 1조 7,560억 달러의 40퍼센트에 해당하며, 같은 기간 아프가니스탄에 투입한 전비 885만 달러만 해도 태국이나 말레이시아 같은 아시아 국가의 1년 총예산을 웃돈다.

4 Michael Hardt and Antonio Negri, *Multitude: War and Democracy in the Age of Empire*, New York: The Penguin Press, 2004, p.32.

5 홍세화, 「"나는 샤를리다!"의 빈자리」, 『한겨레신문』, 2015년 1월 30일.

6 Hannah Arendt, *On Violence*, New York: A Harvest Book, 1969, pp.18~19.

7 같은 책, pp.20~21.

8 같은 책, p.52.

9 Jean-Paul Sartre, "Preface" Frantz Fanon, *The Wretched of the Earth*, New York: Grove Weidenfeld, 1963, p.14, p.24.

10 같은 책, pp.25~26.

11 같은 책, p.18, pp.20~21.

12 같은 책, pp.21~22, p.24.

13 Hannah Arendt, *Betaren Past and Future*, London: Faber and Faber, 1954, pp.48~50.

14 Walter Benjamin, "Theses on the Philosophy of History," *Illuminations*, Hannah Arendt(ed.), New York: Harcourt, Brace & World, 1968, pp.254~256.

15 Hannah Arendt, *Between Past and Future*, pp.51~52.

16 Hannah Arendt, *On Violence*, p.53.

17 이용재, 「'알제리전쟁'을 어떻게 가르칠 것인가: 프랑스의 식민유제 청산과 역사 교육」, 『한국프랑스학논집』 53, 2006, 426~428쪽.

18 같은 글, 432쪽.

19 Jack Woddis, *New Theories of Revolution*, New York: International Publishers, 1972, p.26; Jock McCulloch, 앞의 책, pp.137~165.

20 Ato Sekyi-Otu, *Fanon's Dialectic of Experience*, Cambridge: Harvard University Press, 1996, p.80.

21 Lewis R. Gordon, "Fanon's Tragic Revolutionary Violence," Lewis R. Gordon, T. Denean Sharpley-Whiting and Renée T. White(eds.), *Fanon: A Critical Reader*, Oxford: Blackwell, 1996, pp.298~299.

22 이상 내용의 일부(소제목 '억압의 폭력에 맞서는 저항의 폭력' '식민지 사회의 마니교적 이분법' '탈식민화의 폭력은 창조적 파괴'에 포함된 내용)는 이경원, 앞의 책, 252~258쪽의 내용을 확대하고 부연한 것이다.

23 Herbert Marcuse, "Repressive Tolerance," Robert Paul Wolff, Barrington Moore, Jr., and Herbert Marcuse(eds.), *A Critique of Pure Tolerance*, Boston: Beacon, 1966, pp.102~103.

24 Herbert Marcuse, "Socialist Humanism?", *Socialist Humanism*, Erich Fromm(ed.), New York: Doubleday, 1965, p.107.

25 Herbert Marcuse, "The Problem of Violence and the Radical Opposition," *Five Lectures: Psychoanalysis, Politics, and Utopia*, Boston: Beacon, 1970, pp.89~90.

26 Edward W. Said, *The Question of Palestine*, New York: Vintage Books, 1979, p.172, p.205.

27 같은 책, p.36.

28 Edward W. Said, "An Ideology of Difference," *The Politics of Dispossession: The Struggle of Palestinian Self-Determination, 1969~1994*, New York: Pantheon Books, 1994, p.88.

29 David Macey, 앞의 책, p.475.

30 Reiland Rabaka, 앞의 책, pp.276~277.

8 여성해방, 또 다른 미완의 혁명

1 Diana Fuss, "Interior Colonies: Frantz Fanon and the Politics of Identification," *Rethinking Fanon: The Continuing Dialogue*, Nigel C. Gibson(ed.), New York: Humanity Books, 1999, p.305.

2 David Theo Goldberg, "In/Visibility and Super/Vision: Fanon on Race, Veils, and Discourses of Resistance," *Fanon: A Critical Reader*, Lewis R. Goldberg, T. Denean Sharpley-Whiting and Renée T. White(eds.), Oxford: Blackwell, 1996, pp.187~188.

3 Diana Fuss, 앞의 글, pp.303~304.

4 Anne McClintock, "Fanon and Gender Agency," *Rethinking Fanon: The Continuing Dialogue*, Nigel C. Gibson(ed.), New York: Humanity Books, 1999, pp.290~291.

5 Diana Fuss, 앞의 글, p.305.

6 Tracy Denean Sharpley-Whiting, *Frantz Fanon: Conflicts and Feminisms*, Lanham, MD: Rowman and Littlefield, 1997, pp.9~11; Reiland Rabaka, 앞의 책, pp.224~227.

7 bell hooks, "Feminism as a Persistent Critique of History: What's Love Got to Do with It?," *The Fact of Blackness: Frantz Fanon and Visual Representation*, Alan Read(ed.), Seattle: Bay Press, 1996, pp.80~84.

8 Marie-Aimée Helie-Lucas, "Women, Nationalism, and Religion in the Algerian Liberation Struggle," *Rethinking Fanon: The Continuing Dialogue*, Nigel C. Gibson(ed.), New York: Humanity Books, 1999, pp.271~282.

9 Homi K. Bhabha, 앞의 글, p.190.

10 Joy James, *Transcending the Talented Tenth: Black Leaders and American*

Intellectuals, New York: Routledge, 1997, p.36.

11 W.E.B. Du Bois, "The Present Outlook for the Dark Races of Mankind," *The Oxford W.E.B. Du Bois Reader*, Eric J. Sundquist(ed.), Oxford: Oxford University Press, 1996, p.54.

12 W.E.B. Du Bois, "The Damnation of Women," *The Oxford W.E.B. Du Bois Reader*, Eric J. Sundquist(ed.), Oxford: Oxford University Press, 1996, p.574.

9 민족주의의 성과와 폐해

 1 W.E.B. Du Bois, "The Talented Tenth," *Writings*, Nathan Huggins(ed.), New York: Library of America, 1986, p.847.

 2 Edward W. Said, "Traveling Theory Reconsidered," *Rethinking Fanon: The Continuing Dialogue*, Nigel C. Gibson(ed.), New York: Humanity Books, 1999, pp.202~204.

 3 이 장의 대부분 내용은 이경원, 앞의 책, 259~269쪽의 내용을 일부 수정, 첨삭한 것이다.

10 민족문화의 역사성

 1 Aimé Césaire, 앞의 책, pp.65~79; Léopold Sédar Senghor, "On Negrohood: Psychology of the African Negro," *African Philosophy: Selected Readings*, Albert Mosley(ed.), Englewood Cliffs: Prentice Hall, 1995, p.123.

 2 Aimé Césaire, 앞의 책, p.76.

 3 Léopold Sédar Senghor, "Negritude: A Humanism of the Twentieth Century," *Colonial Discourse and Post-colonial Theory: A Reader*, Patrick Williams and Laura Chrisman(eds.), New York: Columbia University

Press, 1994, pp.27~28.

4 Aimé Césaire, 앞의 책, p.85.

5 Kwame Anthony Appiah and Henry Louis Gates, Jr.(eds.), *Africana: The Encyclopedia of the African and African American Experience*, New York: Basic Civitas Books, 1999, pp.1404~1408.

6 Aimé Césaire, 앞의 책, p.9.

7 같은 책, p.70, p.78.

8 같은 책, p.21, pp.39~42.

9 David Macey, 앞의 책, pp.376~377.

10 Gayatri Chakravorty Spivak, "In a Word: Interview," *Outside in the Teaching Machine*, New York: Routledge, 1993, p.10.

11 Benita Parry, "Resistance Theory/Theorizing Resistance or Two Cheers for Nativism," *Rethinking Fanon: The Continuing Dialogue*, Nigel C. Gibson(ed.), New York: Humanity Books, 1999, pp.235~244.

12 Homi K. Bhabha, 앞의 글, p.190.

13 실제로 사이드와 바바는 각각 *Culture and Imperialism*, New York: Alfred A. Knopt, 1993, pp.209~219, pp.234~238, pp.267~276 과 *The Location of Culture*, London: Routledge, 1994, pp.152~154, pp.236~238에서 『대지의 저주받은 자들』에 있는 「민족문화론」("On National Culture")을 인용하여 파농의 민족문화 개념을 자신들이 펼치는 주장의 근거로 사용하고 있다. 이와 관련된 바바의 탈민족주의 이론은 이경원, 앞의 책, 408~431쪽에 상세히 소개되어 있다.

14 이경원, 앞의 책, 293~296쪽.

'새로운 인본주의'의 유토피아를 꿈꾸며

1 Aimé Césaire, 앞의 책, pp.44~45, p.56.

2 Ato Sekyi-Otu, 앞의 책, p.21.

3 Edward W. Said, "Identity, Authority, and Freedom: The Potentate and the Traveller," *Transition* 54, 1991, p.54.

4 Edward W. Said, *Representations of the Intellectual*, London: Chatto & Windus, 1994, p.44.

5 Cherif Guellal, "Frantz Fanon: Prophet of Revolution," *The Washington Post*, August 1971.

파농을 알기 위해 더 보아야 할 자료

Anthony C. Alessandrini(ed.), *Frantz Fanon: Critical Perspectives*, London: Routledge, 1999.

파농에 관한 논문 중에서 특히 문화연구(Cultural Studies)와 관련된 글을 모은 책이다. 파농이 논의한 인종, 민족, 젠더 등의 문제가 문화연구에서 얼마나 유효한지 그리고 어떤 점에서 한계가 있는지를 다양하게 분석한다.

Hussein Abdilahi Bulhan, *Frantz Fanon and the Psychology of Oppression*, New York: Plenum Press, 1985.

파농의 성취를 정신의학과 심리학의 측면에서 접근한 책이다. 유럽과 미국의 심리학과 정신의학이 인종주의·식민주의와 결탁하여 '과학'의 이름으로 인종적 타자인 흑인을 억압하고 차별해온 역사를 살펴본 뒤, 파농이 그러한 유럽중심주의적 심리학과 정신의학을 전유하여 정신의 탈식민화를 위한 도구로 사용한 방식을 세밀히 분석하고 있다. 흑인 심리학자 불한이 흑인의 시각에서 백인중심적인 심리학과 정신의학의 역사를 재구성하고 파농이 시도한 '정신의 탈식민화'의 정치적 효과와 역사적 의미를 상술한 책이다.

Nigel C. Gibson, *Fanon: The Postcolonial Imagination*, Cambridge: Polity Press, 2003.

파농의 저서를 연대기 순으로 읽어가면서 파농의 사유체계가 발전하고 진화하는 과정을 보여주는 책이다. 동시에 이러한 진화과정은 식민지 상황에서 탈식민화를 거쳐 민족해방으로 나아가는 파농의 역사적 청사진과도 일치한다. 저자는 파농의 역사적 의미를 반식민주의적 민족주의의 옹호를 넘어 서구 근대성에 대한 비판적 대안을 제시하고 탈식민주의의 이론적 틀을 마련한 데서 찾는다. 논의의 폭과 깊이를 동시에 갖추었을 뿐 아니라 참고문헌에 대한 풍부한 정보를 제공하는 이 책은 파농 연구의 유용한 지침서가 될수 있을 것이다.

Nigel C. Gibson(ed.), *Rethinking Fanon: The Continuing Dialogue*, New York: Humanity Books, 1999.
파농에 관한 논문을 모아놓은 편저 가운데서 가장 체계적이고 유용한 책이다. 주제별로 구성된 이 책은 첫째 장에서 사회혁명가와 정치이론가로서 파농을 분석하고, 둘째 장에서 문화연구가와 비평이론가로서 파농의 성취와 한계를 논의하며, 셋째 장에서 흔히 파농의 맹점으로 지적되는 젠더와 여성문제에 대한 파농의 입장을 심층 분석하고, 마지막 장에서는 적잖은 논란거리가 된 파농의 '새로운 인본주의'와 역사적 청사진을 재조명한다. 특히 젠더와 여성문제에 대한 장은 파농을 비판하는 논문과 옹호하는 논문으로 대별되어 있기 때문에 페미니즘의 시각에서 파농을 접근하는 연구자에게 적잖은 도움이 될 것이다.

Nigel C. Gibson(ed.), *Decolonizing Madness: The Psychiatric Writings of Franz Fanon*, Lisa Damon(trans.), New York: Palgrave Macmillan, 2014.
정신질환과 관련된 파농의 글들만 따로 모아놓은 책이다. 혁명투사가 아닌 정신의학자로서의 파농에게 관심이 있는 독자라면 상당히 유용한 선집으로서, 기존에 영어로 번역되어 출간되었던 파농의 저서에는 포함되지 않았던 논문도 실려 있다. 파농의 글들을 가로지르는 핵심논지는 여전히 정신의학의 사회성, 즉 식민지 상황에서 개인의 정신질환의 원인과 해결책이 사회성의 상실과 회복에 있다는 것이다.

Lewis R. Gordon, *Fanon and the Crisis of European Man: An Essay on Philosophy and the Human Sciences*, New York: Routledge, 1995.

실존주의와 현상학의 관점에서 파농을 평가하는 책이다. 유럽 인종주의와 인본주의는 동전의 양면이며 식민지 역사는 유럽 근대성의 모순을 드러낸다는 전제하에, 이 책은 파농의 사회혁명 이론이 위기에 빠진 근대성에 대한 비판적 대안이 될 수 있음을 논증한다.

Lewis R. Gordon, T. Denean Sharpley-Whiting and Renée T. White(eds), *Fanon: A Critical Reader*, Oxford: Blackwell Publishers, 1996.

파농을 연구하는 데 도움이 되는 논문들을 다양하고 포괄적인 방면에서 모은 책이다. 「서문」에서 파농의 수용 양상을 통시적으로 개관한 후, 파농에게 영향을 미친 정신분석학, 사르트르의 실존주의, 헤겔의 변증법, 아프리카 민족주의 등의 여러 이론과 사상을 파농이 어떻게 전유했는지 살펴보는 동시에, 억압·소외·정체성·여성·폭력 문제에 관한 파농의 접근방식을 심층 분석하고 있다.

David Macey, *Frantz Fanon: A Biography*, New York: Picador, 2000.

파농에 관한 전기 중에서 가장 많은 지식과 정보를 제공해주는 책이다. 600쪽이 넘는 방대한 분량을 통해 이 책은 파농이 걸어온 길과 지적인 변천을 상세하게 전달하고 있다. 이 책의 장점은 파농의 텍스트와 그것을 둘러싼 콘텍스트 사이의 상호연관성을 중점적으로 짚어준다는 데 있다. 즉 파농의 어떤 주장이 어떠한 역사적 맥락에서 나왔는지를 분석해주는 것이다. 또 다른 장점은 후대의 파농 연구자들의 이론적 논쟁을 파농의 생애나 저서와 연결해 평가한다는 것이다. 파농 연구자들을 위한 충실한 배경자료임이 틀림없다.

Jock McCulloch, *Black Soul White Artifact: Fanon's Clinical Psychology and Social Theory*, Cambridge: Cambridge University Press, 1983.

파농의 활동과 저서를 정신의학과 심리학의 측면에서 분석한 책이지만, 파농이 강조했던 정신과 물질 또는 심리학과 정치학의 상관관계에도 초점을 두고 논지를 전개한다. 즉 식민지 원주민의 열등의식이나 정신질환의 사회학적 요인에 주목하는 것이다. 동시에 저자는 파농 저서에서 발견되는 모순과 한계에도 주목한다. 가령 '니그로'라는 범주 내의 지역적·문화적 차이를 무시함으로써 알제리의 무슬림과 마르티니크의 흑인을 동일한 모델로 분석할뿐더러 초기 저서와 후기 저서 사이에 일관된 분석틀이 부재한다고 비판한다.

Pramod K. Nayar, *Frantz Fanon*, London: Routledge, 2013.
파농을 처음 접하는 독자들을 위한 입문서다. 파농의 생애와 정신적 유산을 서술한 후, 파농의 핵심개념들을 알기 쉽게 풀어서 설명해준다.

Reiland Rabaka, *Forms of Fanonism: Frantz Fanon's Critical Theory and the Dialectics of Decolonization*, New York: Lexington Books, 2010.
파농 연구의 다양한 형태를 '반인종주의자 파농' '탈식민주의자 파농' '마르크스주의자 파농' '페미니스트 파농' '혁명적 휴머니스트 파농'의 다섯 가지 전통으로 나누어 설명하며 각 전통이 지닌 장단점을 비교 분석한다. 이 책의 기본전제는 어느 전통이든 간에 파농을 제3세계의 시각에서 접근하지 않으면 그의 역사성과 정치성을 제대로 파악할 수 없다는 것이며, 특히 서구 중심적인 마르크스주의나 페미니즘의 시각에서 파농을 평가하는 것에 대해 강한 거부감을 표시한다. 파농의 모순이나 한계보다 파농의 성취와 기여에 더 주목할 것을 요구하는 이 책은 파농을 제3세계적 입장에서 읽으려는 독자에게 좋은 참고서가 될 수 있다.

Alan Read(ed.), *The Fact of Blackness: Frantz Fanon and Visual Representation*, Seatle: Bay Press, 1996.
스튜어트 홀, 호미 바바, 벨 훅스 등의 문화연구·탈식민주의 이론가들과 영화 제작자들이 우리 시대에 파농이 남긴 정신적 유산을 평가하며 쓴 글을 모아놓은 책이다. 특히 시각적 재현이라는 주제에 초점을 맞추어 파농의 핵심개념들이 포스트모던 시대에 어떤 의미를 지니는지를 중점적으로 논의한다.

Ato Sekyi-Otu, *Fanon's Dialectic of Experience*, Cambridge: Harvard University Press, 1996.

일반적으로 파농 비평가들이 초기 저서와 후기 저서 사이의 모순에 주목하는 데 비해, 이 책은 파농의 전체 저서를 변증법적 사유의 전개과정으로 파악한다. 파농이 정신분석학, 실존주의, 마르크스주의 같은 서구 이론을 전유하여 자신의 주장을 펼쳐나가는 방식이나 탈식민화와 민족해방을 위한 투쟁과정을 서술하는 방식은 모두 헤겔의 변증법에 토대를 두고 있다는 것이 이 책의 핵심논지다. 또한 이 책은 파농이 지식인과 민중의 긴장관계나 식민지 특수성과 인간의 보편성 사이의 괴리 그리고 제3세계 민족주의와 글로벌 휴머니즘 사이의 모순도 변증법적 모델로 풀어간다고 주장한다. 한마디로, 파농의 주장을 포스트모더니즘의 시각에서 접근하면 단절과 균열이 보이지만 파농의 저서 전체를 통시적으로 바라보면 일관된 변증법적 서사로 읽을 수 있다는 것이다.

T.D. Shapley-Whiting, *Frantz Fanon: Conflicts and Feminisms*, Lanham: Rowman and Littlefield, 1998.

젠더와 여성 문제에 대한 파농의 입장을 분석한 책이다. 저자의 기본 입장은 파농이 성차별주의자나 가부장적 사상가가 아니라 여성해방에 관심을 가졌던 페미니스트라는 것이다. 그러한 맥락에서 이 책은 파농이 알제리 독립전쟁 과정에서 여성이 혁명주체로서 수행한 역할을 강조한 부분을 특히 중점적으로 논의한다.

Patrick Taylor, *The Narrative of Liberation: Perspectives on Afro-Caribbean Literature, Popular Culture, and Politics*, Ithaca: Cornell University Press, 1989.

이 책은 카리브 해 문학과 문화 일반에 관한 비평서인데, 파농을 카리브 해 저항담론의 출발이자 핵심으로 상정하고 있다. 두 개의 장(「프란츠 파농과 해방의 서사」 「식민주의 드라마에서 해방의 역사로」)을 할애하여 파농이 마르크스주의, 정신분석학, 실존주의 같은 유럽 이론들을 전유하는 방식을 소개하고 파농의 탈식민화와 민족해방 이론을 설명한다.

Renate Zahar, *Frantz Fanon: Colonialism and Alienation*(1969), Willfried F. Feuser(trans), New York: Monthly Review Press, 1974.
분량은 길지 않지만, 파농의 저서 전체를 가로지르는 핵심개념인 소외와 탈소외를 집중적으로 분석하는 책이다. 식민지 상황에서 피지배자의 소외는 정신적인 동시에 물질적이라는 파농의 논지를 따라 이 책은 식민주의의 원인과 해결책을 심리학과 사회학의 양면에서 접근한다.

패트릭 엘렌 지음, 곽명단 옮김, 『나는 내가 아니다: 프란츠 파농 평전』, 우물이 있는 집, 2000.
파농의 전기와 평전을 겸한 책이다. 비교적 객관적인 입장을 유지하면서 파농의 행적과 활동을 연대기 순으로 담담하게 기술하고 있다.

알리스 셰르키 지음, 이세욱 옮김, 『프란츠 파농』, 실천문학사, 2002.
파농의 전기이면서도 객관적인 서술뿐만 아니라 주관적인 평가와 해석이 강하게 들어가 있다. 파농 사후의 수용 양상과 현재의 파농 연구경향에 대해서도 많은 정보를 제공한다. 이 책의 저자는 알제리 독립전쟁에 적극적으로 참여했던 정신과 의사이자 정신분석학자로서 알제리와 튀니지에서 파농과 함께 일했고 알제리전쟁 중에는 파농의 정치활동에 동참했다.

라시드 부샤렙 감독, 「영광의 날들」(Days of Glory), 2006
알제리계 프랑스인 감독 부샤렙(Rachid Bouchareb)의 영화로서 북아프리카의 식민지 용병들이 제2차 세계대전에 참전하여 겪는 인종차별과 종전 후의 제도적 소외를 다루고 있다. "독일군의 총알은 그들을 차별하지 않지만 프랑스의 군복은 그들을 차별한다"는 대사가 암시하듯이, '검은 피부'의 북아프리카 군인들은 백인들 간의 전쟁을 '조국' 프랑스의 해방을 위한 전쟁으로 착각하고 참전하지만 총알받이로 배치되어 비참하게 희생될 뿐 그 어떤 보상이나 인정도 받지 못한다. 이는 공간적 배경을 마르티니크에서 알제리로 바꾸었을 뿐 파농과 그의 동료 흑인들이 전쟁터에서 겪었던 인종차별과 너무나 흡사한 상황이다. 이 영화가 출시되자 알제리 언론은 대부분의 북아프리카 용병들이 자발적으로 참전한 것이 아니라 강제징집되었다는 사실을 강조하며 이 영화가 역사적 사기극이라고 비난하고 나섰다. 이에 부샤렙 감독은 영화 속 인물, 장면, 대사는 모두 사실에 근거한 것이라고 반박하였다. 이후 영화의 여파로 보수적인 자크 시라크 정부가 알제리계 퇴역군인들에게 연금을 지급하기로 하였는데 그 배경을 놓고서도 많은 논란이 있었다.

파농을 이해하기 위한 용어 해설

네그리튀드(Négritude) 1930년대 프랑스 파리에서 아프리카와 카리브 해 연안의 프랑스 식민지 출신 흑인지식인들이 주도한 흑인정체성 회복운동이다. 이 운동은 마르티니크 출신의 세제르(Aimé Césaire), 세네갈 출신의 생고르(Léopold Sédar Senghor), 기니 출신의 다마(Léon-Gontran Damas) 등 세 명의 흑인유학생들이 의기투합하여 처음 시작되었다. 1935년 세제르가 처음 사용한 네그리튀드라는 단어의 뜻은 '니그로다움'(negro-ness) 또는 '흑인다움'(blackness)으로서, 노예제도와 식민주의 역사의 부산물이었던 '니그로'를 흑인의 정체성으로 받아들이겠다는 의지의 표현이었다. 즉 굴종과 수치의 낙인이었던 '니그로'를 자랑스러운 자기긍정의 기표로 전환한 것이다. 이들은 이념적으로는 마르크스주의에 심취했고 미학적으로는 초현실주의를 전유하여 문예활동을 했다. 또한 1920년대부터 미국에서 전개된 할렘르네상스와 18세기 말의 아이티 노예혁명의 영향을 받아 아프리카 흑인의 블랙디아스포라에 대한 지속적인 관심을 가졌다. 하지만 네그리튀드가 사회적 파급력을 더해가면서 내부갈등도 깊어져 갔다. 무엇이 흑인다운 것인가의 문제를 놓고 생고르는 본질주의 모델에 기초한 식민지 이전의 순수하고 오염되지 않은 흑인문화를 복원하자고 제안했지만, 세제르는 노예제도와 식민주의 역사로 혼종화된 현재의 흑인문화가 문화적 저항과 탈식민화의 토대가 되어야 한다고 주창했다. 정치노선에서도 이들의 입장은 상이했다. 귀향 후에 마르티니크의 포르드프랑스 시장이 된 세제르와 세네갈의 대통령이 된 생고르는 완전한 식민지독립보다는 프랑스령 자치국을 원한 데 반해, '네그리튀드의 무서운 아이(enfant terrible)'로 불린 다마는 일체의 화해나 타협을 거부하는 강경노선을 견지했다.

마니교적 세계(the Manichea World) 파농의 저서에 자주 등장하는 '마니교적 세계'라는 용어에서 말하는 마니교는 기원후 3세기 페르시아에서 예언자 마니(Mani)가 창시한 종교다. 마니교는 3세기에서 7세기 사이에 서쪽으로는 이집트와 로마제국까지, 동쪽으로는 인도와 중국까지 세력을 확장하며 융성했다. 하지만 이후 기독교, 이슬람교, 조로아스터교, 불교 문화권에서 박해를 받으면서 급격하게 소멸했다. 마니교 교리의 핵심은 선하고 영적인 빛의 세계와 악하고 물질적인 어둠의 세계 사이의 이원론적 대립인데, 파농은 식민지 사회의 이분법적 구조를 설명하기 위해 식민지 사회를 '마니교적 세계'로 규정한 것이다. 식민지에서는 지배자와 피지배자를 마니교적 이원론, 즉 절대적 가치와 그것의 부재로 규정할뿐더러 정착민과 원주민이 경제적으로 상반된 삶을 영위한다. 한쪽은 깨끗하고 풍요로운 지역이고, 다른 한쪽은 지저분하고 궁핍한 지역이다. 그리고 한쪽은 빵과 존엄성의 원천인 땅을 소유한 자들이고 다른 한쪽은 그것을 박탈당한 자들이다. 땅을 빼앗고 빼앗긴 결과가 선과 악, 축복과 저주, 문명과 야만, 고귀와 비천 등의 마니교적 이분법으로 정당화되는 것이다.

마르티니크(Martinique) 마르티니크는 중미 카리브 해 연안의 남동쪽에 있는 조그만 섬으로서, 흔히 서인도제도로 일컬어지는 앙틸레스 제도(the Antilles)의 일부다. 1502년 콜럼버스에 의해 '발견'되고 명명된 마르티니크는 1635년에 프랑스 식민지가 되면서 본래 원주민이었던 아메리카 인디언은 모두 추방되고 서부 아프리카에서 이송된 흑인노예의 후손이 정착한 곳이다. 1848년에 노예제도가 폐지된 이후 동화정책이 계속되다가 20세기 중반에 세제르를 비롯한 원주민이 요청으로 프랑스의 도(道)로 편입된 마르티니크는 그 어떤 프랑스 식민지보다 프랑스의 정치적·문화적 영향력이 강한 지역이었다. 파농은 『검은 피부, 하얀 가면』에서 마르티니크와 앙틸레스를 혼용하는 경향이 있는데, 이는 혼동을 피하기 위해서라도 지적이 필요한 사항이다. 사실, 앙틸레스는 카리브 해 북서쪽에 있는 대앙틸레스 제도(the Greater Antilles)와 남동쪽에 있는 소앙틸레스 제도(the Lesser Antilles)를 모두 포함하는 광범위한 군도로서, 프랑스뿐만 아니라 영국, 스페인, 네덜란드, 미국 등의 다양한 서구 식민주의 세력이 경합해온 곳이다. 따라서 파농이 앙틸레스라고 표기하는 지역은 대개의 경우, 지리적으로나 문화적으로나 프랑스 식민지였던 마르티니크로 국한해 이해하는 것이 더 정확하다. 18, 19, 21, 24, 31~34, 36, 37, 39~41, 64, 89, 115~122, 124~128, 131~135, 142, 177, 178, 187, 188, 194, 216, 289~291, 296, 321, 347, 388, 390, 437

문화(Culture) 파농은 『대지의 저주받은 자들』의 「민족문화론」에서 문화를 관습(custom)과 구분 짓는다. 문화는 민중의 일상적인 삶 속에서 끊임없이 변화하고 갱신되는 복합적이며 역동적인 과정인 데 비해, 관습은 민족의 전통과 외양을 규정하는 것으로 보이면서도 사실은 문화의 퇴적물에 불과하다고 주장한다. 따라서 파농은 유럽 문화제국주의에 대항하기 위해 식민지 이전의 '순수하고 진정한' 아프리카·흑인 문화를 복원하고자 애쓰는 네그리튀드 지식인들의 시도가 문화의 속성에 위배된다고 본다. 그리고 파농은 정치적 실천과 문화적 실천의 상관관계에 대한 논의에서도 문화의 역동성을 강조한다. 문화가 정치에 종속되거나 정치를 반영하는 것이 아니라 문화와 정치는 서로 영향을 주고받는 쌍방향적 관계를 형성한다는 것이다. 이런 입장은 포스트모던 시대에 대두한 문화연구의 기본전제로서, 마르크스주의의 영향으로 인해 문화를 사회경제적 실천의 수동적 반영으로만 간주하던 당시로서는 상당히 선구적인 주장이라고 할 수 있다. 69, 118, 119, 166, 185, 186, 212, 395, 398, 409, 411~416, 418

민족(Nation) 파농이 의미하는 '네이션'은 논의의 맥락에 따라 달라지는 복합적이고 혼란스러운 개념이다. 『대지의 저주받은 자들』에서 파농이 사용하는 '민족'이란 단어는 지정학적 개념인 국가(state)를 의미하기도 하

고, 마르크스주의적 함의를 지닌 민중(people)을 지칭할 때도 있다. 좁게
는 프랑스의 식민지배에 저항하는 알제리를, 넓게는 유럽에 대응하는 아
프리카 전체를, 그리고 때로는 아프리카사회 내부의 하층민을 가리키는
민족은 한마디로 명확히 정의하기 힘든 단어다. 특히 파농이 '민족해방'
(national liberation)에서 의미하는 '민족'은 유럽의 식민권력과 아프리카
의 토착 부르주아지에 의해 이중적으로 억압당하는 '대지의 저주받은 자
들', 즉 아프리카 흑인하층민을 가리킨다. 더구나 파농이 말하는 민족은
항상 긍정적인 개념만은 아니다. 그 민족의 범주에는 파농의 희망대로 탈
식민화와 민족해방의 과정을 통해 역사의 주체로 부상할 집단(농민을 비
롯한 하층민)과 그 과정에서 척결되어야 할 집단(토착 부르주아지)이 병
존한다. 한마디로, 파농의 '민족'은 억압과 저항의 이분법적 대립구도에
서 변주되는 일종의 관계적 정체성을 지닌다고 할 수 있다. **166, 286, 304,
335, 338~340, 347~350, 360, 361, 375, 376, 378, 401, 402, 405, 408, 412, 413,
419, 428**

민족문화(National Culture) 파농은 원칙적으로 '흑인 민족문화'나 '아프리
카 민족문화'라는 범주에 동의하지 않는다. '흑인'이나 '아프리카' 내부의
차이와 다양성을 무시하는 개념이기 때문이다. 가령 같은 아프리카 대륙
이라고 하더라도 세네갈 흑인과 나이지리아 흑인은 주된 관심사가 다를
수밖에 없고 같은 나이지리아 안에서도 허다한 부족국가들의 이해관계
가 일치할 수 없기 때문이다. 다만 파농은 유럽중심주의적 식민주의 문화
에 맞서기 위해 아프리카중심주의적 민족문화를 주창하는 네그리튀드의
기획을 전략적 차원에서 인정하는 입장을 취한다. 즉 네그리튀드의 민족
문화 개념이 저항 이데올로기를 구축하기 위한 일종의 이론적 허구로서
는 잠정적으로 필요하다는 것이다. 그 대신 파농이 생각하는 진정한 민족
문화는 과거지향적인 관습과는 달리 현재의 탈식민화와 민족해방을 위한
민중의 투쟁 속에서 끊임없이 변화하고 갱신되어가는 역동적 과정이다.
한마디로, 파농이 지향하는 아프리카 흑인의 민족문화는 민중이 주체가
된 민족해방과의 상호작용을 통해 구성되는 '사회적 실천'이라고 할 수

있다. **58, 118, 194, 195, 338, 347, 348, 371, 380~382, 388, 391~394, 396~398, 400~402, 404, 405~418, 421**

민족 부르주아지(National Bourgeoisie) 파농이 『대지의 저주받은 자들』에서 말하는 민족 부르주아지는 아프리카의 토착 중산층을 가리킨다. 그런데 파농이 의미하는 민족 부르주아지의 범주에는 식민지해방 이전에 공무원, 상인, 서비스업 종사자, 소규모 사업자 등으로 이루어진 소수집단이 맹아적 형태의 계급을 형성한 프티부르주아지와, 식민지해방 이후에 유럽 정착민들에게서 국가권력과 생산수단을 인수받고 하나의 계급으로 부상한 부르주아지가 모두 포함되어 있다. 문제는 어느 쪽이든 민족 부르주아지는 탈식민화와 민족해방의 가장 큰 장애가 된다는 데 있다. 파농이 보기에 생산적 노동윤리와 합리적 가치관을 구현하여 근대화를 이룩한 유럽 부르주아지와는 달리, 아프리카 부르주아지는 이름에 걸맞은 역할을 전혀 못하고 있다. 이들은 기술을 개발하고 부를 축적하며 국가경제를 주도하는 대신 식민권력에 기생하여 민중을 착취할 뿐이고 정신적으로도 식민주의 이데올로기에 철저히 세뇌되어 유럽문화를 모방하는 데 급급하다는 것이다. 파농은 민족 부르주아지가 민족의 이름을 내세워 자신들의 기득권과 이해관계를 대변하는 이데올로기를 '부르주아 민족주의'라고 지칭하고, 이것은 탈식민화 과정에서 저항 에너지를 동원하고 결집하는 기능을 했던 '민족의식'이 타락하고 변질된 형태라고 비판한다. **276, 361~363, 366~371, 374, 375**

민족의식(National Consciousness), **민족주의**(Nationalism) '민족'과 함께 『대지의 저주받은 자들』에서 가장 헷갈리는 단어가 민족의식과 민족주의다. 파농은 탈식민화, 즉 식민지해방을 위한 투쟁에서 아프리카 민족국가 내부의 허다한 부족을 하나의 '상상의 공동체'로 결집해주는 '민족의식'이 필요하다고 주장한다. 계속해서 파농은 외부의 적인 유럽 정착민을 몰아내는 과정에서 저항 이데올로기로서 과도기적 역할을 수행한 '민족의식'이 내부의 적인 토착 부르주아지를 척결하는 과정에서는 '사회의식' 또는 '정치의식'으로 신장되어야 한다고 역설한다. 이를테면 계급해방의 주체인 하층민의 '계급의식'을 주문하는 것이다. 그런데 파농은 같은 책 안에서도 「민족의식의 함정」에서는 '민족의식'과 '민족주의'를 같은 의 미로 사용하지만, 「민족문화론」에서는 두 단어의 의미를 뚜렷이 구분하 여 '민족주의'는 '민족의식'이 변질하고 타락한 '부르주아 민족주의'라고 지칭한다. 반면 「민족문화론」보다 더 이른 시기에 쓴 「민족의식의 함정」 에서는 파농이 '부르주아'라는 수식어를 붙이지 않는 경우에는 '민족주 의'를 '민족의식'과 동일한 의미로 사용한다고 봐도 무방하다. 234, 274, 347, 348, 362, 371, 376, 377~379, 382, 423, 425, 428

범아프리카주의(Pan-Africanism) '블랙디아스포라'로 일컬어지는 아프 리카 흑인의 수난사를 재조명하고 공통된 역사와 공통된 운명을 기반으 로 세계 각지에 흩어진 정치·경제적 연대를 기획하려는 흑인 중심적 이 데올로기와 운동을 말한다. 불어권 식민지 흑인을 '상상의 공동체'로 묶 어준 네그리튀드와 마찬가지로, 범아프리카주의의 사상적 뿌리는 18세 기 말로 거슬러 올라간다. 지구 방방곡곡에서 산발적으로 전개된 노예반 란과 해방노예들의 정체성운동을 하나의 통합된 네트워크로 발전시켜 야 한다는 목소리가 꾸준히 제기되어왔다. 19세기 말에 블라이든(Edward Wilmot Blyden), 실베스터-윌리엄스(Henry Sylvester-Williams), 들레 이니(Martin Delany), 크러멜(Alexander Crummell) 같은 일군의 흑인 지 식인들에 의해 구체화되기 시작한 범아프리카주의는 20세기로 들어오 면서 듀보이스(W.E.B. Dubois), 가비(Marcus Garvey), 은크루마(Kwame Nkrumah), 패더모어(George Padmore) 등의 활동을 통해 전 지구적 사회 운동으로 확산해갔다. 1900년 런던에서 열린 범아프리카회의(Pan-African Conference)를 필두로 1919년부터 1927년까지 6회에 걸쳐 개최된 범아프 리카의회(Pan-African Congress)에서 노예제도, 인종주의, 식민주의에 함 께 맞서는 효과적인 연대투쟁의 방안을 마련하고자 노력했다. 아프리카 식 민지독립 이후 각 민족국가의 상충하는 이해관계로 인해 범아프리카주의 는 현실정치에서의 결실을 보지 못했지만, 1960년대 미국의 흑인민권운동 에도 지대한 영향을 미쳤을뿐더러 21세기에 와서도 세계화의 모순과 아프리카 환경문제에 대한 비판을 지속적으로 제기하고 있다. **55, 74, 349, 375, 378, 401**

블랙디아스포라(Black Diaspora) 이산(dispersion)을 뜻하는 '디아스포라' 라는 단어는 원래 유대민족이 바빌론 유배 이후에 자신들의 삶의 터전이 었던 팔레스타인을 떠나 세계 각지로 흩어져 정착한 역사를 가리켰다. 이 후에 이 단어는 18세기부터 시작된 유럽 식민주의 역사에서 아프리카 중 서부 지역 흑인들이 대서양을 건너 신대륙 아메리카에 노예로 팔려간 과 정에도 적용되어 '블랙디아스포라' 내지는 '아프리칸 디아스포라'라는 용어가 만들어졌다. 20세기 초부터 대두한 흑인민족주의 사상의 영향으 로 인해 '블랙디아스포라'는 노예제도와 식민주의의 역사적 경험을 공유 하며 아프리카를 자신의 정신적 '뿌리'로 인정하는 전 세계 흑인들의 연 대의식과 집단적 정체성을 상징하는 개념으로 확장되었다. 길로이(Paul Gilroy)를 비롯한 최근의 일부 탈식민주의 비평가들은 '블랙디아스포라' 가 유럽 근대성의 이면인 동시에 토대를 형성했다고 주장한다. 즉 아프리 카 흑인의 노동력이 없었다면 유럽 자본주의 역사는 애당초 불가능했다 는 것이다. **197, 386, 401**

사회요법(Social Therapy) 파농이 활동했던 20세기 중반에는 정신질환을 환 자 개개인의 정신적인 문제로만 접근하는 방법론이 유럽 정신의학계의 지배적 패러다임을 형성하고 있었다. 그러나 정신질환을 사회적 소외에 서 비롯된다고 생각한 파농은 대안적 치료방식을 찾고 있다가 프랑스 중 부지역의 생탈방(Saint Alban) 정신병원에서 토스켈(Francios Tosquelles) 박사를 만나게 되었는데, 그가 시도하고 있었던 것이 바로 사회요법이었 다. 사회요법의 핵심은 이른바 '정신병자'의 인간화를 통해 사회성을 회 복시키고자 '정상인'과 '광인' 사이의 억압적 위계를 허물고 환자를 의 사와 간호사가 구성하는 공동체의 동등한 일원으로 받아들이도록 만드 는 것이었다. 즉 환자를 정상인과 똑같은 '인간'으로 접근하고 환자의 증 상보다는 환자와 의사의 관계에 초점을 두면서 정신병원을 일종의 '사회 적 공간'으로 변화시켜 환자를 다시 사회에 적응시키는 것을 목표로 하는 치료방식이었다. 이를 위해 환자 자신이 사회에서 유기되고 유폐되었다는 생각이 들지 않도록 병원 시설을 최대한 개방하여 환자의 공간적 이동을 자유롭게 하였다. 이러한 방식은 정신병원이라는 정신의학적 제도나 기관을 치료를 위한 공동체로 구성한다는 점에서 '제도요법'(institutional therapy)이라고도 불린다. 파농은 토스켈에게서 배운 사회요법을 알제리와 튀니지의 정신병원에 근무하면서 과감하게 도입했고 여러 가지 시행착오를 거치면서 자신만의 방법론을 개발해나갔다. **42, 44, 45, 91~94, 98, 146**

새로운 인본주의(the New Humanism) '새로운 인본주의' 또는 '새로운 인간의 창조'는 파농이 『대지의 저주받은 자들』의 결론부에서 제시하는 유토피아적 비전이다. 파농의 역사적 청사진은 유럽 식민주의를 몰아내는 '탈식민화'(식민지해방), 아프리카 내부의 부르주아 민족주의와 가부장적 봉건주의를 척결하는 '민족해방'(계급해방과 여성해방) 그리고 최종적으로 '새로운 인본주의'의 구현이라는 세 단계로 구성되어 있다. 그런데 파농은 한편으로는 아프리카 내부의 사회적 모순이 극복된 '민족해방'을 '새로운 인본주의'의 구현으로 보면서, 다른 한편으로는 아프리카뿐만 아니라 전 세계 인류에게서 젠더, 인종, 계급, 종교, 국가 등의 모든 단층선이 사라진 상태를 가리켜 '새로운 인간'의 창조라고 주장하기도 한다. 어느 경우든 파농이 '새로운'(new)이라는 형용사를 붙인 이유는 그가 추구하는 인본주의가 유럽 인종주의·식민주의와 결탁하여 침탈과 착취의 알리바이 역할을 수행한 유럽중심주의적 인본주의를 넘어서는 유토피아적 대안이기 때문이다. **210, 234, 348, 358, 369, 378, 402, 409, 425, 426, 428, 431, 433, 434, 436, 439, 441**

소외(Alienation) 어떤 대상으로부터 멀어지거나 단절된다는 뜻을 지닌 '소외'는 파농이 식민지 피지배자의 예속 상태를 분석하는 데 사용하는 핵심 개념이다. 파농에게서 식민지 원주민의 소외는 항싱 이중적이다. 우선 소외가 물질적인 동시에 정신석이라는 점에서 이중적이다. 파농이 파악하는 '식민지 상황'은 무엇보다도 땅과 재산을 박탈당한 상태다. 즉 식민지 피지배자가 자신의 물질적 토대에서 멀어지고 단절된 상태다. 이러한 물질적 소외는 불가피하게 정신적 소외로 이어진다. 땅을 **빼앗은** 자와 **빼앗** 긴 자의 관계가 선/악, 미/추, 문명/야만, 기원/모방 등의 이분법적 위계로 재구성되는 것이다. 다시 말해 식민지 피지배자는 지배자의 이데올로기를 스스로 내면화하여 자신을 열등하고 야만적인 존재로 생각하면서 지배자를 선망하고 모방하는 정신적 노예상태에 빠진다. 결국 백인의 가치와 규범에서도 멀어지고 흑인 자신의 문화적 뿌리와도 단절되는 이중의 소외를 겪게 되는 것이다. 파농은 이처럼 식민지 원주민의 소외 자체가 이중적이므로 탈소외(disalienation) 또는 탈식민화(decolonization)도 물질과 정신의 양면에서 동시에 이루어져야 한다고 거듭 강조한다. **17, 42, 44, 90, 91, 106~109, 111~114, 118, 128, 129, 134, 135, 138, 141~144, 174, 175, 179, 189, 190, 202, 208, 234, 267, 288~291, 377, 394, 395**

알제리민족해방전선(FLN) 프랑스의 식민지배에 맞서 알제리 독립전쟁 (1954~62)을 이끌었던 혁명단체다. FLN은 1954년 3월 알제리의 젊은 군인들이 알제리의 식민지독립을 위해 만든 조직으로서, 북부 아프리카의 다양한 저항세력을 규합하여 프랑스군과 싸웠을 뿐만 아니라 알제리 내부의 민족주의 조직과 각 지방 대표들로 이루어진 임시정부를 구성하고 범아프리카회의와 UN에 대표를 파견하는 등 활발한 외교활동도 전개해나갔다. 1962년 에비앙 협정으로 알제리 독립이 선언된 이후 FLN은 알제리의 유일한 합법정당으로 자리 잡았으나 내부의 권력투쟁으로 인해 과거의 혁명동지가 정치적 앙숙이 되는 불행이 반복되었다. 파농이 FLN에 참여한 것은 알제리전쟁이 확산일로에 있었던 1954년 후반이었는데, 처음에는 투쟁의 전면에 나서지 않고 FLN의 외곽조직의 일원으로 활동하다가 점점 참혹해지는 식민주의의 실상을 목격하면서 조직의 중심부로 발을 들여놓기 시작했다. 파농이 근무했던 블리다 병원은 부상당한 혁명투사들의 은신처가 되었고 전쟁 물자와 무기의 운반거점으로 자리 잡았다. FLN 기관지 『엘 무자히드』의 편집인과 FLN 대변인으로 활동하며 국제적인 인지도를 높여가던 파농은 FLN가 다른 아프리카 국가들 사이의 대화창구가 되었고, 1958년 9월에 수립된 알제리공화국임시정부에 의해 가나 주재 알제리 대사로 임명되었다. 이후 사망할 때까지 파농은 여러 국제회의에 참여하여 프랑스 식민주의의 폭력성과 기만정책을 폭로하고 알제리 민중의 투쟁을 알리는 데 헌신했다. 46~49, 51~54, 56, 57, 60, 61, 77, 96, 215, 221, 230, 232, 233, 245, 255, 257, 258, 261, 272, 313, 314, 316, 331, 332, 391, 401, 437

앙틸레스 제도(the Antilles) 남서쪽으로는 카리브 해, 북서쪽으로는 멕시코만, 북동쪽으로는 대서양으로 둘러싸인 군도다. 앙틸레스 제도는 다시 쿠바, 자메이카, 푸에르토리코, 아이티, 도미니카공화국으로 이루어지는 대앙틸레스 제도(the Greater Antilles)와 바베이도스, 그레나다, 도미니카, 세인트루시아, 트리니다드와 토바고 등의 작은 섬들로 이루어지는 소앙틸레스 제도(the Lesser Antilles)로 나뉜다. 1492년 콜럼버스가 도착한 이래 서인도제도(the West Indies)로 명명된 앙틸레스 제도는 영국, 프랑스, 네덜란드, 스페인 등의 유럽 열강들에 의해 끊임없는 식민지침탈의 각축장이 되어왔다. 파농이 태어나고 자란 마르티니크는 소앙틸레스 제도에 속한 조그만 섬으로 오랫동안 프랑스의 식민지배를 받아왔다. 18, 31, 115, 116, 120, 121, 123, 126, 138, 177

오이디푸스 콤플렉스(Oedipus Complex) 정신분석학자 프로이트(Sigmund Freud)가 고대 그리스 신화에 나오는 오이디푸스 이야기에 빗대어 아이가 부모를 향하여 느끼는 무의식적 욕망을 설명하기 위해 제시한 개념이다. 그리스 신화와 거기에 기초한 소포클레스(Sophocles)의 비극 『오이디푸스 왕』에서 오이디푸스는 부지중에 아버지를 죽이고 어머니와 결혼하는 존속살해와 근친상간의 죄를 범한다. 프로이트에 따르면, 남근기에 해당하는 3세에서 5세 사이의 어린아이는 이성 부모를 향하여 성적 욕망을 느끼는 반면 동성 부모에게는 증오나 경쟁의식을 느끼게 된다. 이러한 양가적 감정은 남녀 아이 모두에게 해당한다. 대부분의 아이는 그 이후에 동성 부모와 동일시하며 초자아를 형성함으로써 정상적인 사회구성원으로 성장하지만 그렇지 못하면 신경노이로제, 소아성애, 동성애 등으로 발전하게 된다. 프로이트는 이러한 오이디푸스 콤플렉스가 모든 인간이 공유하는 속성이며 모든 사회에 내재하는 병리현상이라고 보았다. 하지만 파농은 『검은 피부, 하얀 가면』에서 프로이트의 이론이 유럽중심적임을 지적한다. 19세기 말 유럽 가부장제 사회의 부르주아 가정을 모델로 한 오이디푸스 콤플렉스 이론을 아프리카나 카리브 해 지역 같은 비유럽 모계사회에는 적용할 수 없다는 것이다. 또한 파농은 아버지, 어머니, 아들의 삼각관계로 이루어지는 '가족 로맨스'가 흑인 가정에서는 좀처럼 발생하지 않는다고 보았다. 식민지 상황에서 흑인 아이는 자신이 태어난 흑인 가족을 부정하고 백인사회와 동일시하게 된다. 말하자면 흑인의 '자아'는 흑인 가족의 '이드'를 지양하고 백인사회의 '초자아'를 지향한다는 것이다. **176, 178, 296**

인종정신의학(Ethnopsychiatry) 인종정신의학이란 비서구 세계 즉 아프리카, 아시아, 오세아니아, 라틴아메리카 등지에 사는 유색인들의 심리와 행위를 연구하는 학문을 지칭한다. 인간문명의 기원에 대한 호기심에서 비롯된 인종정신의학은 초기에는 동물학의 한 분야에 속해 있다가 20세기 초에 리버스(W.H.R. Rivers), 스미스(Edwin Smith), 포티우스(Stanley Porteus) 같은 백인 심리학자들이 유럽인과 비유럽인의 비교를 위해 식민지 원주민들을 연구대상으로 삼으면서 독립적인 학문영역으로 발전하기 시작했다. 이후에 프랑스의 포로(Antonin Porot)와 영국의 캐로더스(J.C. Carothers)에 의해 전성기를 구가한 인종정신의학은 파농 당시에 정신의학계의 지배적 패러다임으로 자리 잡았다. 포로는 알지학파(The School of Algiers)의 창립자인 동시에 파농이 근무했던 블리다-주앵빌 정신병원의 설립자로서 북아프리카 무슬림의 심리연구를 집중적으로 수행했고, 캐로더스는 케냐의 마우마우(Mau Mau) 독립운동과 기쿠유 부족민의 심성 사이에 어떠한 상관관계가 있는지를 탐구했다. 이들의 공통된 기본전제는 북아프리카 무슬림과 아프리카 흑인 특유의 야만성, 폭력성, 비합리성, 의존성은 유전적이고 선천적이며 따라서 더 합리적이고 우월한 권위에 종속되어야 한다는 것이나. 파농이 비판적으로 분석한 마노니(Octave

Mannoni)도 말라가시 원주민들의 '의존 콤플렉스'를 식민주의의 사회문화적 결과가 아닌 흑인종 고유의 생물학적 요인으로 설명함으로써 식민지 침탈과 억압을 정당화하는 데 기여한 대표적인 인종정신의학자라고 할 수 있다. 81~83, 97, 101, 150

열등 콤플렉스(Inferiority Complex) 프랑스 심리학자 마노니(Octave Mannoni)가 『프로스페로와 캘리번: 식민화의 심리학』에서 말한 열등 콤플렉스는 흑인 원주민이 아닌 백인 정착민의 심리와 집단적 무의식을 뜻한다. 마노니에 따르면, 유럽인은 어릴 적부터 성적 죄의식과 사회적으로 용인될 수 없는 충동, 부모의 간섭과 통제 등으로 인해 열등 콤플렉스를 형성하게 되며 이를 통해 마술이나 종교 같은 초월적 권위로부터 단절된 정신적 고아 상태에 이르게 된다. 그런데 이 열등 콤플렉스는 독립심, 창의성, 권력의지 같은 긍정적인 에너지로 승화되어 서구 문명의 특징인 변화와 발전의 원동력이 될 수 있는데, 이러한 심성은 비유럽 세계의 유색인들에게서는 찾아볼 수 없는 집단적 무의식이다. 마노니는 열등 콤플렉스가 인간에 대한 불신이나 환멸과 결합할 때 셰익스피어의 식민지 로망스 『태풍』(The Tempest)에 나오는 프로스페로(Prospero)처럼 유럽인은 낯설고 외딴 세계로 향하게 되고 거기서 캘리번(Caliban) 같은 열등한 타자를 지배하고 온정을 베풀면서 심리적 보상을 받게 된다고 주장한다. 마노니는 이를 두고 백인 정착민의 '권위 콤플렉스' 또는 '리더십 콤플렉스'로 표현하며, 그 대척점에 흑인 원주민의 '의존 콤플렉스'가 있다고 주장한다. 21, 150, 386

의존 콤플렉스(Dependency Complex) 인종정신의학 분야의 대표적 학자인 마노니(Octave Mannoni)가 아프리카 흑인의 고유한 심리상태로 규정한 속성이다. 마노니는 1950년에 발표한 『프로스페로와 캘리번: 식민화의 심리학』에서 식민지 지배자와 피지배자는 각각 열등 콤플렉스의 의존 콤플렉스를 지니고 있으며, 이것은 식민주의 역사와 상관없이 유럽 백인과 아프리카 흑인을 배생적으로 구분시켜주는 집단적 무의식이라고 주장했다. 마노니에 따르면, 그가 분석한 말라가시 원주민들은 오래전부터 개인, 가족, 부족, 국가, 우주의 모든 층위에서 조상숭배의 전통을 지속해왔으며 죽은 조상의 권위는 그 어떤 논리나 과학도 초월하는 절대적 권위를 지니고 있다. 그러다 보니 말라가시인들은 언제나 스스로를 어떤 권위에 복속시키려는 심성을 부지중에 지니게 되며, 성숙하고 독립적인 용기와 의지를 결여하고 있다는 것이다. 즉 흑인의 의존 콤플렉스는 백인의 열등 콤플렉스 단계에 이르지 못한 가장 원시적이고 미숙한 심리상태다. 특히 마노니는 1948년에 발생한 말라가시 원주민 반란을 백인에 의한 '유기(abandonment)의 위협', 즉 의존 콤플렉스의 좌절에서 비롯된 것으로 설명하면서 정치적 독립을 향한 말라가시 원주민의 요구는 결국 심리적 공황상태에 이를 것이라고 진단했다. 마노니의 주장대로라면 아프리카인들은 유럽인들이 아프리카에 도착하기 전부터 이미 그들의 발길을 기다리고 있었고, 따라서 식민주의는 지배자의 열등 콤플렉스와 피지배자의 의존 콤플렉스를 동시에 충족하는 호혜적 과정이 되는 셈이다. **148, 152~156, 158, 160~162, 166~169, 252, 263, 390**

전략적 본질주의(Strategic Essentialism) 탈식민주의 비평가 스피박(Gayatri Chakravorty Spivak)이 페미니즘의 여성주체 논쟁에서 본질주의의 모순을 피해가면서 동시에 본질주의를 전유하기 위해 제안한 개념이다. 가령 가부장제의 억압주체 '남성'을 데리다의 해체론을 이용하여 해체하면서 저항주체 '여성'을 구성하는 것은 논리적 모순이요 이론적 허구이지만, 저항담론의 토대를 구축하기 위해서는 '여성'이라는 일종의 본질주의적인 범주를 상정하는 것이 필요하다는 얘기다. 그렇지 않으면 '여성'이 주체가 된 저항담론이 아예 출발할 수 없기 때문이다. 파농은 『대지의 저주받은 자들』에 실린 「민족문화론」에서 '전략적 본질주의'라는 용어를 사용하지는 않지만 지배주체 '유럽' 또는 '백인'에 맞서는 저항주체 '아프리카' 또는 '흑인'을 설정해야 하는 필요성을 옹호하면서 스피박과 유사한 주장을 전개한다. 파농은 네그리튀드 지식인들이 내세우는 '아프리카문화'나 '흑인문화'라는 범주가 내부의 차이와 다양성을 무시한다고 비판하면서도, 유럽 식민담론이 아프리카를 동질적인 '검은 대륙'으로 재현하는 상황에서는 그것을 극복하기 위한 초기단계에서만큼은 저항담론의 외연을 확보하기 위해서라도 '아프리카'나 '흑인'이라는 본질주의적 개념이 필요하다고 주장한다. 이를 두고 파농은 "허구에 대응하는 허구" "유럽문화의 무조건적인 긍정을 대체하는 아프리카문화의 무조건적인 긍정"이라고 표현한다. **408, 418**

정서적 과민(Affective Erethism) 파농이 『검은 역사, 하얀 가면』에서 흑인에게 나타나는 심리적 방어기제로서의 신경과민증을 가리키는 데 사용한 용어다. 파농의 분석에 따르면, 식민지 상황에서 흑인은 스스로를 열등하고 야만적인 존재로 인식하기 때문에 백인의 시선에 자신이 '니그로처럼' 행동하는 것으로 비치는 데 대한 엄청난 불안감과 두려움에 사로잡혀 있으며 인종 문제와 관련된 아무리 사소한 일에도 과잉반응하게 된다. 따라서 흑인은 최대한 '백인처럼' 되기 위해 백인의 매너와 스타일을 흉내 내거나 백인과 성적 관계를 맺음으로써 자신을 '구원'하려고 노력한다.

정서적 교착(Affective Ankylosis) 파농이 흑인의 '정서적 과민'에 상응하는 개념으로 백인의 인종주의적 집착에서 비롯되는 심리적 병리현상을 지칭한 용어다. 백인은 흑인을 생물학적으로 야만적이고 열등한 존재로 믿고 있는데, 그 믿음이 너무나 확고하여서 문자 그대로 교착상태에 빠지게 된다는 것이다. 특히 백인의 우월 콤플렉스는 흑인의 '과거', 즉 식민지 이전의 미개함과 원시성에 근거한다. 파농은 '과거'에 집착하는 백인의 심리상태를 주인의 무덤 옆에서 주인이 돌아오기를 기다리다가 굶어 죽은 개에 비유하고 있다.

점유적 배타주의(Possessive Exclusivism) 탈식민주의 비평가 사이드 (Edward W. Said)가 제기하여 많은 논란이 되었던 개념으로서, 한 개인의 존재론적 위치나 역사적 경험이 그(녀)의 인식론적 입장을 결정짓는다는 가설이다. 이를테면 가부장제 억압을 경험한 여성만이 페미니즘을 논할 자격이 있으며 식민지 지배를 받았던 제3세계민이 탈식민주의의 주체가 될 수 있다는 것이다. 거꾸로 말하면 남성은 여성의 입장에서 가부장제에 대한 진정한 자기성찰을 하기 어려우며 백인은 흑인의 입장에서 인종주

의나 식민주의 이데올로기를 제대로 비판할 수 없다는 얘기가 된다. **432**

주간입원(Day Hospitalization) 파농이 튀니지의 샤를니콜 병원에서 정신질환 환자들을 치료하기 위해 도입했던 방식이다. 원래 주간입원은 1932년 모스크바에서 처음 시도한 후 1940년대부터 영국, 미국, 캐나다 등지에서 시험적으로 실시하고 있었는데, 의료 환경이 열악한 아프리카에서는 상상하기도 힘든 아주 획기적인 방식이었다. 기본적으로 광기를 자유의 상실에서 비롯되는 병리현상이라고 인식한 파농은 전통적인 입원 방식이 환자의 자유를 더 박탈하여 증상을 악화시킨다고 보았다. 입원이라는 것 자체가 환자의 가족이나 공동체와의 단절을 수반하기 때문에 환자는 자신이 버림받았다는 생각에 처음에는 공격성을 띠다가 점차 순응과 체념의 단계를 거쳐 결국에는 무감정(apathy) 상태에 이른다는 것이다. 반면 매일 아침에 입원하였다가 저녁에 퇴원하는 주간입원은 환자에게 일상적인 삶과의 접촉을 유지하게 함으로써 병원이라는 제도 안에서 유폐되고 유기되는 느낌을 받게 하는 대신 사회를 대면하고 '사회 속에서' 자율성을 회복하도록 한다고 파농은 주장했다. 실제로 파농이 샤를니콜 병원에 근무하면서 주간입원을 실시한 18개월 동안 이전에는 빈번했던 자살, 살인, 폭행 등이 한 건도 발생하지 않았다고 한다. **53, 94, 96, 97**

중층결정(Overdetermination) 원래 프로이트(Sigmund Freud)가 『꿈의 해석』에서 꿈 내용이 꿈꾸는 사람의 일상적 경험, 억압된 트라우마, 무의식적 욕망 등의 여러 가지 요인에 의해 형성된다고 주장하면서 사용한 용어다. 이후 분석철학과 문학비평에서 다양한 의미로 변주되어 사용되어오던 이 개념은 프랑스의 마르크스주의 이론가 알튀세(Louis Althusser)가 어떤 정치적 상황에서 작동하는 복합적이고 때로는 상충하는 모순요인들을 설명하기 위해 사용하면서 비평계에서 더 활발히 유통되었다. 파농은 『검은 피부, 하얀 가면』에서 백인 인종주의의 피해자인 유대인과 흑인의 공통점과 차이점을 설명하면서 프로이트적 의미에서의 '중층결정'이란 넌이를 사용한다. 피부색은 백인과 뚜렷한 차이가 없기 때문에 사고방식과 행동양식이 구체적으로 드러날 때 비로소 차별을 당하는 유대인과는 달리, 흑인은 온갖 부정적인 고착화된 이미지 이외에도 처음부터 피부색의 차이에 의해 '니그로'로 규정된다. 파농은 이를 두고 흑인의 '흑인성'이 '외부(피부색)에서부터 중층결정'된다고 얘기한다. **181, 297, 324, 407**

최종심급(the Last Instance) 프랑스의 구조주의 마르크스주의자 알튀세(Louis Althusser)가 모순의 복합성을 설명하기 위해 제시한 개념이다. 자본과 노동의 모순 또는 지배와 예속의 사회구조를 형성하는 과정에서 알튀세는 모든 모순이 영향을 서로 주고받지만 그렇다고 모든 모순이 동등한 영향을 미친다고 보지는 않는다. 지배적 역할을 하는 특정 요인이 작동한다는 것인데, 알튀세는 그것을 '경제에 의한 최종심급에서의 결정'이라고 주장한다. 다시 말해, 알튀세는 한편으로는 경제결정론을 비판하려고 다양한 심급(정치, 경제, 이데올로기, 문화 등) 사이의 '상대적 자율성'을 인정하면서도 다른 한편으로는 그의 '중층결정' 개념이 다원주의 모델로 흐르는 것을 막기 위해 '최종심급' 개념을 도입한 것이다. 물론 파농의 저서에는 그의 사후에 나온 알튀세의 '중층결정'과 '최종심급'이라는 용어가 등장하지 않는다. 그러나 파농은 '식민지 상황'을 분석하거나 탈식민화와 민족해방을 논의할 때 비슷한 주장을 펼친다. 예를 들면, '식민지 상황'에서는 피부색, 즉 인종이 '최종심급'이며, 탈식민화와 민족해방 과정에서는 각각 인종과 계급이 '최종심급' 역할을 한다는 것이다. 또한 민족해방의 주체로 등장하는 식민지 민중은 식민주의와 자본주의의 이중적 억압구조하에 있는 '대지의 저주받은 자들'로서, 알튀세식으로 얘기하면 인종과 계급의 두 심급에서 '중층결정'된 상황에 처해 있는데, 투쟁의 궁극적 목표가 식민지해방에서 계급해방으로 바뀌면서 '최종심급'도 인종에서 계급으로 옮겨가게 된다. **189, 193, 198, 205, 210, 234, 298, 312, 324, 350, 407, 437**

크리올(Creole) 원래 크리올은 식민지에서 태어난 유럽인 자손들을 지칭하는 말이었는데, 식민지에서 통용되었던 토착어를 의미하게 된다. 크리올은 피진(pidgin)에서 비롯되었나. 공통 언어가 없는 집단 사이의 의사소통 ᆞ난으로 생긴 혼종어가 피진인데, 두 집단 사이에 불균등한 권력관계로 인해 주로 지배집단의 언어를 단순화하거나 수정하여 사용하게 된다. 그 혼종어가 피지배 집단의 표준어나 토착어로 자리 잡게 된 것이 크리올이다. 즉 크리올은 한 사회의 공용어가 된 피진이다. 파농이 『검은 역사, 하얀 가면』에서 얘기하는 크리올은 마르티니크 크리올인데, 프랑스어에 바탕을 둔 혼종어이지만 영어와 스페인어의 영향뿐만 아니라 아프리카 흑인노예의 모국어 흔적도 남아 있다. 마르티니크 크리올은 과들루프 크리올이나 세인트루시아 크리올과 유사하기 때문에 이들을 한데 묶어 앙틸레스 크리올이라고 부르기도 한다. 파농은 마르티니크의 식민지 사회에서 지배계층 언어인 프랑스어를 사용하느냐 피지배계층 언어인 크리올을 사용하느냐에 따라 사회적 정체성이 구분되는 현상을 지적하면서 언어가 불균등한 권력관계의 지표인 동시에 식민지 원주민의 문화적 소외의 원천임을 강조한다.   20, 32, 116, 124, 128

탈식민화(Decolonization) 파농은 『아프리카 혁명을 향하여』에 실린 「탈식민화와 독립」이라는 글에서 '탈식민화'를 '독립'(independence)이나 '해방'(liberation)과 구분한다. '탈식민화'는 무장항쟁으로 유럽 정착민을 아프리카에서 몰아내는 것인 데 비해, '독립'은 아프리카 민족국가의 정치적 주권을 회복하는 것이며 '해방'은 식민체제의 유산과 흔적을 완전히 청산하는 것을 의미한다. 이와 비슷하게 『대지의 저주받은 자들』에서 파농은 '탈식민화'가 외부의 적인 유럽 식민주의자들을 쫓아내는 과정이라면 '민족해방'은 내부의 적인 아프리카 토착 부르주아지를 척결하는 과정이라고 주장한다.   46, 55, 56, 76, 95, 96, 112, 114, 142, 143, 170, 173, 175, 179, 190, 194, 205, 210, 212~214, 217, 222, 227, 231, 233, 234, 236, 246~249, 252, 260~262, 271~276, 278, 282, 283, 285, 326, 335, 338, 339, 348, 349~351, 356, 361, 375, 376, 385, 386, 390, 407, 412, 416, 417, 429, 433, 434

탈식민주의(Postcolonialism) 탈식민주의를 (신)식민주의에 대한 저항담론으로 정의할 때, 탈식민주의의 계보를 규정하는 방식은 크게 두 가지로 대별된다. 하나는 제3세계중심적인 모델로서, 탈식민주의의 시작을 20세기 초반부터 전개된 흑인민족주의, 즉 범아프리카주의와 네그리튀드에서 찾는 입장이다. 또 하나는 서구중심적인 모델인데, 20세기 후반에 대두한 서구 포스트모더니즘의 영향으로 탈구조주의나 해체론 이론이 제3세계의 역사와 문화에 개입한 결과물로 파악하는 입장이다. 파농을 탈식민주의 이론가로 규정하는 근거는 첫 번째 입장에 근거한다. 물론 파농 당시에는 탈식민주의라는 용어조차 없었지만, 사이드(Edward Said), 바바(Homi K. Bhabha), 스피박(Gayatri Chakravorty Spivak) 같은 후대 탈식민주의 이론가들의 핵심개념은 대부분 파농에게서 물려받은 것이라고 해도 과언이 아니다. 어떻게 보면, 파농은 제3세계의 식민지독립 이전(20세기 전반)의 흑인민족주의 운동과 식민지독립 이후(20세기 후반)의 탈식민주의 이론 사이의 연결고리 역할을 수행한 인물이라고 할 수 있다.

포르드프랑스(Fort-de-France) 파농이 태어나고 자라난 프랑스 식민지 마르티니크의 주도로서, 당시에 카리브 해 연안에서 가장 큰 항구도시이자 분주한 상업중심지였으며 동시에 프랑스함대의 주둔지이기도 했다. 『검은 피부, 하얀 가면』에서 프랑스 유학을 떠나는 마르티니크 흑인청년들이 포르드프랑스 항구에서 토착문화와의 이별을 고하는 모습을 파농이 풍자적으로 서술하는 데서 알 수 있듯이, 포르드프랑스는 프랑스의 적극적인 동화정책을 통해 백인 정착민과 흑인 원주민의 문화적 혼종화가 가장 활발하게 이루어지던 지역이었다. **31, 32, 36, 37, 64, 125, 133**

흑인민족주의(Black Nationalism) 흑인민족주의의 기원은 18세기 후반부터 간헐적인 형태로 전개된 노예혁명과 해방노예들의 자기재현에서 비롯되었는데, 19세기 말 이후부터는 미국과 카리브 해 지역 출신의 흑인 엘리트에 의해 조직적 사회운동으로 발전해갔다. 주요 인물로는 블라이든(Edward Blyden), 들레이니(Martin Delany), 가비(Marcus Garvey), 터너(Henry McNeal Turner), 커프(Paul Cuffe), 맬컴 엑스(Malcolm X) 등을 들 수 있다. 당시 흑인민족주의의 키워드는 연대와 자결이었다. 흑인만의 정치적·경제적 공동체를 건설하고 백인의 동화정책을 거부하기 위해 흑백분리주의를 지향했으며 유럽중심주의에 대응하고자 아프리카중심주의를 표방했고, 때로는 공산주의나 마르크스주의와 결합하여 반자본주의·반제국주의 투쟁을 주도했다. 그러한 기획의 일환으로 아프리카로의 귀환(Back to Africa)운동을 펼쳐서 실제로 라이베리아와 시에라리온에 흑인 독립국가를 건설하기도 했다. 흑인민족주의는 1960년대 이후 미국의 흑인민권운동에서도 이슬람국가(Nation of Islam), 흑표범단(Black Panthers), 블랙파워(Black Power) 같은 급진적 분리주의 단체를 통해 지대한 영향을 미쳤다. 20세기 후반에 대두한 탈식민주의 이론에서도 흑인민족주의의 유산은 서구중심적인 포스트모더니즘과 긴장관계를 형성하며 지속적인 생명력을 발휘하고 있다. 55, 65, 70, 74, 95, 117, 146, 194, 205, 206, 210, 349, 357~359, 375, 378, 382, 386, 401

흑인혐오증(Negrophobia) 흑인혐오증은 문자 그대로 흑인에 대한 백인의 두려움이나 혐오를 말하는데,『검은 역사, 하얀 가면』에서 파농이 의미하는 흑인혐오증은 그리 간단하지 않다. 파농은 주체가 어떤 대상을 두려워하면서도 동시에 그 대상에게 이끌리게 된다는 정신분석학 이론을 차용하여, 백인이 흑인에게도 이러한 양가적 감정을 가진다고 주장한다. 즉 백인은 흑인을 두려움의 대상인 동시에 성적 욕망과 환상의 대상으로 여긴다는 것이다. 백인 여성은 한편으로 '니그로'가 자신을 강간할지 모른다는 두려움을 가지면서 다른 한편으로 '니그로'에게 강간당하고 싶은 무의식적 충동을 느끼고, 백인 남성은 대개의 경우, 흑인 남성에 대해 억압된 동성애적 욕망을 가지고 있다. 파농은 특히 백인 남성이 지닌 흑인혐오는 성적 열등감, 즉 흑인은 거대한 성기와 엄청난 정력을 가지고 있다는 환상에서 비롯된다고 말한다. 말하자면 겉으로 드러나는 흑인혐오는 백인의 무의식에 감추어진 성적 욕망의 우회적이고 도착적인 표현인 셈이다. 이뿐만 아니라 파농은 흑인 스스로도 흑인혐오에 빠질 수 있음을 강조한다. 인종주의와 식민주의 이데올로기에 세뇌된 흑인은 야만적으로 여겨지는 자신의 원래 모습에서 벗어나 백인의 자리에 올라 백인처럼 행세하고 싶은 이른바 백인선망과 흑인혐오에 빠지게 된다는 것이다. 흑인의 경우, 흑인혐오증은 자기비하와 자기예속을 수반하며 그런 점에서 일종의 자기소외라고 할 수 있다 296

파농에 대해 묻고 답하기

1. 파농은 왜 자신의 고향 마르티니크를 떠났는가?

파농은 세 번이나 고향 마르티니크를 떠났다. 제2차 세계대전에서 프랑스가 독일에 패전하자 '조국' 프랑스를 해방하겠다고 도미니카에 있는 의용군 훈련소로 떠났고, 종전 후 귀국하여 잠시 마르티니크에 머무르다가 프랑스로 유학을 떠났다. 그리고 유학을 마치고 마르티니크로 돌아와서 조그만 사무실을 열고 진료를 시작하다가 다시 프랑스로 떠났다. 마르티니크는 파농이 익힌 선진 의학지식을 적용하기에는 모든 여건이 너무나도 열악한 사회였기 때문이었다. 그 이후 파농은 다시는 고향 땅을 밟지 않았다. 파농이 죽을 때까지 마르티니크로 돌아오지 않았던 이유는 식민모국과 식민지의 괴리가 생각한 것보다 훨씬 더 컸기 때문이다. 파농을 가장 맥 빠지게 한 것은 식민주의 이데올로기에 철저히 세뇌된 채 사회변화를 향한 의지를 완전히 상실해 버린 원주민들의 무기력한 모습이었다. 마르티니크에서는 아무런 희망의 끈을 찾을 수 없었던 것이다. 특히 파농의 고등학교 은사이자 사상적 멘토였던 네그리튀드 시인 세제르가 포르트드프랑스 시장으로 당선되면서 마르티니크를 프랑스의 도(道)로 편입시키자는 동화주의 노선을 주장해 파농에게 깊은 실망을 안겨주었다. 파농이 자신의 유해를 고향 땅이 아닌 알제리와 튀니지의 국경지대에 묻어달라고 유언한 것을 보더라도 마르티니크에 대한 애정이나 미련이 별로 없었음을 짐작할 수 있다.

2. 파농은 왜 정신의학자에서 사회혁명가로 변신했는가?

파농은 대학에서 정신의학 연구로 박사학위를 받은 정신과 의사였다. 하지만 그의 학문적 관심과 연구는 정신의학에 국한되지 않았다. 파농이 정신의학을 공부한 프랑스의 리옹 대학교에서 그는 의과대에 입학했으면서도 문과대에도 이중등록을 하고는 의학과 인문학을 함께 공부했다. 당시 유럽대륙을 휩쓸고 있던 실존주의, 현상학, 마르크스주의, 정신분석학 등의 다양한 사상과 이론에 눈을 뜬 파농은 철학자 메를로-퐁티의 강의와 민족학자 구랑의 강의를 들었고, 헤겔, 니체, 레닌, 마르크스, 하이데거, 후설, 레비-스트로스, 키르케고르, 사르트르의 저작을 탐독했다. 또한 파농은 사르트르와 카뮈의 실존주의 연극에 영향을 받아 서너 편의 희곡 습작도 썼고, 리옹 시내의 레스토랑이나 카페에서 다양한 분야의 지식인들과 밤새워 토론을 벌였으며, 좌파 집회와 노동자 시위에도 적극적으로 참석했다. 요즘 식으로 말하면, 전공영역 간의 '경계선 넘나들기'에 의한 '통섭'과 '융합'을 제대로 실천했던 셈인데, 당시로서는 상상하기 힘든 일이었다. 이러한 '학제적 연구'의 결과물인『검은 피부, 하얀 가면』은 사실 파농이 박사학위 논문으로 준비한 것인데, 이것이 논문심사에서 퇴짜 맞은 것은 전혀 이상한 일이 아니었다. 이처럼 세상을 삐딱하게 보는 인문학적 감수성과 비판의식을 체득한 파농은 알제리에 정신과 의사로 부임하여 식민지 사회의 참담한 현실을 목격하면서 자연스럽게 식민지 독립전쟁에 발을 들여놓게 되었다. '니그로'로 살아오면서 겪은 차별과 억압이 식민지 원주민들의 피폐한 삶에 투영되면서 그들의 문제가 곧 자신의 문제로 다가왔던 것이다. 어릴 적부터 불의를 보면 못 참는 다혈질적인 성격에 사상적인 무장까지 했으니 정신과 의사 파농은 '준비된' 혁명투사였다.

3. 파농의 연애와 결혼 생활은 어떠했는가?

파농은 흑인이 많았던 파리가 아닌 흑인이 드물었던 리옹에서 유학생활을 했기 때문에 백인 여학생들의 시선을 한 몸에 받았다. 파농 주위에는 여자 친구들이 많았던 편인데, 그중에 특히 미셸과 조시라는 두 여학생과 가까이 지냈다. 그리고 언제부턴가 파농은 의과대 동급생인 미셸과 연인관계로 발전하여 동거하게 되었다. 하지만 미셸이 임신한 상태에서 두 사람의 관계는 끝났다. 미셸이 다른 도시로 떠난 후 딸을 출산하자 파농은 적잖은 고민 끝에 경제적 도움도 주고 딸에게 미레이류라는 이름도 지어주었다. 이 일은 리옹의 백인사회에 엄청난 스캔들이 되었고 파농은 자신에게 쏟아지는 비난의 시선을 감수해야 했다. 그 와중에 파농은 조시와 또 다른 사랑을 시작하고 있었다. 조시는 순탄치 않은 삶을 살아가던 파농의 곁을 늘 떠나지 않고 지켜주면서 그의 까다롭고 성마른 성격을 잘 받아주었을 뿐만 아니라 파농이 논문을 쓸 때마다 옆에서 타자를 쳐주는 역할도 마다하지 않았다. 오래잖아 두 사람은 부부가 되었고 둘 사이에 아들 올리비에라도 태어났다. 조시의 부모는 혼혈 집시 출신인 데다 좌파 노동조합원이었기 때문에 파농과의 관계가 문제될 것이 없었다. 그러나 이들의 짧았던 결혼생활은 파란만장한 파농의 공적인 삶에서 벗어날 수 없었다. 1989년 알제리에서 자살로 생을 마감한 조시는 평소에 파농과의 결혼생활을 거의 얘기하지 않았다고 한다. 파농의 미망인으로서 그녀의 삶이 그만큼 힘거웠기 때문이었을 것이다.

4. 파농에게 가장 많은 영향을 미친 사상은 무엇인가?

파농의 지적 계보를 얘기할 때마다 정신분석학, 마르크스주의, 실존주의, 흑인민족주의가 빠지지 않고 거론된다. 이 네 가지 전통 중에서 흑인민족주의는 네그리튀드 선배들에게서 물려받은 아프리카중심주의적 사상이고 나머지 셋은 유럽에서 배운 이론이나 사상이다. 그리고 일부 파농 연구자들은 초기 저서 『검은 피부, 하얀 가면』에서 정신분석학과 심리학 이론을 통해 흑인의 소외를 분석한 파농을 '프로이트적 파농'으로, 후기 저서 『대지의 저주받은 자들』에서 마르크스의 변증법적 계급혁명 이론을 차용하여 민중 중심의 민족해방을 역설한 파농을 '마르크스적 파농'으로 분류하기도 한다. 그런데 파농은 자신이 끌어들이는 이론이나 사상의 기원이 유럽이든 아프리카든 상관없이 그것에 대해 언제나 비판적 거리를 유지하려는 성향을 보인다. 파농의 저서들을 읽어가다 보면 프로이트, 아들러, 융, 헤겔, 마르크스, 사르트르, 생고르, 세제르 등 허다한 이름들이 여기저기에 등장하지만, 그 누구도 파농의 목소리를 대변해주지 못할뿐더러 파농의 비판을 비켜가지도 못한다. 파농은 분명 독창적인 이론가는 아니다. 자신의 주장을 펼치기 위해 도움이 되는 이론이나 사상은 무엇이든 끌어다 쓴다. 하지만 특정 이론이나 사상에 무비판적으로 의존하거나 함몰되지는 않는다. 따라서 파농을 무슨 '~주의자'로 규정짓는 것은 불가능하다.

5. 파농은 증오와 폭력의 사도였는가?

파농은 테러리스트였는가? 이는 파농과 관련하여 빠짐없이 등장하는 질문 중의 하나다. "어떤 정부나 집단에게 특정한 정치적 요구를 관철하기 위해 폭력을 체계적으로 동원하는 것"이라는 테러의 사전적인 의미를 따른다면, 파농은 분명 테러리스트다. 파농은 FLN의 일원으로 독립전쟁에 직접 참여했을뿐더러 그의 저서에서— '테러리즘' 대신 '폭력'이나 '무장투쟁'이란 용어를 사용하긴 했지만—테러리즘의 전략과 효과를 상세하게 기술한 바 있다. 파농 사후에도 아프리카 민족주의, 이슬람 근본주의, 미국의 흑인민권운동과 베트남반전운동, 유럽과 일본의 좌익학생운동 같은 저항과 투쟁의 현장에서 그의 저서는 사상적 지침서가 되었다. 하지만 9·11 테러 사건과 미국정부의 '테러와의 전쟁'을 계기로 서구사회에서 통용되는 테러리스트라는 단어가 정치적으로나 윤리적으로 부정적인 함의를 띠고 있음을 고려한다면, 파농을 테러리스트로 간단히 규정할 수 없다. 파농은 폭력 자체를 미화하거나 옹호한 적이 없다. 파농에게 폭력은 변화의 기미가 없이 고착화된 '식민지 상황'에 균열을 내기 위한 유일한 수단이었을 뿐이다. 그래서 파농은 탈식민화의 폭력은 '필요악'이라고 규정했다. 식민주의 자체가 물리적·제도적·정신적 폭력에 철저하게 의존하는 '폭력 기계'이기 때문에 그것에 맞서기 위해서는 또 다른 형태의 폭력이 불가피하다는 것이다. 더구나 파농은 전시 상황에서 폭력을 사용했다. 20세기 독립전쟁 가운데 가장 잔인한 진압작전으로 인해 가장 많은 희생자가 발생한 알제리전쟁에서 무장항쟁을 주도한 파농을 테러리스트라고 매도하는 것은 온당하지 않다. 보수적인 서구 언론과 학계가 주장해온 것처럼 만약 파농이 테러리스트라면, 동일한 논리로 안창호 의사와 김좌진 장군도 테러리스트가 되어야만 한다. 파농이 테러리스트냐 아니냐의 문제는 결국 시각의 문제다. 파농이 미워하고 맞서 싸웠던 대상이 무엇이었는가를 먼저 생각한다면, 폭력에 대한 깊은 고뇌와 성찰이 담긴 그의 저서 속으로 들어가서 '대지의 저주받은 자들'의 눈으로 세상을 바라본다면, 파농은 증오와 폭력의 사도가 아니라 사랑과 평화의 사도로 다가올 것이다.

6. 파농이 생전에 그렸던 유토피아는 어떤 세계인가?

식민지 시대를 살았던 파농은 식민주의에 대한 저항과 제3세계의 탈식민화를 가장 중요한 과제로 삼았던 인물이다. 하지만 파농은 제3세계의 사회적 모순을 인종 문제로만 접근한 인종환원주의자는 아니었다. 흑인민족주의자인 동시에 마르크스주의자였던 파농은 외부의 적인 백인 식민주의자들을 몰아내는 것 못지않게 내부의 적인 토착 부르주아지를 청산하는 것을 중요하게 여겼다. 동시에 제3세계 가부장제 사회에서의 여성 억압과 소외도 극복해야 할 폐단으로 보았다. 파농의 역사적 청사진에 따르면, 식민지 해방, 계급해방, 여성해방이 유기적으로 이루어져야 제3세계의 진정한 민족해방이 가능하며, 궁극적으로 그가 지향하는 '새로운 인본주의'의 구현으로 나아갈 수 있다. 따라서 파농이 꿈꾼 유토피아는 인종, 계급, 젠더, 종교, 국가 등의 모든 단층선이 허물어진 세계, 즉 모든 형태의 억압과 소외가 사라진 세계라고 할 수 있다. 비록 파농 사후의 제3세계는 그러한 유토피아적 비전과는 거리가 먼 디스토피아적 현실을 목격해야 했지만, 그렇다고 해서 파농의 기획이 무의미했다고 할 수는 없다. 사실 파농이 제3세계의 미래를 낙관적으로만 전망한 것은 아니다. 파농은 식민지독립 이후의 제3세계에는 천민자본주의, 군부독재, 신식민주의의 결탁으로 인해 '새로운 인본주의'의 도래가 어려울 것이라고 정확하게 예견하면서 그러한 역사의 퇴행을 주도하는 토착 부르주아지에 대해 신랄한 비판을 가한 바 있다. 그런데도 파농이 유토피아적 기획을 멈추지 않았던 것은 인간 억압과 소외를 인간의 힘으로 극복할 수 있다는 믿음이 확고했기 때문이었다. 결국 파농의 유토피아는 역사의 종착역에서 구체화되는 어떤 사회제도나 생산양식이 아니라 역사의 질곡 속에서 끊임없이 대안적 사회질서를 상상하고 그것을 이루기 위해 투쟁하는 과정 자체였다고 할 수 있다. 저 너머 어디에선가 기다리는 혁명의 결과물이 아니라 '지금-여기서' 계속되는 혁명이 파농의 유토피아라면, 반대로 그의 디스토피아는 주어진 삶의 조건을 당연하게 받아들이며 변화의 필요성과 가능성에 대한 믿음을 잃어버린 상황일 것이다. 파농의 고향 마르티니크가 바로 그런 디스토피아요 '죽은 사회'였으며 이는 파농이 고향을 떠나 다시 돌아가지 않은 이유이기도 했다.

파농에 대한 증언록

"우리가 눈을 가리고 현실을 보지 않으려고 할 때, 우리가 양심의 소리에 귀 기울이지 않고 잠들려 할 때, 파농은 그러지 않도록 우리의 눈과 귀를 열어준 사람이다."

　■에메 세제르(Aimé Césaire)

"그의 목소리를 통하여 제3세계는 자신을 알게 되었고 자신을 향해 말하게 되었다."

　■장 폴 사르트르(Jean-Paul Sartre)

"나는 그의 목숨을 앗아간 그 열정에 감동했다. 그는 다른 사람들에게 그 정열을 나누어주었다. 파농과 함께 있었던 사람들은 삶이 때로는 두려움이지만 비극적 모험이요 무한한 가치를 지니고 있음을 느꼈을 것이다."

　■시몬 드 보부아르(Simon de Beauvoir)

"유럽에 레닌이 있었고 아시아에 마오쩌둥이 있었다면, 아프리카에는 파농이 있었다."

　■셰리프 게랄(Cherif Guellal)

"자유와 평등과 존엄성을 위해 싸우는 것이 무엇인지를 알고 싶은 자들은 모두 파농을 읽어야 한다."

　■알렉스 케종-새키(Alex Quaison-Sackey)

"나는 파농이 우리의 전우였을 뿐만 아니라 길잡이였음을 정부의 이름으로 선언한다. 왜냐하면 파농은 그의 정신적·정치적 유산을 통해 알제리혁명을 보증하는 교의를 우리에게 남겨주었기 때문이다."

■아메드 벤 벨라(Ahmed Ben Bella)

"나는 프란츠 파농의 『대지의 저주받은 자들』을 접한 후 흑인문제의 본질을 절감하게 되었다."

■응구기 와 씨옹오(Ngũgĩ wa Thiong'o)

"프란츠 파농이 서른여섯의 나이로 죽으면서 아프리카 혁명을 이끌고 가던 지적·도덕적 힘이 사라졌다. 또한 그의 때 이른 죽음은 동시대 정치사상에서 가장 비범했던 지적 전개를 중단시켜버렸다."

■족 매컬럭(Jock McCulloch)

"파농은 단순히 행동하는 인간이었을 뿐만 아니라 반동적인 행동의 비판자였다."

■나이젤 깁슨(Nigel C. Gibson)

프란츠 파농 연보

1925   7월 20일 프랑스령 마르티니크의 포르드프랑스에서 출생하다.

1939   포르드프랑스에 있는 쉴셰르 고등학교에 입학하다.

1940   쉴셰르 고등학교 철학교사로 부임한 세제르에게 가르침을 받다.

1943   프랑스의 패전 이후 도미니크에 있는 의용군 훈련소에 입소하다.

1944   북아프리카의 프랑스 해방군에 자원입대하여 처음으로 인종차별을 경험하다. 연합군 소속으로 프랑스에 진격하여 선봉에서 싸우다가 중상을 입다.

1945   프랑스 정부로부터 무공훈장을 받고 마르티니크로 귀환하다.

1946   세제르 선거운동에 참여한 후 프랑스로 유학을 떠나다.

1947   리옹 대학교의 의과대에 입학하다. 인문학 분야의 다양한 사상과 이론에 심취하며 좌파 정치활동에 참여하다.

1948   백인 여학생 미셸과 동거하다 딸이 생기면서 지역사회에 스캔들을 일으키다.

1951   소뇌와 척수의 퇴화로 인한 정신장애 사례연구로 정신의학 박사학위를 취득하다. 프랑스 생탈방에 있는 생틸리 정신병원에서 토스켈 박사의 레지던트로 근무하다.

1952   논문 「북아프리카 증후군」을 인문철학 잡지 『에스프리』에 발표하다. 처음 박사학위 논문으로 준비했던 『검은 피부, 하얀 가면』을 책으로 출간하다. '조시'라는 애칭의 마리 조제프 뒤블레와 결혼하다.

1953   알제리의 블리다-주앵빌 병원의 정신과 의사로 부임하다.

1954   알제리전쟁이 발발하면서 FLN의 외곽조직에서 활동하다.

1955	논문 「앙틸레스의 아프리카인들」을 『에스프리』에 발표하다.
1956	파리에서 열린 제1차 흑인작가·예술가 대회에서 「인종주의와 문화」를 발표하다.
1957	알제리 식민정부에 의해 알제리에서 추방당하다. FLN 본부가 있는 튀니지로 가서 샤를니콜 병원에서 정신과 의사로 근무하다. FLN 대변인으로 임명되고, FLN 기관지 『엘 무자히드』의 편집기자로 활동하다.
1958	알제리공화국임시정부의 가나 주재 알제리 대사로 임명되다. 아크라에서 열린 제1차 아프리카 인민회의에 알제리 대표로 참석하다.
1959	아크라에서 열린 제2차 아프리카 인민회의와 로마에서 개최된 제2차 흑인작가·예술가 대회에 참석하여 연설하다. 극우단체의 테러로 중상을 입고, 로마의 병원에 입원 중 암살을 모면하다. 『알제리혁명 5년』(영역판 제목은 『사멸하는 식민주의』)을 출간하다.
1960	아프리카 여러 국가를 순방하며 알제리에 파견할 의용군을 모집하다. 알제리 보급로 건설을 위해 말리에서 알제리까지 사하라사막을 종단 여행하다.
1961	백혈병 진단을 받고 모스크바의 백혈병 전문병원에서 치료를 받다. 사르트르가 쓴 머리말이 실린 『대지의 저주받은 자들』을 출간하다. 미국 워싱턴 DC에 있는 국립보건원에 입원하여 투병생활을 계속하다. 12월 6일 아내 조시와 아들 올리비에가 지켜보는 가운데 숨을 거두다. 알제리 국장으로 장례를 치르고 유해는 알제리와 튀니지의 국경지대에 안장되다.
1962	알제리는 프랑스와 에비앙 협정을 맺고 종전과 함께 독립을 선언하다. 알제리공화국은 독립선언을 한 3월 19일을 '프란츠 파농의 날'로 제정하다.
1964	유고 원고를 모은 『아프리카 혁명을 향하여』가 출간되다.

지은이 **이경원**李慶援

연세대학교 영어영문학과와 같은 학교 대학원을 졸업하고 미국 인디애나
대학교 영문과에서 박사학위를 받았다. 지금은 연세대학교 영어영문학과
교수로 재직하면서 셰익스피어, 제3세계 문학, 탈식민주의 이론에 대한 연
구와 강의를 하고 있다. 저서로는『검은 역사 하얀 이론: 탈식민주의의 계보
와 정체성』이 있으며, 역서로는 바트 무어-길버트의『탈식민주의: 저항에서
유희로』가 있다. 현재 탈식민적 셰익스피어에 대한 책을 집필하고 있다.